V&R Academic

Diagonal
Zeitschrift der Universität Siegen

Jahrgang 2017

Herausgegeben vom Rektor der Universität Siegen

Gero Hoch / Hildegard Schröteler-von Brandt /
Angela Schwarz / Volker Stein (Hg.)

Sicherheit

Mit 59 Abbildungen

V&R unipress

Inhalt

Gero Hoch / Hildegard Schröteler-von Brandt / Angela Schwarz /
Volker Stein[*]

Editorial: Sicherheit

Das Leben und Wirken der Menschen ist stets mit Risiken verbunden. Das ist
nicht erst seit »Murphy's Law« bekannt, gemäß dem alles schief geht, was schief
gehen kann. Das Spektrum reicht von individuellen Risiken, beginnend mit der
bloßen Existenz auf Erden, über Extremfälle, wie das Risiko eines Raumfluges
zum Mond oder Mars, bis hin zu kollektiven Risiken wie der Auslöschung allen
Lebens auf der Erde durch einen eskalierenden thermonuklearen Konflikt oder
durch die Kollision unseres Planeten mit einem anderen Himmelskörper. Der
Schutz vor Gefahren und damit Sicherheit als Bedingung unbeschadeter
menschlicher Existenz gehören daher zu den menschlichen Grundbedürfnissen
(Maslow 1943, S. 388–389). Es überrascht nicht, dass dem Thema Sicherheit,
insbesondere risikobezogener Sicherheit, individuell wie kollektiv, große Auf-
merksamkeit zuteil wird, nicht zuletzt in der Forschung. In den verschiedenen
Wissenschaften werden viele Facetten von Sicherheit untersucht, nicht selten
werden im Hinblick auf die Organisation von Risiko und Sicherheit (Hardy/
Maguire 2016) verschiedene Auffassungen des Wortes Sicherheit zugrunde ge-
legt. Im mathematisch-entscheidungstheoretischen Sinne etwa beschreibt der
Begriff eine Erwartungsbewertung eines Zustands von Gewissheit und damit das
Gegenteil von Ungewissheit (z. B. Kahnemann/Tversky 1982) – eine »sichere«
Zukunftsbeurteilung. In der Politikwissenschaft hingegen herrscht nach wie vor
keine Einmütigkeit darüber, was unter Sicherheit genau zu verstehen sei, zumal
das Wort zu einer Allerweltsformel für vielfältige Diskussionszusammenhänge

* Univ.-Prof. Dr. Gero Hoch, Universität Siegen, Fakultät III (Wirtschaftswissenschaften –
  Wirtschaftsinformatik – Wirtschaftsrecht), vormals Lehrstuhl für Unternehmensrechnung.
  Univ.-Prof. Dr.-Ing. Hildegard Schröteler-von Brandt, Universität Siegen, Fakultät II (Bildung
  – Architektur – Künste), Department Architektur, Stadtplanung und Planungsgeschichte.
  Univ.-Prof. Dr. Angela Schwarz, Universität Siegen, Fakultät I (Philosophische Fakultät),
  Geschichte – Neuere und Neueste Geschichte.
  Univ.-Prof. Dr. Volker Stein, Universität Siegen, Fakultät III (Wirtschaftswissenschaften –
  Wirtschaftsinformatik – Wirtschaftsrecht), Lehrstuhl für Betriebswirtschaftslehre, insb.
  Personalmanagement und Organisation.

geworden ist (Endreß/Petersen 2012). Sicherheit als Fehlen von Gefährdung und
die Bewahrung körperlicher und seelischer Unversehrtheit »in einer das Überleben ermöglichenden Umwelt« (Bockenförde 2009) zu begreifen, gibt daher nur
einen kleinen Ausschnitt aus den Definitionsversuchen allein dieser einen Disziplin wieder.

Im täglichen Leben wird man ständig mit Sicherheitsfragen und -einrich-
tungen konfrontiert, manchmal bemerkt, oft auch unbemerkt: so zum Beispiel
beim weit verbreiteten Sicherheitsglas (hohe Bruchsicherheit, geringe Splitterwirkung) oder den ebenso weit verbreiteten Sicherheitshinweisen (allerorten
Verbotsschilder), bei Sicherheitsfahrschaltern in der Eisenbahn (der Zugführer
muss in regelmäßigen Abständen einen Knopf drücken, andernfalls wird eine
automatische Anhaltevorrichtung aktiviert), beim Treppengeländer (neben
Personenführungselement auch eine Absturzsicherung), beim Sicherheitsgurt
im Auto (mit Warnsignal bei Nichtnutzung) sowie nicht zuletzt bei Versicherungen (als bewährtes System der kollektiven Risikoübernahme). An Beispielen
besteht kein Mangel.

Im Vordergrund stehen bei dieser Begrifflichkeit von »Sicherheit« der Schutz
eines Systems oder Objekts vor externen Einflüssen und damit die Systembe-
herrschbarkeit. Während dies im englischen Sprachraum unter »security« gefasst wird, geht es bei einem zweiten englischen Begriff »safety« um den entgegengesetzten Blick – den Schutz der externen Umgebung vor dem System oder
Objekt (Boholm/Möller/Hansson 2016). Beides steht im Fokus der 38. Ausgabe
von DIAGONAL, der interdisziplinären Zeitschrift der Universität Siegen. Angesichts der enormen Breite möglicher Betrachtungen zum Leitthema gleichermaßen aus mathematischer, technischer, naturwissenschaftlicher wie auch
aus sozialwissenschaftlicher, historischer und philosophischer Sicht bietet sich
Sicherheit als Querschnittsthema an, nicht zuletzt wegen zunehmender Kom-
plexitäten in Technik, Politik, Gesellschaft und Umwelt mit entsprechend mehr
Risiken und Verwundbarkeiten mitsamt den daraus erwachsenden Sicher-
heitsbedürfnissen.

Im Rahmen einer wissenschaftsbasierten Abhandlung des Themas aus der
Sicht der genannten Disziplinen stehen deren unterschiedliche Sicherheitska-
tegorien im Mittelpunkt der Betrachtung. Zwar unterscheiden sich die Sicherheitsaspekte unterschiedlicher Spezialgebiete (z. B. Arbeits-, Daten-, Finanz-,
Gebäude-, Reaktor-, soziale und zivile Sicherheit). Die Grundstruktur ist jedoch
ähnlichen Fragenstellungen gewidmet:

(1) *Ursache von Unsicherheiten:* Woraus leitet sich die Notwendigkeit nach Si-
    cherheitskonzepten ab? Unbestritten gilt Sicherheit als relativer Zustand
    (Wildavsky 1988) und ist damit auf einen bestimmten Kontext bezogen.
    Sicherheitskonzepte bewegen sich in einem Spannungsfeld zwischen ge-
    wünschter, größtmöglicher Sicherheit und der objektiven Unmöglichkeit,

alle Risiken vollständig auszuschließen. Dies ist auf die Komplexität von Systemen zurückzuführen. Eine fatalistische Spruchweisheit von Seefahrern versinnbildlicht das Problem: »Wer sich auf See begibt, begibt sich in Gefahr« (daher sind z. B. Schwimmwesten und weitere Sicherheitseinrichtungen obligatorisch). Mit graduellen Unterschieden gilt dies für sehr viele Betätigungen, Einrichtungen und Zustände. Gleichwohl kann selbst eine sehr hohe Sicherheitsreserve bei langen Versorgungsausfällen unter Umständen nicht den gegebenen Sicherheitsbedarf decken, so dass es zu Notsituationen kommen kann. Auch Wetter und Umwelt entziehen sich immer wieder vorsorglicher Planung, wie nicht zuletzt an den aktuellen Extremwetterlagen deutlich wird. Sicherheit ist und bleibt »relativ« – mit vielen weiteren Implikationen.

(2) *Sicherheitskonzepte:* Wie kann Sicherheit erreicht werden? Die Herstellung von mehr Sicherheit im Sinne eines Abbaus von Unsicherheit ist als Forschungsthema unter anderem in der Entscheidungstheorie zu finden, deren Modelle insbesondere in den Wirtschaftswissenschaften zum Basiswissen gehören (Bamberg/Coenenberg/Krapp 2008). Die diesbezüglichen alternativen Entscheidungsregeln sind nicht »richtig« oder »falsch«, sondern für unterschiedliche Sicherheitsbedarfe jeweils mehr oder weniger geeignet (Thommen/Achleitner 2006, S. 884–885). Persönliche Präferenzen spielen ebenso eine Rolle wie graduelle Unterschiede in der Sicherheitsbewertung. Letztere ist auch für die Erfolgsrechnung von Kaufleuten relevant und muss bei der Vermögensbewertung berücksichtigt werden (Wöhe/Döring/Brösel 2016, S. 658). Besonders prominent beschäftigt sich die Politik mit Sicherheitskonzepten: Von ihr werden die Bestimmung des Stellenwerts von Sicherheit sowie die konkrete Lösung von Sicherheitsproblemen erwartet (z. B. aktuell zur Cybersicherheit; Lange/Bötticher 2015), bis hin zum Ausschluss allerkleinster Risiken, die (siehe Atomkrieg, Reaktorunfall) zu maximalem Schaden führen könnten (Sagan 1993). Bereits die Antwort auf die Frage, ob die Thematisierung von Sicherheit im politischen Diskurs eben jene Sicherheit erhöht oder vielleicht das Gegenteil erreicht, ist offen. Zudem soll der Staat Sicherheit herstellen, entweder selbst, durch Aktivierung der Zivilgesellschaft oder – und hier schließt sich der Kreis zur Ökonomie – über den Markt, etwa durch Auslagerung an Sicherheitsdienstleister (Frevel/Wendekamm 2017).

(3) *Sicherheitsvorschriften:* Wann bestehen Regulierungsnotwendigkeiten? Bei erkannten Sicherheitsmängeln oder Vorsorgenotwendigkeiten ist zu bestimmen, welche Sicherheitsvorschriften allgemeinverbindlich gemacht, vorgeschrieben und auch auf ihre Einhaltung hin kontrolliert werden können (z. B. Groenemeyer 2010). Bei gegebener Unterschiedlichkeit der Systeme, in denen diese Sicherheitsvorschriften angewandt werden sollen, ist

der angemessene Standardisierungsgrad der Sicherheitsvorschriften zu konkretisieren. Zudem ist die graduelle Formalisierbarkeit zu bedenken, wenn von freiwilligen Sicherheitsvorschriften über solche im Rahmen von Sicherheitszertifizierungen bis hin zu gesetzlichen Sicherheitsvorschriften gesprochen wird.

(4) *Grenzen des Sicherheitsstrebens:* Welcher Grad an Sicherheit soll erreicht werden? Unschwer wird erkennbar, dass Sicherheitsstreben und Handlungsfreiheit in Konflikt geraten können (Sofsky 2005). So erfordert Datensicherheit einerseits eine Einschränkung der Zugriffsberechtigungen, obwohl andererseits vollkommene Information als grundsätzlich vorteilhaft nicht nur für wirtschaftliches Handeln gilt. Es soll hier nicht unerwähnt bleiben, dass Murphys Gesetz aus dem Bereich der Natur- und Ingenieurwissenschaften stammt, in denen Betriebssicherheit und Sicherheitstechnik eine herausragende Rolle spielen, aber auch immer wieder gut sichtbar an Grenzen stoßen, wie man es beim selbststeuernden Auto, beim Wasserbau und bei der Reaktorsicherheit erlebt hat. Deutlich wird die Kontroverse zwischen Handlungsfreiheit und Sicherheitsstreben außerdem bei Problemen sicherheitspolitischer Basiskonzepte wie etwa der inneren und äußeren Sicherheit. Beide sind verbunden mit dem sogenannten staatlichen Gewaltmonopol des Artikels 20 des Grundgesetzes (und weiterer Regelungen wie Artikel 87a GG zu Streitkräften). Durch veränderte innere und äußere Risiken werden unter anderem Überwachungsmaßnahmen, Einschränkungen der Reisefreiheit und in der äußeren Sicherheit, die Reaktivierung der allgemeinen Wehrpflicht sowie eine Ausweitung der Einsatzmöglichkeiten von Streitkräften im Inneren diskutiert. Auf den genannten Feldern stellt sich zudem die Frage der angemessenen quantitativen und qualitativen Ausstattung jener Organe des Staates, mit seinem Gewaltmonopol die Sicherheit des Einzelnen und die kollektive Sicherheit tatsächlich gewährleisten zu können, und dies unter Berücksichtigung einer ethischen Würdigung. In immer mehr Fällen treten andere, etwa private Sicherheitsfirmen, neben die staatlichen Akteure. Diese Rahmenbedingungen als besondere Basisfragen der politisch gewollten Sicherheitsarchitektur werfen Fragen auf, die hier nur in Einzelaspekten und aus ziviler Perspektive behandelt werden.

Den Herausgeberinnen und Herausgebern ist klar, dass in Bezug auf das Thema Sicherheit mit seiner Bedeutung in vielen verschiedenen Bereichen des gesellschaftlichen Lebens großer Diskussionsbedarf besteht. Einige davon berühren die Beiträge des aktuellen Heftes, das interessante Anregungen für eine Intensivierung der sachlich-engagierten Debatten bieten möchte.

Literatur

Bamberg, Günter/Coenenberg, Adolf G./Krapp, Michael (2008): Betriebswirtschaftliche Entscheidungslehre 14. Aufl. München.

Bockenförde, Stephan (2009): Die Veränderung des Sicherheitsverständnisses. In: Bockenförde, Stephan/Gareis, Sven B. (Hrsg.), Deutsche Sicherheitspolitik. Opladen, S. 11–44.

Boholm, Max/Möller, Niklas/Hansson, Sven Ove (2016): The Concepts of Risk, Safety, and Security: Applications in Everyday Language. Risk Analysis: An International Journal 36 (2), S. 320–338.

Endreß, Christian/Petersen, Nils (2012): Die Dimensionen des Sicherheitsbegriffs. Bundeszentrale für politische Bildung, Dossier, 14.06.2012. http://www.bpb.de/politik/in nenpolitik/innere-sicherheit/76634/dimensionen-des-sicherheitsbegriffs?p=all (zuletzt abgerufen am 29.09.2017).

Frevel, Bernhard/Wendekamm, Michaela (Hrsg.) (2017): Sicherheitsproduktion zwischen Staat, Markt und Zivilgesellschaft. Wiesbaden.

Groenemeyer, Axel (Hrsg.) (2010): Wege der Sicherheitsgesellschaft. Gesellschaftliche Transformationen der Konstruktion und Regulierung innerer Unsicherheiten. Wiesbaden.

Hardy, Cynthia/Maguire, Steve (2016): Organizing Risk: Discourse, Power, and »Riskiffication«. Academy of Management Review 41 (1), S. 80–108.

Kahnemann, Daniel/Tversky, Amos (1982): Judgement under Uncertainty. Heuristics and Biases. Cambridge, MA.

Lange, Hans-Jürgen/Bötticher, Astrid (Hrsg.) (2015): Cyber-Sicherheit. Wiesbaden.

Maslow, Abraham (1943): A Theory of Human Motivation. Psychological Review 50 (4), S. 370–396.

Sagan, Scott D. (1993): The Limits of Safety. Organizations, Accidents, and Nuclear Weapons. Princeton, NJ.

Sofsky, Wolfgang (2005): Das Prinzip Sicherheit. Frankfurt am Main.

Thommen, Jean-Paul/Achleitner, Ann-Kristin (2006): Allgemeine Betriebswirtschaftslehre. Umfassende Einführung aus managementorientierter Sicht. 5. Aufl. Wiesbaden.

Wildavsky, Aaron (1988): Searching for Safety. New Brunswick, NJ.

Wöhe, Günter/Döring, Ulrich/Brösel, Gerrit (2016): Einführung in die Allgemeine Betriebswirtschaftslehre. 26. Aufl. München.

Marijana Erstić[*]

Das 20. Jahrhundert als ein Jahrhundert der Verunsicherung. Diagnostik einer Verfasstheit (in Text, Bild, Film)

Den Worten Susan Sontags zufolge wurde das 20. Jahrhundert in Sarajevo geboren und verstarb dort auch.

> In Sarajevo [...] »began and will end the 20th century« [...] »I believe that the 20th century began there and that the 21st century will also begin here. This has been a short century. The First World War began in this city. Centuries do not begin numerically with two noughts. [...] I suppose the 21st century really began in 1989 with the suicide of the Soviet Union, but you could also say – in a more ironic way – that it began with Sarajevo because now we have a total picture of what the 20th century was.« (Sontag 1995, S. 267–268)

Diese in den Ländern Südosteuropas häufig zitierten und paraphrasierten Sätze äußerte Susan Sontag während ihres Aufenthaltes in Sarajevo im Jahr 1993, in dessen Verlauf sie Samuel Becketts *Waiting for Godot* (1952) inszenierte. Und wie dies auch der Film UNDERGROUND (D/FR/H/YU 1995) des Regisseurs Emil Kusturica anhand der Inserts beziehungsweise der Kapitelüberschriften veranschaulicht, kann das gesamte Jahrhundert in Europa mit den Worten Krieg – Krieg – Kalter Krieg – Krieg beschrieben werden, also Erster Weltkrieg – Zweiter Weltkrieg – Kalter Krieg – Jugoslawienkrieg. Diese Häufung der Kriege auf europäischem Boden im 20. Jahrhundert macht die Diagnose eines neuen Jahrhunderts der Verunsicherung zwingend.

Als ein solches gilt in der Forschung das 16. Jahrhundert nach dem Sacco di Roma, der Plünderung Roms durch die spanischen Söldner und die deutschen Landsknechte im Jahr 1527. So verweisen Daniel Arasse und Andreas Tönnesmann in ihrer Studie *Der europäische Manierismus, 1520–1610* auf die Annahme, dass »die Anwendung der *maniera*« auf eine »Verunsicherung des einzelnen sowie auf eine in der Renaissance auftretende Krise« zurückzuführen sei (Arasse/Tönnesmann 1997, S. 11). Mehr noch: »während der Renaissance zur Zeit des Manierismus« mache sich »eine gundlegende Verunsicherung breit:

---

* PD Dr. Marijana Erstić, Universität Siegen, Fakultät I (Philosophische Fakultät), Germanistik.

›Nichts ist klar, außer dem Gefühl einer unbezwingbaren Komplexität, die schließlich wertvoller ist als Ordnung, Gleichgewicht und Vernunft‹ (Chastel 1968, S. 7)« (Arassse/Tönnesmann 1997, S. 44). Der Manierismus sei zudem, wie dies bereits der Titel der Studie *Der europäische Manierismus* vermuten lässt, der »erste[…] Stil von europäischem Zuschnitt« (ebd., S. 7) in einem Jahrhundert der Feste und der Kriege (ebd., S. 19). Von der Verunsicherung des 16. Jahrhunderts ist auch in Volker Reinhardts Buch *Francesco Vettori. Das Spiel der Macht* die Rede (Reinhardt 2007, S. 95). Ernst Robert Curtius versteht in seinem Buch *Europäische Literatur und lateinisches Mittelalter* und in Anlehnung an Walter Friedländers Definition des Manierismus als einen »antiklassischen« Stil (vgl. Friedländer 1925, S. 49–86) den Manierismus »als Entartungsform der Klassik«, ja der Manierismus überwuchere »die klassische Norm«, er sei »eine Konstante der europäischen Kultur« und »die Komplementär-Erscheinung zur Klassik aller Epochen« (Curtius 1973, S. 177).

Für die literatur- und kunsthistorische Entwicklung des 16. Jahrhunderts als eines Jahrhunderts der Verunsicherung können sozialhistorische Gründe angeführt werden. Der Sacco di Roma, aber auch der Beginn der Reformation 1517 und die Religionskriege, Belagerungen sowie Vertreibungen kennzeichnen das Umbruchsjahrhundert – hierbei seien vor allem die Belagerung Wiens seitens der Osmanen (1529) und die Bartholomäus-Nacht (1572) erwähnt. Die sogenannte Kopernikanische Wende, die Feststellung, dass die Erde kein Zentrum des Universums ist (1543), ferner die neu entdeckten Handelswege und Welten veränderten das bis dato vorherrschende gewohnte Weltbild (vgl. Hauser 1964, S. 44–52). In der Kunst schlug sich dies zunächst insoweit nieder, als der im 15. Jahrhundert erst gewonnene organisch-perspektivische, zentrale Blickpunkt, der für die Hochrenaissance signifikant ist (Abb. 1), vehement infrage gestellt wurde. Die ein Jahrhundert zuvor postulierte Behauptung des Menschen als Zentrum der Welt und des Kosmos wich im Laufe des 16. Jahrhunderts der Frage nach der Sinnhaftigkeit und Zulänglichkeit der Vernunft. Formal wurde die Harmonie der Renaissance nun durch Störungselemente zerstört (vgl. Hocke 1957, S. 34, und Oliva 2000, S. 181ff.) (Abb. 2).

Das 16. Jahrhundert gilt nicht nur als das Jahrhundert der Verunsicherung. Wie Gustav René Hocke gezeigt hat, ist dieses Jahrhundert dem 20. Jahrhundert nahe, es ist die »Daseinsgeste des modernen Menschen schlechthin« (Hocke 1987, S. 538) und das Beispiel eines problematischen Weltverhältnisses. So spricht Hocke von einer geistigen Krise angesichts einer aus den Fugen geratenen Welt. Kriege und Hungersnöte seien ein Normalzustand gewesen, ergänzend könne man

Abb. 1 (links): Raffael: *Vermählung Mariä*, 1504, Öl auf Holz, 170 x 117 cm, Pinacoteca di Brera, Mailand
Abb. 2 (rechts): Jacopo da Pontormo: *Kreuzabnahme Christi*, 1526–1528, Öl auf Holz, 313 x 192 cm, Santa Felicità, Cappella Bardori

> *den politischen Zerfall Italiens nennen, die Zersetzung der universellen Ideen des Kaiser-und Papsttums, die Ausbildung eines europäischen Staatensystems, das Ende der ritterlich feudalen dynastischen Staatsauffassung, das Entstehen neuer sozialer Strukturen und Wirtschaftssysteme. (ebd., S. 73)*

Weder Harmonie noch Ausgleich bestimmten wie noch im 15. Jahrhundert die künstlerische Praxis, sondern vielmehr Weltangst und Untergangsvisionen. Es herrschte die Empfindung einer *terribilità*, also eine

> *angstvolle Beziehungslosigkeit, ein Schrecken, der sich nicht mehr mit Regeln der Klassik darstellen ließ, eine Verdrehung. Man wollte das Schreckliche, Seltsame, das in Raum und Zeit Heimatlose erlangen, um es zu bannen.(ebd., S. 20)*

Das Weltgefühl war folglicg ambivalent und gespalten zwischen der Sicherheit und Gewissheit des neugewonnenen Selbstbewusstseins einerseits und einer rätselhaften und verunsichernden Natur und Welt, die rational nicht zu verstehen seien, andererseits. In der Kunst habe das zu einem »Kult des Dysharmonischen« (ebd., S. 272) geführt. Diese Feststellung sei jedoch, so Hocke, nicht allein (kunst-)historisch, sondern auch psychologisch und existenziell interessant; wurde doch hier »die psychologische Struktur des problematischen Menschen« sichtbar, »der für sich, um sich und über sich« zu zweifeln beginne »und deswegen auch in einem nicht selten furchtbaren Sinne […] ver-zweifelt« gewesen sei (ebd.).

Doch Hocke betrachtet in dieser und in anderen Arbeiten den Manierismus nicht nur als eine Kunstepoche, sondern als ein Phänomen, das bis in das 20. Jahrhundert reicht. Denn das dezentrierte Subjekt der Moderne, der Mensch des 20. Jahrhunderts, hat Hocke zufolge eine ähnlich ambivalente psychische Verfassung: Auf der einen Seite entstehe »der selbstherrliche Eindruck, dass mit dem ethischen Gefühl« alle Katastrophen – vor allem Kriege – zu überwinden seien. Auf der anderen Seite stehe die Erfahrung, dass auf dem Höhepunkt moralisch-philosophischer Erkenntnisse »das Grauen des ›Irrationalen‹ geradezu mit doppelter Gewalt alle Fortschritte« vernichte (ebd., S. 53). Den manieristischen Charakter der Moderne unterstrich im Jahr 2000 auch Horst Bredekamp in einer historiographischen Übersicht der Entwicklung des kunst- und literaturhistorischen Terminus.

Ähnliches ist in der Ausstellungspraxis zu beobachten. So ist der Ausstellung *Maniera. Pontormo, Bronzino und das Florenz der Medici* (24.04. bis 05.06. 2016), die im Frankfurter Städel-Museum gezeigt wurde, große Nähe zum Heute bescheinigt worden (vgl. Gropp 2016). Doch wie nahe die oft verstörende Kunst des 16. Jahrhunderts dem heutigen Betrachter ist, zeigte bereits im Jahr 2014 die Ausstellung *Pontormo e Rosso Fiorentino. Divergenti vie della ›maniera‹/Pontormo and Rosso Fiorentino. Diverging Paths of Manierism* im Palazzo Strozzi in Florenz (08.03. bis 20.07.2014). Sie zeichnete nicht nur die verschiedenen Wege des Manierismus als Verarbeitung von Verunsicherung, sondern auch die Verbindung zum Heute nach. Denn »leere Mitte, schrille Farbtöne und ängstlicher Blick« erzählen uns »von Luther und Sacco di Roma, von Pest, Buchdruck und Amazonas-Entdeckern« – und wohl auch von der Welt des 20. und des frühen 21. Jahrhunderts (Schümer 2014, S. 9).

In diese lange Tradition literatur- und kunsthistorischer Betrachtungen stellen sich auch die hier formulierten Überlegungen, die um die Frage kreisen, ob die (Welt-)Kriege des 20. Jahrhunderts in Europa nicht zu einer mindestens genauso starken Verunsicherung geführt haben müssen wie die Zerstörungen und Umbrüche des 16. Jahrhunderts. Der eigentliche Beginn des 20. Jahrhunderts, der Erste Weltkrieg, wird in den aktuellen Publikationen als ein »vielschichtiger, emergenter Prozess« definiert, »der sich aus einer Vielzahl von Akteuren, Rationalitäten, Technologien und materiellen Umfeldern zusammensetzt«, als »ein Prozess, der […] heterogenste gesellschaftliche Felder zueinander in Beziehung setzt«, denn die »grundlegenden Eigenschaften der Moderne – Komplexität und Kontingenz – charakterisieren auch den Ersten Weltkrieg als einen modernen Krieg« (Koch/Kaufmann/Werber 2014, S. 1).

Diese kontingente, komplexe und fragmentarische Verflechtung von Kultur, Geschichte, Politik, Stimmung während des Ersten Weltkrieges kennzeichnet die europäische Kulturgeschichte des gesamten Jahrhunderts. Die Belagerung Sarajevos während des Bosnienkrieges 1992–1995, die den Worten Susan Sontags zufolge das Ende des 20. und den Beginn des 21. Jahrhunderts markiert, zählt wiederum zu den langwierigsten Städteeroberungen der Geschichte (vgl. Steindorff 2012).

Ausgehend von den obigen Überlegungen kann angenommen werden, das 20. Jahrhundert sei das neue Jahrhundert der Verunsicherung. Zwar gab es in jedem Jahrhundert Kriege, aber die Vehemenz, mit der diese im 20. Jahrhundert auftraten, führte zu einer grundlegenden Verunsicherung, die sich in der politischen Ordnung der Nachkriegszeit zum Beispiel nicht nur im »Kalten Krieg« und in der atomaren Aufrüstung manifestierte, sondern gegen Ende des 20. Jahrhunderts zu den ethnischen Separationskriegen in Südosteuropa und der UdSSR führte (vgl. Calic 2010). Parallel dazu sind in der Literatur und in der Kunst seit den historischen Avantgarden und bis heute offensichtliche Manierismen zu beobachten, die sich entsprechend in den Werken niederschlagen (vgl. z. B. Hofmann 1987).

Das Substantiv »Verunsicherung«, das hier den Kernbegriff bildet, wird vom Terminus »Sicherheit« (lat. *securitas*; engl. *security*; frz. *sécurité*; ital. *sicurezza*; kroat. *sigurnost*) abgeleitet. Der Begriff der Sicherheit ist dabei, dem *Historischen Lexikon der politisch-sozialen Sprache* zufolge, »ein mit dem Fürstenstaat der europäischen Neuzeit entstandenes Abstraktum, das seit dem 17. Jahrhundert in immer neuen Bedeutungsfeldern konkretisiert und, meist affirmativ gebraucht, zu einem ›normativen Begriff‹ wurde«. Er ist Werner Conze zufolge zudem »ein vielseitig verwendete[r] Wertbegriff der politisch-sozialen Sprache«, der sowohl im »psychologisch-subjektiven Sinn des sich Geborgenfühlens« benutzt wird, »als auch einen objektiv bestimmbaren, rechtlich definierten Zustand des Geschütztseins« ausdrückt (Conze 1984, S. 831). Die Formel eines Geschütztseins durch das Reich/den Staat kann seit der Antike beobachtet werden: »Seit der augusteischen Zeit wurde die römische Reichsidee [...] durch ›pax‹, ›securitas‹ und ›libertas‹ qualifiziert« (ebd., S. 833). Nach der Verschmelzung von Imperium Romanum und Imperium Christianum »wurde der Begriff des Frieden und Sicherheit schützenden Universalreichs bis weit ins Mittelalter tradiert« (ebd., S. 834). Eine »reichsrechtliche Kontinuität von Frieden und Sicherheit« ist überdies vom 15. bis zum 18. Jahrhundert zu beobachten, wie beispielsweise im 16. Jahrhundert in Italien:

> *›Sichersein‹ oder ›Sicherheit‹ standen schon bei Machiavelli im Zentrum seines politischen Denkens. Im ›Principe‹ ging es ihm nicht nur um die Erringung, sondern auch um die Behauptung oder ›Sicherung‹ politischer Macht und Herrschaft. Dabei flossen die*

persönliche Sicherheit der Fürsten mit der Sicherung des öffentlichen Wohls ineinander. Wiederholt, so besonders bei der Erörterung des Heerwesens, sprach Machiavelli von ›Herrschaftssicherung‹. Im Gegensatz zu ›Sicherheit‹ [...] stand für ihn die bloße Abhängigkeit von der Fortuna. (ebd., S. 838)

Die herrschende Macht galt es in den folgenden Jahrhunderten immer mehr zu »versichern« – durch Friedensverträge, Abkommen und Kriege. Doch selbst der Frieden wurde »versichert«: Nach dem Dreißigjährigen Krieg (1618–1648) wurde das Verbum »versichern« beziehungsweise die Substantivierung »Versicherung« zum politischen und sozialen Grundbegriff (ebd., S. 841). Der Begriff der »Ver-*un*-sicherung« – die Verneinung von Assekuration – ist dagegen weder ein politischer Terminus noch ein sozialer. Vielmehr beschreibt er einen Zustand, eine durchaus ambivalente Größe, einen Kreislauf subjektiver Sinneseindrücke. Dieser Prozess, der von der Sicherheit (als dem Versprechen der Glückseligkeit) zur Unsicherheit (als dem Ausbleiben der Glückseligkeit) führt, wird von Brüchen, von Zäsuren und Einschnitten ausgelöst, die eine vermeintliche Kontinuität der Geschichte und der menschlichen Entwicklung infragestellen. Der Schrecken und die Entwurzelung als unmittelbare Reaktionen auf die Kriegsgefahren weichen einer Krise (fast) im Dauerzustand.

So beobachtete die Literatur zu Beginn des 20. Jahrhunderts einen Bruch in der Weltordnung. Der österreichische Schriftsteller Stefan Zweig (1881–1942) schilderte in seinem Buch *Die Welt von Gestern* (1942) den Zusammenbruch des »Goldenen Zeitalters« des 19. Jahrhunderts:

Wenn ich versuche, für die Zeit vor dem Ersten Weltkrieg, in der ich aufgewachsen bin, eine handliche Formel zu finden, so hoffe ich am prägnantesten zu sein, wenn ich sage: es war das Goldene Zeitalter der Sicherheit. [...] Alles Radikale, alles Gewaltsame schien bereits unmöglich in einem Zeitalter der Vernunft. (Zweig 2013, S. 15–16)

Doch es wüteten selbst im Vorfeld des Ersten Weltkrieges in Europa Kriege, insbesondere die Balkankriege 1912 und 1913, in deren Folge das Osmanische Reich aus Europa bis in die heutigen Grenzen der Türkei verdrängt wurde, und die aus heutiger Sicht den »Auftakt zum großen Morden« des Ersten Weltkrieges darstellen (vgl. Speckmann 2013). Gleichwohl sah Zweig den ersten Bruch der Ordnung des 19. Jahrhunderts im Ersten Weltkrieg selbst (Himmlmayer 2014). Den zweiten und endgültigen Bruch in der Vita Zweigs wie der vieler seiner Zeitgenossen, stellten der Faschismus und der Zweite Weltkrieg dar. So sah Zweig, seinen eigenen Worten zufolge, »die großen Massenideologien unter seinen Augen wachsen und sich ausbreiten, den Faschismus in Italien, den Nationalsozialismus in Deutschland, den Bolschewismus in Russland und vor allem jene Erzpest, den Nationalismus«, der, so Zweig, »die Blüte der europäischen Kultur vergiftet« habe (Zweig 2013, S. 12). Den Beginn dieses Prozesses, den Schnitt, den die Ermordung Franz Ferdinands und seiner Gattin in Sarajevo für die Weltgeschichte bedeutete, beschrieb Zweig als eine subjektiv gefärbte, gleichsam kollektive Ahnung, als ein Innehalten während eines sonnigen Sommertages am 28. Juni 1914 in einem Kurpark in Baden bei Wien:

> *Aber doch war der Wind zwischen den Bäumen, das Gezwitscher der Vögel und die vom Kurpark herschwebende Musik gleichzeitig in meinem Bewußtsein. Ich hörte deutlich die Melodien mit, ohne dadurch gestört zu sein, denn unser Ohr ist ja so anpassungsfähig, daß ein andauerndes Geräusch, eine donnernde Straße, ein rauschender Bach nach wenigen Minuten sich völlig dem Bewußtsein eingepaßt und im Gegenteil nur ein unerwartetes Stocken im Rhythmus uns aufhorchen läßt.*
> *So hielt ich unwillkürlich im Lesen inne, als plötzlich mitten im Takt die Musik abbrach. […] Auch die Menge, die als eine einzige flutende helle Masse zwischen den Bäumen promenierte, schien sich zu verändern, auch sie stockte plötzlich in ihrem Auf und Ab. Es mußte sich etwas ereignet haben.* (ebd., S. 225)

Die Geschichte werde im gesamten Text, so Rüdiger Görner anlässlich der Stefan-Zweig-Ausstellung *Abschied von Europa* (2014/2015), als »eine historisch bedingte Stimmung oder ein ›Geschichtsgefühl‹«, ja »als ein Erleben« beschrieben, das vor allem die Zeit vor dem Ersten Weltkrieg in Erinnerung rufe (vgl. Görner 2014, S. 91). Was auf die im Text als Intervall und Stimmung geschilderte Ermordung des ungeliebten Kronprinzen und seiner Gemahlin folgte, die Massenmobilisierung, die Kriegsbegeisterung, die Umzüge, beschrieb Zweig in seiner Erinnerungsschrift *Die Welt von Gestern* einige Seiten später als eine Massenpsychose, ja der

> *Krieg von 1914 […] diente noch einem Wahn, dem Traum einer besseren, einer gerechten und friedlichen Welt. Und nur der Wahn, nicht das Wissen macht glücklich. Darum gingen, darum jubelten damals die Opfer trunken der Schlachtbank entgegen, mit Blumen bekränzt und mit Eichenlaub auf den Helmen, und die Straßen dröhnten und leuchteten wie bei einem Fest.* (Zweig 2013, S. 237)

Die Erfahrung des Zweiten Weltkrieges entpuppte sich als wesentlich weniger enthusiastisch, denn hier habe man gehorcht, man habe nicht gejubelt. Man sei »an die Front« gegangen, »aber man träumte nicht mehr, ein Held zu sein«. Die Völker und die Einzelnen hätten gefühlt, »dass sie nur Opfer« gewesen seien »entweder irdischer, politischer Torheit oder einer unfassbaren und böswilligen Schicksalsgewalt« (ebd., S. 235). So war Europa für Zweig verloren, »seit sie sich zum zweitenmal selbstmörderisch« zerfleischte (ebd., S. 10).

Diesen Befund kann man als resignativ beschreiben, als eine zutiefst liegende Verunsicherung und Entwurzelung, für welche das Leben und das Sterben Stefan Zweigs Beispiele liefern. Walter Maria Stojan schrieb bereits 1996, also ein Jahr nach dem Ende des Jugoslawischen Nachfolgekrieges, im Katalog einer Stefan-Zweig-Ausstellung des Österreichischen Kulturinstituts in Zagreb und der Stadtbibliothek »Juraj Šižborić« in Šibenik, Stefan Zweigs prophetische Worte aus dem Jahre 1943 hätten im Jahre 1996 »gerade in den [kroatischen, Anm. d. Verf.] Städten Šibenik, Zadar, Dubrovnik und Vukovar, ganz zu schweigen von der Tragödie Bosniens und der Herzegowina« eine besondere Bedeutung, ja »der unselige Krieg im ehemaligen Jugoslawien« bringe »uns die Bedeutung dieses Österreichers klarer vor Augen« (Stojan 1996, S. 8). Goran Lovrić unterstrich im selben Katalog, Zweigs literarisches Werk werde »auch zukünftigen Lesegenerationen als Warnung und Denkanstoß dienen, was, wie man in den letzten Jahren habe sehen können, mehr als nötig« sei (Lovrić 1996, S. 13). Auch hier wurde also Zweigs Werk als ein Erklärungsversuch jeglicher Kriegserfahrung benutzt, allerdings ohne dass dabei die Konsequenzen für die Lesart des gesamten 20. Jahrhunderts als eines Jahrhunderts der Verunsicherung gezogen wurden. Zweigs Erfahrung der Welt des für ihn noch neuen Säkulums war durchaus ambivalent, waren doch gerade zu Beginn des 20. Jahrhunderts einige »Sternstunden der Menschheit« zu verorten:

> Aber paradoxerweise habe ich auch in ebenderselben Zeit, da unsere Welt im Moralischen zurückstürzte, dieselbe Menschheit im Technischen und Geistigen sich zu ungeahnten Taten erheben sehen, mit einem Flügelschlag alles in Millionen Jahren Geleistete überholen: die Eroberung des Äthers durch das Flugzeug, die Übermittlung des irdischen Wortes in derselben Sekunde über den Erdball und damit die Besiegung des Weltraumes, die Zerspaltung des Atoms, die Besiegung der heimtückischsten Krankheiten, die fast tägliche Ermöglichung des gestern noch Unmöglichen. Nie bis zu unserer Stunde hat sich die Menschheit als Gesamtheit teuflischer gebärdet und nie so Götterähnliches geleistet. (Zweig 2013, S. 12–13)

Bei Lektüre dieser Passage drängt sich der Vergleich mit dem 16. Jahrhundert auf, mit der kopernikanischen Wende und mit der Entdeckung neuer Welten und Routen, die – angekoppelt an die Erfahrung der Zerstörungen und Katastrophen – zum Teil zu einem Verschwinden der Sicherheit im künstlerischen Ausdruck führten. Im Eintrag zum Lemma »Sicherheit« des *Historischen Wörterbuchs der Philosophie* steht zum Zustand der Verunsicherung zu Beginn des 20. Jahrhunderts Folgendes:

> [...] die sich beschleunigende Modernisierung der europäischen Gesellschaften und die Entstehung artifizieller Lebenswelten durch forcierte technisch-industrielle Entwicklung und vehemente Urbanisierung seit dem letzten Drittel des 19. Jh., bedingen im 20. Jh. eine neue Fassung des Problems Sicherheit. Man habe sich jetzt daran gewöhnt, schreibt Zweig, ›ohne Boden unter den Füßen zu leben, ... ohne Sicherheit‹... (Makropoulos 1995, S. 748)

Bei diesem Satz fällt auf, dass das Problem der Unsicherheit, anders als bei dem zitierten Werk Stefan Zweigs, vom Problem der Kriegserfahrung entkoppelt wird. Doch gerade der Erste Weltkrieg markiert, so lassen sich Zweigs Ausführungen und ähnlich Christopher Clarks Erkenntnisse in seinem Buch *The*

Sleepwalkers. How Europe Went to War in 1914 (2013)/*Die Schlafwandler. Wie Europa in den Ersten Weltkrieg zog* (2014) lesen (vgl. Hülk 2016), einen Umbruch oder, anders ausgedrückt, eine neue politische »Sattelzeit«. Den Begriff der »Sattelzeit« führte der Historiker Reinhart Koselleck in den wissenschaftlichen Diskurs ein, mit dem er die Zeit um 1800 als eine beschleunigte Zeit zwischen der Frühen Neuzeit und der Moderne bezeichnete:

> *Es war die Beschleunigung des politischen Prozesses, die nach der fast einhelligen Wahrnehmung der Zeitgenossen unsere Neuzeit eröffnete, längst bevor die technisch-industrielle Revolution die Beschleunigung in den normalen Alltag hinein vorantrieb. Das heißt, selbst die überkommenen politischen Lehren und historischen Erfahrungs-bestände rücken seitdem in einen neuen Aggregatzustand ein, unterliegen einem Strukturwandel. Einen solchen Strukturwandel unmittelbar wahrnehmen zu können, zeichnet vermutlich die Neuzeit aus. Der Strukturwandel wird gleichsam selbst zum Ereignis.* (Koselleck 2013, S. 238)

Die Geschichte habe jedoch nicht nur mit dem Geschehen zu tun, sondern ebenso mit den ungleichzeitig verlaufenden, teilweise sich widersprechenden Ordnungen, die Geschichte enthalte zahlreiche voneinander unterscheidbare Schichten, die sich jeweils schneller oder langsamer verändern. Denn wir seien »ja gerade televisionäre Augenzeugen eines raschen und plötzlichen Wandels in ganz Osteuropa geworden. Aber die sozioökonomischen Strukturen, deren In-suffizienz diesen rasanten politischen Wandel« bedingten und mit hervorgeru-fen hatten, hätten sich »deshalb noch lange nicht geändert. Jedenfalls nicht mit der Schnelligkeit, die politisch geboten« (ebd.) sei. Mit anderen Worten kann also nicht von Geschichte, sondern es muss von Geschicht-*en* gesprochen wer-den.

Zusammenfassend kann festgehalten werden: Die Französische und die technisch-industrielle Revolution, die Entdeckung fremder Kulturen und die Auflösung der Standesgesellschaft führten um 1800 Koselleck zufolge zum Fortschritt und zur Beschleunigung, die sich schon während des 19. Jahrhun-derts in der Literatur beispielsweise als das Ephemere, Flüchtige manifestierte.

Doch der Erste Weltkrieg markierte einen noch viel radikaleren Bruch, und er kann auch deshalb als Sattelzeit definiert werden, weil hier die meisten Elemente einer Übergangszeit stattfinden, wie sie von Reinhart Koselleck beschrieben wurden: Zusammen mit einer veränderten historischen Zeiterfahrung, die mit dem Ersten Weltkrieg eingeläutet wird, kam es im Laufe des Ersten Weltkrieges zu einer der größten Umwälzungen der Geschichte und zu einem Wandel, der sich auch als demografischer, sozialer und politischer Wandel manifestierte, den beispielsweise der vorläufige Sieg des Kommunismus in Osteuropa ankündigte. Einen Wandel bedeutete jedoch ebenso die Verkehrsrevolution, deren Beginn mit dem ersten Flugzeugflug der Gebrüder Wright (17. Dezember 1903) angesetzt werden kann, oder die »bewegten Bilder« (ab 1895), die sich im 20. Jahrhundert zum Leitmedium entwickeln sollten. Der Wandel begann somit als extreme Beschleunigung, die zwischen Stabilität und Instabilität changierte, als eine durchaus ambivalente Erfahrung bereits einige Jahre vor 1914, um mit dem Ersten Weltkrieg die genaue Fokussierung und Zuspitzung zu erreichen. Die Verunsicherung, verstanden als eine Kategorie zur Diagnostik der Verfasstheit des 20. Jahrhunderts, bildete das Resultat dieser Kriegserfahrung. Sie manifestierte sich gesellschaftlich als krisen- und kriegsinduzierte Gewalt. Im Text, Bild, Film der Epoche begegnet sie uns als kompositorische Verletzung und Verstörung konventionalisierter Ausdrucksweisen, darunter Linearität und/oder Zentralperspektive, sowie als Untergrabung der in der Neuzeit aufgekommenen Prinzipien der Autorschaft (z. B. Abb. 3).

Abb. 3: Carlo Carrà: *Intervetionistisches Ereignis / Manifestatione intervenista*, 1914, Collage auf Karton, 38,5 x 30 cm, Collection Gianni Mattioli

Literatur

Arasse, Daniel/Tönnesmann, Andreas (1997): Der europäische Manierismus. 1520–1610. München.

Bredekamp, Horst (2000): Der Manierismus. Zur Problematik einer kunsthistorischen Erfindung. In: Braungart, Wolfgang (Hrsg.): Manier und Manierismus. Tübingen, S. 109–129.

Calic, Marie-Janine (2010): Geschichte Jugoslawiens im 20. Jahrhundert. München.

Chastel, André (1968): Die Krise der Renaissance. 1520–1600. Genf.

Clark, Christopher (2015): Die Schlafwandler. Wie Europa in den Ersten Weltkrieg zog. München.

Conze, Werner (1984): Sicherheit, Schutz. In: Brunner, Otto/Conze, Werner/Koselleck, Reinhart (Hrsg.), Geschichtliche Grundbegriffe. Historisches Lexikon zur politisch-sozialen Sprache in Deutschland. Stuttgart, S. 831–863.

Curtius, Ernst Robert (1973): Europäische Literatur und lateinisches Mittelalter. 8. Auf. Bern u. a.

Friedländer, Walter (1925): Die Entstehung des antiklassischen Stiles in der Malerei um 1530. Repertorium für Kunstwissenschaft 46, S. 49–86.

Görner, Rüdiger (2014): Wie man wird, was man erinnert. Überlegungen zu Stefan Zweigs ›Die Welt von Gestern‹. In: Renoldner, Klemens (Hrsg.), Stefan Zweig – Abschied von Europa. Wien, S. 91–103.

Gropp, Rose-Marie (2016): In der Hitze der Macht. Frankfurter Allgemeine Zeitung, 24. 02. 2016. http://www.faz.net/aktuell/feuilleton/kunst/ausstellung-maniera-im-frankfurter-staedel-ist-grossartig-14086668.html (zuletzt abgerufen am 02. 08. 2017).

Hauser, Arnold (1964): Der Manierismus. Die Krise der Renaissance und der Ursprung der modernen Kunst. München.

Himmlmayr, Iris (2014): Das Trauma des Ersten Weltkrieges. Einige Beobachtungen zu Stefan Zweigs Prosa. In: Renoldner, Klemens (Hrsg.), Stefan Zweig – Abschied von Europa. Wien, S 67–77.

Hocke, Gustav René (1957): Die Welt als Labyrinth. Manier und Manie in der europäischen Kunst. Von 1520 bis 1650 und in der Gegenwart. Hamburg.

Hocke, Gustav René (1987): Die Welt als Labyrinth. Manierismus in der europäischen Kunst und Literatur. Reinbek bei Hamburg.

Hofmann, Werner (Hrsg.) (1987): Zauber der Medusa. Europäische Manierismen. Wien.

Hülk, Walburga (2016): Kriegsstimmung vor 100 Jahren. Variationen von Schlafwandel und Schlaflosigkeit bei Proust, Zweig, Broch und Clark. In: Felten, Uta/Mlynek-Theil, Kristin/Küchler, Kerstin (Hrsg.), Proust und der Krieg. Die wiedergefundene Zeit von 1914. Frankfurt a.M., 133–152.

Koch, Lars/Kaufmann, Stefan/Werber, Niels (2014): Der Erste Weltkrieg: Zäsuren und Kontinuitäten. In: Werber, Niels/Kaufmann, Stefan/Koch, Lars (Hrsg): Erster Weltkrieg. Kulturwissenschaftliches Handbuch. Stuttgart – Weimar, S. 1–4.

Koselleck, Reinhart (2013): Wie neu ist die Neuzeit?. In: Koselleck, Reinhart (Hrsg.), Zeitgeschichten. Studien zur Historik. 3. Aufl. Frankfurt am Main, S. 225–239.

Lovrić, Goran (1996): Stefan Zweig (1881 Wien – 1941 Petropolis, Brasilien). In: Lovrić, Goran/Stojan, Walter Maria (Hrsg): Stefan Zweig. 1881–1942. Zagreb, S. 9–13.

Makropoulos, Michael (1995): Sicherheit. In: Ritter, Joachim/Gründer, Karlfried/Gabriel, Gottfried (Hrsg.), Historisches Wörterbuch der Philosophie. Bd. 9. Darmstadt, S. 745–750.

Oliva, Achille Bonito (2000): Die Ideologie der Verräter. Manieristische Kunst – Kunst des Manierismus. Köln.

Reinhardt, Volker (2007): Francesco Vettori. Das Spiel der Macht. Göttingen.

Schümer, Dirk (2014): Die Aktualität des Manierismus. Frankfurter Allgemeine Zeitung, 19.03.2014, S. 9.

Sontag, Susan (1995): The Twentyfirst Century Will Begin in Sarajevo. Interview von Alfonso Armada. In: Poague, Leland (Hrsg.), Conversations with Susan Sontag. Jackson/MS, S. 267–270.

Speckmann, Thomas (2013): Balkankriege. Auftakt zum Großen Morden. Die Zeit, 31.10. 2013. http://www.zeit.de/2013/45/balkankriege-erster-weltkrieg (zuletzt abgerufen am 02.08.2017).

Steindorff, Ludwig (2012): Der Krieg in Bosnien-Herzegowina. Mehr als Konkurrenz der Erinnerung. In: Erstić, Marijana/Kabić, Slavija/Künkel, Britta (Hrsg.), Opfer – Beute – Boten der Humanisierung? Zur künstlerischen Rezeption der Überlebensstrategien von Frauen im Bosnienkrieg und im Zweiten Weltkrieg. Bielefeld, S. 179–211.

Stojan, Walter M. (1996): Einführungswort. In: Lovrić, Goran/Stojan, Walter M. (Hrsg): Stefan Zweig. 1881–1942. Zagreb.

Zweig, Stefan (2013): Die Welt von Gestern. Erinnerungen eines Europäers. 3. Aufl. Frankfurt am Main.

Ausstellungen

Maniera. Ein Stil im Florenz der Medici. Städel, Frankfurt am Main (24.02.2016–05.06. 2016).

Pontormo e Rosso Fiorentino. Divergenti vie della ›maniera‹/Pontormo and Rosso Fiorentino. Diverging Paths of Manierism. Palazzo Strozzi, Florenz (08.03.2014–20.07. 2014).

Filme

Underground (D/FR/H/YU 1995), Regie Emir Kusturica.

Jürgen Strothmann[*]

Freiheit und Sicherheit in der europäischen Geschichte – Anmerkungen zur Komplementarität eines Gegensatzes

I

Freiheit, sagen die einen, sei nur möglich, indem Sicherheit hergestellt wird, mit der sie die Freiheit zunächst auch einmal einschränken. Freiheit, sagen die anderen, brauche gar keine Sicherheit, weil diese die Freiheit einschränke. Grundsätzlich aber ist uns doch bewusst, dass ein Abhängigkeitsverhältnis zwischen beiden Größen besteht. So scheint auf den ersten Blick ein Kontinuum zu bestehen, in dem mehr Sicherheit weniger Freiheit und mehr Freiheit weniger Sicherheit bedeuten. Natürlich gibt es solche Abhängigkeiten, wie jeder Versuch, die Sicherheit zu erhöhen, leicht zeigen kann, und wie jeder Versuch, persönliche Freiheit durchzusetzen, ebenfalls sichtbar werden lässt.

Wenn flächendeckende Überwachung von Bewegung im Raum durch Kameras oder durch das vernetzte Auto sowie von Äußerungen im Netz drohen, dann bedeutet das Einschränkungen von Freiheitsrechten durch einen Staat, der damit dem Bürger die Freiheit erhalten will, unbewaffnet sich überall frei bewegen zu können (der im Folgenden häufig nur in seiner maskulinen Gestalt erscheinende Begriff des »Bürgers« wie auch andere solchermaßen gebrauchte Begriffe umfasst grundsätzlich sowohl Bürger als auch Bürgerinnen, anders als für die Vormoderne, in der die Bürgerin die Ausnahme darstellt). Ein Staat, der seinen Bürgern die Freiheit des Waffentragens gewährte, der es ihnen womöglich erlaubte, Konflikte ohne staatlichen Rahmen beizulegen beziehungsweise auszutragen, konkret etwa, der dem Arbeitgeber einzelnen mit dem von Konkurrenz bedrohten ungelernten Arbeitnehmer die Bedingungen der Arbeit und der Bezahlung auszuhandeln gestattete, würde Sicherheit gefährden; er würde zugleich aber auch die Freiheit der jeweils Unterlegenen einschränken. Das Problem ist alles andere als neu. Es ist ein Grundproblem der europäischen Geschichte und

---

[*] PD Dr. Jürgen Strothmann (Akademischer Rat), Universität Siegen, Fakultät I (Philosophische Fakultät), Alte Geschichte.

vor allem aller politischen Ordnungen, die einen rechtlichen Rahmen setzen und setzten.

Unsere mitteleuropäische Vorstellung von Freiheit verlangt die Freiheit für alle, nicht für wenige. Für die Freiheit der Eliten bräuchte es vielleicht gar keine gesellschaftlich begründete Sicherheit, weder des Rechts noch des Wohlstandes, vielleicht auch nicht des Friedens, wohl aber eine Sicherheit gegen Übergriffe von außen und gegeneinander. Und damit wird klar, dass Sicherheit die Voraussetzung für die Freiheit nicht nur der Schwächeren, sondern letztlich auch der Eliten ist.

Der behauptete Antagonismus zwischen Freiheit und Sicherheit beruht auf unserer westlich-europäischen Vorstellung von Freiheit, nämlich als einer relativen Freiheit aller in allen Hinsichten. Der Gedanke selbst ist so alt wie die europäische Geschichte seit der Antike. Die Frage ist jeweils nur, wer alle sind. Die Vormoderne, die ja von der Moderne kaum klar abgrenzbar sein dürfte, etwa wenn es um den Blick auf die Frau als handelndes Subjekt im gesellschaftlichen Kontext geht, kennt die politische Realisierung gesellschaftlicher Ungleichheit. Das oberste Prinzip des Rechtes ist in der Vormoderne eben nicht *Aequalitas* (Gleichheit), sondern *Aequitas* (Angemessenheit) (vgl. dazu Bretone 1992, S. 222–225; Uhalde 2012).

Die politischen Systeme kennen zwar zu allen Zeiten Gleichheiten, diese aber in aller Regel nur innerhalb sozial einigermaßen homogener Gruppen und dies auch noch auf der Basis der Familie, eben nicht des Individuums, also einer mindestens funktionalen Ungleichheit. Unter diesen Voraussetzungen lässt sich das Ringen um Freiheit und Sicherheit lange vor der Moderne als politische Aufgabe erkennen. Es lässt sich sogar mutmaßen, dass die Entstehung des Politischen selbst aus diesem Konflikt herzuleiten ist. Das Politische erwächst anders als in der modernen Theorie des Staates aus dem Sozialen und seinen Realitäten (Strothmann 2009 zur karolingischen Staatlichkeit). So müsste man annehmen, dass jede aus dem Sozialen erwachsene politische Ordnung nur bestehende soziale Realitäten festschreibt. Dies ist aber nicht so, was daran liegt, dass in dem Moment der Entstehung des Politischen die Beziehungen in einem ehemals nur sozialen System einen neuen Komplexitätsgrad erlangen. Plötzlich (in der Realität ist das natürlich kein Moment, sondern ein langer Prozess) entsteht eine dritte Person, eine Größe, die man als Staat benennen kann, als die Gesamtheit nämlich, die gegenüber dem Einzelnen handeln kann und der gegenüber der Einzelne sich verantworten muss. Das führt zugleich dazu, dass bestehende soziale Realitäten entindividualisiert werden, denn nun gibt es nicht mehr nur viele von einander unabhängige Herrschaftsverhältnisse, sondern parallele soziale Realitäten, die die Möglichkeit von Solidarität erschaffen. Der von einem Patron Abhängige findet in diesem politischen System zahlreiche andere von Patronen Abhängige, mit denen zusammen er eine eigene Gruppe im politischen Gefüge bilden kann. Die Frage ist nur, wie stark das Politische gegenüber dem Sozialen ist. Ist es schwach, ist auch die Gleichförmigkeit der sozialen Beziehungen weniger relevant. Ist es stark, dann können die sozialen Abhängigkeits- und Nachordnungsverhältnisse geschwächt werden. In aller Regel geschieht das dann auch.

II

In der römischen Geschichte lässt sich dieser Prozess sehr gut beobachten. Am Anfang stand eine frühe politische Gemeinschaft, die maßgeblich nur aus der mindesten Kollaborationsnotwendigkeit der Familienverbände bestand. Das heißt, dass das Politische als rudimentär anzusehen ist und eigentlich nur die Familienoberhäupter unmittelbar erfasste (Linke 1995). Dieses System garantierte die militärische Sicherheit aller, aber nur die Freiheit der Eliten. Ein erstes Mal können wir um 450 v. Chr. diese Gesellschaft in einer rechtlichen Setzung erfassen, im Zwölftafelgesetz nämlich. Dort bestand immer noch ein Primat der Familien, also eine aktive Teilhabe der Familienoberhäupter am Staat, dennoch wurde in diesem Gesetz jede einzelne Familie grundsätzlich als unmittelbarer Gegenstand staatlicher Regelung erkannt. Die Familienväter erschienen so als Subjekte des Rechts, ihre Frauen, Kinder und Sklaven eher als Objekte des Rechts, die immer noch einer weitreichenden Herrschaftsbefugnis des Vaters unterlagen. Aber bereits durch die Veröffentlichung allein der Prozessregeln in diesem Gesetz werden nun eben alle Familienväter, auch die der minderprivilegierten Gruppen zu Subjekten des Rechts. Darin spiegelte sich eine Vorstellung von Bürgerrecht, die politische Teilhabe als solche zwar verabsolutiert, zugleich aber nach Vermögen relativiert. Es galt in den Abstimmungen eine Ordnung, die den Wohlhabendsten die mit Abstand meisten Stimmen gab, zugleich aber in der Rechtssicherheit keine Unterscheidung zwischen den Familien vornahm. Das römische Bürgerrecht war so angelegt, dass es seinen Inhaber und dessen Familie etwa vor Übergriffen von Amtsträgern schützte und zugleich ihnen die Freiheit des politischen Handelns zugestand (Jacques/Scheidt 1998, S. 231–233).

Die römische Gesellschaft kannte sehr früh eine Vorstellung von Rechtsstaatlichkeit, die Rechtssicherheit und damit die Notwendigkeit eines staatlichen Rahmens zur Gewährung des Rechts beinhaltete. Während der moderne mitteleuropäische Staat in besonderer Weise sich darüber hinaus als soziale und wirtschaftliche Solidargemeinschaft betrachtet und damit die Voraussetzung für die Teilhabe aller als Gleiche herzustellen versucht, stand in Rom an erster Stelle das Politische und die Herrschaft des Rechtes, um die Teilhabe zu gewährleisten. Dabei muss unterschieden werden zwischen absoluten und relativen Größen.

Absolut ist in der römischen Republik und auch in der Kaiserzeit die Zugehörigkeit der römischen Familie zum politischen System, absolut ist auch die
privatrechtliche Qualität jeder römischen Familie, relativ hingegen sind das
Wahlrecht, das dem Vermögen folgt, und die Beziehungen der Familienmitglieder zur politischen Gesamtheit. Während in den tausend Jahren des römischen Staates Frauen als Individuen niemals das Wahlrecht erlangten, so erhielten sie am Ende dieser Zeit immerhin individualrechtliche Relevanz als
mögliche Erbinnen und Eigentümerinnen von Vermögen (Harper 2012,
S. 673–675). Auch der Status von erwachsenen Kindern, Söhnen wie Töchtern,
folgte einer solchen zunehmenden individualrechtlichen Erfassung. Zum Ende
des ersten Jahrhunderts nach Christus zeigten die Stadtrechte neu gegründeter
Kolonien sogar eine Differenzierung in Bürger und Bürgerinnen, indem sie
erstmals Frauen als römische Bürger definierten (Die Lex Irnitana 2011, cap. 97)
und damit für die städtischen Zusammenhänge eine »modernere« Rechtsauf-
fassung zeigten, als das allgemein geltende zeitgenössische *ius civile* dies tat.

Unter Beachtung einer solchen Entwicklung hin zur rechtlichen Erfassung des
Individuums und des Normalfalls, dass eben die Familie die Basis des politisch-
rechtlichen Systems darstellt, übrigens auch im Mittelalter, ist dann aber eben
doch zu beobachten, dass der Staat seine Aufgabe darin sieht, nicht nur für
militärische Sicherheit zu sorgen, sondern auch für Rechtssicherheit und gelegentlich für wirtschaftliche Sicherheit.

Die Voraussetzung für die Kontinuität eines politischen Systems und seinen
inneren Frieden ist seine Kohärenz, die zwar relative Ungleichheiten verträgt,
aber eben nicht das, was aus moderner Perspektive als Klassengesellschaft bezeichnet würde. Der hier berechtigte Hinweis auf die antike Sklaverei macht auf
eine Paradoxie aufmerksam, nach der eine solche Gruppe von Rechtlosen beziehungsweise im Zustand des Sachenrechts sich Befindenden eben nicht zum
System gehörte. Anders als Athen, das mit Nichtbürgern in großer Zahl exis-
tierte, den Metöken ebenso wie zahlreichen Sklaven, kannte Rom die häufig in
Anspruch genommene Möglichkeit der Freilassung von Sklaven, deren Folge in
zweiter Generation die völlige rechtliche Gleichstellung war. Der Sohn des
Freigelassenen wurde vollwertiger römischer Bürger. Sklaven konnten sich
– obwohl sie rechtlich Sachen waren – auf eine mögliche Freilassung mit einem
Sondervermögen vorbereiten, dem sogenannten *peculium*, das nach ihrer Freilassung zu ihrem Eigentum wurde und das in Einzelfällen beträchtlich sein
konnte (Kaser 1992, S. 78–84).

Die römische Gesellschaft hatte einen besonderen Anspruch darauf, gerecht
geordnet zu sein und auch den sozialen Aufstieg weitgehend möglich zu machen.
Die Freiheit war dabei in den meisten Fällen Voraussetzung und Ziel zugleich.
Die Freiheit des Bürgers machte das offene politische System erst möglich und
war zugleich durch dieses garantiert. Freiheit aber ist letztlich immer einge-

schränkt, entweder durch die Unmöglichkeit, etwas zu tun, das man nur in und durch Gesellschaft tun kann, oder etwa durch die Zwänge, die sich aus Gesellschaft und ihrer politischen Ordnung ergeben. Mit anderen Worten: Der Bürger erhielt durch die Abgabe von Souveränität Möglichkeiten, die er vorher gar nicht hatte. Das ist das Ziel der Politeia, mithin der Polis, also des Staates. Dabei war in einer antiken Polis, Rom gehört dazu, die Autonomieeinschränkung und der damit verbundene Gewinn von Handlungsmöglichkeiten in aller Regel nur bedingt durch die gesellschaftliche Einbettung, nicht aber durch eine weitere – unnötige – Abgabe von Autonomie an eine zu Eigenzwecken herrschende Macht, wie das in Ägypten etwa der Fall war oder aber im »Absolutismus«, der keine Bürger, sondern nur Untertanen kannte.

Aber natürlich versucht jede Regierung, eben eine solche Macht zu werden; und auch in Rom gab es mehr oder weniger erfolgreiche Versuche dieser Art. Man könnte den augusteischen Prinzipat, der zum Prototyp kaiserlicher Herrschaft für über hundert Jahre wurde, als einen solchen Versuch bewerten, muss aber konzedieren, dass der Gewinn an Möglichkeiten durch die relative Marginalisierung der Eliten für den Einzelnen jedoch durchaus beachtlich war. Obwohl Augustus die Macht gehabt hätte, Kritik an seinem Handeln und dem von ihm errichteten politischen System massiv zu verfolgen, tat er dies wohl nur in den engeren Kreisen seiner *domus*, seiner Familie und seines Hofes (Strothmann 2000, S. 101–102). Alles andere hätte eine Einschränkung seiner Stellung und des allgemeinen Wohlstandes zur Folge gehabt. Denn der Prinzipat beruhte geradezu auf kaiserlicher Großzügigkeit und Freigiebigkeit, die der besonderen *auctoritas* des Prinzeps sichtbar entsprechen sollten. Grundsätzlich – und eingeschränkt – scheint eine gewisse Toleranz gegenüber Andersdenkenden und einer – ungefährlichen – Opposition auch für die weniger »netten« Kaiser gegolten zu haben (Bauman 1974). Jedenfalls gab es in der frühen Kaiserzeit durchaus Opposition gegen die kaiserliche Familie und auch gegen das Kaisertum selbst. In aller Regel war es aber für die eigene Stellung vorteilhafter, in den Chor der Verehrung für die kaiserliche Familie einzustimmen. Völlig unberührt von den Kosten der Freiheit im politischen Raum war die Freiheit des römischen Bürgers im privatrechtlichen Sinn, sowohl in der Republik als auch in der Kaiserzeit. Es galt das römische Recht, das *ius civile*, dem alle Teilhaber an der römischen Bürgerschaft gleichermaßen unterstanden. Für den späteren Kaiser Justinian galt schließlich auch im 6. Jahrhundert immer noch die Regel, dass der Prinzeps *legibus allegatus* (an die Gesetze gebunden) sei, nun – in Zeiten weiterer sakraler Erhöhung der Kaiser – in seiner Funktion als Gesetzgeber aber *legibus solutus* (von den Gesetzen gelöst) (dazu grundsätzlich Bassanelli Sommariva 1983). Das aber ist einer Entwicklung der Kaiserzeit geschuldet, die den Kaiser als alleinigen Gesetzgeber hervortreten ließ, die schließlich in einem christlichen Sinn die Gesetze an Gottes Statt gab.

Vormoderne politische Systeme, die eben aus dem Sozialen heraus begründet sind, erlaubten den Teilnehmern, die für die kollektive Sorge um die Sicherheit Souveränität abgaben und dies in einer oft ausgeprägten politischen Öffentlichkeit auch kontrollieren konnten, gewisse Freiheitsrechte wahrzunehmen und auch einzuklagen. Jeder konnte jederzeit wissen, was eine Übertretung des in gewisser Weise gemeinsam gesetzten Rechtes kosten würde. Jeder Teilnehmer konnte sich frei im Territorium des politischen Systems bewegen. Es gab unter Umständen die Freiheit, sich zu versammeln und Vereine zu gründen. Zwar war die Gründung eines Vereins in Rom von staatlicher Anerkennung abhängig, aber in aller Regel möglich (Kaser 1992, S. 88). Was aber diese Systeme gar nicht schätzen, war jede Gefahr für das System selbst. In Rom waren der Kaiser und seine Umgebung besonders geschützt durch die Gesetzgebung zum *crimen laesae maiestatis*. Jeder Angriff auf den Kaiser, jede Verschwörung zu seinen Ungunsten war strafbewehrt und wurde in aller Regel mit Tod oder Verbannung geahndet (Bauman 1974), ganz ähnlich, wie dies auch für die Herrschaft von Merowingern und Karolingern gilt. Die Frage ist natürlich, was also systemrelevant ist. In ähnlicher Absicht ahnden wir – wenngleich nicht mit der Todesstrafe – den Versuch, die Demokratie zu beseitigen.

Der aber vielleicht wichtigste Punkt aus heutiger Sicht wird die Frage sein, inwieweit das tägliche Leben reglementiert wird. Denn je stärker der Alltag der Bürger (und gegebenenfalls Bürgerinnen) beziehungsweise Untertanen kontrolliert und gesteuert wird, desto weniger Raum bleibt für die individuellen Handlungsmöglichkeiten. Da eine jede Regierung über die Herstellung von Normen versucht, ihre eigene Stellung im politischen System zu steigern, da die Regierung meist aus Teilhabern am politischen System gebildet ist, gibt es immer die Gefahr, dass diese ihre Familien und ihre Zukunft auf Kosten anderer durch ihre politische Tätigkeit zu fördern suchen. Das andere Problem ist die Regierung, die ihre Position dauerhaft innehat und deshalb von jeder Regelung als solcher mächtiger wird, in dem Maße, in dem sie es umsetzen kann und vielleicht gerade dadurch an der Regierung bleibt.

Es ist keine Frage, dass Familien im Normalfall von dem Regierungshandeln eines Mitglieds profitieren, selten ist das so sichtbar und unmittelbar wie bei dem aktuellen Präsidenten der USA, Donald J. Trump. In Rom war das in gewissen Grenzen Teil des Systems und trug zur Stabilisierung einer gewissen Elitenkultur bei. In den USA ist das ebenfalls als mittelbarer Effekt wohl nicht ungewollt. Während in der römischen Republik die zweite Gefahr weitgehend ausgeschlossen war, indem man Ämter nur ein Jahr lang innehaben durfte, was gegen Ende der Republik zunehmend aufgebrochen wurde, war die politische Kontinuität in der Monarchie sowohl Gefahr als auch Sicherungsmechanismus des politischen Systems.

Zusammengefasst ist das Verhältnis von Freiheit und Sicherheit hochkomplex. Grundsätzlich gibt Sicherheit eine gewisse Grundfreiheit, also die Voraussetzung für Freiheit überhaupt. Jede darüber hinausgehende Sicherheit wirkt im Hinblick auf die gewährleistete beziehungsweise geduldete Freiheit höchst ambivalent. Das liegt daran, dass Sicherheit auf Herrschaft beruht, also in aller Regel auf der Stärke der »Dritten Person«, des Staates also, und seiner Akteure.

III

Im Folgenden soll es also um die Sicherheit als Bedrohung von persönlicher Freiheit gehen und um die theoretische Möglichkeit, diesen Effekt zu vermeiden. Dabei gibt es unterschiedliche Formen der Freiheit, die allesamt bei einer starken herrschaftlichen Durchdringung der Gesellschaft als der Möglichkeit nach prekär anzusehen sind. Das sind Mobilität, Handlungsfreiheit und Meinungsfreiheit, zu der mehrere konkrete Freiheiten gerechnet werden können: Versammlungsfreiheit, Pressefreiheit (in der Antike eher kein Thema), Vereinsfreiheit und die Meinungsfreiheit als Freiheit des Einzelnen, eigene Ansichten frei zu äußern.

Dabei können diese Freiheiten sowohl durch Gesetze, Rechtsprechung und jede Form der Kontrolle eingeschränkt werden. Allein die Gesetze tragen diese Möglichkeit, auch ohne unmittelbar auf Freiheiten gerichtet zu sein, in sich, etwa bei der Schaffung von immer neuen Straftatbeständen und mit der Erhöhung der Strafbewehrung bestehender Straftatbestände, aber natürlich auch durch das Inkaufnehmen von Fehlurteilen. Oft ist gerade bei hohen Strafbewehrungen die Aufklärungsquote von Straftaten eher gering und eine Angemessenheit der Strafe nicht gegeben. Das ist nicht nur ein aktuelles Problem von Straftaten mit geringer Aufklärungsquote, sondern war gerade in der Vormoderne ein grundsätzliches Problem. Das betrifft nicht die freie Meinungsäußerung, aber die Handlungsfreiheit.

Diese Freiheit findet berechtigterweise ihre Grenze dort, wo die Freiheit anderer unverhältnismäßig eingeschränkt wird. Wird aber die Grenze von Staats wegen enger gezogen, beschränkt der Versuch, Sicherheit und Ordnung herzustellen, die Freiheit einzelner Akteure. Dabei sind Sicherheit und Ordnung nur schwer voneinander zu trennen. Ordnung nämlich schafft Sicherheit, die Sicherheit geregelter Abläufe und erwartbarer Lebensbedingungen, und stabilisiert so die Gesellschaft. In diesen Bereich der Freiheitsbeschränkungen fallen naturgemäß vormoderne städtische Gesetze, etwa zur Eindämmung von Luxus und seiner Zurschaustellung bei Hochzeiten und Begräbnissen (Bulst 1988, S. 31). Solche Regelungen sind typisch für urbane Gesellschaften, in denen die soziale Performanz eine erhebliche Rolle spielt und durchaus systemgefährdend werden kann, aber natürlich auch eingeschränkt wird, um der jeweiligen Regierung solche symbolische Selbsterhöhung vorzubehalten, was am Ende auch das politische System stabilisiert und zur Grundausstattung der bürgerlichen Sicherheit gehören kann.

In vormodernen politischen Ordnungen wurde bereits ein Gewaltmonopol des Staates geltend gemacht, der gegebenenfalls die Festnahme und Überstellung von Straftätern dem Geschädigten überlässt, wie etwa im römischen Zwölftafelgesetz aus der Mitte des 5. Jahrhunderts v. Chr., die Feststellung der Schuld und der Sühne aber dem privaten Verkehr entzieht (Das Zwölftafelgesetz, Tafel 1). Anders regelte dies zum Teil der hochmittelalterliche Sachsenspiegel aus dem beginnenden 13. Jahrhundert n. Chr., in dem – mutmaßlich gegen die eigentliche Intention des Autors – auch Regeln für die Fehde aufgestellt wurden (Sachsenspiegel, Landrecht II,2), diese also Teil der üblichen Rechtsordnung war, was schlicht und einfach an der mangelnden Staatlichkeit des Reiches dieser Zeit liegt. In zahlreichen vormodernen Rechtssätzen wurde die Freiheit des Familienvaters eingeschränkt, wie erwähnt, meist zugunsten der übrigen Familienmitglieder, aber natürlich vor allem mit der Absicht, die politische Zentrale zu stärken. Das lässt sich in der Verleihung des *pater patriae*-Titels an Augustus beobachten (2. Jh. v. Chr.). Der Kaiser als Vater des Vaterlandes hatte den Anspruch, eine Art Obervater zu sein (Strothmann 2000, S. 74), was oft als Stärkung der allgemeinen väterlichen Gewalt gedeutet wird, diese aber faktisch zumindest symbolisch relativiert.

Das Anerkennen von Privateigentum durch den Staat ist in den meisten Gesellschaften der Vormoderne selbstverständlich, weil er selbst nicht in der Lage gewesen wäre, eine Verstaatlichung des privaten Eigentums durchzusetzen. Im Gegenteil ist es für die Existenz der staatlichen Ordnung wesentlich, solche sozialen Realitäten anzuerkennen. Meist schützt auch der vormoderne Staat das kleine Eigentum vor den großen Akteuren, wie zahlreiche karolingische Bestimmungen des 8. und 9. Jahrhunderts nahelegen. Der Staat ist bis zu einem bestimmten Punkt seiner Karriere geradezu gezwungen, für einen allgemeinen gesellschaftlichen Ausgleich zu sorgen, um nämlich den inneren Frieden zu erhalten. Sichtbar wird die Gefahr, die in der Entstehung von regelrechten sozialen Klassen liegt, in den häufigen Umstürzen in spätmittelalterlichen Städten, die auf die Übernahme der Herrschaft durch die wirtschaftlichen Eliten allein folgten (Jones 1997, S. 583–594). Es ist vielleicht ein Charakteristikum moderner Staaten, dass sie gegen soziale Realitäten handeln können, dass sie etwa dauerhaft die Herrschaft der Eliten allein sowie auch gegen die Eliten organisieren können. Machbar wird das durch die Möglichkeiten der Kontrolle und der Gewalt, die in einem modernen Anstaltsstaat durch Polizei und gegebenenfalls durch Geheimpolizei ermöglicht werden. Der moderne allwissende Staat und seine privaten Konkurrenten um die Kontrolle der Bürger und Konsumenten, gegen die die Möglichkeiten der Staatssicherheit der DDR als geradezu dürftig dastehen, findet seine Entsprechung in der Vormoderne in dem Prinzip sozialer Kontrolle und der Möglichkeit der Denunziation, was ja auch die Hauptkontrollmittel des Dritten Reiches und der DDR waren. Das schränkte die Handlungsfreiheit in der Vormoderne ebenso ein, wie es die Meinungsfreiheit hätte einschränken können.

Um zu verstehen, was für die Vormoderne unter Meinungsfreiheit zu verstehen ist, ist es notwendig, die Grenzen des politisch Möglichen zu verstehen. So, wie wir die Demokratie gegen ihre Kritiker schützen, und das nicht nur über das Gesetz, sondern auch über soziale und mediale Ausgrenzung, etwa der AfD und davor noch konsequenter der PDS, die ebenfalls in dem Ruf stand, die Demokratie zu bedrohen, so schützten sich vormoderne politische Ordnungen auch vor einem möglichen Umsturz. Ist also der Versuch, eine antike Aristokratie vor der Einführung einer Tyrannis zu schützen, legitim? Und war die demokratiekritische Haltung des Sokrates eigentlich durch eine Form der Meinungsfreiheit geschützt? Zwar lautete die Anklage gegen ihn, der er dann zum Opfer fiel, auf Asebie, auf Abkehr von den Göttern (Strothmann 2003), aber ein wesentlicher Grund für die Möglichkeit, ihn überhaupt anzuklagen, könnte auch in seiner politischen Grundhaltung gesehen werden, die nicht die Herrschaft aller, sondern der Besten präferierte. Solange die geäußerte Meinung sich also im Rahmen der politischen Möglichkeiten bewegte, geschah dem athenischen Bürger natürlich nichts. Selbst die im Frühmittelalter verbreiteten Annahmen von der Rechtmäßigkeit des Tyrannenmordes sind unseres Wissens nicht inkriminiert worden (Kern 1954). Diese relative Liberalität vormoderner politischer Ordnungen ist aber vor allem ihrer relativen Schwäche geschuldet.

Anders sieht das in religiöser Hinsicht aus. Hier sei zunächst an das Beispiel Sokrates erinnert, der sein Leben konkret wegen seiner Haltung zu den Göttern verlor, dies aber, weil die Götter als Garanten der politischen Gemeinde galten und folglich nicht verärgert oder vernachlässigt werden durften. Das System, in dem Sokrates verurteilt wurde, war die Protodemokratie Europas.

Vermutlich aber noch gefährlicher war das Christentum für das Römische Reich. Die Verfolgung von Christen fand zu den meisten Zeiten nur auf der Basis von Denunziation statt, wurde also meist nicht systematisch betrieben. Für Rom aber war es nicht das Denken eines Christen, nicht eventuelle Äußerungen über Erlösung oder gar über Christus als »wahren Imperator«, sondern die Ablehnung der staatstragenden und staatsbewahrenden Kulte und die Ablehnung des Opfers für die Kaiser, die verstorbenen und den lebenden, die wesentlicher Bestandteil der politischen Integrität des Reiches und seiner Bürger waren (Guyot/ Klein 1993/94). Insofern war auch im Römischen Reich die Möglichkeit einer offenen Meinungsäußerung kaum eingeschränkt. Das aber änderte sich mit der Verbindung von Staat und Christentum seit Konstantin, der das Christentum förderte und sich manche christlich-affine Vorstellungen zu eigen machte und so teilweise zu Gesetzgebung gelangte, die für die römische Welt auffallend drastisch waren, wie etwa die Todesstrafe für Brautraub (Codex Theodosianus IX,24,1). Bald wurde der Kaiser zum Bewahrer des neuen Glaubens, und im *Corpus Iuris Civilis* Kaiser Justinians wurde der Häretiker endgültig zum Feind des Staates (Codex Iustinianus I,1; I,5). Zwar ging es auch hierbei um die Sicherstellung politischer Integrität des Reiches, indem die Forderung nach Rechtgläubigkeit vor allem eine Forderung nach (auch politischer) Einheit darstellte, aber jetzt wurde erstmals die theologische und damit politisch relevante Meinung zum Problem. Aber selbst in den dramatischen theologischen Konflikten der Spätantike wurde die Verfolgung Andersdenkender nicht zum Prinzip. Es gab selbst in diesem System eine erhebliche Fähigkeit und Notwendigkeit zur Toleranz. So gab es keine regulären Verfolgungen von unbedeutenden Andersdenkenden über den aktuellen eventuell gewalttätigen Konflikt hinaus. Das blieb letztlich vor allem den starken politischen Ordnungen der frühen Neuzeit vorbehalten, die die Verfolgung von devianten Personen geradezu zum Strukturprinzip erhoben, sichtbar meist aus dem Interesse heraus, die politische Führung zu stärken, indem dem Verfolgungsbegehren aus der Bevölkerung nachgegeben wurde oder aber (seltener) die Verfolgung von Hexen und Ketzern von Staats wegen betrieben wurde. Neben der Fähigkeit des Staates zum Terror, übrigens eine sichtbare Abkehr von der bis dahin weithin üblichen und gepflegten Rechtsstaatlichkeit, war es der Wille des Staates zum alles umfassenden und regelnden Akteur in Gestalt der Regierung, von städtischen Regierungen ebenso wie von Fürsten, der diesen Schritt möglich machte. Und dies wiederum war auch ein Ergebnis der Karriere der kirchlichen Ordnungen, die seit dem hohen Mittelalter immer mehr Zugriff nahmen auf die einzelnen Gläubigen und ihr Denken und Handeln, dies mit der flächendeckenden Durchsetzung der Beichte und ihrer gelegentlich fast wissenschaftlichen Analyse (Alphonsus Maria de Liguori; Grassmann 1901 und dazu Keller 1901) wie der umfassenden kirchenrechtlichen Normierung aller Lebensbereiche, was vor allem die römisch-katholische Kirche der frühen Neuzeit bezeichnet.

Einer der ersten prominenten Ketzer des Mittelalters, die für ihre abweichenden Haltungen verurteilt wurden, war Petrus Abaelard, meist bekannt für seinen Briefwechsel mit der geliebten Heloise, die er einst heimlich geheiratet hatte, bevor er dann ins Kloster ging. Sein abweichendes Verständnis der Trinität, das aber vor allem in einem reflektierten Platonismus bestand und in der Bereitschaft, die zentralen theologischen Fragen offen zu diskutieren, ist zugleich die damit inkriminierte Meinung eines Andersdenkenden und – wie so oft in diesen Fällen – eine Gefahr für die etablierte Ordnung. Sein Schüler Arnold von Brescia, der zuvor schon der Kirchenspaltung angeklagt und dafür auch verurteilt worden war, starb den ersten bekannten Ketzertod des Mittelalters, dies im Jahr 1155 (Pegrari 1991; Strothmann 1997). Dieser Mann war in seiner Systemkritik gegenüber der Kirche und ihrer Ferne gegenüber der apostolischen Kirche und wegen der politischen Konsequenzen eine reale Gefahr für die Ordnung, die politische wie die kirchliche und damit für das vermeintliche Seelenheil einer Gesellschaft. In der Folge entwickelte die römisch-katholische Kirche ein feines Instrumentarium, mit dem abweichende und damit gefährliche Meinungen erkannt und verbrannt werden konnten. Das gilt zunächst nur für die Schriften, dann, bei dauerhafter Weigerung einer korrekten Sicht, auch den Personen – und seit dem späten Mittelalter zunehmend selbst solchen Personen, die keine große Öffentlichkeit für ihre Meinungen beanspruchen konnten. Das theologisch überhöhte politische System erkannte aber tatsächlich zunehmend die reale Gefahr für die göttliche Ordnung – meist unter dem Eindruck von Krisen –, die in der bloßen Meinung einzelner selbst lag. Damit wurde die kollektive Heilsfähigkeit der Gesellschaft im Ganzen gefährdet, so die Überzeugung der Zeitgenossen. Dieser Gedanke – wenngleich noch nicht konsequent umgesetzt – leitete bereits Justinian in seinen Einlassungen zur kaiserlichen Aufgabe der Ketzerverfolgung, erscheint im Mittelalter sowohl in der kaiserlichen Gesetzgebung Friedrichs II. für Sizilien (Konstitutionen von Melfi; Stürner 2000, S. 198) in dieser Deutlichkeit und fand auch seinen Reflex in einer Rechtsbestimmung des Sachsenspiegels vom frühen 13. Jahrhundert im mittleren Deutschland, nach der Unglaube selbst strafbar sei (Sachsenspiegel, Landrecht II,13.7), nur dass hier eben noch die systematische Verfolgung nicht möglich und vermutlich auch nicht vorgesehen war.

Für Gelehrte, die wegen ihrer theologischen und damit auch meist politischen Positionen andernorts verfolgt wurden, war im 14. Jahrhundert der Hof Kaiser Ludwigs des Bayern ein Ort des offenen Diskurses, was vor allem für den englischen Franziskaner Wilhelm von Ockham galt, der ähnlich wie der ebenfalls in München lebende Marsilius von Padua die Welt nicht mehr im Detail als Ausdruck des göttlichen Planes begriff, sondern dem Handeln der Menschen in der Organisation der geschaffenen Welt einigen Spielraum zumaß (Black 1988, S. 601–602).

Mit der Einschränkung der Freiheit des Einzelnen wird Sicherheit hergestellt, sowohl für die Gesellschaft und die politische Gemeinschaft als auch für die Regierenden beziehungsweise Herrschenden. Die Frage, welche Äußerung in welcher Öffentlichkeit systembedrohend ist, ist eine zuletzt rechtlich festgesetzte Frage, die immer die Akteure des Systems beantworten, also die Regierenden beziehungsweise Herrschenden. Eine objektive Einschätzung von außen, was an Meinungsäußerung nun bedrohlich ist und was erträglich, ist nicht möglich. Denn selbst wenn von außen oder aus dem Später heraus eine objektivierte Einschätzung der politischen Realität möglich wäre, würde dies nicht die Verantwortlichkeit der zeitgenössischen Akteure des Systems korrigieren oder ersetzen können. Ihre Perspektive ist aktuell und beschränkt, zugleich aber sind sie diejenigen, die eine Situation kommunikativ einschätzen und bewerten können.

IV

Und: Hat ein System ein Recht auf Selbsterhalt? Oder gilt dies nur für ein demokratisches System? Und wer definiert die Qualität der aktuellen Demokratie? Ist also der Vorbehalt von Sokrates und Platon gegenüber der athenischen Demokratie als systemgefährdend zu verurteilen? Immerhin kritisierten sie vor allem die Beliebigkeit des politischen Handelns in einer auf Gleichheit ausgelegten direkten Demokratie, in der über die Besetzung politischer Positionen entweder das Los entschied oder die beste Demagogie.

Uns bleibt doch wohl am Ende nur die Parteilichkeit derjenigen, die eine gleichartige politische Beteiligung aller in einer vorzugsweise repräsentativen Form des Politischen als erstrebenswertes Gut festsetzen und befürworten. Inwieweit wir dazu notwendigerweise die Grenzen der Freiheit immer enger ziehen müssen, bleibt eine ständig neu zu stellende Frage.

Ebenfalls dem Systemschutz und immer auch dem Nutzen der Regierenden beziehungsweise Herrschenden dienen auch die Einschränkungen der Handlungs- und Bewegungsfreiheit, die in modernen Staaten leichter zu überwachen und durchzusetzen sind, und im Daten erhebenden Staat einer vor allem medialen Gesellschaft wie jede Einschränkung von Meinungsfreiheit leicht ins Totalitäre finden, und das, obwohl der Kaiser der Gegenwart nicht mehr zur Erhaltung der göttlichen Ordnung aufgerufen ist.

Literatur

Bassanelli Sommariva, Gisella (1983): L'imperatore unico Creatore ed Interprete delle Leggi e l'Autonomia de Giudice nel Diritto Giustinianeo. Mailand.

Bauman, Richard A. (1974): Impietas in Principem. A Study of Treason Against the Roman Emperor with Special Reference to the First Century A.D. München.

Black, Antony (1988): The Individual and Society. In: Burns, James H. (Hrsg.), The Cambridge History of Medieval Political Thought c.350–c.1450. Cambridge, S. 588–606.

Bretone, Mario (1992): Geschichte des römischen Rechts. Von den Anfängen bis zu Justinian. München.

Bulst, Neithard (1988): Zum Problem städtischer und territorialer Kleider-, Aufwands- und Luxusgesetzgebung in Deutschland (13. – Mitte 16. Jahrhundert). In: Gouron, André/Rigaudiere, Albert (Hrsg.), Renaissance du Pouvoir legislatif et Génese de l'État. Montpellier, S. 29–57.

Codex Iustinianus. Hrsg. v. Paul Krüger (Corpus Iuris Civilis, Bd. 2), 11. Aufl., Berlin 1954.

Codex Theodosianus. Hrsg. v. Theodor Mommsen, Bd. I,1: Textus, Berlin [1904] 1971.

Das Zwölftafelgesetz. Hrsg. v. Rudolf Düll, München – Zürich. 7. Aufl. 1995.

Die Lex Irnitana. Ein römisches Stadtrecht aus Spanien. Hrsg. v. Joseph Georg Wolf. Darmstadt 2011.

Grassmann, Robert (1901): Auszüge aus der Moraltheologie des Heiligen Dr. Alphonsus Maria de Liguori und die furchtbare Gefahr dieser Moraltheologie für die Sittlichkeit der Völker. 78. Aufl. Stettin.

Grundmann, Herbert (1970): Religiöse Bewegungen im Mittelalter. Darmstadt.

Guyot, Peter/Klein, Richard (Hrsg.) (1993/94): Das frühe Christentum bis zum Ende der Verfolgungen. Eine Dokumentation. Darmstadt.

Harper, Kyle (2012): Marriage and Family. In: Fitzgerald, Scott/Johnson, Gerald (Hrsg.): The Oxford Handbook of Late Antiquity. Oxford, S. 667–714.

Jacques, François/Scheid, John (1998): Rom und das Reich in der Hohen Kaiserzeit 44 v.Chr.–260 n.Chr., Bd. 1: Die Struktur des Reiches. Stuttgart – Leipzig.

Jones, Philip (1997): The Italian City-State. From Commune to Signoria. Oxford.

Kaser, Max (1992): Römisches Privatrecht. 16. Aufl. München.

Keller, Adam (Prälat) (1901): St. Alphonsus von Liguori oder Robert Grassmann? Eine Beleuchtung der Broschüre Grassmann's über die Moraltheologie des hl. Alphonsus. Wiesbaden.

Kern, Fritz (1954): Gottesgnadentum und Widerstandsrecht im früheren Mittelalter. Zur Entwicklungsgeschichte der Monarchie. 2. Aufl. Münster.

Linke, Bernhard (1995): Von der Verwandtschaft zum Staat: Die Entstehung politischer Organisationsformen in der frührömischen Geschichte. Stuttgart.

Pegrari, Maurizio (Hrsg.) (1991): Arnaldo da Brescia e il suo tempo. Brescia.

Sachsenspiegel, Landrecht. Hrsg. v. Karl August Eckhardt. Hannover 1995 (Monumenta Germaniae Historica, Fontes Iuris Germanici Antiqui, Nova Series I,1).

Strothmann, Jürgen (1997): Arnold von Brescia. Christentum als soziale Religion. Theologie und Glaube 87 (1), S. 55–80.

Strothmann, Jürgen (2009): Karolingische politische Ordnung als Funktion sozialer Kategorien. In: Pohl, Walter/Wieser, Veronika (Hrsg.), Der Frühmittelalterliche Staat – Europäische Perspektiven. Forschungen zur Geschichte des Mittelalters, Bd. 16. Wien, S. 51–61.

Strothmann, Meret (2000): Augustus – Vater der res publica. Zur Funktion der drei Begriffe restitutio – saeculum – pater patriae im augusteischen Prinzipat. Stuttgart.

Strothmann, Meret (2003): Asebie und die Athener Jugend im 5. Jh. v.Chr. Tyche, Bd. 18, S. 167–187.

Stürner, Wolfgang (2000): Friedrich II. Teil 2: Der Kaiser. Darmstadt.

Uhalde, Kevin (2012): Justice and Equality. In: Fitzgerald, Scott/Johnson, Gerald (Hrsg.): The Oxford Handbook of Late Antiquity. Oxford, S. 764–788.

Danksagung

Noyan Dinçkal und Angela Schwarz danke ich für Lektüre und Rat.

Jürgen Nielsen-Sikora / Jessica Gröber[*]

Der öffentliche Diskurs über die Innere Sicherheit in der Bundesrepublik Deutschland seit dem Attentat von München 1972

Dieser Artikel zeichnet den öffentlichen Diskurs über die Innere Sicherheit seit 1972 nach. Im Fokus stehen hierbei die »Münchener Terror-Spiele«, die Gewalttaten der Roten Armee Fraktion sowie die Reaktor-Katastrophe von Tschernobyl als Wendepunkte der öffentlichen Sicherheitsdebatte: Alle drei Ereignisse haben nicht nur eine breite Diskussion über Innere Sicherheit ausgelöst – sie waren auch Anlass für die Politik, neue Sicherheitsmaßnahmen einzuleiten (erster Teil des Beitrags).

Seit dem 11. September 2001 dreht sich die Diskussion insbesondere um die Sicherheit sogenannter »weicher Ziele«. Damit einhergehende neue Sicherheitsinitiativen lassen eine Gesellschaft Realität werden, die der Philosoph Byung-Chul Han als »Transparenzgesellschaft« charakterisiert. Diese Debatte greifen wir auf (zweiter Teil des Beitrags) und bilanzieren mit dem Soziologen Wolfgang Sofsky abschließend das über die vergangenen Jahrzehnte entstandene, spannungsgeladene Verhältnis von Sicherheit und Freiheit (dritter Teil des Beitrags).

Der öffentliche Diskurs über die politischen Maßnahmen zur Wahrung der Inneren Sicherheit seit 1972 legt die Vermutung nahe, dass nicht nur die Gefahr, sondern auch »das Rettende« (Hölderlin) gewachsen ist.

* PD Dr. Jürgen Nielsen-Sikora, Universität Siegen, Fakultät II (Bildung – Architektur – Künste), Hans Jonas-Institut Siegen.
  Jessica Gröber, Universität Siegen, Fakultät II (Bildung – Architektur – Künste), Hans Jonas-Institut Siegen.

1.   Der öffentliche Diskurs über die Innere Sicherheit in den 1970er und 1980er Jahren

1.1   Institutionalisierung der Sicherheit: Die Gründung der GSG 9

Am Anfang war das Blutbad von Fürstenfeldbruck. Auf dem Luftwaffenstütz-punkt nahe München starben am 5. September 1972 nach mehrstündiger Gei-selnahme und rund dreistündiger Schießerei neun israelische Olympioniken, fünf palästinensische Attentäter der Terrorgruppe »Schwarzer September« und ein deutscher Polizist. Die Idee eines freundlichen und friedlichen olympischen Wettkampfs in Deutschland ohne Waffen und Uniform wich der Erinnerung an die »Terror-Spiele«. Im Anschluss an das Blutbad entbrannte eine neue Dis-kussion über Innere Sicherheit in Deutschland. Den Grund für das sicher-heitspolitische Fiasko sah man darin, dass die Bundesrepublik Deutschland über keine für Terrorangriffe ausgebildete Spezialeinheiten verfügte. Die Polizei schien mit dieser Aufgabe heillos überfordert. Denn die Attentäter, die kurz zuvor noch als Bauarbeiter im olympischen Dorf beschäftigt waren, konnten bereits am frühen Morgen ungehindert in die Räume der Israelis eindringen, wo sie zwei Sportler unmittelbar töteten. Die Sicherheitsvorkehrungen waren be-wusst gelockert worden. Das Krisenmanagement funktionierte nicht, weil Po-litiker statt Sicherheits-Experten verantwortlich zeichneten. Man sprach von Fehleinschätzungen in Bezug auf die Attentäter, deren Maskierung als Zeichen ihres Willens zu überleben, nicht richtig gedeutet worden sei. Auch im Hinblick auf ihre Waffenausstattung war man seitens der Sicherheitsbehörden nicht im Bilde. Ungeübte und schlecht ausgerüstete Streifenpolizisten sowie fehlende Scharfschützen, ein auf Grund vorangegangener Fehlentscheidungen bereits verunsicherter Polizeipräsident, und schließlich die Befehlsverweigerung eini-ger Polizisten in einem bereitstehenden Flugzeug, trugen zur Katastrophe mit bei. Zudem übertrug das Fernsehen polizeiinterne Strategien live. Bayerns da-maliger Ministerpräsident Alfons Goppel resümierte nur wenige Monate, nachdem die Ständige Konferenz der Innenminister ein Programm für die In-nere Sicherheit in der Bundesrepublik beschlossen hatte: »So kann es nicht weitergehen. […] Für unsere Sicherheit muss endlich wieder mehr getan wer-den« (Goppel 1972).

Die Gründung der Spezialeinheit GSG 9 zur Bekämpfung von Schwerst- und Gewaltkriminalität sowie des Terrorismus am 26. September 1972 unter der Leitung von Ulrich Klaus Wegener war die unmittelbare sicherheitspolitische Reaktion auf das Münchner Attentat. Ihren ersten Einsatz hatte die GSG 9 jedoch erst fünf Jahre später, am 17. Oktober 1977, bei der »Operation Feuerzauber«

betitelten Befreiung von Geiseln aus der Lufthansa-Maschine »Landshut« in der somalischen Hauptstadt Mogadischu (vgl. Scholzen/Froese 1997).

Heute gehören der GSG 9 (der Bundes-Polizei) Scharfschützen, Taucher und Fallschirmspringer an. Die Einheit zeichnet für die Innere Sicherheit mitver-antwortlich. Modernste Technik an Land, im Wasser und in der Luft sollen dafür sorgen, dass die Einheit diese Sicherheit gewährleisten und auch andere Stellen wie das Bundeskriminalamt, das Auswärtige Amt, die Polizeien der Länder und die Bundeszollverwaltung unterstützen kann. So war die Einheit im Juli 2017 auch bei den gewalttätigen Ausschreitungen linker Extremisten während des Hamburger G20-Gipfels im Einsatz.

Die GSG 9 BPOL nimmt darüber hinaus an polizeilichen Auslandsmissionen der EU und der Vereinten Nationen teil. Ihr Einsatz ist immer dann gefragt, wenn es um die »Bewältigung komplexer oder besonders gefährlicher Lagen« geht und »Widerstand unter Anwendung von Waffen, Explosivstoffen, Sprengvorrich-tungen, Gefahrstoffen, Organismen oder anderer gefährlicher Materialien nicht auszuschließen ist« (Bundespolizei o.D.). Über den Einsatz der GSG 9, deren Selbstverständnis die institutionalisierte Sicherheit ist (»Wir sind Sicherheit«), entscheidet das Bundesministerium des Innern (vgl. Sünkler 2010).

Blickt man auf die Anfänge der Einheit, so ist festzustellen, dass der Terro-rismus den demokratischen Rechtsstaat auch weiterhin in Atem hielt. Die Gründung der GSG 9, der äußerst umstrittene Radikalenerlass (1972) und die Etablierung des »Rechtfertigenden Notstands« laut §34 StGB (1975) änderten daran zunächst wenig. Es waren vor allem die Attentate der RAF (Rote Armee Fraktion), die die Republik aufwühlten und im »Deutschen Herbst« (1977) ihren vorläufigen Höhepunkt fanden. Sie lösten eine neue, öffentlich kontrovers ge-führte Debatte über Sicherheit und Freiheit aus.

1.2   Die Suche nach Verfassungsfeinden und Verfassungsfreunden

Die »Suche nach Sicherheit« (Conze 2009) kam aus diesem Grund auch nicht zur Ruhe: In der Hochphase des Kalten Krieges und des Wettrüstens zwischen Ost und West sowie nach den Versäumnissen bei der Schleyer-Fahndung (1977) stritten die politischen Lager über eine Sicherheitsverwahrung für Terroristen, die Beschleunigung von Strafprozessen, die Rasterfahndung und Maßnahmen zur geistigen Auseinandersetzung mit dem Terrorismus.

Die CDU-Fraktion wollte die Ursachen des Terrorismus stärker in den Blick nehmen. Doch gehörten die publizistischen Einmischungen von Erich Fried, Jürgen Habermas, Theodor W. Adorno und Heinz Gollwitzer nicht ernsthaft zu diesen Ursachen, wie manche Konservative glauben machen wollten. Die Vor-würfe des »Sympathisantentums«, denen sich nicht zuletzt der Kölner Schrift-

steller Heinrich Böll zu erwehren hatte, führten zu einer Politik der Verdächti-
gung. In dieser aufgeheizten Stimmung forderten einige Stimmen gar die Wie-
dereinführung der Todesstrafe, auch wenn das selbstredend keine Lösung des
Problems der Inneren Sicherheit darstellen konnte (vgl. Deutscher Bundestag
1978).

Politisch bemühte man sich um Schadensbegrenzung: Das Bundeskriminalamt (BKA), das bis dahin nur zuständig für die Koordinierung der Terro-
ristenbekämpfung war, schaltete sich dank einer Gesetzesnovelle in die Direkt-
fahndung der Verfassungsfeinde ein. Ab Anfang November 1977 arbeiteten
BKA-Beamte und Länder-Kriminalisten in der neuen Kommission »Zielfahn-
dung« zusammen, um bei der Terroristensuche erfolgreicher zu sein. Nachdem
Bundespräsident Walter Scheel (FDP) bereits einige Wochen zuvor das »Kon-
taktsperregesetz« gegengezeichnet hatte, sprach Bundesjustizminister Hans-
Jochen Vogel noch am Tag des Inkrafttretens (2. Oktober) 72 Kontaktsperren
aus. Demnach durften Inhaftierte, die aufgrund des § 129a verurteilt oder ver-
dächtigt waren, für bestimmte Zeit von ihren Rechtsanwälten isoliert werden.
Beschwerden gegen die Kontaktsperre nahm das Bundesverfassungsgericht gar
nicht erst zur Entscheidung an.

Begleitet von zahlreichen Rücktrittsforderungen, mit denen nach der Flucht
von Terroristen (z. B. Till E. Meyer) oder der Todesnacht von Stammheim Po-
litiker verschiedener Parteien sich gegenseitig die Schuld für Sicherheitsmängel
vorwarfen, brach sich in der Öffentlichkeit die Diskussion Bahn, ob die mit den
jüngsten Maßnahmen einhergehende Einschränkung von Freiheitsrechten nicht
einem demokratischen Selbstmord gleichkäme. Nicht von der Hand zu weisen
seien erhebliche Überreaktionen beim Schutz des demokratischen Rechtsstaa-
tes, die die Freiheitsrechte der Bürger (u. a. das Demonstrationsrecht) drama-
tisch beschnitten, während gleichzeitig die Ausgaben für die Gewährleistung der
Inneren Sicherheit keine Grenzen zu kennen schienen. Der freiheitlich-demo-
kratische Rechtsstaat sei kein Regenwurm, bemerkte Heinz Gollwitzer in der
Frankfurter Rundschau vom 23. November 1977 kritisch (vgl. von Freyberg
1979).

Die Republik schien bis zum Äußersten verunsichert, wie der Politikwis-
senschaftler Kurt Sontheimer (1979) treffend konstatierte. Dazu trugen auch die
bundesweit in Postämtern, Polizeistationen und öffentlichen Einrichtungen
ausgehängten Fahndungsplakate mutmaßlicher Terroristen bei. Ob in dieser
Situation nicht so etwas wie ein Verfassungspatriotismus benötigt werde, fragte
deshalb Sontheimers Kollege Dolf Sternberger (1979). Darunter fasste er ein
staatsbürgerschaftliches Konzept, das auf gemeinsamen politischen Werten
(Demokratie, Meinungsfreiheit etc.) ruht. Grundsätzlich ging es um die Identifikation des Bürgers mit staatlichen Institutionen sowie die aktive Staatsbür-
gerrolle des Einzelnen. Die Suche nach Innerer Sicherheit war nicht zuletzt die

Suche nach dem wachsamen Bürger, der für seine Freiheit die Verfassung verteidigt.

Doch gab es angesichts einer gewachsenen Zahl an Verfassungsfeinden noch genügend Verfassungsfreunde, die sich trotz beschnittener Freiheitsrechte konstruktiv in das politische Geschehen einbringen wollten? Die steigende Zahl an Bürgerinitiativen und sozialen Bewegungen ließ diesen Schluss durchaus zu. Dennoch beschlich viele das Gefühl, man müsse mit dem Terror leben lernen. Wie real dieser für jeden Einzelnen war, spielte hierbei weniger eine Rolle als die Wahrnehmung der Öffentlichkeit, dass der Terrorismus eine Gefahr für die Gesellschaft insgesamt darstelle.

1.3   Die Verletztlichkeit der High-Tech-Gesellschaft

Freilich lauerte die Gefahr nicht nur in terroristischen Gewalttaten, sondern noch ganz woanders. Denn als am 26. April 1986 ein Reaktor des Kernkraftwerkes Tschernobyl explodierte, wurde allen schmerzlich bewusst, dass der Terror nicht das einzige Sicherheitsproblem für die Gesellschaft darstellte. »Ein unsichtbares, lautloses Bombengeschwader mit einer todbringenden Last« (ZEIT, 9. Mai 1986) hatte Deutschland erreicht. Und keine Sicherheitsbehörde konnte dagegen etwas unternehmen.

Der Unfall führte zu einer extrem hohen radioaktiven Strahlenbelastung nicht nur im Umfeld des Reaktors. Über die Erdatmosphäre verteilten sich über ganz Europa radioaktive Stoffe. Der damalige Sicherheitsdiskurs sowie die Warnungen an die deutsche Bevölkerung entbehren aus heutiger Sicht nicht einer gewissen Komik: Keine größeren Mengen Milch trinken, Gemüse sorgfältig waschen, keine Pilze essen, Kinder nach Möglichkeit im Haus lassen, und Kleidung in Windrichtung ausbürsten. Die Einnahme von Jod-Tabletten, die jedoch nicht in ausreichender Menge vorhanden waren, wurde ebenso in Erwägung gezogen.

Man sprach von der »Generation GAU« und sah sich einer Jugend gegenüber, die in Brokdorf, Kalkar und Wackersdorf protestierend ihre Freizeit verbrachte. Ausverkaufte Geigerzähler zeugten davon, dass die Umweltpolitik plötzlich ein zentrales Thema der politischen Öffentlichkeit war. Die Gründung des Bundesumweltministeriums rund sechs Wochen nach dem Reaktorunfall unterstrich diesen Sachverhalt.

Tschernobyl löste eine heftige öffentliche Debatte über die Nutzung der Kernenergie aus. Galt der Reaktor »dank der Überwachungs- und Kontrollmöglichkeit der einzelnen horizontal liegenden Kanäle aus Zirkon« (ebd.) in den Jahren zuvor auch nach deutscher Experten-Meinung als sicher, so wusste nach dem Unfall der CDU-Generalsekretär Heiner Geißler, es sei unverantwortlich gewesen, »daß in der Sowjetunion Kernkraftwerke betrieben werden,

die die in den westlichen Ländern geltenden Sicherheitsstandards weit unterschreiten« (CDU Pressemitteilung 1986). Der »Atomkraft, nein danke«-
Bewegung hielt Geißler entgegen, der Ausstieg aus der Kernenergie sei kein
Sicherheitsgewinn für die deutsche Bevölkerung, da die Kraftwerke mit mo-
dernster Sicherheitstechnik ausgestattet wären. Zudem sei die Energiequelle
unverzichtbar für die Versorgung der Bevölkerung. Franz Josef Strauß sprach
gar von der »kommunistischen Reaktorkatastrophe« (zit. nach Frankfurter
Rundschau, 13. März 2011) – eine Gegenüberstellung, die die Sicherheit
westlicher Kraftwerke untermauern sollte.

Ein politisches Umdenken erfolgte erst ein Vierteljahrhundert später – im
Zuge der Katastrophe von Fukushima im März 2011. Dies hing nicht zuletzt
damit zusammen, dass die Energiepolitik inzwischen zu einem Kernthema politischer Zukunftsdiskurse geworden war. Fukushima widerlegte zunächst einmal jedes Sicherheitskonzept, da sich die Natur nicht an die Regeln der Betreiber
halten mochte, und warf die grundsätzliche Frage nach der Beherrschbarkeit der
Atomtechnik auf. Das Ende des Atomzeitalters schien sich anzukündigen.

Umweltpolitik im 21. Jahrhundert, so die Schlussfolgerung, sei nicht zuletzt
stets auch Sicherheitspolitik, die mit der einst von Günther Anders (1956) her-
aufbeschworenen »Apokalypseblindheit« umgehen, und die Schattenseiten des
technologischen Fortschritts verstärkt in den Fokus rücken musste. Diskurse
über die Verletzlichkeit der High-Tech-Gesellschaft rückten den Mythos des
versicherten Lebens ins Zentrum ihrer Analysen und wiesen auf Szenarien hin,
die in keinem Kalkulationsmodell auftauchten. Die Kanzlerin erwog einen
Kurswechsel ihrer Atompolitik und die Überprüfung aller 17 deutschen Kernkraftwerke. Ein Moratorium für die Laufzeitverlängerung sowie technische
Nachrüstungen waren die unmittelbaren Folgen. Mögliche Investitionen in regenerative Energiequellen standen jedoch immer vor der Frage, wie viel die
Sicherheit letztlich kosten darf, basierend auf der Annahme, Energiereichtum sei
das Wesen komplexer Gesellschaften. Die Diskussionen über Greenomics,
Energy-Grids und Neo-Atomkraft legen hiervon Zeugnis ab.

Der Unfall in Fukushima zeitigte jedoch noch eine weitere, schmerzliche
Erkenntnis: Die Idee der Sicherheit wurde mehr und mehr von einer Unsi-
cherheitsorientierung abgelöst. So tauchten offensichtlich trotz aller bis dato
getroffenen Sicherheitsmaßnahmen immer wieder neue, unvorhergesehene,
unkontrollierbare Gefahren und Risiken auf. Das Gefühl, in einem Zeitalter der
Unsicherheit zu leben, scheint inzwischen weit verbreitet.

So sprach schon der Soziologe Ulrich Beck im Vorfeld des Super-Gaus im
Jahre 1986 in einem bis heute viel beachteten Buch mit dem Titel »Risikogesellschaft« von »gesellschaftlichen Metamorphosen der Gefahr« (1986, S. 10).
Die Menschheit verfolge inzwischen bloß noch eine »Politik der unbelebbar
werdenden Erde« (ebd., S. 51). Die Folgen: »Wegreisen hilft letztlich ebenso-

wenig wie Müsli essen«, die Gift- und Schadstoffe seien immer schon da (ebd., S. 97). Sie veränderten das ganze System in einer Art »stillen Revolution« (ebd., S. 105) und schafften Sachzwänge, die die Menschen »über mehrere Generationen hinweg« festlegten, »also für Zeiträume, in denen noch nicht einmal die Bedeutungsgleichheit der Schlüsselworte gesichert ist« (ebd., S. 294). Jede Kritik, jeder Protest wirke wie ein »Nachruf auf längst getroffene Entscheidungen« (ebd., S. 329). Es sei am Ende nicht auszuschließen, dass eine noch nicht bewältigte Vergangenheit zu einer möglichen Entwicklungsvariante der Zukunft werde.

Die Risikogesellschaft, die Beck skizzierte, zeichnet sich dadurch aus, dass die Gefahr weder vor nationalen Grenzen Halt macht noch Unterschiede hinsichtlich des gesellschaftlichen Status kennt. Um den qualitativen Unterschied deutlich zu machen: Im Fokus des RAF-Terrors standen Vertreter des Staates und kapitalstarker Unternehmen – der Gift-Wolke sind diese Zugehörigkeiten zu einem bestimmten Milieu oder einer Nation absolut gleichgültig. Es hilft insofern nur wenig, wenn Deutschland aus der Kernenergie Schritt für Schritt aussteigt, während in Belgien, wenige Kilometer hinter der Grenze, Kraftwerke in Betrieb sind, die auf Grund ihres Zustandes eine permanente Bedrohung für die Sicherheit in ganz Europa sind (vgl. Beck 2008; 2017).

2.　　Der öffentliche Diskurs über die Innere Sicherheit in der Gegenwart

Blicken wir von den Ursprüngen der Diskussion in die Gegenwart: Nach dem Fall der Mauer und dem Ende des Ost-West-Konflikts stellten vor allem die grenzüberschreitende Kriminalität und ein neu aufflammender Rechtsradikalismus ein innenpolitisches Problem dar. Insbesondere der Brandanschlag rechtsextremer Jugendlicher in Solingen wurde in der öffentlichen Wahrnehmung rasch zum Symbol eines eskalierenden Fremdenhasses in Deutschland und zum Synonym für neonazistischen Terror. Vor diesem Hintergrund wurden in den 1990er Jahren zahlreiche Versuche unternommen, das individuelle Sicherheitsgefühl der Bürger mittels einer kommunalen Kriminalprävention zu stärken. Hierbei sollten eine bürgernahe Polizeiarbeit sowie verschiedene, eng miteinander kooperierende Institutionen mögliche Ängste mildern.

2.1   »Weiche Ziele« und die Suche nach neuen Sicherheitsstrategien

Mit Beginn des 21. Jahrhunderts traten allerdings erneut terroristische Gewalttaten als zentrales Thema der öffentlichen Diskussion über Sicherheit in den
Vordergrund – jedoch mit einer Nuance: In den 1970er und 1980er Jahren
standen, wie gezeigt, Repräsentanten der Wirtschaft und der Politik im Fokus
des RAF-Terrors – der moderne Terrorismus aber, insbesondere der islamistisch
geprägte Terrorismus, operiert international und nimmt vor allem »weiche
Ziele« in den Blick (vgl. Schneckener 2006).

Als weiche Ziele gelten Menschen, die ungeschützt und besonders verletzbar
gegenüber Angriffen sind, weil der Tatort der öffentliche Raum ist und der
Übergriff keiner langen Vorbereitung bedarf. Mittels Schusswaffen, Fahrzeugen
oder Messern werden Menschen zu Zufallsopfern solch punktuell durchge-
führter Angriffe, bei denen die Attentäter mitunter ihr eigenes Leben ihren
Zielen opfern. Das unterscheidet den Terror radikal von Terrorakten vorangegangener Epochen und bedarf, so die einhellige Meinung von Sicherheitsexperten, grundlegend neuer Strategien. Hierzu genügt bereits der Blick auf
mögliche Angriffsziele: Der öffentliche Verkehr, Hotels, Restaurants, Konzert-
veranstaltungen, Einkaufsstraßen und öffentliche Plätze.

Peter Waldmann (2005) hat darauf hingewiesen, dass Terrorismus als Kom-
munikationsstrategie zu verstehen sei und das Ansteckungspotenzial medialer
Gewaltinformationen nicht unterschätzt werden darf. So gewann das Thema der
»weichen«, durch Sicherheitsmaßnahmen kaum zu schützenden, Ziele terroristischer Gewalt in den letzten Jahren nicht zuletzt auf Grund der raschen
medialen Verbreitung der Anschläge enorm an Bedeutung. Unter Terrorismus
versteht Waldmann eine planmäßig vorbereitete, schockierende Gewalttat gegen
die politische Ordnung; eine Tat, die das Ziel verfolge, einerseits Schrecken zu
verbreiten, andererseits aber auch Sympathien bei Gleichgesinnten hervorzurufen. Der moderne Terrorismus zeichnet sich durch die spektakuläre Gewalt-
anwendung aus. Das Ziel: Einen starken psychischen Effekt wie Angst in der
Gesellschaft zu erzeugen, um eine politische Veränderung herbeizuführen (vgl.
Dietze 2016). Insofern betrifft diese Form des Terrors mehr denn je die Öffentlichkeit selbst.

Über die Medien ließ sich nicht zuletzt auch die Reichweite terroristischer
Botschaften erhöhen. Paradigmatisch stehen hierfür die Anschläge vom
11. September 2001 auf das New Yorker World Trade Center, bei denen ca. 3.000
Menschen starben (vgl. National Commission 2004; Fischer/Masala 2016). Die
öffentliche Diskussion kreiste anschließend nicht nur um neue Sicherheitsmaßnahmen (von der Initiativ-Ermittlung über Sky Marshalls bis hin zur
Streichung des Religionsprivilegs im Vereinsgesetz), sondern auch um die Frage,
ob es so etwas wie ein Grundrecht auf Sicherheit geben kann. Das Grundgesetz

sieht ein solches Recht nicht vor. Der Staatsrechtler Josef Isensee (1983) hatte es bereits zu Beginn der 1980er Jahre in die Diskussion eingebracht, Otto Schily im Nachgang zum 11. September wieder aufgegriffen (vgl. Deutscher Bundestag 2008). Artikel 6 der EU-Grundrechtecharta sieht ein solches Recht zwar vor, doch inwieweit die Bürger der EU auf konkrete Maßnahmen tatsächlich einen Anspruch haben, lässt der Europäische Gerichtshof (EuGH 2016, C-601/15 PPU) offen, zumal ein Grundrecht auf Sicherheit subjektiv einklagbar sein müsste. Angesichts der neuen Dimension, die der Terrorismus durch die Fokussierung auf weiche Ziele angenommen hat, ist dies kaum vorstellbar.

In der jüngsten Vergangenheit hat vor allem der »Islamische Staat« (IS) verstärkt weiche Ziele angegriffen. Europol erklärt diesen Sachverhalt in seinem »EU Terrorism Situation & Trend Report« 2016 (vgl. Europol 2016, S.6) damit, dass solche Angriffe mehr Furcht unter den Menschen verbreiten würden als zum Beispiel Angriffe auf Polizisten oder die Infrastruktur. Die Attentate von Nizza, Brüssel, London, Paris, Berlin, Manchester, Barcelona und Istanbul sprechen Bände.

Der Staat reagiert auf diese Terrorakte mit Gesetzesverschärfungen (z. B. das Luftsicherheitsgesetz) oder – wie etwa in Frankreich – mit der Erklärung des Ausnahmezustandes. Diese Maßnahmen greifen stets auch in unsere Freiheit und Privatsphäre ein (vgl. Rossi 2016). Für das Ziel, mehr Sicherheit zu schaffen, wird die individuelle Freiheit eingeschränkt: Die BKA-Gesetzesnovelle (2009), welche dem BKA erlaubt, Internet- und Telefongespräche zu überwachen und abzuhören (vgl. Bundeszentrale für politische Bildung 2016), und das »Gesetz zur Einführung einer Speicherpflicht und Höchstspeicherfrist für Verkehrsdaten« (2015), laut welchem sämtliche Kommunikationsunternehmen dazu verpflichtet sind, die Telefon- und Internetverbindungsdaten ihrer Kunden/Kundinnen über zehn Wochen zu speichern und gegebenenfalls für Ermittlungen freizugeben (Bundesgesetzblatt 2015), sind Beispiele hierfür.

Die Eingriffe in das Persönlichkeitsrecht wurden zum politischen Zankapfel und die Deutschen gar als »Kostümdemokraten« (Karl-Rudolf Korte) portraitiert. Unstrittig scheint in der politischen Auseinandersetzung, dass es trotz verschärfter Sicherheitsvorkehrungen immer schwieriger wird, diese Art des Terrors unter Kontrolle zu bringen. Denn Angriffe auf weiche Ziele sind kaum berechenbar.

Zahlreiche Medien warfen den Sicherheitsbehörden mangelnde Koordination vor. Das Beispiel des Tunesiers Anis Amri, der 12 Menschen mit einem gestohlenen LKW bei seiner Amokfahrt durch Berlin tötete, hat diese Diskussion weiter verschärft. Daran konnte auch das 2004 gegründete gemeinsame Terrorabwehrzentrum von Bund und Ländern mit seinen rund 40 Behörden nicht viel ändern. Die unübersichtliche Zahl von Behörden, Gerichten, Ermittlern und Landesregierungen scheint eine konzertierte Aktion grundsätzlich zu erschweren: »Die Zuständigkeiten der unterschiedlichen Behörden [...] sind so verworren wie die Trampelpfade im Urwald von Guinea«, spottete der Focus im Januar 2017.

Dem Vorwurf des Behördenversagens korrespondierten Forderungen nach Kursänderungen in der Asylpolitik (Seehofer). Für die Zukunft müsse eine lückenlose Überwachung von Gefährdern gewährleistet sein, forderte etwa FDP-Chef Christian Lindner (vgl. FAZ vom 22.12.2016), wobei notfalls elektronische Fußfesseln als Präventivmaßnahme einzusetzen seien. Doch ist eine solche Maßnahme verfassungskonform und lassen sich damit Attentate auf weiche Ziele tatsächlich verhindern? Thomas Strobl, Baden-Württembergs Innenminister, sah das Heil in zusätzlichen Handlungsmöglichkeiten der Sicherheitsbehörden, die SPD sprach sich für die Ausweitung der Videoüberwachung aus (ebd.). Ebenso bemängelte man eine personell und materiell unangemessene Ausstattung der Polizei- und Ermittlungsbehörden (Verfassungsschutz, BKA und Bundespolizei) und diskutierte öffentlich über sogenannte »Transitzentren« an den Grenzen, sowie über die Überwachung von Kindern, die sich radikalisieren könnten.

Sichtbar werden Sicherheitsmängel in der Regel erst dann, wenn es bereits zu spät ist, so auch im Fall der sogenannten »Kölner Silvesternacht«, dem Jahreswechsel 2015/16 am Kölner Dom und dem Kölner Hauptbahnhof. Hier kam es zu zahlreichen Sexual-, Eigentums- und Körperverletzungsdelikten vornehmlich durch Männer aus dem arabischen und nordafrikanischen Raum, auf welche die Polizei gar nicht oder viel zu spät reagierte (vgl. ZEIT, 31.03.2017). Die bedrohliche Lage wurde so nicht unter Kontrolle gebracht. Anschließend veröffentlichte die Polizei zunächst geschönte Berichte, und auch die Medien berichteten erst spät und sehr verhalten.

Alle Beispiele warfen die Frage auf, ob die stete Aufrüstung in Sachen Innerer Sicherheit überhaupt die richtige Antwort auf immer neue Bedrohungslagen sein kann oder ob es sich nicht in erster Linie um Eingriffe auf bürgerliche Freiheiten handelt, die der Sicherheit der Bevölkerung kaum von Nutzen sind. Die Demokratie, so ein oft zitiertes Argument, vertrage zwar Einschnitte der persönlichen Freiheit zugunsten der Sicherheit, aber nur so lange, wie diese Einschnitte gewährleisten, dass der Rechtsstaat ein Rechtsstaat bleibt, und eben nicht jeder einzelne Bürger – unter Umständen als unbeabsichtigte Folge der Terrorismusbekämpfung – zum vermeintlichen Risikofaktor erklärt wird. Die entscheidende Frage laute deshalb, ob neue geheimdienstliche und sicherheitspolitische Befugnisse tatsächlich dazu beitrügen, auch neue Erkenntnisse mit Blick auf Bedrohungspotenziale zu erhalten, oder ob die Freiheit dem Wettlauf von Terror und Sicherheit zum Opfer falle. In dieser Diskussion geht es mithin um die richtige Balance zwischen Freiheit und Sicherheit. Dies zeigt sich besonders deutlich an den jüngsten Entwicklungen des Internets als Kommunikationsraum und Tatort.

2.2 Innere Sicherheit in der »Transparenzgesellschaft«

Der Philosoph Byung-Chul Han zeichnet vor der Folie der digitalen Gesellschaft einen Paradigmenwechsel nach: Er stellt die These auf, wir lebten nicht länger in der Kontroll-, sondern bereits in der Transparenzgesellschaft (vgl. Han 2012). Transparenz begreift Han als Ideologie, die einen (systemischen) Zwang ausübt: Alles solle zugänglich, verfügbar, sichtbar und kommunizierbar sein. Damit Kommunikationsprozesse möglichst störungsfrei und schnell ablaufen und Produktivitätsprozesse verbessert werden können, müssen Hierarchien abgebaut werden: »Die Transparenzgesellschaft ist eine *Hölle des Gleichen*« (ebd., S. 6). Beschleunigte Kommunikation wiederum ist am besten realisierbar durch die Ideologie der Transparenz. Transparenz wird so zum Dispositiv des neoliberalen Regimes. Hierbei wird die Überwindung der Distanz entscheidend: »Distanz […] stellt ein Hindernis für die Beschleunigung der Kreisläufe der Kommunikation und des Kapitals dar. Aus ihrer inneren Logik heraus beseitigt die Transparenzgesellschaft jede Form der Distanz« (ebd., S. 25). Deshalb auch die Fokussierung auf das Internet und die sozialen Medien: »Die sozialen Medien und personalisierten Suchmaschinen errichten im Netz einen absoluten *Nahraum*, in dem das *Außen* eliminiert ist. Dort begegnet man sich und seinesgleichen« (ebd., S. 58). Die Transparenzgesellschaft wird zur »Gesellschaft der Offenbarung und Entblößung« (S. 59). In der Konsequenz werden wir nicht nur überwacht und kontrolliert, wir überwachen und kontrollieren uns selbst. Es kommt zur Überwachung aller durch alle, zu dem, was David Brin (1998) die »Transparent Society« genannt hat (vgl. ebd., S. 77).

Dieser systemische Zwang zur Transparenz übt gleichzeitig Druck auf den klassischen Diskurs zwischen Freiheit und Sicherheit aus: Sicherheit als gesellschaftlicher Wert und staatliches Ideal wird von den Bürgern und Bürgerinnen auch innerhalb des Transparenzsystems erwartet, zugleich soll der Staat aber weiterhin ein Garant für Freiheit sein – ein Paradox innerhalb der Transparenzgesellschaft?

Scheinbar: Um den Bürgern/Bürgerinnen ein gewisses Maß an Freiheit garantieren zu können und somit (durch diese Garantie) Gerechtigkeit und Gleichheit zu gewährleisten, müssen der Freiheit jedes einzelnen Menschen zunächst einmal Grenzen gesetzt werden. Gemäß Art. 2 Abs. 2 GG ist »die Freiheit der Person […] unverletzlich«, allerdings darf »in diese Rechte […] auf Grund eines Gesetzes eingegriffen werden.« Der Staat definiert also die Grenze zwischen individueller Freiheit und gesellschaftlicher Sicherheit durch den

Ausbau von Sicherheitsvorkehrungen bei gleichzeitiger Einschränkung persönlicher Freiheiten neu. Die vorherrschenden Instrumentarien einer staatlich gewährleisteten Sicherheit sind in erster Linie Überwachung und erhöhte Polizeipräsenz. Dahingegen ist der Begriff der Freiheit so umfangreich, dass er im Grundgesetz durch unterschiedliche Aspekte operationalisiert wird: Glaubens-, Gewissens- und Bekenntnisfreiheit (Art. 4), Meinungs-, Informations- und Pressefreiheit (Art. 5) und die Allgemeine Handlungsfreiheit und Freiheit der Person (Art. 2). Den Freiheiten korrespondieren auf der anderen Seite verschiedene Sicherheiten: Innere Sicherheit, soziale Sicherheit, Rechtssicherheit, Techniksicherheit, Verkehrssicherheit etc.

Freiheit impliziert zudem den Aspekt der Privatheit, sowohl in Form von Privatautonomie und Entscheidungsfreiheit als auch der Privatsphäre, die der Öffentlichkeit entgegengesetzte Zurückgezogenheit. In Art. 13 Abs. 4 GG, der »Unverletzlichkeit der Wohnung«, wird dem Staat auch das Recht zugesprochen, in den privaten Wohnraum einzudringen und diesen zu überwachen, wenn eine »dringende Gefahr für die öffentliche Sicherheit« vermutet wird.

Privatheit wird allerdings nicht nur durch Gesetze eingeschränkt, sondern auch durch private Kommunikationsunternehmen wie Facebook, Google und WhatsApp, oder aber durch staatliche Organisationen wie die NSA. Allerdings handeln diese unterschiedlichen Akteure – das wissen wir seit den Enthüllungen von Edward Snowden – nicht nur getrennt voneinander. So hatte die NSA Zugang zu den Servern von mehreren bekannten US-Internetfirmen, darunter Google, Microsoft und Facebook (vgl. Schiller 2015).

Auch die nationale Sicherheitspolitik setzt auf moderne Technologien und eine Digitalisierung der Überwachung zum Beispiel durch Videoaufzeichnungen oder auch durch computergestützte Algorithmen. Vor allem Google ist bekannt für die Nutzung solcher Algorithmen. Der Gedanke, dass »bloß« ein Algorithmus und nicht ein Mensch die Emails mitliest, täuscht eine größere Privatsphäre vor. Ebenso gehen auch viele andere private Unternehmen vor. Sie nutzen die Berechenbarkeit des menschlichen Verhaltens, die »Quantifizierung des Sozialen« (Mau 2017), zu Profitzwecken aus.

In vielen Forschungsbereichen ist Big Data ebenfalls seit Jahren ein Thema. So kann die Erfassung von Autokennzeichen und Verkehrsdaten zur Erstellung von Bewegungsprofilen genutzt werden, aus denen sich Verkehrsströme prognostizieren lassen. Bei der sogenannten *Liquid Biopsy* zur Bekämpfung von Krebskrankheiten werden lediglich ein paar Milliliter Blut entnommen, die DNA isoliert und molekular analysiert. Das Blut wird zum neuen Datenträger. Das sind nur zwei Beispiele von vielen. Sie werfen jedoch die Frage auf: Sind die Daten der neue Rohstoff, der den Menschen zum gläsernen Subjekt degradiert (vgl. O'Neil 2016; Welzer 2016)?

Im Internetzeitalter ist diese Gefahr gewiss besonders hoch. Die freiwillige Preisgabe persönlicher Daten im Netz zwecks des Erhalts bestimmter Gegenleistungen bei gleichzeitiger Sorge um die Privatheit nennt man *privacy paradox:* »Die meisten Menschen haben im Internet die Erfahrung gemacht, dass die Preisgabe eigener Daten fast immer ohne Folgen bleibt, dass es fast immer ohne Konsequenzen bleibt, wenn man eigene Daten preisgibt, ja dass es sogar Vorteile bringt. Sie veröffentlichen Details ihres Privatlebens, bekommen dafür Zuspruch, Tipps, Kommunikation und Anteilnahme. Sie lassen sich ausspähen und erhalten dafür kostenlose Software« (Seemann 2013). Die Transparenz fordert ihren Tribut eher auf leisem Wege.

3.   Wie viel Sicherheit veträgt die Freiheit?

Halten wir an dieser Stelle inne: Neuerungen im Polizeirecht, im Strafrecht, der Strafprozessordnung, im Gerichtsverfassungsgesetz; eine Stärkung des BKA, des Verfassungsschutzes und des Bundesgrenzschutzes; Einschnitte im Grundrecht, transparent gewordene Kommunikation – der kurze Rückblick hat gezeigt, dass das Verhältnis von Sicherheit und Freiheit in den vergangenen Jahrzehnten einen bedeutenden Wandel durchlaufen hat und immer wieder Thema großer öffentlicher Debatten war (vgl. Sturm 2006): Ist die Aufrüstung in Sachen Sicherheit wirklich das Ende unserer Freiheit?

»Wer wesentliche Freiheit aufgeben kann um eine geringfügige bloß jeweilige Sicherheit zu bewirken, verdient weder Freiheit noch Sicherheit« (Benjamin Franklin 1818, S. 442). Im allgemeinen Sprachgebrauch wird das Zitat wie folgt wiedergegeben: »Wer die Freiheit aufgibt, um Sicherheit zu gewinnen, wird am Ende beides verlieren«.

Die These lässt sich auch unter umgekehrten Vorzeichen lesen: »Wer die Sicherheit aufgibt, um Freiheit zu gewinnen, wird am Ende beides verlieren«. Manchmal scheint es gerade so, als könnte es im 21. Jahrhundert ohne Sicherheitsmaßnahmen keine Freiheit mehr geben. Doch ist dem tatsächlich so?

Der Soziologe Wolfgang Sofsky schreibt, dass neue Gefahren nicht selten zu robusten Sicherheitsmaßnahmen führten. Der Terror nutze jene Freiheiten, die der demokratische Rechtsstaat biete und spekuliere darauf, dass die Demokratie an ihrer »eigenen Stärke zugrunde gehen wird« (Sofsky 2005, S. 146). Freiheit bedürfe also zwangsläufig der Sicherheit, wobei der Grundsatz gilt, dass sich die Freiheit einer politischen Ordnung »an der Stärke der Barrieren misst, die den einzelnen vor den Maßnahmen der Obrigkeit, den Übergriffen der Nachbarn und den Attacken der Feinde schützen« (ebd., S. 148). Freiheit erzeugt Unsicherheit, doch eine Freiheit, die nicht missbraucht werden könne, sei gar keine, so Sofsky weiter. Freiheit zerstöre jedoch auch Sicherheiten, Sicherheit wiederum koste Freiheiten: »Nicht alle Eingriffe sind unvermeidlich. Die Überwachung von Datenströmen ist der Preis für den internationalen Waren- und Finanzverkehr. Die Schleierfahndung ersetzt direkte Grenzkontrollen. Infiltration, Observation, verdeckte Lauschangriffe und Razzien sind unerläßlich zum Aufspüren terroristischer Zellen. Die Vernetzung von Ermittlungsdateien beschleunigt die Reaktionszeit. Die Überwachung öffentlicher Plätze verringert die Anzahl möglicher Tatorte. Exakte Identitätsdaten senken die Wahrscheinlichkeit, daß Unschuldige infolge einer Verwechslung festgehalten werden« (ebd., S. 155).

Sicherheitsgarantien aber kann es nicht geben. Wir leben in Zeiten der relativen Unsicherheit. Absolute Sicherheit vor zukünftigen Gefahren ist nicht möglich. Es gilt heute, politische und individuelle Verantwortung stärker wahrzunehmen, um sowohl vom Menschen ausgehende Gefahren (Terror, Gewalt, Kriminalität etc.) als auch Gefahren der hochtechnologischen Welt (Klimawandel, Energieknappheit etc.) nachhaltig begegnen zu können. Hierbei entpuppt sich Sicherheit auch als ein gesellschaftspolitisches Ideal. Die politische Realität kann dieses Ideal nur approximativ erreichen, indem sie versucht, Risiken zu minimieren: »Die Politik der Vorsorge setzt die Aussicht auf künftige Sicherheit gegen das Risiko des Freiheitsverlustes. Die Bilanz fällt positiv aus, wenn die Freiheit eine verläßliche Grundlage gewinnt. Das Ergebnis ist ausgeglichen, wenn die Gefahren parallel zu den Freiheiten abnehmen« (ebd., S. 156). Sicherheit entpuppt sich insofern eher als normative Zielsetzung (im Sinne der Sorglosigkeit) denn als realer Zustand (vgl. Glaeßner 2003).

Der öffentliche Diskurs über die Innere Sicherheit zeigt: Entscheidend ist, dass so etwas wie eine Spirale des Misstrauens, eine jenseits der Verfassung operierende, postdemokratische Kontrollgesellschaft (vgl. Deleuze 1993; Crouch 2008) und ein permanentes Klima der Angst vor Gefahren und Restriktionen nicht entsteht. Denn, so Sofsky: »Die Zerstörung der Freiheit schafft neuen Schrecken.« (ebd., S. 160). Dies ist der Grund, warum insbesondere die Grundrechte des Grundgesetzes als Abwehrrechte des Bürgers gegen den Staat konzipiert worden sind. Sie schützen den Einzelnen vor Willkür und Machtmissbrauch. Diesen Schutz zu gewährleisten, ja zu kultivieren und hierbei das Gleichgewicht zwischen Sicherheitsmaßnahmen und Freiheitsrechten zu wahren, ist wiederum Aufgabe des Staates. Wer das eine ohne das andere haben möchte, könnte am Ende tatsächlich beides verlieren – oder zumindest zu einem nicht zu Ende befreiten Sklaven mutieren: »Wir haben eine Art von Demokratie, von der immer weniger Menschen wissen, wozu sie eigentlich da ist. Es genügt doch, wenn man Freiheit hat und wenn man Kontrolle hat. Alles Nähere regelt der Markt« (Metz/Seeßlen 2017, S. 447).

Literatur

Anders, Günther (1956): Die Antiquiertheit des Menschen (Bd. 1 Über die Seele im Zeitalter der zweiten industriellen Revolution). München.

Beck, Ulrich (1986): Risikogesellschaft. Bamberg – München.

Beck, Ulrich (2008): Weltrisikogesellschaft. Auf der Suche nach der verlorenen Sicherheit. Frankfurt am Main.

Beck, Ulrich (2017): Die Metamorphose der Welt. Frankfurt am Main.

Brin, David (1998): The Transparent Society – Will Technology Force Us to Choose Between Privacy and Freedom? New York.

Bundespolizei (ohne Datum): GSG 9 der Bundespolizei. https://www.bundespolizei.de/Web/DE/05Die-Bundespolizei/04Einsatzkraefte/03_GSG9/GSG9_node.html (zuletzt abgerufen am 17.06.2017).

Bundeszentrale für politische Bildung (2016): Terror und seine rechtlichen Auswirkungen. 08.08.2016. http://www.bpb.de/politik/hintergrund-aktuell/231974/terror-und-seine-rechtlichen-auswirkungen-08-08-2016 (zuletzt abgerufen am 18.06.2017).

CDU Pressemitteilung. (16. Mai 1986).

Conze, Eckart (2009): Die Suche nach Sicherheit. München.

Crouch, Colin (2008): Postdemokratie. Frankfurt am Main.

Deleuze, Gilles (1993): Postskriptum über die Kontrollgesellschaften. In: Deleuze, Gilles (Hrsg.), Unterhandlungen. Frankfurt am Main, S. 254–262.

Deutscher Bundestag. (20.01.1978/5043): Stenografischer Bericht, 66. Sitzung.

Dietze, Carola (2016): Die Erfindung des Terrorismus in Europa, Russland und den USA 1858–1866. Hamburg.

Europol (2016): EU Terrorism Situation & Trend Report (TE-SAT 2016).

Fischer, Susanne/Masala, Carlo (Hrsg.) (2016): Innere Sicherheit nach 9/11. Sicherheitsbedrohungen und (immer) neue Sicherheitsmaßnahmen? Wiesbaden.

FOCUS (07.01.2017): Das Bundessicherheits-Chaos, S. 20–23.

Frankfurter Allgemeine Zeitung. (11.09.2006): Amerika gedenkt der Anschläge vom 11. September. http://www.faz.net/aktuell/politik/9-11/vereinigte-staaten-amerika-ge denkt-der-anschlaege-vom-11-september-1356474.html (zuletzt abgerufen am 18.06. 2017).

Frankfurter Allgemeine Zeitung. (22.12.2016): FDP spricht von »Staatsversagen«, SPD von »politischer Demenz«. http://www.faz.net/aktuell/politik/anschlag-in-berlin/anschlag-berlin-parteien-suchen-nach-den-schuldigen-14587718.html (zuletzt abgerufen am 13.06.2017).

Frankfurter Rundschau. (13.03.2011): Kernenergie – ein Weltexperiment. http://www.fr.de/panorama/dossier/japan/gastbeitrag-kernenergie-ein-weltexperiment-a-936428 (zuletzt abgerufen am 18.06.2017).

Franklin, Benjamin (1818): Nachgelassene Schriften und Correspondenz nebst seinem Leben (Bd. 3). Weimar.

Freyberg, Thomas von (1979): Arbeiterbewusstsein – Tummelplatz für Pädagogen? Marburg.

Glaeßner, Gert-Joachim (2003): Sicherheit in Freiheit. Die Schutzfunktion des demokratischen Staates und die Freiheit der Bürger. Opladen.

Goppel, Alfons (1972): Wahlwerbespot der CSU. http://www.csu.de/partei/geschichte/die-1970er/ (zuletzt abgerufen am 17.06.2017).

Han, Byung-Chul (2012): Transparenzgesellschaft. Berlin.

Isensee, Josef (1983): Das Grundrecht auf Sicherheit. Berlin.

Mau, Steffen (2017): Das metrische Wir. Über die Quantifizierung des Sozialen. Berlin.

Metz, Markus/Seeßlen, Georg (2017): Freiheit und Kontrolle. Die Geschichte des nicht zu Ende befreiten Sklaven. Frankfurt am Main.

O'Neil, Cathy (2016): Weapons of Math Destruction. How Big Data Increases Inequality and Threatens Democracy. New York.

Rossi, Matthias (2016): Schutz der Privatsphäre – Aktuelle Gefährdungen. In: Papier, Hans-Jürgen/Münch, Ursula/Kellermann, Gero (Hrsg.), Freiheit und Sicherheit. Verfassungspolitik, Grundrechtsschutz, Sicherheitsgesetze. Baden-Baden, S. 125–148.

Schiller, Dan (2015): Im Dienst der NSA. In: Die Überwacher. Berlin, S. 12–13.

Schneckener, Ulrich (2006): Transnationaler Terrorismus. Frankfurt am Main.

Scholzen, Reinhard/Froese, Kerstin (1997): GSG 9 – Innenansichten eines Spezialverbandes des Bundesgrenzschutzes. Stuttgart.

Seemann, Michael (11.10.2013): Die Privatsphären-Falle. http://www.zeit.de/digital/datenschutz/2013-10/privatsphaere-ueberwachung-nsa-seemann (zuletzt abgerufen am 17.06.2017).

Sofsky, Wolfgang (2005): Das Prinzip Sicherheit. Frankfurt am Main.

Sontheimer, Kurt (1979): Die verunsicherte Republik – Die Bundesrepublik nach 30 Jahren. München.

Sünkler, Sören (2010): Polizei Sondereinheiten – Internationale Anti-Terroreinheiten und Spezialeinsatzkommandos. Stuttgart.

Waldmann, Peter (2005): Terrorismus. Provokation der Macht. Hamburg.

Welzer, Harald (2016): Die smarte Diktatur. Der Angriff auf unsere Freiheit. Frankfurt am Main.

ZEIT (09.05.1986): Der Super-GAU von Tschernobyl. Aktualisiert am 22.11.2012. http://www.zeit.de/1986/20/der-super-gau-von-tschernobyl (zuletzt abgerufen am 17.06.2017).

ZEIT (31.03.2017): Behörden versagten in Kölner Silvesternacht. http://www.zeit.de/gesellschaft/zeitgeschehen/2017-03/abschlussbericht-koeln-silvesternacht-behoerdenversagen-polizei (zuletzt abgerufen am 19.06.2017).

Gesetzestexte

Das Recht der Europäischen Union, 41. Ergänzungslieferung 2010: EUV Art. 6 Grundrechte-Charta und EMRK.

Erlass zur Beschäftigung von Radikalen im öffentlichen Dienst [Radikalenerlass], 28. Januar 1972.

Gesetz zur Abwehr von Gefahren des internationalen Terrorismus durch das Bundeskriminalamt vom 25. Dezember 2008. Bundesgesetzblatt Jg. 2008, Teil I Nr. 66, ausgegeben zu Bonn am 31. Dezember 2008.

Gesetz zur Änderung des Einführungsgesetzes zum Gerichtsverfassungsgesetz [Kontaktsperregesetz], 30. September 1977: § 129a.

Gesetz zur Einführung einer Speicherpflicht und einer Höchstspeicherfrist für Verkehrsdaten vom 10. Dezember 2015. Bundesgesetzblatt Jahrgang 2015 Teil I Nr. 51, ausgegeben zu Bonn am 17. Dezember 2015.

Grundgesetz für die Bundesrepublik Deutschland: Art. 2, 3, 4, 5, 13.

Rechtsprechung des Europäischen Gerichtshofes (EuGH) vom 15. 02. 2016, C-601/15 PPU.

Strafgesetzbuch (StGB): § 34 »Rechtfertigender Notstand«.

Danksagung

Wir danken PHK Hans-Jürgen Kübler (St. Augustin), Prof. Dr. Anna Daun (Berlin) und Boris Graw (Köln) für wertvolle Hinweise. Leider war es nicht möglich, die ganze Fülle an Informationen in diesen Text einfließen zu lassen.

Michael Müller / Marius Dilling[*]

Führt das Einfordern von mehr Sicherheit zu gesellschaftlichem Frieden?

»Mehr Sicherheit« ist eine Forderung, die sowohl politisch als auch individuell häufig erhoben wird. Gemeint ist, dass Staat und Gesellschaft für mehr Sicherheit sorgen sollen, damit das gesellschaftliche Zusammenleben friedvoll und sicher sein kann. Dabei wird in der Regel nicht gesehen, dass diese Forderung mit einer ideologischen Grundhaltung einhergeht, die die Welt generell als bedrohlich ansieht und in ihrer Folge zu gesellschaftlichen Ausgrenzungsphänomenen beiträgt (→ Autoritarismus). Wir fragen daher im Folgenden danach, ob das Fordern von mehr Sicherheit sich nicht letztendlich in das Gegenteil verkehren kann, nämlich dann, wenn damit Intoleranz und Ausgrenzung einhergehen. Ausgrenzungsprozesse stören den gesellschaftlichen Frieden und tragen daher nicht zur gesellschaftlichen Sicherheit bei. Dazu kommt, dass es dieser Autoritarismus ist, der die Deutung aktueller und zukünftiger gesellschaftlicher Ereignisse so beeinflusst, dass sie bedrohlicher wirken.

Wir untersuchen daher die Zusammenhänge von Autoritarismus, der Deutung gesellschaftlicher Ereignisse und Entwicklungen als Bedrohung und ausgrenzenden Haltungen, die in ihrer Folge den gesellschaftlichen Frieden stören und somit zu weniger gesellschaftlicher Sicherheit führen können. Geprüft werden die Zusammenhänge anhand von Individualdaten, der theoretische Bezug ist sozialpsychologisch.

* Dipl.-Päd. Michael Müller (Lecturer), Fakultät I (Philosophische Fakultät), Soziologie – Empirische Sozialforschung.
  Marius Dilling, B.A., Universität Siegen, Fakultät I (Philosophische Fakultät), Soziologie – Empirische Sozialforschung.

1.   Einleitung

Anhaltende Diskussionen über den Zusammenhalt Europas, die Flüchtlingskrise und erneute Terroranschläge stellen derzeit das Sicherheitsgefühl der Menschen in Deutschland auf eine harte Probe. Die aktuellen Ausschreitungen bei dem G20-Gipfel 2017 in Hamburg lassen sich ebenfalls einreihen in Entwicklungen, auf die politisch, aber auch individualpsychologisch reagiert wird. Staat und Gesellschaft sollen schließlich weiterhin als handlungsfähig gelten beziehungsweise handlungsfähig sein, und individualpsychologisch müssen gesellschaftliche Entwicklungen dieser Art verarbeitet werden, da sie sich als gesellschaftliche Realität den Menschen in Deutschland medial vermittelt aufdrängen und individuelle Bewertungen induzieren.

Dabei interessiert uns, ob eine mögliche Reaktion auf gesellschaftliche Verunsicherung, nämlich das Einfordern von »mehr Sicherheit«, also zum Beispiel der Ruf nach härteren Gesetzen in Folge von schweren Straftaten, mehr Überwachungsmöglichkeiten für die Behörden nach Terroranschlägen oder auch die Forderung nach weniger Toleranz gegenüber Minderheiten in Deutschland, psychologisch und gesellschaftlich zu mehr gefühlter und tatsächlicher Sicherheit beziehungsweise zu gesellschaftlichem Frieden beitragen kann.

Dies geschieht in dieser Analyse unter der Annahme, dass zum einen ein erhöhtes Sicherheitsempfinden einhergeht mit gesellschaftlichem Frieden und zugleich das Gegenteil von gesellschaftlicher oder psychologischer Verunsicherung ist, zum anderen aber auch normativ als gesellschaftliches Ziel definiert ist. Wir analysieren also nicht die praktischen Folgen von Maßnahmen (härtere Strafen, mehr Polizei etc.), sondern untersuchen sozialpsychologisch die Mechanismen, die die skizzierten gesellschaftlichen und politischen Entwicklungen begleiten und letztendlich durch politische Repräsentationen (Wahlen) auch indirekt Einfluss auf staatliche Entscheidungen nehmen können. Schließlich sind es die Wählerinnen und Wähler, die durch ihre Stimmen die politische Richtung vorgeben oder durch weiteres politisches Engagement mit ihren Bewertungen und Einstellungen das politische Geschehen beeinflussen. Dabei berufen sich Entscheidungsträger und -trägerinnen auch unmittelbar auf diese Einstellungen in der Bevölkerung, so dass diese zudem diskursiv relevant werden und somit unseren einstellungstheoretischen Fokus in dieser Analyse zusätzlich begründen.

Es ist dabei in diesem Kontext zu beobachten, dass je nach ideologischer Ausrichtung entweder eine Tendenz zu mehr Restriktionen und Überwachung oder zu mehr Freiheit und Mut zur Auseinandersetzung auszumachen ist. Politisch gesehen zeigen Konservative in der Regel eine Präferenz für restriktivere Gesetze und staatliches Handeln, während progressive, eher links gerichtete Personen stärker dazu tendieren, auf gesellschaftliche Aushandlungsprozesse und Prävention zu setzen. Zu erwarten ist also stets, dass nach sicherheitsrelevanten Ereignissen, wie zum Beispiel nach einem Terroranschlag, von konservativer Seite mehr Überwachung und polizeiliches Handeln gefordert wird, während die progressivere Seite Bürgerrechte verteidigen und präventive Maßnahmen als angemessene politische Reaktion ins Feld führt.

Es sind überdies andere gesellschaftliche Entwicklungen, die nach demselben Schema gedeutet werden. Steigende gesellschaftliche Diversität, zum Beispiel durch erhöhte Migration, wird auch unter Sicherheitsaspekten diskutiert und induziert vergleichbare politische Reaktionen. Auf der konservativen Seite werden Integrationsforderungen aufgestellt, die progressive Seite deutet dabei Migration in der Regel stärker als Chance denn als Bedrohung. Dabei unterscheiden sich bei Fragen der Sicherheit in diesem Kontext beide Richtungen weniger in ihren Zielen als vielmehr in ihren Maßnahmen und ideologischen Begründungen für staatliches oder gesellschaftliches Handeln. Im Zusammenhang mit mehr gesellschaftlicher Diversität ist als Beispiel das erneute Aufkommen einer Leitkulturdebatte ebenfalls in dem skizzierten Schema zu deuten: Diejenigen, die als Antwort auf verunsichernde Diversität eine deutsche Leitkultur fordern, sind auch einstellungstheoretisch gesehen vermutlich diejenigen, die mehr Polizei, härtere Gesetze und mehr Überwachung einfordern.

Für diese Analyse können die nun umrissenen gesellschaftlichen Bereiche nicht einzeln auf die sie begleitenden psychologischen Mechanismen hin analysiert werden, so dass ein generelles sozialpsychologisches Reaktionsmodell entwickelt wird, welches aus unserer Sicht eine einstellungstheoretische Basis für politische Ideologiebildungen darstellt. In ihrer Folge wirkt diese dann auf gesellschaftliche Realität und prägt das Klima in einer Gesellschaft. Dabei nehmen wir auf Forschungen zum Autoritarismus (Altemeyer 1981; Feldman 2013) ebenso Bezug wie auf Einstellungen, die den gesellschaftlichen Frieden gefährden können. Einstellungen dieser Art werden in der Forschung mit dem Konzept der Gruppenbezogenen Menschenfeindlichkeit adressiert (GMF; Zick et al. 2016). Ziel ist somit die Untersuchung der Frage, ob sich das Einfordern von »mehr Sicherheit« nicht letztendlich in das gesellschaftliche Gegenteil verkehrt. Wir gehen dabei davon aus, dass das Einfordern von »mehr Sicherheit« ideologisch die Grundbedingung für gesellschaftliche Ausgrenzungsprozesse darstellt, die in ihrer Folge zu mehr gesellschaftlicher Unsicherheit beitragen können. Dabei ist zunächst unerheblich, ob »mehr Sicherheit« nach einem Terroranschlag oder im Zusammenhang mit anderen unter Sicherheitsaspekten diskutierten gesellschaftlichen Ereignissen und Entwicklungen gefordert wird, wie etwa im Zusammenhang mit erhöhter Migration. Dies ist deswegen anzunehmen, weil sich die gesellschaftlichen Diskurse der erwähnten Beispiele stets auf den Umgang mit Minderheiten (Muslime oder »Fremde«) fokussieren.

Bei diesen in unserem theoretischen Modell (Abb. 1) dargestellten Zusammenhängen gehen wir zunächst davon aus, dass das Einfordern von »mehr Sicherheit« Teil einer autoritären Grundhaltung ist und somit näherungsweise über den Autoritarismus von Personen erfasst werden kann. Die Deutung der erwähnten Ereignisse und Entwicklungen als Bedrohung konzeptualisieren wir als ein Bindeglied zwischen einer ideologischen Grundhaltung und abwertenden, menschenfeindlichen Einstellungen (Deutung BL). Dabei ist die beschriebene Deutung in unserer Analyse zunächst eine Folge der autoritären ideologischen Grundhaltung (Autoritarismus), die darüber hinaus selbst einen direkten, fördernden Einfluss auf solche Einstellungen hat (GMF). Weiterhin ist theoretisch aus unserer Sicht anzunehmen, dass es diese Einstellungen sind, die den gesellschaftlichen Frieden gefährden können (weniger Sicherheit).

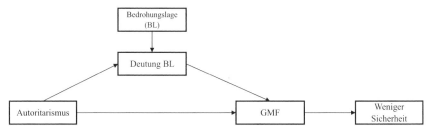

Abb. 1: Einstellungstheoretisches Reaktionsmodell auf gesellschaftliche Bedrohungslagen mit der Folge abwertender Einstellungen (GMF)

Die erwarteten Zusammenhänge werden im Folgenden mit der vorhandenen sozialpsychologischen Forschung verknüpft.

2.   Theorie und Modellbegründung

2.1   Autoritarismus und Bedrohungswahrnehmungen

Altemeyer entwickelte in Anlehnung an das Konzept der *Autoritären Persönlichkeit* von Adorno et al. (1950) bereits in den 1980er Jahren das Konzept des *Rechtsgerichteten Autoritarismus* (engl.: Right-wing Authoritarianism [RWA], Altemeyer 1981). Das ursprüngliche Konzept der Autoritären Persönlichkeit umfasste neun Facetten und sollte helfen, den Antisemitismus und den Faschismus zu erklären (vgl. Zick et al. 2011, S. 163) – es wurde aber aufgrund von methodischen und theoretischen Schwächen teils erheblich kritisiert (vgl. Duckitt 2001, S. 42; Iser 2006, S. 110–111). Altemeyers neues Konzept behielt nach empirischer Prüfung nur drei der ursprünglich neun Facetten bei – die autoritäre Aggression, die autoritäre Unterwürfigkeit und den Konventionalismus (vgl. Duckitt 2001, S. 42). Er stütze sich nicht mehr auf psychoanalytische Grundannahmen, sondern auf die Theorie des sozialen Lernens (Altemeyer 1981). Funke (2003, S. 67) weist in diesem Zusammenhang darauf hin, dass Altemeyer seine Theorie auf Basis umfangreicher, empirischer Analyse entwickelte. Altemeyers Konzept des Autoritarismus findet hier Anwendung.

Bezugnehmend auf Iser (2006) können die drei Facetten von Altemeyers Konzept des Autoritarismus wie folgt zusammengefasst werden:

(1) Als *autoritäre Unterwürfigkeit* versteht Altemeyer eine Form der Folgsamkeit gegenüber etablierten und zugleich legitimierten Autoritäten innerhalb einer Gesellschaft. Solche Autoritäten können zum Beispiel Polizisten und Polizistinnen, politische oder religiöse Führungspersonen oder auch Richter und Richterinnen sein. Diese Unterwürfigkeit führt zu einer allgemeinen Hörigkeit gegenüber solchen Autoritäten. Aussagen und Handlungen der Autoritäten werden somit in der Regel unterstützt und ihre Befehle ausgeführt. Weiterhin ist die autoritäre Unterwürfigkeit gekennzeichnet durch Wesensmerkmale wie Vertrauen, Gehorsam und Respekt (vgl. ebd., S. 112).

(2) Die *autoritäre Aggression* ist eine Form von Aggressivität gegenüber verschiedenen Personen oder Personengruppen, von welcher angenommen wird, dass Autoritäten sie befürworten und unterstützen. Diese Aggressivität kann physisch oder psychisch, materiell oder immateriell sein. Die Forderung nach einer strengeren Bestrafung von Straftaten, oder generell Punitivität, kann als Manifestation von autoritärer Aggression verstanden werden (vgl. Funke 2003, S. 68; Iser 2006, S. 112–113).

(3) *Konventionalismus* beschreibt das Festhalten und Befolgen eines Verhaltenskodex, welcher geprägt ist von traditionellen sozialen Normen, basierend auf der jüdisch-christlichen Religion. Von diesem wird angenommen, dass er auch von der Mehrheitsgesellschaft und ihren Autoritäten geteilt wird. Dieser Konventionalismus, dessen Inhalte sich mit gesellschaftlichen Veränderungen wandeln können, richtet sich in heutiger Zeit gegen eine Liberalisierung der Gesellschaft, gegen Sexualität außerhalb der Ehe, und er unterstützt ein traditionelles Familienbild (vgl. Iser 2006, S. 113).

Die gegenwärtige Autoritarismusforschung verzichtet (eher), wie bereits Altemeyer, auf psychoanalytische Aussagen und Annahmen über die Genese von Autoritarismus, einen bestimmten »Charakter« oder eine bestimmte Form von Persönlichkeit (vgl. Decker 2010, S. 35) und sucht »nach einem Einflussfaktor [für] antidemokratische und zumeist rechtsextreme Einstellung […]« (ebd.). Duckitt begreift den Autoritarismus, neben der *Sozialen Dominanzorientierung* (SDO; Sidanius/Pratto 1999), in dem von ihm entwickelten *Dual Process Model* als eine von zwei komplementären Weltanschauungen. Aus der Perspektive der

Sozialen Dominanzorientierung erscheint die Welt als »competitive-jungle«, der durch ein Streben nach Dominanz und Überlegenheit geprägt ist. Die Welt aus Sicht des Autoritären wird hingegen als gefährlich und bedrohlich wahrgenommen (vgl. Duckitt 2001, S. 105). Duckitt verweist an dieser Stelle somit bereits auf den Zusammenhang zwischen gesellschaftlichen Bedrohungslagen, ihrer subjektiven Deutung und einer autoritären Grundhaltung.

Aus Sicht der bisherigen Forschung gibt es in diesem Kontext Grund zu der Annahme, dass ein hoher Autoritarismus zu einer höheren Sensitivität gegenüber subjektiv wahrgenommenen Bedrohungslagen führt, während auf der anderen Seite subjektiv wahrgenommene Bedrohungslagen gleichzeitig den Autoritarismus von Individuen erhöhen könnten.

Der Zusammenhang von Autoritarismus und Bedrohungslagen scheint sich wechselseitig zu verstärken (vgl. Cohrs 2013, S. 50; Onraet et al. 2014, S. 712). Auch wenn es Hinweise darauf gibt, dass sich autoritäre Haltungen durch Bedrohungslagen verändern können, begreifen wir Autoritarismus als ein »[…] [relativ] stabiles kognitives Orientierungssystem […], das die Bindung an konventionelle Werte, autoritäre Unterwürfigkeit und Aggression beinhaltet […]« (Winkler 2001, zitiert nach Decker 2010, S. 35) und somit eine ideologische Grundhaltung konstituiert.

Bezugnehmend auf die Frage nach möglichen Formen der Bedrohung beziehungsweise deren individuelle Wahrnehmung schlagen Onraet und Van Hiel (2013, S. 234–235) vor, zwischen internen Bedrohungslagen, welche ausschließlich von dem Individuum selbst wahrgenommen werden können (wie z. B. Todesangst), und externen Bedrohungslagen, welche sowohl als Bedrohung für die Gesellschaft als in ihrer Folge auch für das Individuum selbst wahrgenommen werden können (wie z. B. Wirtschaftskrisen oder Terrorismus), zu unterscheiden (vgl. ebd.). Externe Bedrohungslagen sind den Autoren folgend zudem von größerer Relevanz für den Autoritarismus als interne (vgl. Onraet et al. 2013, S. 242–243; Onraet/Van Hiel 2013, S. 32–33). Weiterhin sollten externe Bedrohungslagen, wie bereits deutlich wurde, nach solchen mit möglichen Konsequenzen für die Gesellschaft und solchen mit möglichen direkten Konsequenzen für das Individuum weiter unterschieden werden (vgl. Onraet/Van Hiel 2013, S. 26). Die Autorin und der Autor stellen dabei fest, dass beide Formen von Konsequenzen externer Bedrohungslagen den Autoritarismus verstärken (vgl. ebd., S. 32). Ein hohes Ausmaß an Autoritarismus verändert darüber hinaus die Wahrnehmung so, dass externe Bedrohungslagen verstärkt als Bedrohung wahrgenommen werden (vgl. Onraet et al. 2014, S. 720). Weitergehend zeigen die Ergebnisse von Cohrs und Ibler (2009, S. 91) an, dass Personen mit einem hohen Autoritarismus Informationen über eine (in diesem Fall ethnische) Fremdgruppe als bedrohlich einstufen, unabhängig davon, ob die ihnen in einem Experiment zur Verfügung gestellte Information die Fremdgruppe als bedrohlich darstellt oder nicht.

Im Kontext der vorliegenden Analyse ist somit anzunehmen, dass autoritär eingestellte Personen die Flüchtlingskrise, und die damit verbundene erhöhte Migration, subjektiv als externe, die Gesellschaft bedrohende Situation deuten könnten. Die Deutung des objektiven Faktors Migration als überfordernde Bedrohung ist dabei zurückzuführen auf die vielfach nachgewiesene Sensitivität autoritär eingestellter Personen gegenüber möglichen Bedrohungslagen. Progressiv eingestellte Personen könnten demnach Migration nicht als Bedrohung, sondern als Herausforderung deuten. Wenn also die aktuelle gesellschaftliche Situation als nicht handhabbar und die Zukunft zugleich sorgenvoll betrachtet werden, kann dies im Besonderen für autoritär eingestellte Personen individualpsychologisch einer Bedrohungswahrnehmung entsprechen. Das subjektive Gefühl der Bedrohung könnte dann wiederum zur Abwertung, Diskriminierung oder Ausgrenzung von Fremdgruppen führen. Adressaten von Vorurteilen sind dann zum einen die als bedrohlich eingeschätzten Fremdgruppen und zum anderen jene Fremdgruppen, welche generell unter dem Verdacht stehen, dass sie nicht den im Konventionalismus verankerten »Werten und Normen« folgen.

Vorurteile leiten sich im Falle des Autoritarismus aus einer »[…] threat-driven social control and group defense motivation« (Duckitt 2001, S. 105) ab. Das bedeutet, dass insbesondere jene Fremdgruppen als »böse« und bedrohlich definiert werden, die als eine (externe) Gefahr für die Kohäsion, Stabilität, Werte oder Sicherheit und Ordnung der Gesellschaft beziehungsweise Eigengruppe imaginiert werden (vgl. ebd., S. 98). Autoritäten werden in dieser Dichotomie hingegen als »gut« betrachtet, da sie als Personifizierung der Werte und Normen der Mehrheitsgesellschaft betrachtet werden und diese zugleich schützen (vgl. ebd.). Cohrs und Asbrock (2009, S. 282) konnten diese Annahmen aus Duckitts *Dual Process Model* experimentell bestätigen.

Die Fremdgruppen, die im Kontext der Migration Adressaten eines durch Autoritarismus motivierten, über eine Bedrohungsdeutung (s. o.) vermittelten Ausgrenzungsprozesses werden könnten, sind der aktuellen gesellschaftlichen Diskussion und der objektiv erhöhten Migration, auch von Menschen muslimischen Glaubens, folgend insbesondere Muslime und »Fremde«, so dass diese sozialen Gruppen im Fokus der Analyse stehen. Denkbar wäre es jedoch, dass sämtliche Fremdgruppen des GMF-Syndroms Ziel des Ausgrenzungsprozesses werden könnten, was in weiteren Studien zu untersuchen wäre. Ausgrenzungsprozesse basieren dabei aus Sicht der Vorurteilsforschung auf feindlichen Einstellungen sozialen Gruppen gegenüber. Daher ist es somit nötig zu definieren, was unter Fremden- und Islamfeindlichkeit zu verstehen ist. Vor dieser Definition verdeutlichen wir im Folgenden zunächst unter Rückgriff auf das bereits genannte Konzept der Gruppenbezogenen Menschenfeindlichkeit, in welchem größeren Zusammenhang die beiden Facetten von GMF aus Sicht der Vorurteilsforschung stehen.

2.2   Gruppenbezogene Menschenfeindlichkeit

Das Konzept der Gruppenbezogenen Menschenfeindlichkeit (GMF) wurde von Heitmeyer entwickelt (vgl. Heitmeyer 2002, S. 19 ff.) und beschreibt ein Syndrom zusammenhängender, generalisierter Vorurteile gegenüber Fremdgruppen (vgl. Zick et al. 2008, S. 364). Diese sind »gruppenbezogen«, da die Abwertung einzelner Individuen oder ganzer sozialer Gruppen auf intergruppalen Zuschreibungen basiert und nicht aufgrund von Individualmerkmalen, das heißt auch einzelne Individuen werden im Falle von vorurteilsbasierter Abwertung in sozialen Gruppen kategorisiert und dann als Mitglieder dieser Gruppen abgewertet.

Die zentrale Annahme der GMF-Forschung ist, dass verschiedene GMF-Facetten (wie z. B. Fremden- oder Islamfeindlichkeit) einen gemeinsamen, hinter ihnen stehenden Faktor aufweisen, welcher als *Ideologie der Ungleichwertigkeit* bezeichnet wird (vgl. ebd.). Zick et al. konnten bei verschiedenen Formen von Vorurteilen – sie testeten das GMF-Syndrom bei den Facetten Sexismus, Abwertung von Neuankömmlingen, Islamfeindlichkeit, Abwertung von Obdachlosen, Rassismus, Fremdenfeindlichkeit, Antisemitismus und Abwertung von Homosexuellen (vgl. Zick et al. 2008, S. 374) – nicht nur die von Heitmeyer angenommene Ideologie der Ungleichwertigkeit nachweisen, sondern auch, dass verschiedene Formen von Vorurteilen Facetten innerhalb des GMF-Syndroms bilden und ähnliche Ursachen (wie z. B. RWA oder SDO) sowie ähnliche Konsequenzen haben können. Konsequenzen können sich dabei in Form von Verhalten zeigen, welches als Diskriminierung, Ausgrenzung oder sogar Hasskriminalität zur gesellschaftlichen Unsicherheit beiträgt (vgl. ebd., S. 379).

Der Fokus unserer Analyse richtet sich jedoch auf die Fremden- und Islamfeindlichkeit, da wir davon ausgehen, dass der objektive gesellschaftliche Kontext erhöhter Migration die Ablehnung der Fremdgruppen dieser beiden Facetten der GMF bei Personen mit autoritären Einstellungen im Besonderen begünstigst, da sie eine erhöhte Sensitivität gegenüber möglichen Bedrohungslagen haben und diese entsprechend deuten könnten. In der Folge wäre dann eine erhöhte Fremden- oder Islamfeindlichkeit zu erwarten.

Unter Islamfeindlichkeit verstehen wir eine ablehnende Einstellung gegenüber Muslimen, dem Islam, islamischen Glaubensrichtungen und Symbolen sowie islamischen Praktiken (vgl. Leibold/Kühnel 2003, S. 101 ff.).

Die Adressaten von Fremdenfeindlichkeit sind hingegen weniger konkret benannt, sie müssen nicht einmal faktisch fremd sein, sondern lediglich als solche wahrgenommen werden. Die Fremdenfeindlichkeit richtet sich dennoch zumeist gegen (ethnisch unterschiedliche) Einwanderer und Einwanderinnen oder jene, welchen eine vermeintlich »fremde« Gruppenzugehörigkeit attestiert wird (Zick 1997, zitiert nach Zick et al. 2011, S. 45). Auch wenn diese beiden

Facetten der GMF eine inhaltliche Nähe besitzen, handelt es sich hierbei um theoretisch (und empirisch) unterschiedliche Konstrukte (vgl. Leibold 2010, S. 156–157).

Unabhängig von der Spezifizität einzelner Facetten von GMF gehen wir theoretisch davon aus, dass menschenfeindliche Einstellungen dieser Art unmittelbar den gesellschaftlichen Frieden gefährden können und damit objektiv zu »weniger Sicherheit« führen (Hypothese 4). Vorurteile, als Teil von gesellschaftlichen Ausgrenzungsprozessen, können keine Privatangelegenheit sein, da der Prozess selbst als antidemokratisch zu deuten ist und Vorurteile mit dem Ziel der Durchsetzung einer autoritären Gesellschaftsstruktur einhergehen (vgl. Decker et al. 2016, S. 11).

Zur Verdeutlichung des psychologischen Mechanismus der Kopplung von Vorurteilen und Diskriminierung wird im Folgenden auf den generellen Zusammenhang von Einstellungen und Verhalten eingegangen.

2.3 Der Zusammenhang von Einstellung und Verhalten

Glasman und Albarracín untersuchten bereits 2006 in einer Metaanalyse den Zusammenhang von Einstellungen und zukünftigem Verhalten (vgl. Glasman/ Albarracín 2006, S. 778). Ob Einstellungen ein entsprechendes Verhalten beeinflussen, wird den Ergebnissen folgend von zwei zentralen Faktoren auf Seiten der Individuen beeinflusst – der kognitiven Stabilität und der kognitiven Zugänglichkeit von Einstellungen (vgl. ebd., S. 780).

Die kognitive Zugänglichkeit von Einstellungen wird wiederum beeinflusst durch direkten Kontakt mit dem Einstellungsobjekt (der entsprechenden Fremdgruppe) selbst und dem Ausdruck oder dem Kommunizieren der eigenen Einstellung (vgl. ebd., S. 780–781 und S. 812). Kognitiv zugängliche Einstellungen sind stabiler und ein insgesamt stärkerer Prädiktor für Verhalten, was vermutlich daran liegt, dass sie in Bezug auf mögliche Handlungen einfacher aus der Erinnerung abgerufen werden können (vgl. ebd., S. 814). Vorurteile hingegen, als soziale wie individuelle Einstellungen, entstehen jedoch meist im direkten Kontakt mit dem Vorurteil selbst und nicht im direkten Kontakt mit möglichen Einstellungsobjekten (Fremdgruppen). Allerdings werden Vorurteile durch wiederholte Äußerungen ebensolcher Einstellungen durch Personen im nahen (Freunde, Verwandte, Nachbarn, Arbeitskollegen) und weiten Umfeld (Politik und Gesellschaft) dem Individuum »zugänglich« gemacht und stellvertretend für dieses kommuniziert. Muslime wie auch »Fremde« sind häufig stereotypisch medial präsent, so dass die Abrufbarkeit abwertender Einstellungen diesen Gruppen gegenüber zusätzlich leicht fallen dürfte.

Die kognitive Stabilität von Einstellungen wird ihrerseits durch unterschiedliche Faktoren beeinflusst. Wenn dem Individuum einseitige, verhaltensbezogene Informationen über das Einstellungsobjekt präsentiert werden, erhöht das nicht nur die Stabilität der Einstellung selbst, sondern gleichzeitig auch den Zusammenhang von Einstellung und Verhalten. Dieser Effekt wird verstärkt, sowohl wenn das Individuum motiviert ist über diese Information oder das Einstellungsobjekt nachzudenken, als auch wenn es überzeugt ist, dass seine Einstellung korrekt ist (vgl. ebd., S. 815). Dadurch, dass die eigene (menschenfeindliche) Einstellung ideologisch als Bezugsrahmen für die Deutung gesellschaftlicher Realität fungiert, werden Informationen über Fremdgruppen gefiltert. Die Motivation, über Muslime und »Fremde« nachzudenken, ist ein Jahr vor der Bundestagswahl (der für diese Analyse verwendete Datensatz entstammt der »Mitte – Studie« aus dem Jahr 2016), aber durch den erwähnten medialen Diskurs auch sonst, durchaus gegeben, da davon ausgegangen werden muss, dass sich das Individuum gedanklich mit dem Thema Migration auseinandersetzt. Die Versicherung der Richtigkeit eigener Einstellungen geschieht über Meinungseinheitlichkeit in den für das Individuum relevanten sozialen Gruppen. Da die Zusammengehörigkeit innerhalb einer sozialen Gruppe (der Eigengruppe) zudem über die Einheitlichkeit der Einstellung der Gruppenmitglieder hergestellt wird, ist es für das Individuum psychologisch von Vorteil, die Einstellungen der Eigengruppe zu übernehmen und diese dann als korrekt anzusehen, da ansonsten kognitive Dissonanz entstehen könnte, die in der Regel von Individuen als unangenehm wahrgenommen wird (vgl. Festinger 1957). Kognitive Dissonanz entsteht allgemein als Folge einer Diskrepanz von intrapsychischen Aushandlungen. Wenn zum Beispiel eine Person die Überzeugung vertritt, dass Rauchen schädlich sei, aber dennoch selbst raucht, führt dies zu einem Zustand des inneren Konfliktes, der als kognitive Dissonanz bezeichnet wird. Für den diskutierten Kontext ist somit davon auszugehen, dass Personen in ihrem nahen Umfeld eher Personen mit ähnlichen Einstellungen wie den eigenen anzutreffen suchen. Diese Gleichheit der Einstellungen fungiert als Rückversicherung der Richtigkeit der eigenen Überzeugungen.

Abwertende Einstellungen sind also als Teil der eigenen Ideologie relativ stabil (vgl. Davidov et al. 2011, S. 497), was sie durch gesellschaftliche Entwicklungen und Diskurse leicht zugänglich macht. Wir nehmen daher mit Bezug auf Glasman und Albarracíns Ergebnisse theoretisch an, dass menschenfeindliche Einstellungen zu diskriminierendem Verhalten führen können, welches die objektive Sicherheit der Gesellschaft gefährdet.

Zusammenfassend werden aus den theoretischen Überlegungen folgende Hypothesen abgeleitet (Abb. 2) und im Folgenden empirisch geprüft:

H_0: Erhöhte Migration verstärkt die Verunsicherung durch Migration (*theoretische Hypothese*).

H_1: Je höher der *Autoritarismus*, desto höher die Verunsicherung durch erhöhte Migration ($\rightarrow$ gesellschaftliche Bedrohungswahrnehmung), was gemessen werden kann über die »Sorgen über die gesellschaftliche Entwicklung« und über eine »pessimistische Haltung bzgl. der gesellschaftlichen Bewältigung der aktuellen Situation«.

H_{2a}: Je höher der *Autoritarismus*, desto höher die *Fremdenfeindlichkeit*.

H_{2b}: Je höher der *Autoritarismus*, desto höher die *Islamfeindlichkeit*.

H_{3a}: Je höher die Sorgen über die gesellschaftliche Entwicklung, desto höher die *Fremdenfeindlichkeit*.

H_{3b}: Je höher die Sorgen über die gesellschaftliche Entwicklung, desto höher die *Islamfeindlichkeit*.

H_{3c}: Je höher pessimistische Haltung bezüglich der gesellschaftlichen Bewältigung der aktuellen Situation, desto höher die *Fremdenfeindlichkeit*.

H_{3d}: Je höher pessimistische Haltung bezüglich der gesellschaftlichen Bewältigung der aktuellen Situation, desto höher die *Islamfeindlichkeit*.

H_4: Je höher GMF, desto geringer die tatsächliche gesellschaftliche Sicherheit (*theoretische Hypothese*).

Hypothesen zu möglichen Mediationseffekten:

H_1 x $H_{3a,c}$: Der Effekt von *Autoritarismus* auf *Fremdenfeindlichkeit* ist partiell mediiert durch die Sorgen über die gesellschaftliche Entwicklung und die pessimistische Haltung bezüglich der gesellschaftlichen Bewältigung der aktuellen Situation.

H_1 x $H_{3b,d}$: Der Effekt von *Autoritarismus* auf *Islamfeindlichkeit* ist partiell mediiert durch die Sorgen über die gesellschaftliche Entwicklung und die pessimistische Haltung bezüglich der gesellschaftlichen Bewältigung der aktuellen Situation.

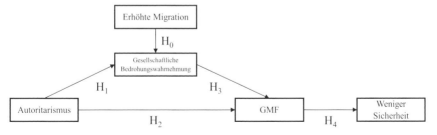

Abb. 2: Anwendung des theoretischen Modells auf den Kontext »Migration und gesellschaftliche Sicherheit«

3.   Methodik

3.1   Operationalisierung

Aufgrund methodischer Überlegungen sind die in dieser Analyse verwendeten Items mit unterschiedlicher Skalierung erfasst (vgl. Zick et al. 2016, S. 25–26). Das hat zur Folge, dass einige der verwendeten Messungen mit einer vierstufigen, andere mit einer fünfstufigen Likert-Skala erfolgen. Wir begegnen dieser Problematik mit einer z-Standardisierung der Messungen, die vier- und fünfstufige Variablen zueinander vergleichbar macht, und gehen näherungsweise bei allen Messungen von einer quasi-metrischen Skalierung aus. Zudem bilden wir keine Mittelwertindexes, sondern sogenannte Faktoren, die genauer die Zusammenhänge der verwendeten Messungen repräsentieren. In den folgenden Ausführungen stehen M für den Mittelwert der Variable und SD für die Standardabweichung. Der rechnerisch mögliche Maximalwert des Mittelwerts ergibt sich durch die Skalenbreit von 1 bis 4 beziehungsweise 5. Die Standardabweichung repräsentiert die gemittelte Abweichung von diesem Mittelwert.

Folgende Konstrukte werden in dieser Analyse verwendet. Autoritarismus ist erfasst durch zwei Items, die der Subdimension »autoritäre Aggression« zugerechnet werden. Sie lauten: »Verbrechen sollten härter bestraft werden« ($M=2,99$, $SD=1,08$) und »Um Recht und Ordnung zu bewahren, sollte man härter gegen Außenseiter und Unruhestifter vorgehen« ($M=2,57$, $SD=1,14$). Beide gemeinsam bilden den Faktor Autoritarismus. (Da es sich bei der verwendeten Datenanalyse um eine Sekundärdatenanalyse handelt, hatten wir keinen Einfluss auf die gestellten Fragen in der Erhebung. Aus theoretischer Sicht müsste Autoritarismus aus unserer Sicht differenzierter erfasst werden, als es in dieser Erhebung getan wurde. Leider wurden in diesem Datensatz nicht mehr Items zur Messung des Autoritarismus eingesetzt, so dass die übrigen beiden Dimensionen nicht erfasst sind. Zumindest zum Teil ist aber davon auszugehen, dass diese in der vorhandenen Messung aufgehen.) Die Wahrnehmung einer bedrohlichen gesellschaftlichen Situation (s. Hypothese 1) ist durch die Einzelaussage »Ich mache mir große Sorgen darüber, wie sich unsere Gesellschaft gerade verändert« ($M=3,12$, $SD=1,53$) erhoben worden. Eine hoffnungsvolle Perspektive auf eine gesellschaftliche Lösbarkeit der Herausforderungen der gegenwärtigen Situation wurde erfasst über die Aussage »Ich habe große Hoffnung, dass wir die Situation als Gesellschaft bewältigen werden« ($M=4,16$, $SD=1,12$) und für diese Analyse rekodiert, so dass sich eine pessimistische Perspektive in einem rechnerisch hohen Werten abbildet und somit diese Messung ebenfalls Hypothese 1 abbildet.

Die Messung zur Ausländer- beziehungweise Fremdenfeindlichkeit geschieht über zwei Items. Das erste Item beinhaltet die Aussage »Es leben zu viele Ausländer in Deutschland« ($M=1,88$, $SD=1,08$), das zweite die Aussage »Wenn Arbeitsplätze knapp werden, sollte man die in Deutschland lebenden Ausländer wieder in ihre Heimat zurückschicken« ($M=1,51$, $SD=0,84$). Der Faktor Islam- oder Muslimenfeindlichkeit wurde ebenfalls durch zwei Items erfasst: »Durch die vielen Muslime hier fühle ich mich manchmal wie ein Fremder im eigenen Land« ($M=1,91$, $SD=1,11$), die zweite »Muslimen sollte die Zuwanderung nach Deutschland untersagt werden« ($M=1,47$, $SD=0,82$).

Wir verzichten an dieser Stelle auf eine Diskussion der Höhe der Zustimmungen, weil diese Analyse die Zusammenhänge zwischen den Variablen und nicht das jeweilige Ausmaß der Zustimmungen zum Gegenstand hat.

3.2   Datensatz

Der für diese Analyse verwendete Datensatz entstammt der »Mitte – Studie« von 2016, die als eine Folgestudie der Untersuchungen zur Gruppenbezogenen Menschenfeindlichkeit am Institut für interdisziplinäre Konflikt- und Gewalt- forschung an der Universität in Bielefeld verstanden werden kann. Die Tele- fonstichprobe von $N=2.008$ Personen wurde im Computer-Assisted-Telephone- Interview-Verfahren (CATI) durchgeführt und folgt dem Prinzip der zufälligen Personenauswahl, damit annähernd Repräsentativität erreicht wird, so dass von den Daten auf die deutschsprachige Wohnbevölkerung ab 16 Jahren geschlossen werden kann (vgl. Zick et al. 2016, S. 23–25 zur Stichprobenziehung und der Qualität der Daten).

Insgesamt wurden 53,7 % weibliche und 46,3 % männliche Personen befragt, das Durchschnittsalter betrug 50,3 Jahre ($SD=18,71$), wobei 1.896 Personen die deutsche Staatsangehörigkeit aufwiesen. Für unsere Analyse wurden auch die nicht-deutschen Staatsangehörigen mit eingerechnet, es stehen aber aufgrund von fehlenden Werten für unser Modell weniger Fälle zur Verfügung. Die Daten können also als näherungsweise repräsentativ für die deutsche Mehrheitsbe- völkerung angesehen werden.

3.3   Modellprüfung

In den Sozialwissenschaften gibt es eine Vielzahl unterschiedlicher statistischer Modelle, die für diese Analyse anwendbar wären. Aufgrund von methodischer Genauigkeit verwenden wir ein Strukturgleichungsmodell (Reinecke 2005) mit Mediatorvariablen (MacKinnon et al. 2002; Geiser 2009), welches aus zwei Analyseteilen besteht. Im ersten Schritt wird über ein Messmodell die Struktur der Konstrukte berechnet, während im folgenden Strukturgleichungsmodell die

Zusammenhänge rechnerisch bestimmt werden (Abb. 3). Unseren theoretischen
Überlegungen folgend gehen wir dabei von kausalen Zusammenhängen aus, die
aber mit den vorliegenden Querschnittsdaten letztendlich nur korrelativ überprüft werden können. Die rechnerisch bestimmbaren Korrelationen werden also
kausal interpretiert.

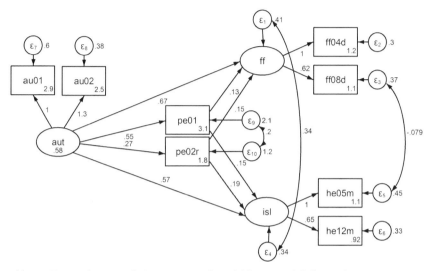

Abb. 3: Untersuchungsergebnisse zum Strukturgleichungsmodell [Legende: aut=Autorita-
rismus; pe01=Sorgenvolle Perspektive (SP); pe02r=Pessimistische Perspektive (PP);
SP+PP=Bedrohungswahrnehmung; ff=Fremdenfeindlichkeit; isl=Islamfeindlichkeit]. Gütekriterien zum Strukturgleichungsmodell: *CFI*=0,995, *SRMR*=0,02, *RMSEA*=0,03. Unstandar-
disierte Koeffizienten, Fehlerpfade wie gezeigt frei geschätzt, Modifikationsindizes < 10

Da die beiden Variablen zur Erfassung der Bedrohungswahrnehmung selbst
statistisch keinen Faktor bilden, werden sie als einzelne Variablen im Modell
verwendet. Dabei gehen wir davon aus, dass sie sogenannte Mediatoren sind,
also zwischen dem erklärenden Konstrukt Autoritarismus und den zu erklärenden Konstrukten Fremdenfeindlichkeit und Islamfeindlichkeit stehen. Dies
bedeutet rechnerisch, dass zumindest ein Teil des Effekts von Autoritarismus auf
Fremden- und Islamfeindlichkeit von den beiden einzelnen Variablen vermittelt
wird. Wenn also Autoritarismus die Bedrohungswahrnehmung beeinflusst und
diese wiederum auf Fremden- und Islamfeindlichkeit wirkt, kann sich ein Me-
diationseffekt zeigen, der dann anzeigt, dass Autoritarismus teilweise oder sogar
vollständig deswegen Fremden- und Islamfeindlichkeit erklärt, weil er zunächst
die Bedrohungswahrnehmung beeinflusst. Wenn Autoritarismus dabei keinen
direkten Effekt mehr auf Fremden- und Islamfeindlichkeit hat, spricht man von
einer vollständigen Mediation, behält Autoritarismus aber auch selbst signifi-

kante direkte Effekte auf die zu erklärenden Konstrukte, dann liegt eine partielle Mediation vor.

Tab. 1 zeigt die Ergebnisse des Strukturgleichungsmodells. Es konnte rechnerisch gezeigt werden, dass die Konstrukte Autoritarismus (aut), Fremdenfeindlichkeit (ff) und Islamfeindlichkeit (isl) trennscharf sind. Der Modellfit ist sehr gut ($CFI=0{,}995$, $SRMR=0{,}02$, $RMSEA=0{,}03$), was anzeigt, dass unser Modell die Daten gut repräsentiert.

$N=837$	Erklärende Variablen + Mediatoren			
ML-Schätzer *Unstandardisierte Koeffizienten*	Sorgenvolle Perspektive (SP)	Pessimistische Perspektive (–) (PP)	Ausländer-/ Fremden- feindlichkeit	Muslim-/ Islam- feindlichkeit
Generalisierte Einstellungen	Direkte Effekte			
Autoritarismus	0,55**	0,27**	0,67**	0,57**
Mediatoren				
(SP)			0,13**	0,15**
(PP)			0,15**	0,19**
Mediationseffekte[a] Indirekte Effekte				
Autoritarismus → SP *(Mediator)* → *ff/isl*			0,07	0,08
Autoritarismus → PP *(Mediator)* → *ff/isl*			0,04	0,05
** p<0,01 [a] Die kumulierten indirekten Effekte sind mit p<0,01 statistisch signifikant				
R^2 *(Determinationskoeffizient)*			0,51	0,54

Tab. 1: Ergebnisse des Strukturgleichungsmodells mit $N=837$ Fällen

3.4　Prüfung der Hypothesen

Wie in Tab. 1 ersichtlich, können sowohl direkte Zusammenhänge von Autoritarismus auf Fremdenfeindlichkeit ($\beta=0{,}67$**; H_{2a}) beziehungsweise Islamfeindlichkeit ($\beta=0{,}57$**; H_{2b}) als auch direkte Effekte von Autoritarismus auf die beiden Messungen zur Bedrohungswahrnehmung nachgewiesen werden (→ SP: $\beta=0{,}55$**; PP: → $\beta=0{,}27$**; H_1). So erhöht Autoritarismus beide abwertenden Einstellungen wie die sorgenvollen und pessimistischen Einschätzungen über die aktuelle und zukünftige gesellschaftliche Lage, welche hier als eine Bedrohungswahrnehmung verstanden werden. Menschen, die also in dem vorgestellten Sinn autoritär eingestellt sind, machen sich eher Sorgen um die aktuellen Veränderungen in der Gesellschaft und haben eher weniger Hoffnung, dass die Situation als Gesellschaft bewältigt werden kann.

Darüber hinaus kann gezeigt werden, dass diese Einschätzungen verstärkend auf die beiden abwertenden Einstellungen bezogen sind, diese Bedrohungswahrnehmung also abwertende Einstellungen erhöht. Die erfassten Sorgen erhöhen die Fremdenfeindlichkeit (SP: $\beta=0,13^{**}$; H_{3a}) und die Islamfeindlichkeit (SP: $\beta=0,15^{**}$; H_{3b}), die pessimistische Haltung bezüglich der Handhabbarkeit der aktuellen Situation erhöht ebenfalls die Fremdenfeindlichkeit (PP: $\beta=0,15^{**}$; H_{3c}) wie die Islamfeindlichkeit (PP: $\beta=0,19^{**}$; H_{3d}).

Da in dieser Modellierung ebenfalls Mediationseffekte überprüft wurden, kann getestet werden, ob der Effekt von Autoritarismus auf Fremden- beziehungsweise Islamfeindlichkeit über die Bedrohungswahrnehmung vermittelt ist. In der gewählten Modellierung ist dies der Fall: So kann ein indirekter Effekt von Autoritarismus auf Fremdenfeindlichkeit sowohl über die sorgenvolle Perspektive (SP: $\beta_{indirekt}=0,07$; H_1 x H_{3a}) als auch über die pessimistische Perspektive (PP: $\beta_{indirekt}=0,04$; H_1 x H_{3c}) nachgewiesen werden. Ein vergleichbares Bild zeigt sich bei den vermittelnden Effekten auf die Islamfeindlichkeit: Bei dieser ist der indirekte Effekt von Autoritarismus über die sorgenvolle Perspektive (SP: $\beta_{indirekt}=0,08$; H_1 x H_{3b}) ebenso wie der über die pessimistische Perspektive (PP: $\beta_{indirekt}=0,05$; H_1 x H_{3d}) vorhanden. Inhaltlich bedeutet dies, dass ein Teil des Effektes von Autoritarismus auf Fremden- beziehungsweise Islamfeindlichkeit über die Bedrohungswahrnehmung vermittelt wird – Personen also deswegen fremden- und islamfeindlich eingestellt sind, weil sie aufgrund ihres Autoritarismus eher zu einer Einschätzung der gesellschaftlichen Lage tendieren, die eher sorgenvoll beziehungsweise eher pessimistisch ist, und somit in gewisser Weise die aktuelle gesellschaftliche Situation als Bedrohung einschätzen.

Aufgrund der vorliegenden begrenzten Daten können die Hypothese 0 und 4 nur theoretisch im Zusammenhang mit dem empirischen Modell diskutiert werden.

Hypothese 0 geht davon aus, dass eine erhöhte Migration die Verunsicherung durch Migration erhöht und in ihrer Folge die Wahrnehmung einer bedrohlichen gesellschaftlichen Situation induziert. Um diese Hypothese empirisch testen zu können, müssten länderübergreifende Analysen durchgeführt werden. Die Einstellungen von Personen in Ländern mit höheren und niedrigen Migrationsraten könnten dann in dem vorgestellten Modell vergleichend analysiert werden. Da diese Analyse somit innerhalb eines Landes nicht möglich ist, kann nur argumentativ dargelegt werden, dass eine erhöhte Migration zur gesellschaftlichen Verunsicherung (auch) auf Individualebene beitragen kann. In Deutschland zeigt zumindest bereits der politische Diskurs an, dass erhöhte Migration zu Irritationen führt, die sich in einer neuen Partei (der AfD) und im gesamten politischen Diskurs abzubilden scheint.

Entscheidender an dieser Stelle ist ohnehin Hypothese 4. Ausgehend von den Analysen zum Zusammenhang von Einstellungen und Verhalten und bezugnehmend auf die eingangs formulierte These, dass gesellschaftlicher Frieden die tatsächliche und gefühlte gesellschaftliche Sicherheit zu erhöhen vermag, erwarten wir, dass abwertende beziehungsweise ausgrenzende Einstellungen von Fremden- und Islamfeindlichkeit eben genau diesen gesellschaftlichen Frieden stören und somit die gesamtgesellschaftliche Sicherheit verringern. Daraus folgt, dass die Forderung nach mehr Sicherheit sich zumindest teilweise durch Diskriminierung und Ausgrenzung als ihre originäre Folge ins Gegenteil verkehren kann: Die Forderung nach mehr Sicherheit beinhaltet und fördert Aspekte, die ihr selbst zuwiderlaufen.

4.   Fazit

Die obigen Überlegungen gingen von der Frage aus, ob die ideologische Forderung nach mehr (gesellschaftlicher) Sicherheit zu mehr oder weniger gesellschaftlichem Frieden und somit zu mehr oder weniger gesellschaftlicher Sicherheit führt. Um eine erste empirische Prüfung bezugnehmend auf ein generelles sozialpsychologisches Reaktionsmodell anführen zu können, wurde anhand von Individualdaten eben dieses Modell empirisch mit Daten aus Deutschland getestet.

Es konnte gezeigt werden, dass eine politische Grundhaltung, die auf Unterwürfigkeit gegenüber Autoritäten, Aggressivität gegenüber Minderheiten und einem ausgeprägten Konventionalismus basiert und somit der Forderung nach mehr Sicherheit ideologisch ähnlich ist, zum einen direkt ausgrenzende Einstellungen erhöhen kann, zum anderen aber eine Einschätzung zur Folge hat, die als eine Bedrohungswahrnehmung bezeichnet werden kann. Diese Bedrohungswahrnehmung beinhaltet zum einen eine sorgenvolle, zum anderen eine pessimistische Perspektive auf die Gesellschaft. Es ist nun wiederum genau diese Wahrnehmung, die ausgrenzende Einstellungen erhöht und somit ebenfalls den gesellschaftlichen Frieden stören kann.

Besonders interessant an dieser Analyse sind zudem die vermittelnden Effekte. Die autoritäre Haltung erhöht demnach (auch) deswegen ausgrenzende Einstellungen, weil sie (zunächst) die Bedrohungswahrnehmung in eine negative Richtung lenkt: Personen, die in diesem Sinne also autoritär eingestellt sind, schätzen die aktuelle und zukünftige gesellschaftliche Situation aufgrund ihres Autoritarismus als bedrohlicher ein, was wiederum ausgrenzende Einstellungen verstärkt. Am Beispiel der Fremden- und Islamfeindlichkeit konnte dieser Effekt mit statistischen Einschränkungen nachgewiesen werden.

Für den gesellschaftlichen Diskurs folgt für uns daraus zweierlei: Erstens ist es sinnvoll, in diesem Diskurs den (sozial)psychologischen Mechanismus deutlich zu machen. Es muss klar werden, dass unsere Bewertungen von unseren ideologischen Überzeugungen geformt sind. Daraus folgt jedoch auch, dass wir lernen können, anders über gesellschaftliche Ereignisse zu denken und zu anderen Schlüssen zu kommen. Zweitens – und dieser Aspekt ist anschaulicher als der erste – sollte deutlich gemacht werden, dass Forderungen nach mehr Sicherheit (Autoritarismus) zumindest auch eine Haltung repräsentieren, die eher nicht dem gesellschaftlichen Frieden und dem Wohle aller in der Gesellschaft dienlich ist.

Literatur

Adorno, Theodor W. (1950): The Authoritarian Personality. New York, NY.

Altemeyer, Bob (1981): Right-Wing Authoritarianism. Winnipeg.

Cohrs, J. Christopher (2013): Threat and Authoritarianism: Some Theoretical and Methodological Comments. International Journal of Psychology 48 (1), S. 50–54.

Cohrs, J. Christopher/Asbrock, Frank (2009): Right-Wing Authoritarianism, Social Dominance Orientation and Prejudice against Threatening and Competitive Ethnic Groups. European Journal of Social Psychology 39 (2), S. 270–289.

Cohrs, J. Christopher/Ibler, Sina (2009): Authoritarianism, Threat, and Prejudice. An Analysis of Mediation and Moderation. Basic and Applied Social Psychology 31 (1), S. 81–94.

Davidov, Eldad/Thörner, Stefan/Schmidt, Peter/Gosen, Stefanie/Wolf, Carina (2011): Level and Change of Group-focused Enmity in Germany. Unconditional and Conditional Latent Growth Curve Models with Four Panel Waves. Advances in Statistical Analysis 95 (4), S. 481–500.

Decker, Oliver (2010): Die Mitte in der Krise. Rechtsextreme Einstellungen in Deutschland 2010. Friedrich-Ebert-Stiftung Projekt »Auseinandersetzung mit dem Rechtsextremismus«. Berlin.

Decker, Oliver/Kiess, Johannes/Brähler, Elmar (Hrsg.) (2016): Die enthemmte Mitte. Autoritäre und rechtsextreme Einstellung in Deutschland/Die Leipziger Mitte-Studie 2016. Gießen.

Duckitt, John (2001): A Dual-Process Cognitive-Motivational Theory of Ideology and Prejudice. Advances in Experimental Social Psychology 33, S. 41–113.

Feldman, Stanley (2013): Comments on: Authoritarianism in Social Context: The Role of Threat. International Journal of Psychology 48 (1), S. 55–59.

Festinger, Leon (1957): A Theory of Cognitive Dissonance. Stanford, CA.

Funke, Friedrich (2003): Die dimensionale Struktur von Autoritarismus. Diss. Universität Jena.

Geiser, Christian (2009): Datenanalyse mit Mplus. Eine anwendungsorientierte Einführung. Wiesbaden.

Glasman, Laura R./Albarracín, Dolores (2006): Forming Attitudes that Predict Future Behavior: A Meta-Analysis of the Attitude-Behavior Relation. Psychological Bulletin 132 (5), S. 778–822.

Iser, Julia A. (2006): Vorurteile. Zur Rolle von Persönlichkeit, Werten, generellen Einstellungen und Bedrohung. Die Theorie grundlegender menschlicher Werte, Autoritarismus und die Theorie der Sozialen Dominanz als Erklärungsansätze für Vorurteile: Ein integrativer Theorienvergleich: Diss. Justus-Liebig-Universität Gießen.

Leibold, Jürgen (2010): Fremdenfeindlichkeit und Islamophobie. Fakten zum gegenwärtigen Verhältnis genereller und spezifischer Vorurteile. In: Schneiders, Thorsten G. (Hrsg.), Islamfeindlichkeit: Wenn die Grenzen der Kritik verschwimmen. Wiesbaden, S. 149–158.

Leibold, Jürgen/Kühnel, Steffen (2003): Islamphobie. Sensible Aufmerksamkeit für spannungsreiche Anzeichen. In: Heitmeyer, Wilhelm (Hrsg.), Deutsche Zustände. Folge 2. Frankfurt am Main, S. 100–119.

MacKinnon, David P./Lockwood, Chondra M./Hoffman, Jeanne M./West, Stephen G./ Sheets, Virgil (2002): A Comparison of Methods to Test Mediation and Other Intervening Variable Effects. Psychological Methods 7 (1), S. 83–104.

Onraet, Emma/Dhont, Kristof/Van Hiel, Alain (2014): The Relationships Between Internal and External Threats and Right-Wing Attitudes: A Three-Wave Longitudinal Study. Personality & Social Psychology Bulletin 40 (6), S. 712–725.

Onraet, Emma/Van Hiel, Alain (2013): When Threat to Society Becomes a Threat to Oneself: Implications for Right-Wing Attitudes and Ethnic Prejudice. International Journal of Psychology 48 (1), S. 25–34.

Onraet, Emma/Van Hiel, Alain/Dhont, Kristof/Pattyn, Sven (2013): Internal and External Threat in Relationship with Right-Wing Attitudes. Journal of Personality 81 (3), S. 233–248.

Reinecke, Jost (2005): Strukturgleichungsmodelle in den Sozialwissenschaften. München – Wien.

Sidanius, Jim/Pratto, Felicia (1999): Social Dominance. An Intergroup Theory of Social Hierarchy and Oppression. Cambridge.

Winkler, Jürgen R. (2001): Rechtsextremismus. In: Schubarth, Wilfried/Stöss, Richard (Hrsg.), Rechtsextremismus in der Bundesrepublik Deutschland. Eine Bilanz. Opladen, S. 38–68.

Zick, Andreas (1997): Vorurteile und Rassismus. Eine sozialpsychologische Analyse. Münster – New York – München.

Zick, Andreas/Küpper, Beate/Hövermann, Andreas (2011): Die Abwertung der Anderen. Eine europäische Zustandsbeschreibung zu Intoleranz, Vorurteilen und Diskriminierung. Berlin.

Zick, Andreas/Küpper, Beate/Krause, Daniela (2016): Gespaltene Mitte – Feindselige Zustände. Rechtextreme Einstellungen in Deutschland 2016. Bonn.

Zick, Andreas/Wolf, Carina/Küpper, Beate/Davidov, Eldad/Schmidt, Peter/Heitmeyer, Wilhelm (2008): The Syndrome of Group-Focused Enmity. The Interrelation of Prejudices Tested with Multiple Cross-Sectional and Panel Data. Journal of Social Issues 64 (2), S. 363–383.

Andrea Schneiker[*]

Privatisierung von Sicherheit – mehr Sicherheit für alle oder exklusive Sicherheit für wenige?

1.   Problemstellung

Ob der Schutz der Grenze zwischen den USA und Mexiko, das Training britischer Soldaten, der Betrieb eines Gefängnisses in Melbourne, von Abschiebehaftzentren in Großbritannien und Österreich oder die Durchführung von Abschiebungen – die private Sicherheitsfirma G4S ist global tätig und bietet nach eigenen Angaben mit über 610.000 Mitarbeiterinnen und Mitarbeitern Dienstleistungen in über 100 Ländern an (G4S 2016a–2016e; 2017). Sie steht damit stellvertretend für einen globalen Trend: Immer mehr Aufgaben zur Bereitstellung von Sicherheit werden an private Firmen übertragen. Dies ist auch in Deutschland der Fall. So patrouillieren etwa private Sicherheitsfirmen Einkaufszentren und im öffentlichen Nahverkehr, führen Einlasskontrollen bei Großveranstaltungen durch oder überprüfen Passagiere und Gepäck an Flughäfen. Nach Angaben des Bundesverbandes der Sicherheitswirtschaft (BDSW), einem Arbeitgeberverband deutscher Sicherheitsfirmen, waren hierzulande im Jahr 2015 ungefähr 5.000 Sicherheitsunternehmen mit über 250.000 Mitarbeiterinnen und Mitarbeitern und einem geschätzten Jahresumsatz von fast 7 Milliarden Euro tätig (BDSW 2016, S. 5). Global wird der jährliche Umsatz der privaten Sicherheitsindustrie auf ca. 90 Milliarden US-Dollar geschätzt (Securitas 2013, S. 12; hier muss mangels anderer Quellen auf von Firmen gemachte Angaben zurückgegriffen werden). Dabei reicht das Spektrum an Firmen von solch einem »global player« wie G4S bis hin zu kleinen, nur lokal tätigen Firmen. Mit privaten Sicherheitsdienstleistungen lässt sich also Geld verdienen. So betrachtet kann Sicherheit als eine Ware verstanden werden. Aber wer außer den Firmen profitiert vom Geschäft mit der Sicherheit? Wird Sicherheit dabei nur exklusiv für diejenigen bereitgestellt, die dafür bezahlen, was somit zu mehr Ungleichheit und gar zu mehr Unsicherheit für diejenigen führt, die sich keinen privaten

---

[*] Jun.-Prof. Dr. Andrea Schneiker, Universität Siegen, Fakultät I (Philosophische Fakultät), Politikwissenschaft – Internationale Politik.

Schutz leisten können? Oder kommen die Dienstleistungen privater Sicherheitsfirmen der Allgemeinheit zugute?

Solche Fragen lassen sich nicht pauschal beantworten, weil die Gründe für und die Folgen von Privatisierung von Sicherheit kontextabhängig sind. Zu unterscheiden ist hier vor allem zwischen Staaten mit stabilen staatlichen Strukturen und einem eigenen durchsetzungsfähigen Sicherheitsapparat einerseits und schwachen oder gar sogenannten gescheiterten Staaten (failed states), in denen die staatlichen Sicherheitsakteure nicht in der Lage sind, das staatliche Gewaltmonopol aufrechtzuerhalten und in denen oftmals auch bewaffnete Konflikte stattfinden, andererseits. Im Folgenden wird zunächst erläutert, was unter privaten Sicherheitsfirmen verstanden werden kann, bevor es um die Folgen der Privatisierung von Sicherheit gehen wird.

2.   Begriffsbestimmung – Was sind private Sicherheitsfirmen?

Im Kontext bewaffneter Konflikte wird die Bezeichnung private Sicherheitsfirma oftmals verwandt für Firmen, die sicherheitsbezogene Dienstleistungen mit einer militärischen Dimension durchführen. Dazu gehören der (bewaffnete) Schutz von Personen, Liegenschaften und Konvois, die Wartung und der Betrieb von Waffensystemen und anderem technischen Gerät, die Beratung und das Training staatlicher Sicherheitsakteure (z. B. Militär, Polizei) oder die Bewachung von Gefangenen (Schweizerische Eidgenossenschaft/ICRC 2008). Auch wenn die Mitarbeiter von privaten Sicherheitsfirmen in den Medien oftmals als Söldner bezeichnet werden, so trifft dies in der Praxis in den seltensten Fällen zu. Das humanitäre Völkerrecht, das bewaffnete Konflikte verregelt, legt sehr enge Kriterien fest, die alle erfüllt sein müssen, damit eine Person als Söldner gilt. Nach Art. 47 des I. Zusatzprotokolls zu den Genfer Konventionen von 1977 muss unter anderem eine primär finanzielle Motivation für das Handeln der betroffenen Person vorliegen, was jedoch sehr schwer nachweisbar ist. Selbst wenn eine Person in die völkerrechtliche Söldner-Kategorie fällt, bedeutet dies zunächst einmal nur, dass ihr im Falle einer Gefangennahme durch reguläre Streitkräfte in einem bewaffneten Konflikt bestimmte Rechte eines Kriegsgefangenen aberkannt werden können.

Außerhalb bewaffneter Konflikte bedarf es nationaler Bestimmungen um zu klären, was eine private Sicherheitsfirma ist und welche Aufgaben sie auf welche Art und Weise durchführen darf. In Deutschland regelt § 34a der Gewerbeordnung, wer in Deutschland »gewerbsmäßig Leben oder Eigentum fremder Personen bewachen« darf. Somit fallen diese Dienste in den Zuständigkeitsbereich des Wirtschaftsministeriums. Welche Tätigkeiten im Einzelnen von privaten Sicherheitsfirmen durchgeführt werden, ist jedoch nicht gesetzlich geregelt.

Daher fehlt es auch an einer einheitlichen Benennung und Definition der Branche in Deutschland, was wiederum dazu führt, dass unterschiedliche Angaben zur Anzahl an privaten Sicherheitsfirmen existieren (Hirschmann 2016). Die Befugnisse privater Sicherheitsfirmen sind jedoch festgelegt und beschränken sich auf das zugesprochene private Hausrecht und die sogenannten »Jedermannsrechte«, die – wie der Name schon sagt – jeder Person im Falle von Notwehr, eines Notstandes oder einer Selbsthilfe zustehen. Entsprechend dürfen private Sicherheitsfirmen, im Gegensatz zur Polizei oder zu anderen staatlichen Sicherheitsakteuren, keine hoheitlichen Aufgaben durchführen. Eine Ausnahme stellt der Zustand der »Beleihung« dar. Dabei dürfen beliehene Sicherheitsdienstleister staatliche Aufgaben selbstständig durchführen, wie es zum Beispiel bei der Überprüfung von Passagieren und Gepäck an Flughäfen der Fall ist.

Die Zugangsvoraussetzungen für die Arbeit im privaten Sicherheitsgewerbe in Deutschland sind relativ niedrig. So reicht für bestimmte Aufgaben eine 40stündige Unterrichtung durch eine Industrie- und Handelskammer aus (§ 2–3 der Verordnung über das Bewachungsgewerbe [Bewachungsverordnung – BewachV]), wobei nicht mehr als die Anwesenheit der Teilnehmer überprüft wird; für andere Aufgaben hingegen ist eine Sachkundeprüfung nachzuweisen (§ 5a–c BewachV). Keines dieser Verfahren erlaubt jedoch eine ausreichende Qualifikation für bestimmte Aufgaben, zum Beispiel für den Schutz von Flüchtlingsunterkünften (Hirschmann 2016). Zur Kundschaft privater Sicherheitsfirmen in Deutschland gehören nicht nur andere Unternehmen oder Privatpersonen, sondern auch die öffentliche Hand. So überwachen zum Beispiel Mitarbeiterinnen und Mitarbeiter der privaten Sicherheitsfirma Securitas in Neu-Isenburg den ruhenden Verkehr und verteilen dabei »Knöllchen« (OP-online.de 2016).

Die wichtigsten Kunden privater Sicherheitsfirmen im Rahmen bewaffneter Konflikte sind Staaten, allen voran die USA. Für diese waren zum Beispiel im Jahr 2010 über 260.000 Mitarbeiterinnen und Mitarbeiter privater Sicherheitsfirmen in Afghanistan und im Irak im Einsatz (Commission on Wartime Contracting in Iraq and Afghanistan 2011, S. 2). Dort operierten sie in vielerlei Funktionen Seite an Seite mit dem US-Militär (Dunigan 2011, S. 53): bei der Bewachung militärischer Einrichtungen, beim Personenschutz, bei der militärischen Ausbildung der neuen afghanischen und irakischen Streitkräfte, bei militärischer Logistik und Transporten in den Einsatzgebieten, bei der Instandsetzung von Waffensystemen, beim Lageraufbau und bei der Versorgung von Soldaten. Aber auch europäische Staaten, unter anderem Großbritannien, Frankreich, die Niederlande, Schweden, Norwegen, Polen und Deutschland, nehmen im Rahmen militärischer Auslandseinsätze private Sicherheitsfirmen unter Vertrag. Deutschland greift zum Beispiel in den Bereichen Transport, Logistik, Verpflegung, Wartung, Reparatur und Kraftstoffversorgung sowie für die Bewachung militärischer Einrichtungen auf private Sicherheitsfirmen zurück (Krahmann/

Friesendorf 2011; Krahmann 2015). Selbst internationale Organisationen wie die Vereinten Nationen (VN), die NATO und die Europäische Union (EU) setzen private Sicherheitsfirmen ein, unter anderem zur Risikobeurteilung und Bewachung. Weitere Kunden sind humanitäre Nichtregierungsorganisationen (NGOs) und Privatunternehmen, die in Konfliktregionen arbeiten und private Sicherheitsfirmen zum Beispiel mit dem Sicherheitstraining ihres Personals und dem Schutz von Einrichtungen beauftragen. Im Irak und in Libyen beispielsweise haben zahlreiche Firmen, unter anderem aus der Öl- und Gasindustrie, private Sicherheitsfirmen unter Vertrag genommen (Raphael 2016).

Gründe für die Beauftragung privater Sicherheitsfirmen sind vielfältig und unterscheiden sich je nach Einsatzkontext. Mit Blick auf bewaffnete Konflikte haben viele westliche Staaten nach dem Ende des Ost-West-Konfliktes in Erwartung einer Friedensdividende ihre Bestände an militärischem Material und Waffen reduziert und militärisches Personal abgebaut. Die USA haben beispielsweise zwischen 1987 und 1997 den Umfang ihrer Streitkräfte um ein Drittel reduziert (Shearer 1998, S. 28). Viele westliche Streitkräfte waren daher nicht auf die Zunahme von Einsätzen im Rahmen internationaler Friedensmissionen vorbereitet. Die Beauftragung von privaten Sicherheitsfirmen wird weiterhin damit begründet, dass dies kostengünstiger sei als der Einsatz regulärer Soldaten. Jedoch haben zahlreiche öffentliche Untersuchungen Fälle von Betrug und Verschwendung durch private Sicherheitsfirmen dokumentiert (z.B. Commission on Wartime Contracting in Iraq and Afghanistan 2011, S. 5; GAO 2006; SIGIR 2007, S. iv). Dies liegt nicht zuletzt an der Vergabe solcher Verträge, die keine Obergrenze für Personal und Gerät festlegen (sogenannte IDIQ-Verträge, von engl. indefinite delivery/indefinite quantity) und die somit Anreize für die Firmen setzen, möglichst viel und kostenintensives Personal und Material abzurechnen (Schneiker/Krahmann 2016a, S. 4). Die Beauftragung privater Sicherheitsfirmen erlaubt es Regierungen jedoch unter Umständen, politische Kosten für militärische Auslandseinsätze zu reduzieren. Im Einsatz verstorbene Angehörige privater Sicherheitsfirmen werden im Unterschied zu gefallenen Soldaten nicht in öffentlichen Statistiken erfasst und auch nicht mit militärischen Ehren bestattet. Zudem müssen Regierungen in vielen Ländern, so etwa in Deutschland, weder die Öffentlichkeit noch das Parlament über ihre Verträge mit privaten Sicherheitsfirmen informieren (Avant 2005, S. 128; Deitelhoff/Geis 2007, S. 321). Dies kann den Handlungsspielraum einer Regierung für den Fall erhöhen, dass Öffentlichkeit und Parlament einem Auslandseinsatz der eigenen Streitkräfte gegenüber kritisch bis ablehnend eingestellt sind.

3.　Folgen des Einsatzes privater Sicherheitsfirmen

Wenn private Sicherheitsfirmen im öffentlichen Raum tätig werden oder Einrichtungen der Verkehrsinfrastruktur bewachen, zum Beispiel im öffentlichen Nahverkehr oder an Flughäfen, so kommt dies im Prinzip der Allgemeinheit zugute und nicht nur denjenigen, die dafür bezahlen, denn Flugzeuge oder U-Bahnen in den Händen von Gewalttätern können auch für andere Personen als die jeweiligen Flug- und Fahrgäste eine Sicherheitsgefahr darstellen. Auch das Training von Polizei und Militär im Rahmen des Aufbaus staatlicher Strukturen in sogenannten Nachkriegsgesellschaften kann dazu beitragen, die Sicherheit aller in einem Staat lebenden Personen zu erhöhen, weil die ausgebildeten staatlichen Akteure den Auftrag haben, Sicherheit als öffentliches Gut für die gesamte Bevölkerung bereitzustellen.

Das Verhalten privater Sicherheitsfirmen und ihrer Mitarbeiter kann daneben überdies negative Folgen für die Bevölkerung haben (Schneiker/Krahmann 2016a; 2016b). Berichten zufolge haben private Sicherheitsfirmen in Afghanistan, die im Kontext der internationalen Intervention der ISAF (International Security Assistance Force) aktiv waren, die Zivilbevölkerung ausgebeutet und eingeschüchtert. Beispielsweise errichteten Firmen Straßensperren, an denen sie Zivilisten ohne entsprechende Befugnis anhielten und »besteuerten« (VN 2010, S. 22). Weitere illegale Einnahmequellen für private Sicherheitsfirmen in Afghanistan waren Erpressung, Entführung, Diebstahl und Plünderung (House of Representatives 2010, S. 3). An diesen Beispielen zeigt sich, dass sich die Grenzen zwischen der Erbringung von Sicherheitsdienstleistungen und der organisierten Kriminalität verwischen können. Des Weiteren waren einige afghanische Sicherheitsfirmen, die als Subunternehmer im Rahmen der ISAF für die westlichen Streitkräfte arbeiteten, in lokale Machtkämpfe verwickelt und unterstützten sogar die Taliban (Schneiker/Krahmann 2016b, S. 39). Dabei kam es sogar zur gezielten Tötung von Konkurrenten und deren Unterstützern (VN 2010, S. 24). Zudem wurden dadurch die ohnehin schwachen staatlichen Strukturen in Afghanistan weiter geschwächt. Insgesamt zeigt dieses Beispiel des Einsatzes privater Sicherheitsfirmen im Rahmen einer internationalen Intervention, dass solche Firmen den Aufbau staatlicher Strukturen behindert und damit den Erfolg der internationalen Mission gefährdet und gar zu mehr Unsicherheit für die lokale Bevölkerung beigetragen haben. Bereits 2007 kam ein Bericht der Schweizerischen Friedensstiftung Swisspeace über die Situation in Afghanistan zu dem Ergebnis, dass private Sicherheitsfirmen höchstens die Sicherheit ihrer Kunden verbessert hätten, nicht jedoch die der restlichen Bevölkerung, die sich – im Gegenteil – durch die Präsenz der Firmen eher unsicher gefühlt habe (Rimli/Schmeidl 2007, S. 6).

Einigen im Zuge der militärischen Intervention westlicher Streitkräfte im Irak eingesetzten privaten Sicherheitsfirmen wird ein solches Verhalten ebenfalls vorgeworfen, das zu mehr Unsicherheit für die lokale Bevölkerung geführt habe. So wird ein Mitarbeiter einer privaten Sicherheitsfirma im Irak mit folgender Aussage zitiert: »Our mission is to protect the principal at all costs. If that means pissing off the Iraqis, too bad« (zitiert in Fainaru 2007). Bekannte Vorfälle, die oft stellvertretend für das Fehlverhalten privater Sicherheitsfirmen im Irak angeführt werden, ereigneten sich 2003 und 2007. Im Jahr 2003 waren Mitarbeiter der privaten Sicherheitsfirmen Titan und CACI in die Folter von Gefangenen im Gefängnis Abu Ghraib verwickelt (Mathieu/Dearden 2006, S. 13), 2007 erschossen Mitarbeiter der privaten Sicherheitsfirma Blackwater, die sich inzwischen in Academi umbenannt hat, auf dem Nissour-Platz in Bagdad mindestens 14 unbewaffnete Zivilisten (Johnston/Broder 2007; Apuzzo 2015).

Auch außerhalb bewaffneter Konflikte können private Sicherheitsfirmen zu einer ungleichen Verteilung von Sicherheit und damit indirekt zu mehr Unsicherheit für einige beitragen. Wenn private Sicherheitsfirmen zum Beispiel nur einzelne Firmen oder Wohnanlagen, sogenannte gated communities, in einem Gebiet oder einer Stadt bewachen, können die Akteure, die sich einen solchen Schutz nicht leisten können, erst recht Opfer von Kriminalität oder Ziel anderer Formen bewaffneter Gewalt werden (Singer 2004, S. 17).

Doch nicht nur das Verhalten privater Sicherheitsfirmen kann problematisch sein. In Konfliktgebieten wie Afghanistan oder Irak wird Fehlverhalten zudem nur selten sanktioniert. Dort ist es aufgrund fehlender oder schwacher rechtsstaatlicher Strukturen schwierig, Mitarbeiter privater Sicherheitsfirmen vor Ort für begangene Straftaten zur Verantwortung zu ziehen. Im Irak genossen dort operierende internationale Sicherheitsfirmen nach einer Verfügung der Interimsbehörde der Koalitionskräfte bis Ende 2008 sogar Immunität vor Strafverfolgung durch irakische Behörden. Fehlt es an Gesetzen in den Einsatzländern oder können bestehende Gesetze dort nicht durchgesetzt werden, so können Mitarbeiter privater Sicherheitsfirmen in den Ländern, in denen die Firmen ansässig sind, oder in den auftraggebenden Staaten, rechtlich zur Verantwortung gezogen werden. Entsprechend wurden einige der Mitarbeiter der Firma Blackwater im April 2015 für die Erschießung der 14 Zivilisten in Bagdad durch ein US-Gericht zu lebenslangen Haftstrafen verurteilt (Apuzzo 2015). In der Praxis verfolgen jedoch nur wenige auftraggebende Staaten im Ausland begangene Straftaten, so dass die Verurteilung der Täter vom Nissour-Platz eine Ausnahme darstellt. Dies liegt entweder daran, dass die bestehenden Gesetze nicht für im Ausland begangene Straftaten gelten oder dass insgesamt der politische Wille zur Aufarbeitung und Strafverfolgung fehlt.

Selbst über das Strafrecht hinaus nehmen auftraggebende Staaten ihre Möglichkeiten zur Kontrolle und Regulierung privater Sicherheitsfirmen in internationalen Missionen nur teilweise wahr. In Afghanistan beispielsweise haben die Interventionskräfte in zahlreichen Fällen sogenannte Generalunternehmer unter Vertrag genommen, die Subunternehmer beschäftigen, die wiederum Subunternehmer einstellen, so dass lange Vertragsketten entstanden. Eine Kontrolle durch die ursprünglichen Auftraggeber, zum Beispiel die NATO oder die EU, findet aber, wenn überhaupt, nur auf Ebene der Generalunternehmen statt (Schneiker/Krahmann 2016a).

In Deutschland sind Fälle von Fehlverhalten von Mitarbeiterinnen und Mitarbeitern privater Sicherheitsfirmen ebenso dokumentiert. In Burbach sollen beispielsweise Mitarbeiter einer privaten Sicherheitsfirma im Jahr 2014 Flüchtlinge in einer Unterkunft misshandelt haben (Zeit online 2017). Zwar können hier die Firmen und ihre Mitarbeiter aufgrund eines durchsetzungsfähigen staatlichen Sicherheits- und Justizapparates für ihr Handeln zur Verantwortung gezogen werden. Doch zu leichte Zugangsbedingungen zum Markt der privaten Sicherheitsdienstleister und die mangelnde Kontrolle von Unterauftragnehmern gelten auch hierzulande als Gründe für negative Vorfälle. So wurde die private Sicherheitsfirma, die mit dem Schutz der Flüchtlingsunterkunft in Burbach betraut war, nicht von öffentlicher Seite, sondern vom privaten Betreiber der Unterkunft beauftragt (Koschnitzke 2014). Insgesamt, so wird der Geschäftsführer beim Bundesverband der Sicherheitswirtschaft (BDSW) in einem Artikel in der Frankfurter Allgemeinen Zeitung zitiert, seien »viele Gewerbeaufsichten […] mit der Kontrolle der Anbieter völlig überfordert« (Olschok, zitiert in Koschnitzke 2014).

4.   Qualität der Sicherheit

Wird Sicherheit wie eine Ware auf dem Markt gehandelt, so hat dies Auswirkungen auf die Qualität der Sicherheit. Private Sicherheitsfirmen sind gewinnorientierte Unternehmen und somit bestrebt, so viele und so umfangreiche Aufträge wie möglich zu erhalten. Abgesehen davon, dass absolute Sicherheit sowieso nicht möglich ist, können private Sicherheitsfirmen daher kein Interesse daran haben, dass ihre (potenziellen) Kunden umfassend sicher sind oder sich zumindest so fühlen (Zedner 2003, S. 157). Im Gegenteil, es ist Unsicherheit, die den Firmen ihre Gewinne und somit ihre Existenz sichert. Daher bieten viele Firmen nicht nur Schutzdienstleistungen an, sondern definieren zunächst, welche Sicherheitsrisiken überhaupt existieren und welche Dienstleistungen benötigt werden, um diesen zu begegnen (Leander 2005, S. 612). Ursache und Umfang der identifizierten Sicherheitsrisiken sind dabei einerseits teilweise diffus und andererseits individualisiert (Krahmann 2010), so dass stetige und umfassende Sicherheitsmaßnahmen gerechtfertigt werden können. Des Weiteren bearbeiten die vorgeschlagenen Maßnahmen in der Regel nicht die Ursachen für Unsicherheit. Dadurch soll eine dauerhafte, personal- und kostenintensive Nachfrage nach den Diensten privater Sicherheitsfirmen gewährleistet werden.

Durch die Definition von Sicherheitsrisiken und ihren Umgang damit können private Sicherheitsfirmen zudem Einfluss darauf nehmen, wie Sicherheit verstanden wird, zum Beispiel wer und was mit welchen Mitteln und zu welchem Grad geschützt werden soll (Berndtsson 2012, S. 319). Einer Untersuchung zu privaten Sicherheitsfirmen am Flughafen Schiphol in Amsterdam zufolge sind private Sicherheitsfirmen beispielsweise bestrebt, ihren Kunden messbare Dienstleistungen zu präsentieren, das heißt zum Beispiel die Anzahl an durchsuchten Passagieren und Gepäckstücken (Schouten 2014). Damit können die Firmen zwar dokumentieren, dass sie tatsächlich tätig werden, doch sagen entsprechende Zahlen nichts über die Art der Kontrollen, also etwa über die Qualität der Maßnahmen und die daraus folgende Sicherheit, aus. So können sogar Maßnahmen, die sich nicht stückweise dokumentieren und abrechnen lassen, zu Sicherheit beitragen. Als Beispiel hierfür werden die Sicherheitsmaßnahmen am Flughafen Ben Gurion in Tel Aviv genannt, wo auffälliges Verhalten von Fluggästen seitens der Sicherheitskräfte unter anderem durch intensives Beobachten identifiziert wird (Schouten 2014, S. 32–34). Mit Blick auf die Bundeswehr wurde gezeigt, dass die Beauftragung von und Zusammenarbeit mit privaten Sicherheitsfirmen zugleich das Selbstverständnis der Truppe insofern beeinflusst, als deren Arbeit nicht nur mit Blick auf militärische Ziele bewertet wird, sondern auch hinsichtlich der Kosteneffizienz (Krahmann 2013, S. 174).

5.   Fazit: Mehr Regulierung ist nötig

Insgesamt lassen sich die Folgen der Arbeit privater Sicherheitsdienstleister nicht pauschal bestimmen und bewerten. Doch unabhängig davon fehlt es an einer umfassenden und effektiven Kontrolle und Regulierung der Firmen, sowohl auf nationaler als auch auf internationaler Ebene. Zwar wurden zumindest in Nordrhein-Westfalen die Standards für Firmen, die Flüchtlingsunterkünfte schützen, verschärft, aber zum einen werden diese Standards Medienberichten zufolge teilweise unterlaufen (WDR 2017) und zum anderen besteht das grundsätzliche Problem der niedrigen Anforderungen an die Qualifikation der Mitarbeiterinnen und Mitarbeiter privater Sicherheitsfirmen weiterhin (Hirschmann 2016).

Auf internationaler Ebene existieren zwar die Bestimmungen des humanitären Völkerrechtes, die private Sicherheitsfirmen ebenso befolgen müssen wie alle anderen Akteure. Doch Staaten, die in der Pflicht sind sicherzustellen, dass sich die privaten Sicherheitsfirmen auch daran halten und die Fehlverhalten strafrechtlich verfolgen müssen, sind dazu entweder aufgrund fehlender

Strukturen nicht in der Lage oder sie sind nicht willens, Mitarbeiterinnen und Mitarbeiter privater Sicherheitsfirmen für im Ausland begangene Straftaten vor Gericht zu stellen. Darüber hinaus fehlt es an Kontroll- und Regulierungsmechanismen für die Beauftragung von privaten Sicherheitsfirmen im Rahmen internationaler Militärmissionen. Bis heute existieren hierfür weder eindeutige noch einheitliche Standards. Auftraggebende westliche Staaten haben etwa bei der Auswahl privater Sicherheitsfirmen im Rahmen der ISAF-Mission in Afghanistan nicht auf die Verbindungen der Firmen zu lokalen Machthabern oder auf die Einhaltung operativer Standards geachtet (Schneiker/Krahmann 2016a, S. 5). Des Weiteren verfügen die meisten Staaten weder über ein nationales Register für private Sicherheitsfirmen, die im Ausland tätig werden möchten, noch fordern sie die Einholung einer staatlichen Lizenz für entsprechende Tätigkeiten. Eine Ausnahme stellt die Schweiz dar. Diese hat 2015 ein Gesetz erlassen, wonach in der Schweiz ansässige private Sicherheitsfirmen, bevor sie im Ausland tätig werden, das Eidgenössische Departement für auswärtige Angelegenheiten (EDA) darüber in Kenntnis setzen müssen. Letzteres kann dann eine Lizenz gewähren oder verweigern (Bundesrat 2013; Bundesrat 2015; Eidgenössisches Justiz- und Polizeidepartement 2015). Die deutsche Bundesregierung sieht jedoch bisher keine Notwendigkeit für eine entsprechende Regulierung in Deutschland (Deutscher Bundestag 2006; 2010; 2011), obwohl auch in Deutschland private Sicherheitsfirmen ansässig sind, die ihre Dienste im Ausland erbringen.

Literatur

Apuzzo, Matt (2015): Ex-Blackwater Guards Given Long Terms for Killing Iraqis, http://www.nytimes.com/2015/04/14/us/ex-blackwater-guards-sentenced-to-prison-in-2007-killings-of-iraqi-civilians.html?_r=0 (zuletzt abgerufen am 23.07.2017).

Avant, Deborah (2005): The Market for Force. The Consequences of Privatizing Security. Cambridge.

BDSW (2016): Sicherheitswirtschaft in Deutschland. http://www.bdgw.de/images/statistik satz/Statistiksatz-BDSW-BDGW-2016.pdf (zuletzt abgerufen am 23.07.2017).

Berndtsson, Joakim (2012): Security Professionals for Hire: Exploring the Many Faces of Private Security Expertise. Millennium: Journal of International Studies, 40 (2), S. 303–320.

Bundesrat (2013): Bundesgesetz über die im Ausland erbrachten privaten Sicherheitsdienstleistungen (BPS). https://www.admin.ch/opc/de/official-compilation/2015/240 7.pdf (zuletzt abgerufen am 23.07.2017).

Bundesrat (2015): Verordnung über die im Ausland erbrachten privaten Sicherheitsdienstleistungen (VPS). https://www.admin.ch/opc/de/official-compilation/2015/242 3.pdf (zuletzt abgerufen am 23.07.2017).

Commission on Wartime Contracting in Iraq and Afghanistan (2011): Transforming Wartime Contracting: Controlling Costs, Reducing Risks: Final Report to Congress. Arlington.

Deitelhoff, Nicole/Geis, Anna (2007): Warum Reformen nicht allein an Effektivitätssteigerung gemessen werden sollten. Das Beispiel der Sicherheitspolitik. In: Wolf, Klaus Dieter (Hrsg.), Staat und Gesellschaft – fähig zur Reform? 23. Baden-Baden, S. 303–327.

Deutscher Bundestag (2006): Bundestagsdrucksache 16/1296. Umgang der Bundesregierung mit Söldnern, Söldnerfirmen, privaten Sicherheits- und Militärdienstleistungsunternehmen.

Deutscher Bundestag (2010): Bundestagsdrucksache 17/4012. Deutsche Staatsbürger in Sicherheitsdienstleistungsunternehmen und der Fremdenlegion im Auslandseinsatz.

Deutscher Bundestag (2011): Bundestagsdrucksache 17/6780. Regulierung privater Militär- und Sicherheitsfirmen.

Dunigan, Molly (2011): Victory for Hire. Private Security Companies' Impact on Military Effectiveness. Stanford.

Eidgenössisches Justiz- und Polizeidepartement (2015): Private Sicherheitsdienstleistungen im Ausland werden ab 1. September 2015 geregelt. https://www.ejpd.admin.ch/ejpd/de/home/aktuell/news/2015/2015-06-240.html (zuletzt abgerufen am 23.07.2017).

Fainaru, Steve (2007): Where Military Rules Don't Apply. www.washingtonpost.com/wp-dyn/content/article/2007/09/19/AR2007091902503_pf.html (zuletzt abgerufen am 15.08.2017).

GAO (2006): Contract Management: DOD Vulnerabilities to Contracting Fraud, Waste, and Abuse. GAO-06-838R. www.gao.gov/new.items/d06838r.pdf (zuletzt abgerufen am 15.08.2017).

G4S (2016a): Preparing the Troops. www.g4s.com/en/Media%20Centre/Case%20Studies/Government/Preparing%20the%20Troops (zuletzt abgerufen am 04.09.2016).

G4S (2016b): Creative Approach to Prison Management. www.g4s.com/en/Media%20Centre/Case%20Studies/Government/Creative%20approach%20to%20prison%20management (zuletzt abgerufen am 04.09.2016).

G4S (2016c): Protecting National Interests. www.g4s.com/en/Media%20Centre/Case%20Studies/Government/Protecting%20National%20Interests (zuletzt abgerufen am 04.09.2016).

G4S (2016d): The Bus No One Wants To Catch. www.g4s.com/en/Media%20Centre/Case%20Studies/Government/The%20bus%20no%20one%20wants%20to%20catch (zuletzt abgerufen am 04.09.2016).

G4S (2016e): Who We Are. http://www.g4s.com/en/Who%20we%20are (zuletzt abgerufen am 04.09.2016).

G4S (2017): Anhaltezentrum Vordernberg ist Musterinstitution. http://www.g4s.co.at/de-AT/Media-Centre/News/2017/01/16/Anhaltezentrum-Vordernberg-ist-Musterinstitution (zuletzt abgerufen am 18.07.2017).

Hirschmann, Nathalie (2016): Sicherheit als professionelle Dienstleistung und Mythos. Eine soziologische Analyse der gewerblichen Sicherheit. Wiesbaden.

House of Representatives (2010): Warlord, Inc.: Extortion and Corruption Along the U.S. Supply Chain in Afghanistan: Report by the Majority Staff, Washington, D.C: Committee on Oversight and Government Reform.

Johnston, David/Broder, John M. (2007): F.B.I. Says Guards Killed 14 Iraqis Without Cause. www.nytimes.com/2007/11/14/world/middleeast/14blackwater.html?ei=5088&en=baf513ff1e78a9fd&ex=1352696400&partner=rssnyt&emc=rss&pagewanted=print (zuletzt abgerufen am 15.08.2017).

Koschnitzke, Lukas (2014): Misshandlungen in Asylbewerberheimen: Wenn Beschützer Täter werden. http://www.faz.net/aktuell/wirtschaft/asylbewerberunterkunft-burbach-der-fall-des-privaten-sicherheitsdienstes-ski-13180440.html (zuletzt abgerufen am 20.07.2017).

Krahmann, Elke (2010): Beck and Beyond: Selling Security in the World Risk Society. Review of International Studies, 37 (1), S. 349–372.

Krahmann, Elke (2013): Germany. Civilian Power Revisited. In: Leander, Anna (Hrsg.), Commercialising Security in Europe. Political Consequences for Peace Operations. London, S. 161–180.

Krahmann, Elke (2015): Chance für eine Neuausrichtung: die Bundesregierung und private Sicherheits- und Militärdienste. In: Kursawe, Janet/Johannsen, Margret/Baumgart-Ochse, Claudia/von Boemcken, Marc/Werker, Ines-Jaqueline (Hrsg.), Friedensgutachten 2015. Münster, S. 100–111.

Krahmann, Elke/Friesendorf, Cornelius (2011): Debatte vertagt? Militär- und Sicherheitsfirmen in deutschen Auslandseinsätzen. Frankfurt am Main.

Leander, Anna (2005): The Market for Force and Public Security: The Destabilizing Consequences of Private Military Companies. Journal of Peace Research 42 (5), S. 605–622.

Mathieu, Fabien/Dearden, Nick (2006): Corporate Mercenaries. The Threat of Private Military and Security Companies. London.

OP-online.de (2016): Securitas: Private »Polizei« bleibt in der City tätig. https://www.op-online.de/region/neu-isenburg/securitas-neu-isenburg-private-polizei-bleibt-city-taetig-6469243.html (zuletzt abgerufen am 20.07.2017).

Raphael, Sam (2016): Mercenaries Unleashed. The Brave New World of Private Military and Security Companies. London.

Rimli, Lisa/Schmeidl, Susanne (2007): Private Security Companies and Local Populations. An Exploratory Study of Afghanistan and Angola. November. www.swisspeace.ch/typo3/fileadmin/user_upload/pdf/PSC_01.pdf (zuletzt abgerufen am 28.11.2007).

Schneiker, Andrea/Krahmann, Elke (2016a): Private Militär- und Sicherheitsfirmen: Mehr Kapazität – weniger Verantwortung? Transparency International Papier.

Schneiker, Andrea/Krahmann, Elke (2016b): Privatisierung von Krieg? Problemfelder des Einsatzes Privater Militär- und Sicherheitsfirmen in der modernen Kriegsführung. Aus Politik und Zeitgeschichte 66, S. 35–36, S. 39–44.

Schouten, Per (2014): Security as Cntroversy: Reassembling Security at Amsterdam Airport. Security Dialogue 45 (1), S. 23–42.

Schweizerische Eidgenossenschaft/ICRC (2008): The Montreux Document. On Pertinent International Legal Obligations and Good Practices for States Related to Operations of Private Military and Security Companies During Armed Conflict. https://www.eda.admin.ch/content/dam/eda/en/documents/aussenpolitik/voelkerrecht/Montreux-Broschuere_en.pdf (zuletzt abgerufen am 23.07.2017).

Securitas (2013): Annual Report 2012. Stockholm.

Shearer, David (1998): Private Armies and Military Intervention. London.

SIGIR (2007): Office of the Special Inspector General for Iraq Reconstruction: Review of DynCorp International, LLC, Contract Number S-LMAQM-04-C-0030, Task Order 0338, For the Iraqi Police Training Program Support. SIGIR-06-029. DoS-OIG-AUD/ IQO-07-20. www.sigir.mil/reports/pdf/audits/06-029.pdf (zuletzt abgerufen am 19.05. 2008).

Singer, Peter W. (2004): Should Humanitarians Use Private Military Services? www.broo kings.edu/views/articles/fellows/singer20040628.pdf (zuletzt abgerufen am 18.05. 2008).

VN (2010): Report of the Working Group on the Use of Mercenaries as a Means of Violating Human Rights and Impeding the Exercise of the Right of Peoples to Self-Determination: Addendum Mission to Afghanistan, A/HRC/15/25/ Add.2.

WDR (2017): http://www1.wdr.de/nachrichten/landespolitik/westpol-billigloehne-fluecht lingsheime-100.html (zuletzt abgerufen am 21.07.2017).

Zedner, Lucia (2003): The Concept of Security: An Agenda for Comparative Analysis. Legal Studies 23 (1), S. 153–175.

Zeit online (2017): Anklage wegen Misshandlung von Asylbewerbern. http://www.zeit.de/ gesellschaft/zeitgeschehen/2017-03/fluechtlingsunterkunft-burbach-misshandlung-anklage-mitarbeiter (zuletzt abgerufen am 23.07.2017).

Lars Wissenbach[*]

Soziale Sicherheit – Schlüsselelement gleichberechtigter Teilhabe von Menschen mit Behinderungen in Entwicklungsländern

1. Einleitung

>*»Everyone, as a member of society, has the right to social security and is entitled to realization.«* (UN 1948, Art. 22)

Jeder Mensch hat ein Anrecht auf Soziale Sicherheit. Dieser prinzipielle Anspruch wurde 1948 in der Allgemeinen Erklärung der Menschenrechte verankert. Demnach sollen Staaten durch innerstaatliche Maßnahmen und internationale Zusammenarbeit sowie unter Berücksichtigung der Organisation und der Mittel dafür Sorge tragen, dass ihre Bürger in den Genuss der wirtschaftlichen, sozialen und kulturellen Rechte gelangen, die für die Würde und die freie Entwicklung der eigenen Persönlichkeit unentbehrlich sind (vgl. UN 1948, Art. 22).

Die wirtschaftlichen, sozialen und kulturellen Rechte werden in den darauffolgenden Artikeln beschrieben und umfassen unter anderem das Anrecht auf Arbeit, gesundheitliche Versorgung, Nahrung, Wohnraum, Bildung und die Teilhabe am kulturellen Leben (vgl. ebd., Art. 23–27). Sie umfassen darüber hinaus das Anrecht auf »Sicherheit im Falle von Arbeitslosigkeit, Krankheit, Invalidität oder Verwitwung, im Alter sowie bei anderweitigem Verlust seiner Unterhaltsmittel durch unverschuldete Umstände« (ebd., Art. 25).

Mit dem 1966 verabschiedeten Internationalen Pakt über wirtschaftliche, soziale und kulturelle Rechte haben sich bis heute 165 Staaten vertraglich dazu verpflichtet, das Recht auf Soziale Sicherheit auf einem Mindestniveau zu garantieren und möglichst zügig, wenn notwendig mit Unterstützung der Internationalen Gemeinschaft, umzusetzen (vgl. UN 1966, Art 9). Maßnahmen Sozialer Sicherung sind demnach nicht als freiwillige Leistung von Regierungen, sondern als das Einhalten völkerrechtlicher Verpflichtungen zu verstehen. Die

---

* Lars Wissenbach, M.A., Universität Siegen, Fakultät II (Bildung – Architektur – Künste), Sozialpädagogik und Sozialarbeit, Zentrum für Planung und Evaluation Sozialer Dienste (ZPE).

Tatsache, dass bisher nur circa 27 % der Weltbevölkerung einen umfassenden Zugang zu Sozialer Sicherung haben, macht deutlich, dass viele Regierungen dieser Verpflichtung nicht nachkommen (vgl. ILO 2014; UNDP 2015). Anders gesagt: Das Anrecht auf Soziale Sicherung von über 5 Milliarden Menschen weltweit wird täglich verletzt.

Dies betrifft faktisch auch die sogenannten »Entwicklungsländer«. Als solche werden die zumeist nach ökonomischen Gesichtspunkten weniger entwickelten Länder in Relation zu den wirtschaftlich entwickelten Industienationen bezeichnet. Einheitliche Merkmale oder eine allgemein verbindliche Definition des Begriffs existieren nicht. Wesentliche Kritik bezieht sich insbesondere auf den implizit normativ-wertenden Charakter des Begriffs. Im vorliegenden Text wird im Folgenden die Bezeichnung »Länder mit niedrigem Durchschnittseinkommen« verwendet.

Insbesondere in den vergangenen 20 Jahren wurde der Ausbau Sozialer Sicherungssysteme zu einem Schwerpunkt der internationalen Entwicklungszusammenarbeit mit dem Ziel, die Armut in Ländern mit mittlerem und niedrigem Durchschnittseinkommen systematischer und nachhaltiger zu reduzieren. Über die reine Absicherung von Lebensrisiken hinaus beziehen sich aktuelle Ansätze zum Aufbau von Systemen Sozialer Sicherung in Ländern mit mittlerem und niedrigem Durchschnittseinkommen insbesondere auch auf Demokratisierungsprozesse. Durch diese sollen soziale Gerechtigkeit und soziale Inklusion gefördert werden. Angestrebt wird die Reduzierung von Ungleichheit durch einen universellen Zugang zu sozialer Absicherung für alle Bevölkerungsgruppen. Studien zeigen jedoch, dass bestimmte Bevölkerungsgruppen, darunter Menschen mit Behinderungen, von solchen Ansätzen häufig nicht angemessen erreicht werden (vgl. UN 2015b).

Im September 2015 verabschiedeten 193 Mitgliedsstaaten der Vereinten Nationen die Agenda 2030 für nachhaltige Entwicklung (UN 2015). In der Nachfolge der Millenniumsentwicklungsziele bildet die Agenda 2030 ein zentrales Rahmendokument für die Entwicklungspolitik der kommenden Jahre. Die Nachhaltigen Entwicklungsziele (Sustainable Development Goals) bilden den Kern dieser Agenda und legen in 17 globalen Zielen und 169 Unterzielen konkrete Zielvorgaben fest. Unter Ziel 1 »End poverty in all its forms everywhere« ist das Ziel eines universellen Zugangs zu Sozialer Sicherung verankert (vgl. UN 2015).

Dieser Beitrag gibt einen Überblick über die Rolle Sozialer Sicherung im Bereich der internationalen Entwicklungszusammenarbeit. Es wird den Fragen nachgegangen, inwiefern Menschen mit Behinderungen durch den Ausbau Sozialer Sicherungssysteme in Ländern mit mittlerem und niedrigem Durchschnittseinkommen erreicht werden und welches Potenzial Ansätze Sozialer Sicherung für eine gleichberechtigte Teilhabe von Menschen mit Behinderungen entfalten können. Eine generelle Auseinandersetzung mit dem fachpolitischen Diskurs zur Ausgestaltung von Sozialpolitik und zur Funktion Sozialer Sicherung kann in diesem Rahmen nicht geleistet werden. Der Fokus liegt hier explizit auf der Darstellung aktueller Entwicklungen im Bereich der Sozialen Sicherung im Kontext der internationalen Entwicklungszusammenarbeit.

2.   Soziale Sicherung – Ziel oder Voraussetzung für Entwicklung?

2.1   Soziale Sicherung

Sozialpolitik beschreibt Maßnahmen zur Verbesserung der wirtschaftlichen und sozialen Situation insbesondere benachteiligter gesellschaftlicher Gruppen. Zudem gilt sie als Mittel zur Verhinderung von Armut und zur Reduzierung sozialer Ungleichheit in Gesellschaften. Während die Ungleichheit gemessen am Durchschnittseinkommen zwischen Staaten seit einigen Jahren abnimmt, nimmt diese Form der Ungleichheit innerhalb von Staaten im Durchschnitt zu, sowohl in Ländern mit hohen wie auch mit niedrigen Einkommen (vgl. Garnreiter 2015; Lakner/Milanovic 2016). Staatliche Umverteilung und Soziale Sicherung sollen einen Beitrag dazu leisten, diesen Trend abzuschwächen.

Es gibt zahlreiche Definitionen der Begriffe Soziale Sicherheit und Soziale Sicherung. Während unter Sozialer Sicherheit in einem engeren Sinne häufig beitragsfinanzierte Systeme und Programme mit einer Anbindung an den formellen Sektor beschrieben werden, wird der Begriff Soziale Sicherung meist breiter gefasst und schließt jegliche öffentlichen und privaten Formen von Sozialtransfers und Sozialversicherung sowie teilweise Arbeitsmarktgesetzgebung und -politiken, Sozialprogramme bis hin zu Sozialen Diensten mit ein. Teilweise werden die Begriffe jedoch auch synonym verwendet.

Im Rahmen dieses Beitrags liegt der Fokus auf einem breiten Verständnis Sozialer Sicherung und dem Sozialen Sicherungsdiskurs im Kontext der internationalen Entwicklungszusammenarbeit. Der Ausbau und die Finanzierung Sozialer Sicherungssysteme in den heutigen Industrieländern erfolgten im Wesentlichen über Lohnsteuerabgaben im Rahmen formeller Beschäftigung. Da ein Großteil der arbeitenden Bevölkerung in Ländern mit mittlerem und niedrigem Durchschnittseinkommen jedoch informell beschäftigt ist, bietet sich dieser Weg für diese Länder nicht unmittelbar an (vgl. Barrientos 2011). Während sich der Schwerpunkt der Sozialen Sicherung in Industrieländern eher im Bereich der Absicherung von Einkommen und Lebensstandards bewegt, beziehen sich Maßnahmen Sozialer Sicherung in Ländern mit niedrigem Durchschnittseinkommen stärker auf Armutsreduzierung und die Implementierung von Sozialtransfers (vgl. ebd.). So wird Soziale Sicherung beschrieben als

> *»all public and private initiatives that provide income or consumption transfers to the poor, protect the vulnerable against livelihood risks and enhance the social status and rights of the marginalized; with the overall objective of reducing the economic and social vulnerability of poor, vulnerable and marginalized groups.«* (Devereux/Sabates-Wheeler 2004)

Die Zielsetzung und Zielgruppe Sozialer Sicherung wird wie folgt charakterisiert:

> *»Social protection is concerned with protecting and helping those who are poor and vulnerable, such as children, women, older people, people living with disabilities, the displaced, the unemployed, and the sick.«* (Harvey et al. 2007)

Die meisten Sozialen Sicherungssysteme umfassen beitragspflichtige und nicht-beitragspflichtige Programme. Dazu zählen universelle Absicherungssysteme, Sozialversicherung, Sozialhilfe und öffentliche Beschäftigungsprogramme. Leistungen können in Form von Kinder- und Familientransfers, Krankengeld und Leistungen im Gesundheitswesen, Leistungen für Menschen mit Behinderungen und ältere Menschen, Hinterbliebenenleistungen, Leistungen bei Arbeitsunfällen, Leistungen für Menschen ohne Beschäftigung, Beschäftigungsgarantien, Mutterschaftsleistungen, Leistungen zur Einkommensunterstützung und andere soziale Geld- und Sachleistungen erbracht werden (vgl. UN 2015b). Staaten fördern Systeme Sozialer Sicherung auf unterschiedliche Art und Weise, indem sie Programme der Sozialen Sicherung in ihrem jeweiligen nationalen, kulturellen und historischen Kontext auf- und umsetzen.

Während ein Mindestmaß an Sozialer Sicherheit etwa in Deutschland häufig als eine Selbstverständlichkeit betrachtet wird, haben 73 % der Weltbevölkerung, über 5 Milliarden Menschen, keinen Zugang zu umfassender sozialer Absicherung (ILO 2014; UNDP 2015). Die Bedeutung der Sozialpolitik, insbesondere Sozialer Sicherung als vielversprechender Ansatz zur Reduzierung von Armut und Vulnerabilität in Ländern mit mittlerem und niedrigem Durchschnittseinkommen, hat in den letzten 20 Jahren enorm zugenommen (vgl. Barrientos/Hulme 2009; Barrientos 2011; ILO 2014). Viele Länder haben ihre Anstrengungen zur sozialen Absicherung der Bevölkerung erhöht und Systeme Sozialer Sicherung ausgebaut.

2.2   Soziale Sicherung und Entwicklung

Soziale Sicherung, mit einem Fokus auf Sozialtransfers als Instrument zur Reduzierung extremer Armut, kann als Entwicklungsansatz für Länder mit mittlerem und niedrigem Durchschnittseinkommen verstanden werden (vgl. Barrientos 2011). Bezugnehmend auf das universelle Recht auf Soziale Sicherheit ist es wichtig, dass nicht einzelne Gruppen zurückgelassen werden, sondern alle Menschen die Möglichkeit haben, von Maßnahmen Sozialer Sicherung zu profitieren. Jedoch werden bestimmte Bevölkerungsgruppen – darunter Menschen mit Behinderungen – häufig von Entwicklungsmaßnahmen im Allgemeinen und Maßnahmen der Sozialen Sicherung im Besonderen nicht angemessen erreicht (vgl. WHO/Weltbank 2011; UN 2015b). Die Ergebnisse von sechs Dekaden internationaler Entwicklungszusammenarbeit zeigen deutlich, dass wirtschaftliches Wachstum alleine zur Reduzierung von Armut und sozialer Ungleichheit nicht ausreicht. Insbesondere die am meisten benachteiligten Bevölkerungsgruppen werden nicht erreicht, wenn Politiken und Maßnahmen dieses Ziel nicht explizit verfolgen.

Diese Erkenntnis spiegelt sich in Bezug auf Menschen mit Behinderungen in aktuellen globalen Entwicklungsstrategien wider. Während die Millenniumsentwicklungsziele der Vereinten Nationen (2000–2015) Menschen mit Behinderungen nicht als Zielgruppe benannten, legt die Agenda 2030 für nachhaltige Entwicklung (2015–2030) einen expliziten Fokus auf besonders benachteiligte Bevölkerungsgruppen und benennt Menschen mit Behinderungen im Rahmen der Zielsetzungen zu Bildung, Beschäftigung, Reduzierung von Ungleichheit, Städtebau und Datendisaggregierung explizit als Zielgruppe (vgl. UN 2015). Darüber hinaus ist der Grundsatz »Niemanden zurücklassen« (»leave no one behind«) ein zentrales Element der Agenda 2030 und der darin enthaltenen Nachhaltigen Entwicklungsziele (Sustainable Development Goals). Dieser Grundsatz beschreibt den Anspruch, dass die Ziele der Agenda erst dann als erreicht gelten können, wenn sie für alle erreicht sind. Die Agenda richtet den Blick auf besonders vulnerable Gruppen (the most vulnerable) und zählt zu diesen insbesondere Kinder und Jugendliche, Menschen mit Behinderungen, Menschen mit HIV/AIDS, ältere Menschen, indigene Bevölkerungsgruppen, Menschen auf der Flucht sowie Migrantinnen und Migranten (ebd.).

Die Zielsetzung einer nachhaltigen Reduzierung von Armut und sozialer Ungleichheit ist eng verknüpft mit Sozialer Sicherheit. So verwundert es nicht, dass die Soziale Sicherung in Form eines eigenständigen Entwicklungsziels unter dem Hauptziel 1 »End poverty in all its forms everywhere« nun als Ansatz zur nachhaltigen Reduzierung von Armut verankert ist, während die Millenniumsentwicklungsziele keine Zielsetzung in Bezug auf Sozialer Sicherung beinhalteten. Diese Entwicklung hin zu umfassenderen und strukturellen Ansätzen einer Reduzierung von Armut ist verknüpft mit der Erkenntnis, dass Entwicklung durch ein System Sozialer Sicherung abgesichert werden muss, um nachhaltig Wirkung entfalten zu können.

2.3 Hinwendung zu umfassenden Systemen Sozialer Sicherung

Die gestiegene Bedeutung Sozialer Sicherung im Entwicklungskontext geht einher mit einer Abkehr von fragmentierten Ansätzen und Maßnahmen sozialer Absicherung hin zu integrierteren Ansätzen. In den 1990er Jahren waren Maßnahmen Sozialer Sicherung in Ländern mit niedrigem Durchschnittseinkommen noch vorwiegend reaktiv auf die Abwendung von Mangelsituationen und den Umgang mit Schocks ausgerichtet. Erst in den 2000er Jahren begann eine Debatte um umfassendere Ansätze des Managements sozialer Risiken, die neben Sozialhilfe auch Sozialversicherungsansätze und Arbeitsmarktpolitiken in den Blick nahmen (vgl. Weltbank 2003). Darüber hinaus wurde die Debatte um die transformative Dimension Sozialer Sicherung erweitert. Es wurde die gesellschaftsveränderte Wirkung und die Befähigung und Beförderung sozialer Teilhabe besonders benachteiligter Bevölkerungsteile stärker in den Blick genommen (vgl. Devereux/Sabates-Wheeler 2004). Sie erweitert zudem die Zielsetzungen Sozialer Sicherung. Neben der Absicherung ökonomischer Risiken und ökonomischer Vulnerabilität rückten die Absicherung explizit sozialer Risiken wie sozialer Ungleichheit und begrenzte Verwirklichungschancen sozialer Rechte in den Fokus.

2011/2012 rief die Internationale Arbeitsorganisation die Social-Protection-Floor-Initiative ins Leben (vgl. ILO 2012). Diese Initiative für einen Sozialen Basisschutz (Social Protection Floor) beschreibt einen universellen, rechtsbasierten und systemischen Ansatzes sozialer Sicherung als Gegenentwurf zu alleinstehenden und eher zielgruppenorientierten Sozialprogrammen in Ländern mit mittlerem und niedrigem Durchschnittseinkommen (vgl. Cichon et al. 2014). Die Initiative verfolgt vier Kernziele: (1) die Gewährleistung des Zugangs zu gesundheitlicher Versorgung für die gesamte Bevölkerung, (2) Einkommenssicherheit für Kinder auf einem nationalen Mindestniveau sowie Zugang zu Bildung, (3) Einkommenssicherheit für alle Menschen im Erwerbsfähigen Alter sowie (4) die Einkommenssicherheit älterer Menschen (vgl. ebd.). Die Grundsicherung der Bevölkerung soll auf bestehenden Elementen und Strukturen Sozialer Sicherung aufgebaut und somit an den Entwicklungspfad und die aktuelle Situation des jeweiligen nationalen Kontexts anknüpfen. Im Fokus dieses Ansatzes steht die Gesamt- und Hauptverantwortung des Staates und der darauf basierende Anspruch aller Bürgerinnen und Bürger auf Gesundheitsversorgung, Nahrung und Bildung (vgl. ebd.), wie er in Art. 22 der Allgemeinen Erklärung der Menschenrechte verankert ist. Die Einführung einer umfassenden sozialen Grundsicherung ist Teil einer zweidimensionalen Strategie, die zum einen die universelle Ausweitung des Basisschutzes, zum anderen eine progressive Ausweitung des Versicherungsschutzes in den drei Stufen Grundsicherung, Pflichtversicherung und freiwillige Versicherung vorsieht (vgl.

ebd.). Die Besonderheit des Ansatzes liegt in der Universalität des Schutzes sowie seines transformativen Charakters und der Förderung sozialer Teilhabe. Mit der Verabschiedung der Agenda 2030 für nachhaltige Entwicklung ist die Soziale Sicherung, inklusive des Social Protection Floor Ansatzes, als Instrument der Internationalen Zusammenarbeit verankert worden (vgl. UN 2015b, SDG 1.3).

Die erläuterte Entwicklung Sozialer Sicherung im Kontext der internationalen Entwicklungszusammenarbeit über die vergangenen 20 Jahre beschreibt einen Paradigmenwechsel. Die Annahme, wirtschaftliche Entwicklung sei eine Voraussetzung für den Aufbau eines Sozialen Sicherungssystems, ist der Perspektive einer systematischen Förderung von Armutsreduzierung und wirtschaftlicher Entwicklung durch den Ausbau Sozialer Sicherungssysteme gewichen. Systeme der Sozialen Sicherung werden heute nicht mehr als Luxusgut wohlhabender Volkswirtschaften betrachtet. Auch Länder mit niedrigen Einkommen können erfolgreich Systeme zur sozialen Absicherung der Bevölkerung etablieren. So ist beispielsweise Indien insgesamt heute wohlhabender als Deutschland zur Zeit der Einführung der Sozialversicherung im Jahr 1880 und Indonesien wohlhabender als die Vereinigten Staaten bei der Verabschiedung ihrer Sozialgesetzgebung im Jahr 1935 (vgl. Ortiz 2015). Die Kosten für die Einführung eines Sozialen Basisschutzes werden auf 2,3 bis 5,5 % des Bruttoinlandsprodukts eines Landes geschätzt (vgl. ILO/WHO 2019). Soziale Sicherung dient dabei keineswegs nur der unmittelbaren Reduzierung von Armut, sie hat einen nachhaltigen ökonomischen Entwicklungseffekt. Sind sich Menschen darüber bewusst, dass sie in Notfällen durch eine Grundsicherung aufgefangen werden, erhöht dies in der Regel ihre Risikobereitschaft, wenn es beispielsweise darum geht, in die eigene Fortbildung zu investieren, ein Geschäft zu eröffnen oder Kinder (länger) zur Schule zu schicken. Auch wenn Geldtransfers im Rahmen der Sozialen Sicherung in Ländern mit niedrigem Durchschnittseinkommen häufig niedrig sind, kommt insbesondere der Kontinuität und Verlässlichkeit solcher Transfers eine enorme Bedeutung zu. Denn eine unsichere und durch Mangel geprägte Einkommenssituation und die Wahrscheinlichkeit, auch in Zukunft in Armut zu leben, veranlassen Individuen und Haushalte häufig dazu, auf dysfunktionale Strategien zur Gewährleistung Sozialer Sicherheit zurückzugreifen (vgl. Barrientos 2011). Solche dysfunktionalen Mikro-Strategien, wie beispielsweise die Reduzierung der Anzahl und Qualität der Mahlzeiten, das Herauszögern von Gesundheitsausgaben, Verkauf von Vieh und landwirtschaftlichem Gerät oder die Herausnahme der Kinder aus der Schule, um über Beschäftigung zum Haushaltseinkommen beitragen zu können, mildern Mangelsituationen zwar kurzfristig, wirken mittel- und langfristig aber armutsverstärkend und -verfestigend (vgl. ebd.).

Für die Umsetzung der Agenda 2030 wird es nun von Bedeutung sein, dass der Ausbau Sozialer Sicherungssysteme so gestaltet wird, dass er dem Grundsatz

»Leave no one behind« (Niemanden zurücklassen) gerecht wird. Für Menschen mit Behinderungen kann der Zugang zu Sozialer Sicherung einen entscheidenden Beitrag zur Umsetzung ihrer Grundrechte leisten. Inklusionsorientierte Maßnahmen sozialer Sicherung können den Abbau von Barrieren befördern, beispielsweise durch die Übernahme von Ausgaben für Hilfsmittel oder Assistenzdienstleistungen. Eine Voraussetzung dafür ist jedoch, dass die Vorgaben der UN Konvention über die Rechte von Menschen mit Behinderungen (Behindertrenrechtskonvention) bei der Gestaltung Sozialer Sicherungssysteme berücksichtigt werden.

3.   Soziale Sicherung und Inklusion von Menschen mit Behinderungen

3.1   Ein menschenrechtliches Verständnis von Behinderung

Nach Schätzungen der Weltgesundheitsorganisation und der Weltbank leben weltweit mehr als eine Milliarde Menschen mit Behinderungen – 15 % der Weltbevölkerung (WHO/Weltbank 2011). Behinderung ist ein komplexes soziales Konstrukt und bei genauer Betrachtung ein eher vager Begriff. Der Behinderungsbegriff hat sich über die vergangenen Jahrzehnte stark gewandelt. Das medizinische Modell definiert Behinderung aus einer konsequent naturwissenschaftlichen Perspektive, fokussiert auf die Beeinträchtigung körperlicher Funktionalität einer Person, die von einer konstruierten Norm abweicht. Dieser vermeintlichen Abweichung in Form eines dem Individuum zugeschrieben, individuellen Defizits ist dem medizinischen Modell zufolge mit medizinischen, therapeutischen und sonderpädagogischen Maßnahmen zu begegnen (vgl. Degener 2015). Es erfordert Rehabilitation und Kompensation, um die betroffene Person in den Bereich des »Normalen« zurückzuführen.

Seit den 1970er Jahren wurde ein soziales Modell von Behinderung entwickelt und insbesondere durch die Selbstvertretungsbewegung von Menschen mit Behinderungen als Gegenentwurf zum medizinischen Modell befördert. Ein zentraler Unterschied dieses Modells zu einem medizinischen Modell von Behinderung bildet die Unterscheidung von Behinderung und Beeinträchtigung. Behinderung wird nicht als körperliche Funktionsbeeinträchtigung verstanden, sondern als Resultat der Wechselwirkung zwischen Barrieren in der Umwelt und einer körperlichen Beeinträchtigung, welche die Teilhabe an der Gesellschaft behindert. Dies führt zu einer grundlegend anderen Schlussfolgerung: Behinderung erfordert keine Rehabilitation des Individuums, sondern Veränderungsprozesse in Gesellschaften, um umweltbezogene Barrieren abzubauen. Es existieren unterschiedliche Varianten eines sozialen Modells von Behinderung und es ist weithin anerkannt, dass kein einzelnes Modell das komplexe soziale Konstrukt »Behinderung« erklären kann. Vielmehr bietet jede Variante eine hilfreiche Perspektive für unterschiedliche Kontexte (vgl. Mitra 2006).

Bezugnehmend auf den »Capability Approach« des Wirtschaftswissenschaftlers und Philosophen Amartya Sen (1999) kann Behinderung als eine Benachteiligung in Bezug auf praktische Möglichkeiten und reale Verwirklichungschancen einer selbstbestimmten Lebensführung betrachtet werden. Mitra (2013) beschreibt eine solche Benachteiligung als Resultat der Wechselwirkung zwischen den einer Person zur Verfügung stehenden Ressourcen, persönlichen Charakteristika wie einer Beeinträchtigung, Alter oder Geschlecht, und umweltbezogenen, physischen, sozialen, kulturellen, politischen und ökonomischen Barrieren (vgl. Mitra 2013). Eine solche Perspektive ist anschlussfähig an ein menschenrechtsbasiertes Verständnis von Behinderung, wie es durch die Behindertenrechtskonvention (UN 2006) etabliert wurde. Die Konvention zählt zur Gruppe der Menschen mit Behinderungen solche Menschen, »die langfristige körperliche, seelische, geistige oder Sinnesbeeinträchtigungen haben, welche sie in Wechselwirkung mit verschiedenen Barrieren an der vollen, wirksamen und gleichberechtigten Teilhabe an der Gesellschaft hindern können« (UN 2006, Art. 1). Die Behindertenrechtskonvention setzt Behinderung in ein enges Verhältnis zu Barrieren, die Menschen mit Beeinträchtigungen einschränken. Behinderung wird damit nicht als individuelles Merkmal, sondern als Ergebnis mehrerer Faktoren betrachtet (vgl. Hirschberg 2011).

3.2 Die Wechselwirkung von Behinderung und Armut

Jeder fünfte Mensch, der in Armut lebt, hat eine Beeinträchtigung, 80 % der weltweit 1 Milliarde Menschen mit Behinderungen leben in Ländern mit mittlerem und niedrigem Durchschnittseinkommen (WHO/Weltbank 2011). Aufgrund einer Wechselwirkung von Behinderung und Armut sind Menschen mit Behinderungen überproportional von Armut betroffen (vgl. Mitra et al. 2011; WHO/Weltbank 2011). Gleichzeitig trägt, wer in Armut lebt, ein höheres Risiko, eine dauerhafte Beeinträchtigung zu erlangen, aufgrund mangelndem Zugang zu Gesundheitsversorgung, Ernährung, Hygiene und sicheren Arbeitsbedingungen (vgl. Yeo/Moore 2003). Menschen mit Behinderungen sind in Ländern mit hohen, mittleren und niedrigen Einkommen häufiger ohne Beschäftigung, häufiger unterbeschäftigt und häufiger informell beschäftigt als Menschen ohne Behinderungen. In manchen Ländern mit niedrigem Durchschnittseinkommen liegt die Arbeitslosenquote für Menschen mit Behinderungen bei über 80 % (ebd.). Demzufolge hat insbesondere in Ländern mit niedrigem Durchschnittseinkommen ein nur sehr geringer Anteil der Menschen mit Behinderungen einen Zugang zu beitragsfinanzierten Maßnahmen allgemeiner Sozialer Sicherung (vgl. Mitra 2005).

Neben einem erschwerten Zugang zu Erwerbseinkommen sehen sich Menschen mit Behinderungen je nach Art und Umfang der Beeinträchtigung mit unterschiedlichen zusätzlichen Kosten konfrontiert. Diese umfassen Gesundheitsausgaben, Transport, Hilfsmittel, Assistenzdienstleistungen und bauliche Anpassungen der Barrierefreiheit. In vielen Ländern mit niedrigem Durchschnittseinkommen stellen beispielsweise insbesondere in ländlichen Regionen die hohen Transportkosten eine Barriere für den Zugang zu Basisgesundheitsversorgungdienstleistung für Menschen mit Behinderungen dar, auch wenn diese kostenlos angeboten werden. Sind solche Ausgaben, wie in vielen Ländern mit mittlerem und niedrigem Durchschnittseinkommen, nicht über Soziale Sicherung abgedeckt, haben Menschen mit Behinderungen teilweise signifikant höhere Ausgaben, um einen vergleichbaren Zugang zu öffentlichen Gütern und Dienstleistungen zu erlangen.

Zusätzliche Opportunitätskosten, zum Beispiel durch den Ausfall des Einkommens von Haushaltsmitgliedern, die Assistenzdienstleistungen übernehmen, wirken sich ebenfalls auf das Haushaltseinkommen aus (vgl. UN 2015b). Dies kann auch Auswirkungen auf den Zugang zu Bildung und Gesundheitsdienstleistungen haben, wenn diese wiederum mit zusätzlichen Kosten verbunden sind. Je nach Höhe entfalten diese zusätzlichen Kosten signifikante Auswirkungen auf den Lebensstandard von Menschen mit Behinderungen und ihrer Haushalte und erhöhen das Armutsrisiko.

Die Auswirkung solcher zusätzlichen Kosten beziehen sich auf die Gewährleistung anderer wirtschaftlicher, sozialer und kultureller Rechte, welche das Menschenrecht auf Soziale Sicherung absichern soll, beispielsweise das Recht auf Gesundheitsversorgung. Bei geringem Einkommen können Kosten für Gesundheitsdienstleistungen zu einer finanziellen Katastrophe für einen Haushalt führen (catastrophic health expenditure). Zusätzlich zu einem ohnehin erhöhten Armutsrisiko sind Menschen mit Behinderungen in Ländern mit mittlerem und niedrigem Durchschnittseinkommen überdurchschnittlich von diesem Effekt betroffen (vgl. WHO/Weltbank 2011; UN 2015b). Häufig haben sie keinen Zugang zu Krankenversicherung oder benötigte Dienstleistungen werden über diese nicht abgedeckt. Weltweit sehen sich Menschen mit Behinderungen größeren Herausforderungen gegenübergestellt, eine angemessene Gesundheitsversorgung zu erhalten, als Menschen ohne Behinderungen (vgl. Mitra et al. 2011).

3.3   Das Recht auf Soziale Sicherung für Menschen mit Behinderungen

Traditionelle Ansätze Sozialer Sicherheit für Menschen mit Behinderungen basieren auf einem medizinischen Modell von Behinderung und haben zu dessen weltweiter Verbreitung beigetragen (vgl. Degener/Quinn, zitiert nach UN 2015b). Solche Ansätze basieren auf Annahmen mangelnder Selbstständigkeit und Arbeitsunfähigkeit von Menschen mit Behinderungen. Sie haben vielfach zu Segregation und mangelnder Selbstbestimmung von Menschen mit Behinderungen entlang des Lebenszyklus beigetragen, zum Beispiel durch spezielle Kindergärten und Schulen oder Gesundheitsversorgung und Rehabilitationsmaßnahmen in spezialisierten Settings (vgl. UN 2015b). Sozialleistungen für Menschen mit Behinderungen sind weltweit immer noch häufig an solche spezialisierten Maßnahmen und Settings gekoppelt.

Die Behindertenrechtskonvention spezifiziert das Recht auf Soziale Sicherheit für Menschen mit Behinderungen in einem eigenständigen Artikel und unterstreicht das Recht auf einen Zugang zu allen allgemeinen Sozialen Sicherungsprogrammen und Diensten sowie zu spezifischen Programmen für behinderungsbezogene Dienstleistungen und Aufwendungen (UN 2006, Art. 28). Darüber hinaus weisen weitere Artikel der Behindertenrechtskonvention direkte Bezüge zu Leistungsbereichen Sozialer Sicherung auf. Dazu zählen das Recht auf unabhängige Lebensführung und Einbeziehung in die Gemeinschaft (Art. 19), Achtung der Wohnung und der Familie (Art. 23), Bildung (Art. 24), Gesundheit (Art. 25), Habilitation und Rehabilitation (Art. 26) sowie Arbeit und Beschäftigung (Art. 27). Durch diese Bezugnahme auf besondere Herausforderungen und Ansprüche von Menschen mit Behinderungen in diesen Leistungsbereichen überwindet der Anspruch der Behindertenrechtskonvention traditionelle Wohlfahrtsansätze in Bezug auf Menschen mit Behinderungen und definiert die Kernaufgabe Sozialer Sicherung für Menschen mit Behinderungen als Unterstützung zur Realisierung einer vollen und effektiven Teilhabe und selbstbestimmten Lebensführung.

Dies bedeutet für Soziale Sicherungssysteme, dass Behinderung nicht nur generell als ein Risiko des Lebenszyklus betrachtet und mit der Unfähigkeit des Erwerbseinkommens gleichgesetzt wird. Vielmehr müssen eine Reihe spezifischer Risiken in den Blick genommen werden, mit denen sich Menschen mit Behinderungen im Laufe ihres Lebens und unter anderem beim Zugang zu Bildung, Arbeitsmarkt und Gesundheitsversorgung konfrontiert sehen. Abhängig von Art der Beeinträchtigung, Gegebenheiten der physischen und sozialen Umwelt, Alter, Geschlecht, Herkunft, Armut und unterschiedlichsten Grundlagen für Diskriminierung erfahren Menschen mit Behinderungen unterschiedliche Barrieren, die eine volle und effektive Teilhabe an gesellschaftlichen Funktionssystemen erschweren. Diese Heterogenität macht deutlich, dass entsprechend auch die Ansprüche an Leistungen der Sozialen Sicherung sehr unterschiedlich ausfallen.

3.4   Behinderung im internationalen Sozialen Sicherungsdiskurs

Der Paradigmenwechsel von einem medizinischen Modell hin zu einem sozialen und menschenrechtsbasierten Verständnis von Behinderung, welches die Barrieren der Umwelt sowie Fähigkeiten und Verwirklichungschancen explizit in den Blick nimmt, findet sich in der Ausgestaltung Sozialer Sicherungssysteme weltweit bisher nicht entsprechend wieder.

Betrachtet man Politikpapiere und Fachliteratur zu Sozialer Sicherung, so findet man Menschen mit Behinderungen häufig nur im Rahmen von Aufzählungen »besonders vulnerabler Bevölkerungsgruppen« berücksichtigt (vgl. Fritz 2011). Die Hervorhebung der Vulnerabilität, im Sinne einer erhöhten Wahrscheinlichkeit unter gegebenen Umständen auch zukünftig von Armut betroffen zu sein, ist nicht grundlegend falsch. Jedoch wird dadurch eine Gemeinsamkeit der Bedarfe unterschiedlicher Personengruppen in Bezug auf Soziale Sicherung konstruiert. Dies wird weder der Diversität von Vulnerabilitätsursachen noch der Diversität der Bevölkerungsgruppe der Menschen mit Behinderungen gerecht. Darüber hinaus suggeriert eine Definition von Vulnerabilität über die Aufzählung von Bevölkerungsgruppen häufig eine Abhängigkeit und Unfähigkeit zu wirtschaftlicher Produktivität (vgl. ebd.). Die Gemeinsamkeit dieser Personengruppen besteht hingegen zunächst eher darin, dass sie bisher von Maßnahmen sozialer Sicherung nicht angemessen erreicht werden.

Die Agenda 2030 für nachhaltige Entwicklung setzt einen Meilenstein für die Inklusion von Menschen mit Behinderungen, indem in fünf der 17 neuen Nachhaltigkeitsziele Menschen mit Behinderungen explizit als Zielgruppe genannt werden. Ziel 1.3 der nachhaltigen Entwicklungsziele zu Sozialer Sicherung benennt Menschen mit Behinderungen jedoch nicht explizit und verweist stattdessen auf die substanzielle Absicherung armer und benachteiligter Bevölkerungsgruppen (vgl. UN 2015). Hinterfragt werden muss, ob ein universeller Ansatz für Sozialen Basisschutz tatsächlich die Bedarfe von Menschen mit Behinderungen angemessen adressiert, wenn diese in entsprechenden Politiken und Strategien nicht expliziter berücksichtigt werden.

Im Bereich der Sozialversicherung wird Behinderung in der Regel als eines der »klassischen Risiken des Lebenszyklus« bezeichnet. Dies reduziert das komplexe soziale Konstrukt Behinderung zu dem quantifizierbaren Risiko des Erlangens einer funktionalen Beeinträchtigung (vgl. Fritz 2011). Zusätzlichen Risiken, die aus menschenrechtlicher Perspektive mit einer Behinderung einhergehen, werden nicht in den Blick genommen. Wenn auch selten explizit ausgesprochen, wird im allgemeinen Diskurs zu Sozialer Sicherung häufig von der Grundannahme ausgegangen, dass Beeinträchtigungen mit einem Verlust der Arbeitskraft einhergehen beziehungsweise dass Menschen mit Behinderungen generell nicht oder nur gemindert in der Lage sind, ihren Lebensunterhalt eigenständig zu sichern. Sie werden als passive Empfänger von Assistenz- und Unterstützungsleistungen wahrgenommen. Solche Annahmen werden in Zielsetzungen Sozialer Sicherung im Kontext der internationalen Entwicklungszusammenarbeit reproduziert. So beschreibt beispielsweise der Europäische Bericht zur Entwicklungszusammenarbeit mit Afrika 2010 unter dem Titel »Social Protection for inclusive development« die inklusive Wirkung Sozialer Sicherung als »a direct and simple means of redistributing some of the gains from growth to those not able to productively contribute to the economy – such as the elderly or disabled« (EDR 2010, zitiert nach Fritz 2011).

Dies birgt die große Gefahr, dass solche Zuschreibungen auch im Aufbau Sozialer Sicherungssysteme in Ländern mit mittlerem und niedrigem Durchschnittseinkommen, dessen Konzeption häufig von Akteuren der internationalen Entwicklungszusammenarbeit beraten werden, reproduziert werden. Dies kann einen Paradigmenwechsel in der Praxis Sozialer Sicherung für Menschen mit Behinderungen blockieren. Stattdessen wird eine individuelle Zuschreibung von Behinderung reproduziert, welche die Einflüsse und Barrieren der physischen und sozialen Umwelt ausblendet. Infolge dessen werden Ansätze Sozialer Sicherung für Menschen mit Behinderungen in Ländern mit niedrigem Durchschnittseinkommen weiterhin häufig auf Maßnahmen der Einkommenssicherung, häufig in Form niedriger Renten, beschränkt, weisen aber selten Elemente zur Förderung von Teilhabe und Inklusion auf. Aktuelle Forschungsergebnisse weisen darauf hin, dass Soziale Sicherungsprogramme die Bedarfe von Menschen mit Behinderungen nicht angemessen adressieren (vgl. UN 2015b).

3.5 Zentrale Aspekte der Verankerung von Behinderung in Programmen Sozialer Sicherung in Ländern mit niedrigem Durchschnittseinkommen

Viele nationale Politiken und Strategien benennen Menschen mit Behinderungen explizit als Zielgruppe ihrer Sozialen Sicherungsmaßnahmen und haben teilweise Versuche unternommen, der Wechselwirkung von Armut und Behinderung durch spezifische Maßnahmen Sozialer Sicherung für Menschen mit Behinderungen und ihre Haushalte zu begegnen (WHO/Weltbank 2011). Generell lassen sich in Bezug auf Menschen mit Behinderungen drei Typen von Sozialen Sicherungsprogrammen unterscheiden (vgl. Palmer 2013):

(1) Programme, die sich spezifisch an Menschen mit Behinderungen richten,
(2) allgemeine Soziale Sicherungsprogramme, die sich auf Armutsprävention oder -minderung beziehen und Menschen mit Behinderungen erreichen, sofern sie als arm oder von Armut bedroht identifiziert werden, und
(3) allgemeine Programme, die Menschen mit Behinderungen explizit zu ihrer Zielgruppe zählen.

In den meisten Ländern weltweit lassen sich spezifische Formen Sozialer Sicherung für Menschen mit Behinderungen identifizieren (vgl. ILO 2015). Allerdings sind viele dieser Programme beitragsfinanziert, dienen als Einkommensersatz im Falle von Invalidität und erreichen Menschen mit Behinderungen außerhalb formeller Beschäftigung deshalb nicht (vgl. ebd.). Aufgrund der großen Anzahl von Menschen mit Behinderungen in Ländern mit niedrigem Durchschnittseinkommen, die keine Gelegenheit haben, Sozialversicherungsbeiträge zu zahlen, um anspruchsberechtigt zu sein, ohne Zugang zu Bildung, Ausbildung, Arbeitsmarkt und Gesundheitsversorgung, sind nicht-beitragsfinanzierte Programme Sozialer Sicherung für die Teilhabe von Menschen mit Behinderungen insbesondere in Ländern mit niedrigem Durchschnittseinkommen von großer Bedeutung. Palmer (2013) weist darauf hin, dass spezialisierte Programme für Menschen mit Behinderungen in Ländern mit mittlerem und niedrigem Durchschnittseinkommen aufgrund des höheren Kosten- und Verwaltungsaufwands selten sind. Solche Programme sind nur in weniger als der Hälfte aller Länder weltweit verfügbar (vgl. UN 2015b). Darüber hinaus sind Budgets nicht-beitragsfinanzierter Programme insbesondere in Ländern mit niedrigem Durchschnittseinkommen relativ niedrig, wodurch ihr Wirkungspotenzial auf die Reduzierung von Armut vielfach nicht ausgeschöpft werden kann. Allgemein profitieren Menschen mit Behinderungen von einem generellen Anstieg von Bargeldtransfers im Rahmen der Grundsicherung in Ländern mit niedrigem Durchschnittseinkommen, da Haushaltsmitglieder mit Behinderungen vermehrt in die Kriterien zur Bemessung der Anspruchsberechtigung integriert werden. Beispiele geben das »Social Assistance Grants for Empowerment« Programm in Uganda oder das Livelihood Empowerment Against Poverty (LEAP) Programm in Ghana (vgl. ILO 2015).

(a) Bezüglich der Zugangsherausforderungen und des Designs Sozialer Sicherungsmaßnahmen in Ländern mit mittlerem und niedrigem Durchschnittseinkommen lassen sich die folgenden zentralen Aspekte beschreiben:
(b) *Identifizierung:* Auch wenn aktuelle Ansätze sozialer Sicherung in Ländern mit mittlerem und niedrigem Durchschnittseinkommen auf eine universelle Abdeckung der Bevölkerung abzielen, richten sich bisher insbesondere nicht beitragspflichtige Programme in Ländern mit mittleren und niedrigen

Einkommen an die arme Bevölkerung. Wie erläutert, werden Menschen mit Behinderungen als Teil der Zielgruppe oder als Teil der von Armut betroffenen Bevölkerung adressiert (vgl. Palmer 2013). Die Identifizierung der Menschen mit Behinderungen basiert entweder auf gesetzlichen Grundlagen oder auf programmspezifischen Definitionen von Behinderung. Solche Definitionen beziehen sich häufig auf ein medizinisches Verständnis von Behinderung im Sinne medizinischer Feststellungen von Beeinträchtigungen oder einer festgestellten Erwerbsunfähigkeit, die häufig nicht mit dem Behinderungsbegriff der Behindertenrechtskonvention vereinbar sind. Häufig fehlen administrative und fachliche Kapazitäten, um eine umfassende Identifizierung anspruchsberechtigter Personen mit Behinderungen zu gewährleisten (vgl. Mitra 2005). Auch die Heterogenität von Beeinträchtigung und auch von Behinderung auf der Grundlage unterschiedlicher Umweltbedingungen sowie mangelnde Sensibilität und Fachkenntnis stellen eine Herausforderung dar. Dies erhöht die Gefahr, dass bestimmte Arten von Beeinträchtigungen nicht berücksichtigt werden (vgl. ebd.; UN 2015b). Vor dem Hintergrund der genannten Herausforderungen sind Fehler bei der Beurteilung der Anspruchsberechtigung (targeting-errors) von Menschen mit Behinderungen in Ländern mit niedrigem Durchschnittseinkommen besonders häufig (vgl. ebd). Programme die eine direkte oder indirekte Bedarfsfeststellung auf Haushaltsebene als Grundlage für die Ermittlung einer Anspruchsberechtigung durchführen (means-test/proxy means-test), berücksichtigen behinderungsbedingte Ausgaben inklusive der erläuterten Opportunitätskosten häufig nicht. Eine Studie aus Vietnam zeigt beispielsweise einen Anstieg armer Haushalte mit Menschen mit Behinderungen um fast 5 %, wenn behinderungsbedingte Ausgaben bei der Armutsmessung berücksichtigt werden (vgl. Braithwaite/Mont 2009).

(c) *Anspruchsberechtigung:* Eine Herausforderung von an Bedingungen geknüpften Sozialleistungen (Conditional Cash and In-kind Transfers) ist eine mangelnde Berücksichtigung von Menschen mit Behinderungen bei der Definition der Kriterien von Anspruchsberechtigungen. Strukturelle Barrieren verhindern häufig ihren Zugang. Gesundheits- oder bildungsbezogene Konditionalitäten wie der Schulbesuch können beispielsweise nur erfüllt werden, wenn entsprechende Angebote inklusiv gestaltet werden. Programme stellen nicht immer sicher, dass Menschen mit Behinderungen die reale Möglichkeit haben, diese Konditionalitäten zu erfüllen (vgl. UN 2015b). Teilweise reagieren Programme auf diese Barrieren, indem sie Menschen mit Behinderungen von den Bedingungen ausnehmen. Während dies einen kurzfristigen Zugang sicherstellt, steht es jedoch in einem Widerspruch zur Zielsetzung solcher Programme, eine Verknüpfung von kurzfristiger Armutsreduzierung mit mittel- und langfristigen Investitionen in Human- und Gesundheitskapital (vgl. Mitra 2005). Vielmehr sollten Menschen mit Behinderungen und Institutionen, an welche Bedingungen der Anspruchsberechtigung geknüpft sind, dazu befähigt werden, das Erfüllen der Bedingungen durch Menschen mit Behinderungen zu ermöglichen (vgl. ebd, UN 2015b).

(d) *Barrierefreiheit:* Physische, Informations- und Kommunikationsbarrieren sowie Stigma und Diskriminierung verhindern vielfach den Zugang zu Maßnahmen Sozialer Sicherung für Menschen mit Behinderungen. So zeigen beispielsweise Studien aus zwei ländlichen Regionen in Indien, dass 60 % der anspruchsberechtigten Personen mit Behinderungen die für sie zugänglichen Leistungen nicht kennen (vgl. Rohwerder 2014). Informationen zu Programmen werden nicht immer umfassend an die Bevölkerung kommuniziert, barrierefreie Informations- und Kommunikationsformate sind selten. Mangelnde Barrierefreiheit behindert die Erbringung von Diensten und beeinträchtigt die Bereitstellung von Leistungen. Dies beinhaltet die fehlende Barrierefreiheit öffentlicher und privater Infrastruktur und auch den Zugang zu Finanzdienstleistungen durch Banken oder der Nutzung von Mobiltelefonen, wenn Sozialleistungen über Banktransfers oder Mobilfunk (mobile cash) erbracht werden. Zudem führen eine nicht barrierefreie Infrastruktur beziehungsweise die nicht barrierefreie Zugänglichkeit Sozialer Dienste zu zusätzlichen Kosten für Menschen mit Behinderungen und ihre Familien. So kann der Zugang zu Sachleistungen insbesondere in ländlichen Regionen auch »unrentabel« sein, wenn die Höhe der Leistung nicht mehr in einem angemessenen Verhältnis zu den Zugangskosten steht (siehe auch Relevanz der Leistungen) (UN 2015b).

(e) *Kopplung von Einkommenssicherung und behinderungsspezifischen Leistungen:* Spezialisierte Sozialtranfers für Menschen mit Behinderungen in Geld- und Sachleistungen oder Beihilfen gelten in Ländern mit niedrigem Durchschnittseinkommen als wichtige Instrumente der Sozialen Sicherung für Menschen mit Behinderungen. Die Konzeption spezialisierter Programme für Menschen mit Behinderungen kann sich jedoch negativ auf die Teilhabe von Menschen mit Behinderungen auswirken. Sind behinderungsspezifische Leistungen zur Abdeckung behinderungsspezifischer Kosten oder für den Zugang zu Gesundheitsdienstleistungen an Leistungen zur Einkommenssicherung geknüpft, verlieren Menschen mit Behinderungen das gesamte Leistungspaket, wenn ihr Einkommen die Armutsbemessungsgrenze übersteigt. Dies kann einen doppelt negativen Effekt haben: Zum einen fallen sie aufgrund der behinderungsbedingten Mehrkosten nach Verlust der Anspruchsberechtigung erneut unter die Armutsbemessungsgrenze zurück. Zum anderen können solche Programme negative Anreize für die Aufnahme einer Beschäftigung schaffen, wenn diese zu einer unsicheren Einkommenssituation führt (vgl. UN 2015b).

(f) *Abdeckungsniveau:* Das Abdeckungsniveau sozialer Sicherungsleistungen für Menschen mit Behinderung ist in Ländern mit niedrigem Durchschnittseinkommen teilweise sehr gering. So zeigt das Beispiel eines Sozialen Sicherungsprogramms für Menschen mit Behinderungen in Bangladesch, dass die finanzielle Ausstattung des Programms nur 10 % der theoretisch leistungsberechtigten Personen tatsächlich abdecken kann (vgl. ebd.). Auch in Nepal und Indonesien sind die Abdeckungniveas von Sozialtransfers aufgrund von Haushaltsbeschränkungen gering. So erreicht das Indonesische »Jaminan Sosial Penyandang Cacat« Programm, welches prinzipiell Sozialleistungen für Menschen mit schweren Behinderungen als Teil der ärmsten 40 % der Bevölkerung bereitstellen soll, nur circa 1,8 % seiner Zielgruppe (vgl. ILO 2015).

(g) *Relevanz der Leistungen:* Soziale Sicherung für Menschen mit Behinderungen kann nur dann effektiv sein, wenn die Leistungspakete entsprechender Programme auch am Bedarf von Menschen mit Behinderungen in ihrem jeweiligen lokalen Kontext angepasst sind. Über Soziale Sicherungsprogramme abgedeckte Gesundleistungen beinhalten in Ländern mit niedrigem Durchschnittseinkommen häufig nur eine minimale Basisversorgung, die spezialisierte Leistungen und Hilfsmittel nicht umfasst (UN 2015b). Sind beispielsweise die Zugangskosten zum Erhalt solcher Leistungen aufgrund weiter Entfernungen und hoher Transportkosten aufgrund mangelnder Barrierefreiheit öffentlicher Verkehrsmittel sehr hoch, können die Leistungen ihre Relevanz für die Leistungsempfänger verlieren.

(h) *Angemessene Zielsetzung und Wirkung:* Leistungen Sozialer Sicherung sollten das Ziel der vollen und gleichberechtigten Teilhabe sowie der Ermöglichung eines selbstbestimmten Lebens von Menschen mit Behinderungen fördern. Dies bedeutet insbesondere, dass Dienstleistungen nicht in spezialisierten, segregierenden Institutionen erfolgen, sondern in der Kommune und für Kinder mit Behinderungen insbesondere in der Familie. Soziale Dienste in Ländern mit niedrigem und mittlerem Durchnittseinkommen werden vielfach nicht über den Staat finanziert und gesteuert, sondern durch private, karitative Organisationen finanziert und erbracht. Teilweise werden segregierende Dienstleistungen angeboten, die nicht mit Artikel 19 der Behindertenrechtskonvention, »Living independently and being included in the community«, vereinbar sind.

4.   Chancen und Herausforderungen einer inklusiven Sozialen Sicherung

Menschen mit Behinderungen sind insbesondere in Ländern mit mittlerem und niedrigem Durchschnittseinkommen überproportional von Armut betroffen und haben seltener Zugang zu Programmen Sozialer Sicherung als Menschen ohne Behinderungen. Armut bildet jedoch keine logische Konsequenz einer Beeinträchtigung, sondern ist vielmehr eine Folge von umweltbezogenen Barrieren und Diskriminierung.

Soziale Sicherung hat sich in den letzten 20 Jahren auf politischer und strategischer Ebene als Instrument einer nachhaltigen Bekämpfung von Armut und Benachteiligung in Ländern mit mittlerem und niedrigem Durchschnittseinkommen etabliert. Auf der einen Seite hat Soziale Sicherung das Potenzial, Prozesse zur Förderung der gleichberechtigten Teilhabe besonders benachteiligter Bevölkerungsgruppen zu unterstützen. Auf der anderen Seite eröffnet eine inklusive Gestaltung Sozialer Sicherungsprogramme neue Möglichkeiten, grundlegende Ursachen von Benachteiligungen und Armut gezielter zu adressieren, indem sie einen gleichberechtigten Zugang aller Bevölkerungsgruppen zu Maßnahmen Sozialer Sicherung anstrebt.

Die Erweiterung des Sozialen Sicherungsdiskurses auf das transformative Potenzial Sozialer Sicherung hat den Fokus auf die Absicherung und Prävention ökonomischer Risiken um eine Perspektive auf Risiken von sozialer Ungleichheit, Diskriminierung und Ausgrenzung erweitert. Zielsetzungen sozialer Teilhabe und Inklusion wurden dadurch in das Blickfeld der Umsetzungspraxis Sozialer Sicherung im Kontext der internationalen Entwicklungszusammenarbeit befördert. Eine solche Ausrichtung ermöglicht es, die Wechselwirkungen zwischen Individuen und ihrer Umwelt und insbesondere umweltbezogene Barrieren stärker zu berücksichtigen. Dies macht die transformative Dimension Sozialer Sicherung anschlussfähig an ein soziales und menschenrechtsbasiertes Verständnis von Behinderung. Der Versuch einer Verankerung umfassender Ansätze Sozialer Sicherung, etwa durch die »Social-Protection Floor Initiative« in internationalen Entwicklungszielen wie der Agenda 2030 für nachhaltige Entwicklung, eröffnen neue Potenziale für die Sicherstellung des Rechts auf Soziale Sicherheit für Menschen mit Behinderungen in Ländern mit mittlerem und niedrigem Durchschnittseinkommen, die über eine Absicherung von Einkommen hinausgehen und gezielt die gesellschaftliche Teilhabe von Menschen mit Behinderungen fördern.

Traditionelle Ansätze der sozialen Absicherung von Menschen mit Behinderungen, wie sie in vielen Ländern mit niedrigem Durchschnittseinkommen zu finden sind, können dieses Potenzial nicht ausschöpfenden, weil sie nicht auf einem menschenrechtlichen Verständnis von Behinderung basieren. Aber auch der Anspruch, dass universelle Ansätze sozialer Grundsicherung automatisch zu einer Beförderung der Teilhabe von Menschen mit Behinderungen beitragen, ist zu hinterfragen. Eine stärkere allgemeine Berücksichtigung von Menschen mit Behinderungen als eine vulnerable Bevölkerungsgruppe unter anderen wird nicht automatisch dazu führen, dass die Ursachen sozialer Ausgrenzung und Armut von Menschen mit Behinderungen angemessen im Design und der praktischen Umsetzung Sozialer Sicherungsprogramme in Ländern mit mittlerem und niedrigem Durchschnittseinkommen berücksichtigt werden.

Während sich der Paradigmenwechsel von einem medizinischen zu einem sozialen und menschenrechtlichen Verständnis von Behinderung in anderen Themenbereichen der internationalen Entwicklungszusammenarbeit mittlerweile durchsetzt, scheint die weltweite Verbreitung des medizinischen Modells von Behinderung durch traditionelle Formen Sozialer Sicherung diesen Veränderungsprozess im Bereich der Sozialen Sicherung zu erschweren. Die reine Verankerung von Behinderung als Vulnerabilitätskategorie auch in aktuellen Entwicklungszielen und -strategien birgt die Gefahr, solche Veränderungsresistenzen zu verstärken, indem sie den Charakter einer individuellen Zuschreibung von Behinderung trägt und einem Verständnis von Behinderung als Ursache sozialer Benachteiligung nicht explizit entgegensteht. Dies kann nur verhindert werden, indem Systeme Sozialer Sicherung nicht Behinderung selbst als Risiko des Lebenszyklus verstehen, sondern vielmehr solche Risiken genauer definieren, die eine Teilhabe von Menschen mit Behinderung an unterschiedlichen gesellschaftlichen Funktionssystemen im Laufe des Lebenszyklus behindern. Ein klarer Bezug auf die Behindertenrechtskonvention ist diesbezüglich wichtig, insbesondere die explizite Berücksichtigung der Definition von Diskriminierung aufgrund von Behinderung:

> »Diskriminierung aufgrund von Behinderung (umfasst) jede Unterscheidung, Ausschließung oder Beschränkung aufgrund von Behinderung, die zum Ziel oder zur Folge hat, dass das auf die Gleichberechtigung mit anderen gegründete Anerkennen, Genießen oder Ausüben aller Menschenrechte und Grundfreiheiten im politischen, wirtschaftlichen, sozialen, kulturellen, bürgerlichen oder jedem anderen Bereich beeinträchtigt oder vereitelt wird. Sie umfasst alle Formen der Diskriminierung, einschließlich der Versagung angemessener Vorkehrungen.« (UN 2006, Art.2)

Die Konzeption Sozialer Sicherungssysteme muss die Wechselwirkungen zwischen Individuum und Umwelt stärker berücksichtigen und entsprechende Maßnahmen, die sich insbesondere auch auf den Abbau von Umweltbarrieren und Ausgangspunkten von Diskriminierung beziehen. Vor diesem Hintergrund bildet nicht eine Beeinträchtigung oder die individuelle Zuschreibung die Anspruchsberechtigung für die Inanspruchnahme von Leistungen sozialer Sicherung, sondern die Feststellung bestimmter Benachteiligungen, die aus der Wechselwirkung von Beeinträchtigung und umweltbezogenen Barrieren entstehen. Diese bestimmen sich wiederum zwischen einer Heterogenität sowohl von Behinderung wie auch von Umweltbedingungen. Zielsetzung Sozialer Sicherungsprogramme sollten daher sowohl auf die Stärkung von Menschen mit Behinderungen und ihrer Organisationen wie auch auf eine Befähigung der sozialen und physischen Umwelt ausgerichtet werden, um das Recht auf Soziale Sicherung im Sinne einer Beförderung realer Verwirklichungschancen wirtschaftlicher, sozialer und kultureller Rechte zu gewährleisten. Eine wichtige Grundlage dafür bildet einerseits die konkretere Bezugnahme von Politiken und Strategien der Soziale Sicherung auf die Behindertenrechtskonvention und andererseits die stärkere Einbeziehung von Expertinnen und Experten mit Behinderungen in die Konzeption, Umsetzung und Evaluierung Sozialer Sicherungsprogramme.

Über die klare Benennung von Barrieren und die Gewährleistung der Zugänglichkeit von Programmen der Sozialen Sicherung ist insbesondere auch die Zielsetzung der Programme entscheidend, um einen Beitrag zur gleichberechtigten Teilhabe von Menschen mit Behinderungen leisten zu können. Es gilt zu verhindern, dass über Zielsetzung und Design Sozialer Sicherungsprogramme ein Bild von Menschen mit Behinderungen als hilfbedürftige, passive Empfänger von Sozialleistungen reproduziert wird. Soziale Sicherung beschreibt keine karitativen Maßnahmen, sondern ein Menschenrecht, das für alle Menschen gleichermaßen Geltung hat. Sollen Programme und Maßnahmen direkt oder indirekt Menschen mit Behinderungen adressieren, ist auch in der politischen und strategischen Zielsetzung ein klarer Bezug zur Behindertenrechtskonvention, insbesondere zu Artikel 19 »Living independently and being included in the community« (UN 2006, Art. 19) wichtig. Basierend auf Artikel 19 sollten Maßnahmen Sozialer Sicherung für Menschen mit Behinderungen immer einen Beitrag dazu leisten, eine selbstbestimmte Lebensführung für Menschen mit Behinderung zu ermöglichen. Das bedeutet, dass Menschen mit Behinderungen ihren Aufenthaltsort frei wählen und bestimmen, wo und mit wem sie leben, eine Zugang zu einer Vielfalt von Unterstützungsangeboten und -dienstleistungen haben, die ein selbstbestimmtes Leben fördern, und dass allgemeine gemeindenahe Dienstleistungen und Einrichtungen auch für Menschen mit Behinderungen zugänglich sind (vgl. ebd.).

5.   Fazit

Soziale Sicherung alleine kann nicht die Teilhabe von Menschen mit Behinderungen sicherstellten. Auch ein universeller Sozialer Basisschutz kann für Menschen mit Behinderungen nur effektiv sein, wenn andere öffentliche Programme und Dienstleistungen verfügbar und auch zugänglich für Menschen mit Behinderungen sind. Dies setzt auch voraus, dass die Gestaltung der Gesundheitsversorgung, Bildung, beruflichen Ausbildung und Rehabilitation sowie die Barrierefreiheit des öffentlichen Raums durch inklusionsfördernde rechtliche und politische Rahmenbedingungen gestärkt werden und auch in Ländern mit niedrigem Durchschnittseinkommen umfassende Konzepte für eine inklusionsorientierte Planung dieser Handlungsfelder entwickelt werden.

Soziale Sicherung kann jedoch eine gleichberechtigte Teilhabe von Menschen mit Behinderungen fördern und wichtige Impulse für die Verbreitung eines menschenrechtsbasierten Verständnisses von Behinderung über die Sozialer Sicherung hinaus setzen. Die Realisierung umfassender Sozialer Sicherungssysteme in Ländern mit mittlerem und niedrigem Durchschnittseinkommen erfolgt schrittweise und kann weder die Abdeckung der gesamten Bevölkerung noch von Menschen mit Behinderungen kurzfristig erreichen. Umso wichtiger ist es, dass Politiken und Strategien die solche Veränderungsprozesse anstoßen und begleiten, von Anfang an auf einem menschenrechtlichen Verständnis von Behinderung basieren und klare Bezüge zur Behindertenrechtskonvention herstellen, um eine direkte oder indirekte Exklusion oder Segregation von Menschen mit Behinderungen durch Programme der Sozialen Sicherung zu vermeiden. Soziale Sicherung und Daseinsvorsorge ist eine staatliche Aufgabe. Auch für Regierung von Ländern mit mittlerem und niedrigem Durchschnittseinkommen ist es entscheidend, die Soziale Sicherheit von Menschen mit Behinderungen nicht weiterhin privaten, karitativen Organisationen zu überlassen.

Die Einbeziehung in Strategien zur Verbesserung der Sozialen Sicherung hat das Potenzial, die Nachhaltigkeit von Inklusionsprozessen für Menschen mit Behinderungen in Ländern mit niedrigem Durchschnittseinkommen abzusichern. Dies gilt insbesondere, wenn es Sozialen Sicherungssystemen gelingt, »one-size-fits-all«-Lösungen für vulnerable Bevölkerungsgruppen zu überwinden und nicht die individuelle Zuschreibung von Behinderung, sondern die Risiken, die sich aus dieser Zuschreibung ergeben, zur Grundlage ihrer Leistungserbringung zu machen. Um die Zielsetzungen der Agenda 2030 auch für die 800 Millionen Menschen mit Behinderungen in Ländern mit mittlerem und niedrigem Durchschnittseinkommen zu erreichen, bildet eine klare inklusionsorientierung im Bereich der Sozialen Sicherung daher ein Schlüsselelement gleichberechtigter Teilhabe von Menschen mit Behinderungen.

Literatur

Barrientos, Armando (2011): Social Protection and Poverty. International Journal of Social Welfare 20 (3), S. 240–249.

Braithwaite, Jeanine/Mont, Daniel (2009): Disability and Poverty: A Survey of World Bank Poverty Assessments and Implications. ALTER – European Journal of Disability Research/Revue Européenne de Recherche sur le Handicap 3 (3), S. 219–232.

Cichon, Michael/Schildberg, Cäcilie/Theemann Yvonne (2014): Social Protection Floors – Chancen und Umsetzung. FES Internationale Politikanalyse. Berlin. http://library.fes.de/pdf-files/iez/11113.pdf (zuletzt abgerufen am 17.07.2017).

Degener, Theresia (2015): Die UN-Behindertenrechtskonvention – Ein neues Verständnis von Behinderung. In: Degener, Theresia/Diehl, Elke (Hrsg.), Handbuch Behindertenrechtskonvention. Teilhabe als Menschenrecht – Inklusion als gesellschaftliche Aufgabe. Bonn, S. 55–74.

Devereux, Stephen/Sabates-Wheeler, Rachel (2004): Transformative Social Protection. IDS Working Paper 232. http://www.ids.ac.uk/files/dmfile/Wp232.pdf (zuletzt abgerufen am 27.07.2017).

EDR (2010): The 2010 European Report on Development. Social Protection for Inclusive Development. Robert Schuman Centre for Advanced Studies, European University Institute. San Domenico di Fiesole.

Fritz, Dominic (2011): Social Protection and the Social Model of Disability. Discussion Paper on Social Protection Issue No. 9. GIZ. Eschborn. https://www.giz.de/fachexpertise/downloads/giz2011-en-social-protection-disability.pdf (zuletzt abgerufen am 27.07.2017).

Harvey, Paul/Holmes, Rebecca/Slater, Rachel/Martin, Ellen (2007): Social Protection in Fragile States. London. http://www.odi.org.uk/sites/odi.org.uk/files/odi-assets/publications-opinion-files/4547.pdf (zuletzt abgerufen am 26.07.2017).

Hirschberg, Marianne (2010): Behinderung: Neues Verständnis nach der Behindertenrechtskonvention. Deutsches Institut für Menschenrechte. POSITIONEN Nr. 4. http://www.institut-fuer-menschenrechte.de/uploads/tx_commerce/positionen_nr_4_behinderung_neues_verstaendnis_nach_der_behindertenrechtskonvention_02.pdf (zuletzt abgerufen am 27.07.2017).

Garnreiter, Franz (2015): Globale Einkommensverteilung. Entwicklung seit 1980 und Perspektiven. ISW-Forschungsheft 5. München.

ILO/WHO (2009): The Social Protection Floor. A Joint Crisis Initiative of the UN Chief Executives Board for Co-ordination on the Social Protection Floor. http://www.un.org/ga/second/64/socialprotection.pdf (zuletzt abgerufen am 27.07.2017).

ILO (2012): R202 – Social Protection Floors Recommendation. Genf. http://www.ilo.org/dyn/normlex/en/f?p=NORMLEXPUB:12100:0::NO:12100:P12100_INSTRUMENT_ID:3065524:NO (zuletzt abgerufen am 27.07.2017).

ILO (2015): World Social Protection Report 2014/15. Building economic recovery, inclusive development and social justice. Genf. http://www.ilo.org/wcmsp5/groups/public/-dgreports/-dcomm/documents/publication/wcms_245201.pdf (zuletzt abgerufen am 27.07.2017).

Lakner, Christoph /Milanovic, Branko (2016): Global Income Distribution: From the Fall of the Berlin Wall to the Great Recession. The World Bank Economic Review 30 (2), S. 203–232.

Mitra, Sophie (2005): Disability and Social Safety Nets in Developing Countries. Social Protection Discussion Paper Series, Nr. 509. World Bank, New York. http://siteresour ces.worldbank.org/SOCIALPROTECTION/Resources/0509.pdf (zuletzt abgerufen am 27.07.2017).

Mitra, Sophie (2006): The Capability Approach and Disability. Journal of Disability Policy Studies 16 (4), S. 236–247.

Mitra, Sophie/Posarac, Aleksandra/Vick, Brandon (2011): Disability and Poverty in Developing Countries: A Snapshot from the World Health Survey. SP Discussion Paper 1109. World Bank, New York. http://siteresources.worldbank.org/SOCIALPROTEC TION/Resources/SP-Discussion-papers/Disability-DP/1109.pdf (zuletzt abgerufen am 21.07.2017).

Ortiz, Isabel (2015): Social Protection for all to Change People's Lives by 2030. http://www. ilo.org/global/about-the-ilo/newsroom/news/WCMS_405766/lang-en/index.htm (zu-letzt abgerufen am 27.07.2017).

Rohwerder, Brigitte (2014): Disability Inclusion in Social Protection. GSDRC Helpdesk Research Report. http://www.ids.ac.uk/publication/disability-inclusion-in-social-pro tection (zuletzt abgerufen am 21.07.2017).

Sen, Armartya (1999): Development as Freedom. Oxford.

UN (1948): Universal Declaration of Human Rights. A/RES/217, UN-Doc. 217/A-(III). http://www.un-documents.net/a3r217a.htm (zuletzt abgerufen am 27.07.2017).

UN (1966): International Covenant on Economic, Social and Cultural Rights. Resolution 2200 A (XXI). http://www.ohchr.org/Documents/ProfessionalInterest/cescr.pdf (zu-letzt abgerufen am 27.07.2017).

UN (2015): Transforming Our World: The 2030 Agenda for Sustainable Development. UN General Assembly A/RES/70/1. https://documents-dds-ny.un.org/doc/UNDOC/GEN/ N15/291/89/PDF/N1529189.pdf?OpenElement (zuletzt abgerufen am 27.07.2017).

UN (2015b): Report of the Special Rapporteur on the Rights of Persons with Disabilities. A/ 70/297 http://www.un.org/en/ga/search/view_doc.asp?symbol=A/70/297 (zuletzt ab-gerufen am 27.07.2017).

UNDP (2015): Human Development Report. Work for Human Development. http://hdr. undp.org/sites/default/files/2015_human_development_report.pdf (zuletzt abgerufen am 27.07.2017).

UNESCO (2010): Reaching the marginalized. Education for all – Global Monitoring Report 2010. Oxford. http://unesdoc.unesco.org/images/0018/001866/186606E.pdf (zuletzt abgerufen am 27.07.2017).

Weltbank (2003): Social Risk Management. The World Banks Approach to Social Protec-tion in a Globalizing World. Washington, D.C. http://siteresources.worldbank.org/SO CIALPROTECTION/Publications/20847129/SRMWBApproachtoSP.pdf (zuletzt abge-rufen am 27.07.2017).

WHO (o. Jg.): Global Cooperation on Assistive Technology (GAT E). http://www.who.int/ disabilities/technology/gate/en/ (zuletzt abgerufen am 23.07.2017).

WHO/Weltbank (2011): World Report on Disability. WHO, Genf. http://www.who.int/disa bilities/world_report/2011/report.pdf (zuletzt abgerufen am 27.07.2017).

Yeo, Rebecca/Moore, Karen (2003): Including Disabled People in Poverty Reduction Work: »Nothing about us, without us«. World Development 31 (3), S. 571–590.

Martin F. Reichstein[*]

Sicherheit – für wen? Zur Internetnutzung in gemeinschaftlichen Wohneinrichtungen für Menschen mit Behinderungen

1. Einleitung

Die Geschichte der Menschheit ist nicht zuletzt eine Geschichte technologischer Errungenschaften. Immer wieder sind es dabei einzelne Entdeckungen und Erfindungen, die sich in der Rückschau als Meilensteine der Menschheits- und Technologiegeschichte herausstellen. Vereinzelt geht mit technologischen Errungenschaften eine gesellschaftliche und kulturelle Zeitenwende einher. Für die jüngere Vergangenheit kann konstatiert werden, dass keine neue Technologie »vergleichbare Auswirkungen auf alle Bereiche der Gesellschaft ausgeübt« (van Eimeren/Frees 2014, S. 378) hat wie das Internet.

Koch und Frees (2016, S. 420) geben an, dass 2016 83,8 % der deutschsprachigen Bevölkerung ab 14 Jahren das Internet zumindest gelegentlich nutzten. Immerhin 65,1 % dieser Personen waren zu diesem Zeitpunkt bereits täglich online. Die von van Eimeren und Frees (2014, S. 379) für 2018 prognostizierte Internetverbreitung von 85 % ist dadurch bereits zwei Jahre früher beinahe erreicht. Ungeachtet dessen sind mit Blick auf die Internetverbreitung in Deutschland noch nicht alle vorhandenen Potenziale ausgeschöpft sind (vgl. van Eimeren/Frees 2014, S. 379). Der vorliegende Beitrag nimmt in diesem Zusammenhang die Situation von Menschen mit sogenannter geistiger Behinderung in den Blick. Ein besonderer Schwerpunkt liegt dabei auf der Situation von Menschen, die in gemeinschaftlichen Wohnformen betreut werden. Mit Blick auf diesen Personenkreis weisen Düber und Göthling (2013, S. 27) auf die besondere Gefahr hin, dass ihnen der Zugang zu digitalen Medien im Allgemeinen sowie zum Internet im Speziellen verwehrt bleibt. Die Ursachen hierfür sind vielfältig. Betrachtet werden müssen beispielsweise die erhöhte soziale Abhängigkeit der betrachteten Personengruppe, ihre Wechselbeziehungen mit anderen Akteu-

* Martin F. Reichstein, M.A., Universität Siegen, Fakultät II (Bildung – Architektur – Künste), Zentrum für Planung und Evaluation Sozialer Dienste (ZPE).

rinnen und Aktueren sowie allgemein ihre sozioökonomischen Lebensbedingungen.

Der Zugriff auf Informationen und Dienstleistungen sowie Kommunikation
per Computer, Tablet oder Smartphone haben umfangreiche neue Möglichkeiten eröffnet. Allerdings sind durch die zunehmende Verbreitung auch neue Risiken entstanden. Diese Aspekte lassen sich unter dem zentralen Stichwort
»Sicherheit« auch in der Diskussion um die Internetnutzung von Menschen mit
sogenannter geistiger Beeinträchtigung identifizieren. Der vorliegende Beitrag stellt in diesem Zusammenhang die Frage, wessen Sicherheit(-sinteressen)
letztlich diskutiert werden. Einführend sind zunächst jedoch einige grundlegende Überlegungen betreffend die Internetnutzung des hier betrachteten Personenkreises erforderlich.

2.   Ausgewählte Untersuchungen zur Internetnutzung durch Menschen mit Behinderungen

Die Forschung mit Blick auf die Internetnutzung von Menschen mit Behinderungen weist gegenwärtig noch deutliche Lücken auf. Dies gilt insbesondere für
den deutschsprachigen Raum (vgl. Freese/Mayerle 2013, S. 5). Die wenigen
vorhandenen Studien deuten allerdings unisono in Richtung einer generell ge-
ringeren Internetnutzung im Vergleich zur Mehrheitsgesellschaft. Beispielhaft
kann hier die Umfrage »Internet ohne Barrieren« des Bundesministeriums für
Wirtschaft und Technologie angeführt werden, für die insgesamt 3.302 Personen, überwiegend aus Betrieben, Einrichtungen zur beruflichen Rehabilitation
sowie aus Selbsthilfeorganisationen befragt wurden (Schmitz 2002). 63 % der
Untersuchungsteilnehmerinnen und Untersuchungsteilnehmer geben an, dass
sie selbst eine Behinderung haben. Darunter finden sich auch Personen mit einer
sogenannten geistigen Behinderung. Von diesen geben wiederum lediglich 9 %
an, über gute Internetkenntnisse zu verfügen. 68 % der befragten Menschen mit
sogenannter geistiger Behinderung geben dagegen an, das Internet noch nie
genutzt zu haben (ebd.).

2.1   Zum Zusammenspiel von Internetnutzung und sozioökonomischer Situation

Zu ähnlichen Befunden kommen die US-amerikanischen Studien von Kaye
(2000) sowie Dobransky und Hargittai (2006). In beiden Untersuchungen zeigen
die jeweiligen Autorinnen und Autoren einen Zusammenhang zwischen sozio-

ökonomischen Faktoren (z. B. geringes Einkommen oder prekäre Beschäftigungssituation) und der Nutzung digitaler Medien (Kaye 2000, S. 8–9; Dobransky/Hargittai 2006, S. 329). Mit Blick auf die sozioökonomischen Rahmenbedingungen seien Menschen mit Behinderung in besonderem Maße schlechter gestellt als andere gesellschaftliche Gruppen. Diese grundsätzliche Problemkonstellation ist keineswegs allein ein US-amerikanisches Phänomen, sondern lässt sich auch für die Bundesrepublik Deutschland zeigen (vgl. Pfaff 2002, S. 236 ff.). Vor diesem Hintergrund ist von einer grundsätzlichen Übertragbarkeit der Erkenntnisse der oben genannten Studien auf Deutschland auszugehen. Rohrmann (2015, S. 7) spricht mit Blick auf die Wechselwirkung von sozioökonomischen Lebensbedingungen und der Nutzung digitaler Medien durch Menschen mit Behinderungen zusammenfassend von der Reproduktion alter Formen sozialer Ungleichheit durch neue Formen sozialer Ausgrenzung.

In einer der wenigen deutschsprachigen Studien zum Thema untersuchen Berger et al. (2010) das Internetnutzungsverhalten von Menschen mit Behinderungen. Darin identifizieren die Autorinnen und Autoren auf Grundlage von Interviews mit Expertinnen und Experten individuelle Barrieren, die eine Internetnutzung des hier betrachteten Personenkreises einschränken beziehungsweise verhindern. Die Ergebnisse deuten in dieselbe Richtung wie die beiden oben genannten US-amerikanischen Studien. Zusammenfassend kann hier von »vorgelagerten Barrieren« gesprochen werden. Gemeint sind damit Barrieren, die nicht während der eigentlichen Internetnutzung auftreten, sondern dieser »vorgelagert« sind (vgl. zusammenfassend Reichstein 2016, S. 82–83). Wichtig ist in diesem Zusammenhang, dass vorgelagerte Barrieren nicht ausschließlich für sich bestehen. Beispielsweise treten sie nicht zuletzt im Zusammenhang mit Sicherheitsfragen auf.

2.2 Sicherheitsaspekte als »vorgelagerte Barriere«

Im Zusammenhang mit dem Internet wird allgemein und vielfältig über Sicherheitsfragen diskutiert. Im Fokus stehen dabei vor allem Datenschutzrisiken sowie Risiken durch Mobbing oder undurchsichtige Bezahlangebote. Daneben wird grundsätzlich über ein mögliches Suchtpotenzial digitaler Medien im Allgemeinen sowie des Internets im Speziellen diskutiert (vgl. Feibel 2011, S. 128). Die Diskussion um die Sicherheit im Internet wird dabei vielfach in einem engen Zusammenhang mit Straftaten geführt, die mithilfe des Internets begangen werden. In jüngster Zeit liegt ein besonderer Fokus dieses Teils der Sicherheitsdiskussion auf kriminellen Aktivitäten im sogenannten »Darknet«, welches nach gängiger Vorstellung sowie medialer und politischer Rezeption vor allem

Zugänge zum illegalem Handel mit Waffen und Drogen ermöglicht (vgl. Baurmann 2016). Das Risiko, im Internet Opfer einer Straftat zu werden, kann hier nicht bestritten werden. Allerdings muss darauf hingewiesen werden, dass es nicht ausschließlich Menschen mit sogenannter geistiger Behinderung betrifft. Es verweist also auf einen grundsätzlichen Bedarf an Kompetenz im Umgang mit dem Internet.

Zusätzlich zu fehlender Aufklärung über Chancen und Risiken der Internetnutzung für den hier betrachteten Personenkreis bestehen vorgelagerte Barrieren, die sich aus den bereits thematisierten sozioökonomischen Rahmenbedingungen ergeben. Mayerle (2015, S. 38) weist darauf hin, dass bereits die Anschaffung geeigneter Endgeräte eine mögliche Barriere darstellt. Hintergrund sind im Wesentlichen die entstehenden Kosten (vgl. auch Berger et al. 2010, S. 59). Dies bedeutet keineswegs, dass keine günstigen Geräte am Markt verfügbar sind. Gerade mit Blick auf diese Geräte ist jedoch festzuhalten, dass sie häufig nur über kurze Produktlebenszyklen verfügen. Ihre Nutzerinnen und Nutzer müssen folglich häufig bereits nach kurzer Nutzungsdauer auf teils sicherheitsrelevante Aktualisierungen ihrer Geräte verzichten (DeGusta 2011). Nicht nur mit Blick auf Menschen mit sogenannter geistiger Behinderung kann dies bedeuten, dass Menschen in prekären sozioökonomischen Lagen in besonderem Maße von »digitaler Exklusion« oder von erhöhten Sicherheitsrisiken im Zusammenhang mit ihrer Internetnutzung bedroht sind.

Bereits zu Beginn des vorliegenden Beitrages ist darauf hingewiesen worden, dass sich Menschen mit sogenannter geistiger Behinderung häufig in einer erhöhten sozialen Abhängigkeit von Dritten befinden. Dies gilt im besonderen Maße für Menschen, die in Einrichtungen und Diensten der Behindertenhilfe betreut werden, und bleibt auch für Zugänge zum Internet nicht ohne Folgen. Berger et al. (2010, S. 59) merken dahingehend an, dass insbesondere in Wohnheimen häufig keine Computer zur Verfügung stünden (Berger et al. 2010. S. 59). Eine ähnliche Beobachtung thematisiert Göthling im Gespräch mit Düber (2013, S. 27). Daran anknüpfend unterstellt er, dass eine Internetnutzung durch Menschen mit einer sogenannten geistigen Behinderung möglicherweise »nicht immer und überall gewünscht« sei (ebd.). Diesen Aspekt lohnt es, vertiefend in den Blick zu nehmen.

3.   Zur besonderen Rolle »gemeinschaftlicher Wohnformen«

Mit der Verabschiedung des Bundesteilhabegesetzes (BTHG) im Dezember 2016 hat der Gesetzgeber eine Abkehr von der bisher gültigen Unterscheidung zwischen ambulanten und stationären Wohnangeboten für Menschen mit Behinderungen beschlossen (vgl. Bundesministerium für Gesundheit 2016, S. 69). Mit

Blick auf die bisherigen stationären Wohnangebote spricht der Gesetzgeber nun von »gemeinschaftlichen Wohnformen«. Inwiefern die gesetzlichen Änderungen zu praktischen Veränderungen in den bisherigen stationären Angeboten führen, ist aktuell Gegenstand teils kontrovers geführter Diskussionen innerhalb der Fachöffentlichkeit (vgl. z. B. Bundesvereinigung Lebenshilfe e.V. 2017, S. 2).

Ungeachtet möglicher zukünftiger Entwicklungen ist die Betreuung in gemeinschaftlichen Wohnformen jedoch für die Lebenswirklichkeit zahlreicher Menschen mit sogenannter geistiger Behinderung aktuell immer noch von zentraler Bedeutung. Dieckmann et al. (2010, S. 30) arbeiten am Beispiel des Landschaftsverbandes Westfalen-Lippe heraus, dass ein erheblicher Teil dieser Personen in entsprechenden Wohnangeboten betreut wird. Mayerle (2015, S. 9) geht davon aus, dass im Feld der Sozialen Arbeit insgesamt eine gewisse Skepsis gegenüber technischen Neuerungen besteht. Hieraus folgt in der Zusammenschau, dass für Menschen mit sogenannter geistiger Behinderung ein besonderes Risiko besteht, dass ihnen der Zugang zu digitalen Medien im Allgemeinen sowie zum Internet im Speziellen verwehrt bleibt. Zusätzlich zu den im vorangegangenen Abschnitt bereits thematisierten vorgelagerten Barrieren besteht also das Risiko, dass Wohn- und Betreuungsangebote eine besondere Barriere im hier betrachteten Kontext darstellen. Grundsätzlich muss jedoch darauf hingewiesen werden, dass der Zugang zum Internet mittlerweile ein weitgehend anerkanntes Recht darstellt. Dies drückt sich beispielsweise in Artikel 9 Abs. 1 des Übereinkommens der Vereinten Nationen über die Rechte von Menschen mit Behinderungen (UN-BRK) aus. Dort heißt es, unter dem Stichwort »Zugänglichkeit«, dass der »Zugang von Menschen mit Behinderungen zu den neuen Informations- und Kommunikationstechnologien und -systemen, einschließlich des Internets, zu fördern« sei (Bundesministerium für Arbeit und Soziales 2011, S. 22). Diese Vorgaben haben auch die nationale Gesetzgebung in der Bundesrepublik Deutschland beeinflusst. Nicht zuletzt wird sich der Aspekt daher auch in Teilen der Heimgesetzgebung der Länder aufgegriffen.

3.1   Die Internetnutzung von Bewohnerinnen und Bewohnern gemeinschaftlicher Wohnformen im deutschen Heimrecht

Mit Inkrafttreten der Föderalismusreform am 1. August 2006 ging die Gesetzgebungskompetenz im Heimrecht auf die Länder über. In der Folge wurden in allen sechzehn Bundesländern eigene Heimgesetze verabschiedet. Teilweise bestehen zusätzliche Verordnungen zur Präzisierung einzelner Aspekte.

Zumindest in einem Teil der Bundesländer ist im Zusammenhang mit der Heimgesetzgebung ein Rechtsanspruch auf einen Internetanschluss für Bewohnerinnen und Bewohner gemeinschaftlicher Wohnformen formuliert worden. Entsprechende Regelungen bestehen aktuell in den Ländern Berlin, Brandenburg, Mecklenburg-Vorpommern, Nordrhein-Westfalen, Rheinland-Pfalz und Schleswig-Holstein. Mit Ausnahme Brandenburgs sind die entsprechenden Vorgaben ausnahmslos in Form von Verordnungen geregelt. In Bayern sieht § 9 Abs. 2 der Ausführungsverordnung zum Pflege- und Wohnqualitätsgesetz zumindest allgemein vor, dass »jeder Wohnplatz […] über einen Telekommunikationsanschluss verfügen [soll]«. Auch diese Verordnung lässt sich im Sinne eines Rechtsanspruches betroffener Personen auf Zugang zum Internet interpretieren. In den übrigen Ländern wurden keine entsprechenden Vorgaben in die jeweilige Heimgesetzgebung aufgenommen. Grundsätzlich ist jedoch festzuhalten, dass in immerhin sieben von 16 Bundesländern grundsätzlich eine Verpflichtung für Betreiber gemeinschaftlicher Wohnformen besteht, den Bewohnerinnen und Bewohnern entsprechender Einrichtungen einen Zugang zum Internet zu ermöglichen. Mit Blick auf die übrigen Bundesländer muss darauf hingewiesen werden, dass nach Einschätzung des Bundesgerichtshofs (2013, S. 6) die »Nutzbarkeit des Internets […] auch im privaten Bereich […] von zentraler Bedeutung ist«. Althammer (2016, S. 1) geht in diesem Zusammenhang von einem grundsätzlichen »Recht auf Zugang zum Internet« aus und erwartet entsprechende Vorgaben für Träger gemeinschaftlicher Wohnformen in weiteren Bundesländern.

Die ausgeführten rechtlichen Rahmenbedingungen lassen auf den ersten Blick den Schluss zu, dass die Bereitstellung von Internetzugängen in gemeinschaftlichen Wohnformen der Hilfen für Menschen mit Behinderungen zumindest in einzelnen Bundesländern unstrittig ist. Die tatsächliche Situation ist jedoch aus unterschiedlichen Gründen komplexer. Dies liegt nicht zuletzt daran, dass im Umfeld gemeinschaftlicher Wohngruppen eine Vielzahl unterschiedlicher Stakeholder mit jeweils eigenen Interessen existiert. Als Stakeholder wird »hierbei jede Gruppe oder jeder Einzelne, der das Erreichen der Ziele des Unternehmens beeinflussen kann oder durch das Erreichen der Ziele des Unternehmens selbst tangiert wird« (Stemmer 2009, S. 20) definiert.

3.2   Die Sicherheitsdiskussion im Kontext gemeinschaftlicher Wohnformen

Im Rahmen ihrer Studie zu assistierenden Technologien im Bereich der Hilfen für Menschen mit Behinderungen untersucht Stemmer (2009, S. 24) unter anderem die Beeinflussbarkeit sowie den Einfluss bestimmter Stakeholder im Zusammenhang mit der Einführung entsprechender Technik in Wohneinrichtungen der Behindertenhilfe. Im Rahmen dieses Beitrags ist bereits darauf hingewiesen worden, dass Handlungsfelder der Sozialen Arbeit insgesamt tendenziell skeptisch gegenüber neuen Technologien sind (vgl. Mayerle 2015, S. 9).

Insofern kann vermutet werden, dass die Überlegungen Stemmers auf den Bereich der Internetnutzung von Menschen mit sogenannter geistiger Behinderung grundsätzlich übertragbar sind. Die Autorin identifiziert in ihrer Analyse die unmittelbar Betroffenen als einflussreichste Stakeholder. Zugleich geht sie jedoch davon aus, dass diese in hohem Maße von anderen Stakeholdern beeinflusst werden können. Vor allem besteht nach ihrer Einschätzung eine starke Abhängigkeit von den Betreiberunternehmen der Wohneinrichtungen. Hier zeigt sich letztlich die bereits angesprochene erhöhte soziale Abhängigkeit dieses Personenkreises.

Im Gespräch mit Düber unterstellt Göthling (2013, S. 27), dass insbesondere einzelnen Verantwortlichen in Wohneinrichtungen ein Interesse daran haben, zu verhindern, »dass [Menschen mit geistiger Behinderung] sich schlau machen oder mit anderen in Kontakt treten«. Wo dies zutrifft, handelt es sich zweifelsohne um aktive Diskriminierung. Den Bewohnerinnen und Bewohnern einer gemeinschaftlichen Wohneinrichtung den Zugang zum Internet vorzuenthalten, mag im Einzelfall nicht zuletzt durch Sicherheitsinteressen motiviert sein. Mögliche Interessen bestehen in diesem Zusammenhang einerseits mit Blick auf die Sicherheit der Einrichtungen vor ungewollter Transparenz. In den meisten Fällen dürfte jedoch auch das Bestreben ausschlaggebend sein, die Bewohnerinnen und Bewohner der eigenen Einrichtung vor den bereits beschriebenen Risiken im Zusammenhang mit einer möglichen Internetnutzung zu schützen.

Dieses Schutzinteresse wird im Zusammenhang mit der Nutzung des Internet für Einrichtungen und Dienste beispielsweise von Althammer (2016, S. 4) konkret eingeräumt. Zugleich besteht nach Ansicht des Autors seitens der Einrichtungsträger jedoch auch das Interesse, den Bewohnerinnen und Bewohnern ihrer Einrichtungen neue Möglichkeiten zu eröffnen und sie bei deren Nutzung zu unterstützen. Zugleich darf die oben genannte Diskriminierungsvermutung nicht darüber hinwegtäuschen, dass sich für Einrichtungsbetreiber in der Praxis ganz real Umsetzungs- und Sicherheitsfragen bei der Bereitstellung von Internetanschlüssen für Klientinnen und Klienten stellen.

Das Internet ist mit seiner zunehmenden Verbreitung auch ein wichtiger Teil des Arbeitsalltags geworden. Insofern kann davon ausgegangen werden, dass auch in der Mehrzahl der Einrichtungen für Menschen mit Behinderungen diese Arbeitsmittel zumindest durch Mitarbeiterinnen und Mitarbeiter genutzt werden. Es ist in diesem Zusammenhang wichtig, darauf hinzuweisen, dass unter Nutzung entsprechender Technologien auch sensible Daten von Klientinnen und Klienten sowie von Einrichtungen verarbeitet werden. Vor diesem Hintergrund erscheint es durchaus nachvollziehbar, wenn Verantwortliche in Einrichtungen und Diensten der Behindertenhilfe vor einer leichtfertigen Öffnung bestehender Netzwerkinfrastruktur für Klientinnen und Klienten ihrer Angebote zurückschrecken. Technisch bestehen jedoch mehrere Möglichkeiten, um einen Internetzugang in gemeinschaftlichen Wohneinrichtungen bereitzustellen. Neben der »klassischen« Bereitstellung eines kabelgebundenen Netzwerkanschlusses (LAN) sind im hier betrachteten Zusammenhang besonders drahtlose Verbindungen über WLAN sowie über das Mobilfunknetz bedeutsam (Althammer 2016, S. 1; Reichstein 2016, S. 83). Hintergrund ist, dass sich entsprechende Anschlüsse erstens in Bestandsgebäuden vergleichsweise einfach umsetzen lassen und zweitens die Nutzung mittels mobiler Endgeräte ermöglichen. Mobilfunkgeräte können unmittelbar für oder von einzelnen Bewohnerinnen und Bewohnern erworben werden, sodass sie für »Träger technisch, rechtlich und preislich die günstigste Option« (Althammer 2016, S. 4) darstellen. Die rechtliche Dimension deutet neuerlich in Richtung des bereits beschriebenen Sicherheitsinteresses der Einrichtungsbetreiber. Hintergrund ist nicht zuletzt die immer noch bestehende Unsicherheit der Rechtslage mit Blick auf (teilweise) öffentlich bereitgestellte Internetanschlüsse.

Althammer (2016, S. 3) weist darauf hin, dass Sperrung bestimmter Inhalte sowie eine Aufzeichnung des Datenverkehrs nur in enger Abstimmung mit den betroffenen Personen oder deren rechtlichen Betreuerinnen und Betreuern möglich sind (ebd.). Spätestens an diesem Punkt wird deutlich, dass sich die hier skizzierte Problemkonstellation für Einrichtungsträgerinnen und Entscheidungsträger und ihre Mitarbeiterinnen und Mitarbeiter mit vielfältigen Herausforderungen verbindet.

4.   Zugänge eröffnen, Sicherheit gewährleisten – Ein Dilemma für Einrichtungsträger? Schlussbetrachtungen und Ausblick

Die vorangegangenen Ausführungen haben gezeigt, dass die Frage nach der Nutzung des Internets durch Bewohnerinnen und Bewohner gemeinschaftlicher Wohneinrichtungen für Menschen mit sogenannter geistiger Behinderung die Träger dieser Einrichtungen vor vielfältige Herausforderungen stellt. Die Diskussion um Sicherheit im Zusammenhang mit der Nutzung des Internets durch Menschen mit Behinderungen ist nicht zuletzt mit deren sozioökonomischen Lebensbedingungen verknüpft. Es ist deutlich geworden, dass Menschen mit geringem Einkommen häufig keine internetfähigen Geräte erwerben können oder auf Geräte angewiesen sind, die aufgrund kurzer Produktlebenszyklen ein zusätzliches Sicherheitsrisiko darstellen können.

Dies ist vor allem deshalb problematisch, weil die digitalen Medien im Allgemeinen sowie das Internet im Speziellen zu einem zentralen Aspekt des täglichen Lebens geworden sind. Entsprechend findet sich das Recht auf ihre Nutzung auch im Vertragstext der UN-BRK. Explizit mit Blick auf gemeinschaftliches Wohnen in Heimen wird das Recht auf Zugang zum Internet in den Heimgesetzen von insgesamt sieben deutschen Bundesländern thematisiert. Das zuvor zitierte Urteil des Bundesgerichtshofs unterstreicht die Bedeutung des Internets für das tägliche Leben zusätzlich. Der Zugang zum Internet ist folglich ein gleichermaßen wichtiger wie anerkannter Bestandteil von Teilhabe am gesellschaftlichen Leben geworden. Vor dem Hintergrund dieser rechtlichen Perspektive erscheint es indiskutabel, Menschen mit sogenannter geistiger Behinderung den Zugang zum Internet verwehren zu wollen. Ungeachtet dessen zeigen die vorgestellten empirischen Befunde, dass insbesondere Menschen die in gemeinschaftlichen Wohnformen betreut werden, häufig keinen Zugang zum Internet erhalten.

In der Praxis zeigt sich jedoch, dass die Bereitstellung von Internetanschlüssen in gemeinschaftlichen Wohnformen oftmals mit vielfältigen praktischen und rechtlichen Problemen verknüpft ist. Es muss grundsätzlich davon ausgegangen werden, dass Träger von Einrichtungen sowie deren Mitarbeiterinnen und Mitarbeiter daran interessiert sind, ihren Klientinnen und Klienten neue Perspektiven und Möglichkeiten zu eröffnen. Mit Blick auf die Nutzung des Internets besteht jedoch zugleich die Gefahr, dass Sicherheitsinteressen und damit verbundene Unsicherheiten die Umsetzung erschweren.

Wessen Sicherheit wird in diesem Zusammenhang nun diskutiert? Der vorliegende Beitrag hat drei Aspekte der Sicherheitsdiskussion unterschieden. Erstens bestehen zum Teil rechtliche Bedenken bei der Öffnung bestehender Internetanschlüsse sowie zum Teil auch bei der Bereitstellung zusätzlicher Anschlüsse in den Einrichtungen durch deren Träger. Hier hat jedoch die jüngst erfolgte Abschaffung der Störerhaftung neue Möglichkeiten eröffnet. Zweitens besteht mitunter auch das Interesse, die eigenen Klientinnen und Klienten vor möglichen Gefahren von außen zu schützen. Es erscheint leicht vorstellbar, dass die Abwägung zwischen Chancen und Risiken im Einzelfall zu einem Dilemma führen kann.

Das Interesse die eigenen Klientinnen und Klienten zu schützen, ist unmittelbar mit der dritten Dimension der hier skizzierten Diskussion verbunden. Mit Blick auf einzelne Aspekte der Internetnutzung bestehen konkrete und keineswegs von der Hand zu weisende Unsicherheiten. Diese umfassen beispielsweise das Risiko, im Internet Opfer einer Straftat zu werden. Hierzu ist bereits angemerkt worden, dass dieses Risiko grundsätzlich alle Nutzerinnen und Nutzer des Internets betrifft. Auf die zentrale Bedeutung einschlägiger Medienkompetenz ist in diesem Zusammenhang bereits hingewiesen worden. An dieser Stelle deutet sich, ungeachtet aller Herausforderungen, ein Ausweg aus dem zuvor angedeuteten Dilemma an: Aufgabe der Betreuung von Menschen mit sogenannter geistiger Behinderung durch Einrichtungen und Dienste ist nicht zuletzt die Begleitung und Unterstützung im Alltag. Wenn die Nutzung des Internets Teil des üblichen Alltags geworden ist, dann muss eine entsprechende Anleitung und Begleitung, abhängig vom individuellen Interesse der Klientinnen und Klienten, Teil dieser Unterstützung werden. Es stellt sich in diesem Zusammenhang also nicht die Frage, ob Bewohnerinnen und Bewohnern gemeinschaftlicher Wohnformen Zugänge zum Internet eröffnet werden können, sondern wie. Im Zusammenhang damit ist jedoch immer auch über für Sicherheit entsprechender Zugänge zu sensibilisieren und über geeignete Maßnahmen zu reflektieren. Potenziale zu einer entsprechenden Weiterentwicklung bestehender Unterstützungskonzepte sind in vielen Einrichtungen, aller Technikskepsis in der Sozialen Arbeit zum Trotz, vorhanden. Dies gilt besonders für große Träger, bei denen vielfach eigene IT-Abteilungen vielfach vorhanden sind (vgl. Reichstein 2016, S. 84).

Literatur

Althammer, Thomas (2016): Internet-Zugänge in der Behinderten- und Altenhilfe. Handlungsempfehlungen zu rechtlichen, technischen und organisatorischen Herausforderungen. Burgwedel. http://www.cbp.caritas.de/aspe_shared/download.asp?id= 6D469070B8C0817BAE476B575F66B8BA7D8FCCE1B6D10F95AB500253BD2EA1DA2 B097806E28B190E82088A3757F1E898&Description=CBP-Handreichung%20Inter netzugang&Filename=CBP-Handreichung%20Internet-Zug%E4nge.pdf (zuletzt abgerufen am 15.08.2017).

Baurmann, Jana G. (2016): Eine ziemlich gute Sache. Die Verteufelung des Darknet ist ungerecht. http://www.zeit.de/2016/33/darknet-bashing-tor-software-rechtlosigkeit (zuletzt abgerufen am 15.08.2017).

Bayrisches Staatsministerium für Arbeit und Sozialordnung, Familie und Frauen (2011): Verordnung zur Ausführung des Pflege- und Wohnqualitätsgesetzes (AVPfleWoqG). Vom 27. Juli 2011.

Berger, Andrea/Caspers, Tomas/Croll, Jutta/Hofmann, Jörg/Kubicek, Herbert/Peter, Ulrike/Ruth-Janneck, Diana/Trump, Thilo (2010): Web 2.0/Barrierefrei. Eine Studie zur Nutzung von Web 2.0 Anwendungen durch Menschen mit Behinderungen. Bonn.

Bundesgerichtshof (2013): Ausfall des Internetzugangs, No. Az. III ZR 98/12 (Bundesgerichtshof 24. Januar 2013). https://openjur.de/u/597186.html (zuletzt abgerufen am 15.08.2017).

Bundesministerium für Arbeit und Soziales (Hrsg.) (2011): Übereinkommen der Vereinten Nationen über die Rechte von Menschen mit Behinderungen. Berlin. http://www. bmas.de/SharedDocs/Downloads/DE/PDF-Publikationen/a729-un-konvention.pdf;j sessionid=E8DC21AC902B8A4276EFD9F4B0676939?__blob=publicationFile&v=2 (zuletzt abgerufen am 15.08.2017).

Bundesministerium für Gesundheit (2016): Entwurf eines Dritten Gesetzes zur Stärkung der pflegerischen Versorgung und zur Änderung weiterer Vorschriften (2016). http:// www.bmg.bund.de/fileadmin/dateien/Downloads/P/Pflegestaerkungsgesetze/Kabinett vorlage_PSG-III.pdf (zuletzt abgerufen am 15.08.2017).

Bundesvereinigung Lebenshilfe e.V. (2017): Bundesteilhabegesetz und Co. – was verändert sich? Übersicht der wichtigsten Neuerungen, die bisherige gesetzliche Bestimmungen ablösen. Marburg. https://www.lebenshilfe.de/wData-bthg/docs/Welche-Veraenderungen-bringt-das-Bundesteilhabegesetz-Aktualisierung-12012017.pdf (zuletzt abgerufen am 15.08.2017).

DeGusta, Michael (2011): Android Orphans: Visualizing a Sad History of Support. http://theunderstatement.com/post/11982112928/android-orphans-visualizing-a-sad-history-of#_=_ (zuletzt abgerufen am 15.08.2017).

Dieckmann, Friedrich/Giovis, Christos/ Schäper, Sabine/Schüller, Simone/Greving, Heinrich (2010): Vorausschätzung der Altersentwicklung von Erwachsenen mit geistiger Behinderung in Westfalen-Lippe. http://www.lwl.org/@@afiles/28598233/erster_zwischenbericht.pdf (zuletzt abgerufen am 15.08.2017).

Dobransky, Kerry/Hargittai, Eszter (2006): The Disability Divide in Internet Access and Use. Information, Communication & Society 9 (3), S. 313–334.

Düber, Miriam/Göthling, Stefan (2013): Barrieren im Internet für Menschen mit Lernschwierigkeiten. SIEGEN:SOZIAL 18 (1), S. 24–29.

Feibel, Thomas (2011): Kinder, Internet & Pannen. Medienerziehung mit Verständnis und Augenmaß. c't, 2011 (21), S. 126–133.

Freese, Benjamin/Mayerle, Michael (2013): Digitale Teilhabe – zum Potenzial der neuen Technologien im Alltag von Menschen mit Lernschwierigkeiten. SIEGEN:SOZIAL 18 (1), S. 4–15.

Kaye, H. Stephen (2000): Computer and Internet Use Among People with Disabilities. Washington, D.C.

Koch, Wolfgang/Frees, Beate (2016): Dynamische Entwicklung bei mobiler Internetnutzung sowie Audios und Videos. Media Perspektiven (9), S. 418–437.

Landesministerium für Soziales, Arbeit, Gesundheit und Demografie (Rheinland-Pfalz) (2013): Landesverordnung zur Durchführung des Landesgesetzes über Wohnformen und Teilhabe (LWTGDVO). Vom 22. März 2013.

Landtag Mecklenburg-Vorpommern (2009): Gesetz zur Neuregelung der heimrechtlichen Vorschriften. Vom 8. Juli 2009.

Mayerle, Michael (2015): »Woher hat er die Idee?« Selbstbestimmte Teilhabe von Menschen mit Lernschwierigkieten durh Mediennutzung. Abschlussbericht der Begleitforschung im PIXEL-Labor. Siegen.

Ministerium für Arbeit, Soziales und Gesundheit (Schleswig-Holstein) (2011): Landesverordnung über stationäre Einrichtungen nach dem Selbstbestimmungsstärkungsgesetz (SbStG-Durchführungsverordnung – SbStG-DVO). Vom 23. November 2011.

Ministerium für Gesundheit, Emanzipation, Pflege und Alter (Nordrhein-Westfalen) (2014): Verordnung zur Durchführung des Wohn- und Teilhabegesetzes (Wohn- und Teilhabegesetz-Durchführungsverordnung – WTG DVO). Vom 23. Oktober 2014.

Ministerium für Soziales und Gesundheit (2010): Verordnung über bauliche Mindestanforderungen für Einrichtungen (Einrichtungenmindestbauverordnung – EMindBauVO M-V). Vom 10. November 2010.

Pfaff, Heiko (2012): Lebenslagen der behinderten Menschen. Ergebnis des Mikrozensus 2009. http://www.destatis.de/DE/Publikationen/WirtschaftStatistik/Sozialleistungen/Lebenslagenbehinderte032012.pdf (zuletzt abgerufen am 15.08.2017).

Reichstein, Martin F. (2016): Teilhabe an der digitalen Gesellschaft? Teilhabe 55 (2), S. 80–85.

Rohrmann, Albrecht (2015): Vorwort. In: Mayerle, Michael (Hrsg.), »Woher hat er die Idee?« Selbstbestimmte Teilhabe von Menschen mit Lernschwierigkieten durh Mediennutzung. Abschlussbericht der Begleitforschung im PIXEL-Labor. Siegen, S. 7–8.

Schmitz, Christian (2002): Ein Netz voller Scheren, Barrieren und Chancen. Einfach für Alle. http://www.einfach-fuer-alle.de/artikel/barrieren (zuletzt abgerufen am 15.08. 2017).

Stemmer, Petra (2009): Assistierende Technologien in der Behindertenhilfe. Ein Stakeholder-Problem. Münster.

Senatsverwaltung für Gesundheit und Soziales (Berlin) (2013): Verordnung über bauliche Anforderungen an Gebäude und Außenanlagen in stationären Einrichtungen nach dem Wohnteilhabegesetz (Wohnteilhabe- Bauverordnung – WTG -BauV). Vom 7. Oktober 2013.

van Eimeren, Birgit/Frees, Beate (2014): 79 Prozent der Deutschen online. Zuwachs bei mobiler Internetnutzung und Bewegtbild. Media Perspektiven (7–8), S. 378–396.

Magdalena Eckes[*]

Ungesichert auf dem Elfenbeinturm. Wissenschaftliche Sicherheit in Kunst- und Fachdidaktik

1.   Worauf man Türme bauen kann: Wissenschaftliche Sicherheit

>*»Schon vor einer Reihe von Jahren habe ich bemerkt, wieviel Falsches ich in meiner Jugend habe gelten lassen und wie zweifelhaft alles ist, was ich hernach darauf aufgebaut, daß ich daher einmal im Leben alles von Grund aus umstoßen und von den ersten Grundlagen an neu beginnen müsse, wenn ich jemals für etwas Unerschütterliches und Bleibendes in den Wissenschaften festen Halt schaffen wollte.«* (Descartes 1992, S. 31)

Mit diesen Worten beginnt René Descartes seine Meditationes de prima philosophia und zeigt uns mit dem Bild eines Bauwerkes, wie eine Wissenschaft sicher zu stehen kommen sollte. Der Anspruch ist ein hoher – vielleicht ein zu hoher: »etwas Unerschütterliches und Bleibendes in den Wissenschaften« zu finden, dies scheint auch Descartes mit seinen Meditationen nicht gelungen zu sein. Eine Unerschütterlichkeit wissenschaftlicher Grundlagen ist nicht auszumachen – weder theoretisch noch tatsächlich. Der Anspruch an wissenschaftliche Theorien ist damit heute ein geringerer. Ziel ist keine absolute Gewissheit, keine vollkommene Sicherheit, sondern eine relative: Teile des Fundamentes der Wissenschaft müssen vielleicht von Zeit zu Zeit überholt und erneuert werden, aber die Baumeister/Wissenschaftler (und im Folgenden mitgedacht: Baumeisterinnen/Wissenschaftlerinnen) haben Instrumente und Gerüste/Methoden entwickelt, die für eine verhältnismäßig große Sicherheit des Bauwerkes sorgen und – in einer positiven Wendung – immerhin erlauben, Elfenbeintürme zu bauen.

Dieses hehre Bauziel vor Augen und die Statik im Blick gerate ich als Kunstdidaktikerin allerdings ins Zweifeln: Welche Rolle können die Fachdidaktiken (und hier insbesondere die Kunstdidaktik) in unseren modernen Elfenbeintürmen – den Universitäten – wohl einnehmen? Denn Elfenbeintürme zeichnen

---

* Dr. Magdalena Eckes, Universität Siegen, Fakultät II (Bildung – Architektur – Künste), Bildende Kunst und ihre Didaktik, Zeichnung.

Rembrandt van Rijn: »Meditierender Philosoph« (https://upload.wikimedia.org/wikipedia/com
mons/3/36/Rembrandt_Harmensz._van_Rijn_038.jpg; zuletzt abgerufen am 11.09.2017)

sich eben in ihrem Bau durch das sichere wissenschaftliche Fundament und die
Suche nach der Wahrheit aus.

> *»Forschung und Produktion von Kunst im Elfenbeinturm kennzeichnet einen Intellek-*
> *tuellen, der einzig für seine Aufgabe lebt und sich nicht um die gesellschaftlichen Folgen*
> *seiner Tätigkeit kümmert, sondern nur nach wissenschaftlicher und künstlerischer*
> *Wahrheit sucht.«* (Wikipedia 2017a)

Fachdidaktiken aber suchen nicht nur nach wissenschaftlicher und künstlerischer Wahrheit, sondern müssen sich mit den gesellschaftlichen Folgen ihrer
Tätigkeit beschäftigen, was ihre wissenschaftliche Sicherheit gefährdet. Und
wiederum diejenigen Didaktiken, deren Bezugsdisziplinen auch nach künstlerischen Wahrheiten suchen (wie die Kunstdidaktik), stehen vor der besonderen
Frage, ob sie dann selbst nach wissenschaftlichen oder künstlerischen Wahrheiten unter Berücksichtigung ihrer gesellschaftlichen Folgen suchen sollen. Wie
wissenschaftliche Sicherheit auch hier gewährleistet werden kann – und wie
gleichzeitig das Spiel mit dieser Sicherheit selbst neue Blicke auf Wissenschaft
ermöglicht, möchte ich im Folgenden aufzeigen.

2.   Gondel, Aufzug, Drahtseilakt: Fachdidaktik

Bleiben wir im Bild der Wissenschaftler als Baumeister der Wissenschaft. Eine Sonderstellung innerhalb dieser Gruppe stellen die im alltäglichen Umgang oft sogenannten »Fachdidaktiker« dar. Es scheint von Zeit zu Zeit ein heimliches Raunen durch den Elfenbeinturm zu gehen (vgl. z. B. Tenorth/Terhart 2004, S. 10): Sind das wirklich Wissenschaftler? Tragen sie zur Sicherheit des Bauwerkes bei oder sind sie bestenfalls dazu angetan, für personellen Nachschub sowie Verbreitung und Akzeptanz des Bauvorhabens zu sorgen? Man mag sich selbst an diesem Raunen beteiligen oder nicht, in der einen oder anderen Form kommen wohl die meisten der Fachdidaktiker mit diesen Zweifeln in Berührung.

Woher kommen die Zweifel? Aus wissenschaftlicher Sicht zeichnen sich Fachdidaktiker zunächst durch einen eingeschränkten »Baubereich« aus. Ihr Forschen richtet sich nicht auf alle denkbaren Gegenstände, sondern auf Lehr-Lern-Situationen. Sie beziehen sich damit auf eine Praxis, weshalb Jakob Ossner in »Das Profil der Fachdidaktik. Grundzüge einer praktischen Disziplin« Fachdidaktik als »praktische Wissenschaft« bezeichnet: »Eine praktische Wissenschaft [wie die Fachdidaktik, ME] ist in dieser Hinsicht immer eine empirische Wissenschaft und zwar eine empirische Sozialwissenschaft« (Ossner 1999, S. 27). Wäre dies jedoch das einzige Charakteristikum der Fachdidaktiken, so könnte man sie getrost den Sozialwissenschaften unterordnen – als Disziplinen, die durchaus wissenschaftlich arbeiten, aber nur einen kleinen Gegenstandsbereich in den Blick nehmen, der von anderen Wissenschaften besser abgedeckt wird. Innerhalb des Bautrupps sind sie aber als einzelne Ressortverantwortliche ausgewiesen und lediglich den jeweiligen Bezugsdisziplinen zugeordnet. Grund dafür könnte sein, dass sie nicht ausschließlich Lehr-Lern-Situationen empirisch beforschen – wie Ossner weiter ausführt: »Eine praktische Wissenschaft wie die Fachdidaktik ist nicht nur eine Wissenschaft, die die Praxis erforscht, sondern eine, die auf die Praxis wirkt« (Ossner 1999, S. 29). »Sie zielt auf das Handeln, darauf, was man machen kann oder soll« (ebd. S. 29). Und so weitet sich der Arbeitsbereich der Fachdidaktiker aus. Sie beforschen nicht nur einen konkreten Bereich menschlicher Praxis, sondern sie sollen auch für diesen wirksam werden.

Damit aber verlassen sie die Sicherheit des Elfenbeinturmes gleich in zweierlei Hinsicht: Zum einen wenden sie sich ganz konkret dem zu, was sich außerhalb des Elfenbeinturmes befindet und damit einen weniger sicheren Stand hat als die Wissenschaft. Sie schaffen eine Verbindung zwischen Außen und Innen der Wissenschaft (wie es im Übrigen natürlich auch andere Bereiche der Universität tun), riskieren damit aber gleichzeitig den sicheren Stand. Ganz so wie eine Gondel pendeln sie zwischen verschiedenen Anforderungen und Ansprüchen hin und her: hier Erfordernisse wissenschaftlicher Absicherung, dort Fragen praktisch-normativer Relevanz.

Zum anderen – und das erscheint mir gravierender – drohen die Fachdidaktiken damit ein wesentliches Teil-Fundament der Wissenschaft zu untergraben.

Dieses Teil-Fundament besteht in den Grundregeln logisch korrekter Argumentation. Kaum ein anderer Baustein sitzt so tief im Fundament des Bauwerks Wissenschaft wie dieser und wird durch die wissenschaftliche Praxis so oft bestätigt: Damit eine Theorie ein Mindestmaß an wissenschaftlicher Sicherheit erfüllen kann, muss der Bereich theoretischer Argumentation, der Bereich, der nicht allein bei empirischen Untersuchungen bleibt, mit logischen Regeln im Einklang sein. Mit dem Anliegen der Fachdidaktiken, Praxis nicht nur zu erforschen, sondern normativ auf sie zu wirken, rühren sie an eine wesentliche Grundregel logisch korrekter Argumentation. Sie scheinen auf den ersten Blick einen sogenannten »Sein-Sollen-Fehlschluss« zu begehen. Dieser Fehlschluss wurde erstmals von David Hume in seinem »Treatise of Human Nature« (Hume 1739/2017, S. 469–470) angedeutet und besteht darin, dass man aus der Beschreibung eines Ist-Zustandes (Sein/Deskription) eine Handlungsanweisung (Sollen/Präskription) ableitet. Das aber ist unzulässig (vgl. auch Moore 1970): Jedes »Sollen« kann argumentativ nur aus einer Menge von Annahmen gefolgert werden, die wiederum auch ein »Sollen« enthält. Wenn Fachdidaktiken also Praxis beforschen wollen (Ist-Zustände untersuchen), um dann allein aus dieser Forschung heraus wiederum normativ auf die Praxis zu wirken, begehen sie eben diesen Fehlschluss und stehen damit zurecht in Verdacht, wissenschaftlich gesehen auf Sand zu bauen.

Die Lage ist allerdings nicht ganz so gravierend, wie ich sie hier zunächst dargestellt habe. Um den Ansprüchen logisch korrekter Argumentation gerecht werden zu können, bedarf es nur einer kleinen Ergänzung: Der Ergänzung eines Sollens in der argumentativen Ausgangslage. Dieses könnte zum Beispiel in einer Annahme wie »Lernende sollen dazu befähigt werden, sich in der Welt besser zurecht zu finden« bestehen. Aus einem solchen Sollen kann dann mit weiteren Annahmen und Erkenntnissen eine konkrete Handlungsanweisung gefolgert werden. Auch diese Folgerung sollte dann, möchte die Theorie wissenschaftliche Sicherheit für sich beanspruchen, logischen Grundregeln genügen. Damit aber wird der Stellenwert theoretischer Überlegungen für »Praktische Wissenschaften« wie die Fachdidaktiken bei allem Praxisbezug sehr deutlich. Und es wird auch deutlich, wie wichtig die Artikulation der normativen Grundannahmen und eine mögliche Übereinkunft zu diesen sind. Ohne geteilte normative Voraussetzungen ist ein wissenschaftlicher Diskurs über das Wirken auf die Praxis nicht möglich. Wenn ich nicht die Ansicht teile, dass Lernende dazu befähigt werden sollen, sich in der Welt besser zurechtzufinden, ist jede darauf aufbauende Argumentation für mich hinfällig und eine kritische Auseinandersetzung dann vermutlich weniger wissenschaftlicher Disput sondern viel mehr Meinungsaustausch.

Damit dürfen die Fachdidaktiken – unter Berücksichtigung des theoretischen Rahmens und ihrer eigenen normativen Grundannahmen – durchaus einen sicheren Platz im Elfenbeinturm beanspruchen, auch wenn sie sich stärker als die meisten Bezugsdisziplinen menschlicher Praxis zuwenden und bestimmte normative Grundannahmen voraussetzen, die auch von Menschen außerhalb des Elfenbeinturms geteilt werden sollten (damit die Schlussfolgerungen überhaupt eine Chance haben, in der Praxis anzukommen).

Klammheimlich hat sich damit auch der Arbeitsbereich der Fachdidaktiken etwas vergrößert. Sie sind nicht nur empirische Sozialwissenschaft, sondern sie können auch theoretische Zusammenhänge in der Argumentation über Lehr-Lern-Situationen untersuchen. Und sie können aus dem Wissen um Voraussetzungen und Methoden der je eigenen Bezugsdisziplin je spezifische normative Grundannahmen formulieren, was einer übergeordneten und allgemeinen Didaktik nicht möglich wäre.

Dieser Zusammenhang mit den Voraussetzungen und Methoden der jeweiligen Bezugsdisziplinen kann aber bei bestimmten Fachdidaktiken zu einer weiteren wissenschaftlichen Unsicherheit führen – nämlich bei eben jenen Didaktiken, deren (Teil-) Bezugsdisziplinen selbst nicht rein wissenschaftlich (im Sinne einer sprachbasierten Wissenschaft) sind. Beispielhaft möchte ich das hier an meiner eigenen Baustelle – der Kunstdidaktik – verdeutlichen.

3.   Roofing: Kunstdidaktik

Künstlerische Erkenntnisweisen haben einen eigenen Charakter, können aber dennoch als solche bezeichnet werden: »Kunst und Ästhetik [konstituieren, ME] eine Erkenntnispraxis *sui generis*, die in manchem der wissenschaftlichen wie philosophischen überlegen zu sein scheint« (Mersch, 2015, S. 12). Damit sind künstlerische Erkenntnisweisen zwar in sprachbasierten Wissenschaftsdiskursen behandelbar (Ich schreibe ja beispielsweise gerade in einem argumentativen Zusammenhang über diese Praxis), sie gehen aber nicht in diesem auf. »Kunst situiert sich in Räumen, die sich jeder vollständigen Rekonstruktion durch den Diskurs sperren« und, so führt Mersch weiter aus, »die doch dessen Begründungs- und Erklärungskraft in nichts nachstehen« (ebd.). Wenn Kunstdidaktik nun aus der Kenntnis der Voraussetzungen und Methoden ihrer Bezugsdisziplin »Kunstpraxis« (neben der es, das sollte nicht unerwähnt bleiben, mindestens noch die »Kunstwissenschaft« gibt) mit Hilfe eines wissenschaftlichen Diskurses normativ auf Praxis wirken will, steht sie vor einem Problem: Sie kann die

Erkenntnisweisen im wissenschaftlichen Kontext zwar beschreiben, den eigentlichen Erkenntniswert kann sie dann aber nicht mehr nutzbar machen. Mehr noch, Kunst als Erkenntnisweise ginge so im Übergang von Fachdisziplin zu Didaktik zu schulischer/außerschulischer Praxis verloren (und ich habe den Verdacht, dass sie dies de facto auch des Öfteren tut).

Eine Möglichkeit, diesen Verlust zu vermeiden, wäre, die Art der Erkenntnisweise selbst in das Spektrum der eigenen Arbeitsmethoden aufzunehmen. So formulieren auch beispielsweise Danja Erni und Anna Schürch ihr Verständnis kunstdidaktischer Forschung im Kontext Schule:

> »Wir fokussieren auf Verfahren der qualitativen Sozialforschung und versuchen, diese mit künstlerischen Ansätzen zu verknüpfen. Der Einbezug künstlerischer oder kunstbasierter Methoden liegt nicht nur auf der Hand, weil Kunst für die Kunstpädagogik ein wichtiges Bezugsfeld ist. Der Einbezug der Künste hat auch mit einem sich wandelnden Wissenschaftsverständnis in den Sozialwissenschaften zu tun. Arts-Based Research in Education (vor allem im englischsprachigen Raum) nutzt künstlerische und performative Darstellungsformen, um den Darstellungsaspekt in der Wissensproduktion zu betonen und sichtbar zu machen, dass auch die Ergebnisse von Forschung immer eine Konstruktion, eine Aufführung sind.« (Erni/Schürch 2013)

Nehmen wir dieses Projekt ernst, wird aber das Gerüst der Wissenschaft Kunstdidaktik stellenweise mehr als löchrig (aus Sicht eines rein sprachbasierten Diskurses sogar schwammig). Es ergibt sich das Bild eines waghalsigen Kletterns auf dem Elfenbeinturm: zwar hier und da mit Absicherungen durch klassische wissenschaftliche Methoden, dann aber flankiert von dilettantischem praktischem Tun, immer nahe am Rande der Lächerlichkeit und damit am Rande des wissenschaftlichen Absturzes (und mitunter auch darüber hinaus).

Hat diese Art des Vorgehens tatsächlich einen Mehrwert? Oder haben wir es mit einem müden Abklatsch-Medley aus empirischer, theoretisch-hermeneutischer und künstlerischer Forschung irgendwie in Bezug auf Kunstvermittlung zu tun (mit dem Wissen, dass jeder einzelne Forschungsbereich von anderen (Teil-)Disziplinen wesentlich besser abgedeckt werden kann)?

Erni und Schürch deuten in obigen Zitat an, dass das Einbinden kunstbasierter Forschungsformen uns auch einen neuen Blickwinkel auf bestehende Wissenschaftskonventionen erlaubt, in dem der Darstellungsaspekt betont und sichtbar gemacht wird. Das unvorsichtige und unkonventionelle Kombinieren und Ausprobieren verschiedener Forschungsformen in der Kunstdidaktik, kann damit auch als ein »Roofing« auf dem Bauwerk Wissenschaft verstanden werden.

> »**Roofing** [ˈruːfɪŋ] (englisch für ›Dacheindeckung, Überdachung‹), auch **Rooftopping** [ˈruːf tɒpɪŋ] (englisch etwa für ›auf der Dachspitze sein‹) wird ein Extremsport genannt, bei dem meist Jugendliche und junge Erwachsene ohne Sicherung auf hohe Bauwerke oder Gebäude klettern, um sich dort zu fotografieren oder zu filmen. Personen, die dieser Sportart nachgehen, werden als **Roofer** [ˈruːfə˞] oder **Roofr** [ˈruːfˌ] bezeichnet. […]

Roofing ist eine Form von Urban Exploration – also dem Erkunden der städtischen Infrastruktur aus ungewöhnlichen Blickwinkeln.« (Wikipedia 2017b)

Die wissenschaftliche Unsicherheit von (Teil-)Disziplinen wie der Kunstdidaktik kann damit zu einer Erkenntnisstärke werden, die den sprachbasierten Wissenschaftsdiskurs auch von außen betrachtet, um immer wieder in ihn einzutauchen und ihn damit vielleicht zu verändern. Es bleibt ein »kann« – nicht jedes Roofing ist erfolgreich, nicht jeder ungesicherte Erkenntnisversuch wird gelingen oder kann als gelungen versprachlicht werden.

Anne Dietrich: o.T. (mit freundlicher Genehmigung der Universität Siegen – Brauhausfotografie)

Literatur

Descartes, René (1992): Meditationes de prima philosophia. Hamburg.

Erni, Danja/Schürch, Anna (2013): Forschendes Lernen und Forschen lernen in der Fachdidaktik (und darüber hinaus). Das Modell ›Forschungspraktikum‹ an der Zürcher Hochschule der Künste. In: onlineZeitschrift Kunst Medien Bildung. http://zkmb.de/249 (zuletzt abgerufen am 16.04.2017).

Hume, David (1739): A Treatise of Human Nature. http://www.davidhume.org/texts/thn.html, (zuletzt abgerufen am 15.06.2017).

Moore, Georg Edward (1970): Principia Ethica. Stuttgart.

Mersch, Dieter (2015): Kunst und Wissensproduktion. https://blog.zhdk.ch/kidb/files/
    2015/11/0-Mersch_Kunst-und-Wissensproduktion.pdf (abgerufen am 12.05.2017).

Ossner, Jakob (1999): Das Profil der Fachidaktik. Grundzüge einer praktischen Disziplin.
    In: Radtke, Frank-Olaf (Hrsg.), Lehrerbildung an der Universität. Zur Wissensbasis
    pädagogischer Professionalität. Frankfurt am Main, S. 26–99.

Tenorth, Heinz-Elmar/Terhart, Ewald (2004): Fachdidaktiken. In: KMK (Hrsg.), Standards
    für die Lehrerbildung: Bericht der Arbeitsgruppe. 16.12.2004. http://www.kmk.org/fi
    leadmin/Dateien/veroeffentlichungen_beschluesse/2004/2004_12_16-Standards_Leh
    rerbildung-Bericht_der_AG.pdf (zuletzt abgerufen am 15.06.2017), S. 10–14.

Wikipedia (2017a): Elfenbeinturm. https://de.wikipedia.org/wiki/Elfenbeinturm (zuletzt
    abgerufen am 11.09.2017).

Wikipedia (2017b): Roofing. https://de.wikipedia.org/wiki/Roofing (zuletzt abgerufen am
    15.06.2017).

Volker Stein[*]

Verboten! Dimensionen der Visualisierung verhaltenseinschränkender Sicherheitshinweise

1.   Einleitung

Häufig bemerkt man sie nur beiläufig, wenn überhaupt: die vielen Verbots-schilder, die den Alltag begleiten. Nicht nur im Straßenverkehr, sondern auch am Arbeitsplatz, in Wohnsiedlungen oder im Umfeld von Sehenswürdigkeiten sind Verbotshinweise zu finden. Befolgen oder ignorieren? Während sich der Emp-fänger des Verbots irgendwie verhalten muss, hat sich der Sender des Verbots schon längst festgelegt – er möchte das Verhalten des Empfängers in eine ganz bestimmte Richtung steuern. Um dies zu erreichen, hat er sich offensichtlich viele Gedanken gemacht, angefangen von seiner Verbotsabsicht über die funk-tionale, teils sogar liebevolle Gestaltung des Verbotshinweises bis hin zu der mit ihm verbundenen Wirkungserwartung. Die dahinterstehende Motivation des Verbietenden besteht zumeist in einer Verantwortung für ein System (z. B. eine Maschine und ihre Bediener, ein Park oder Museum und seine Besucher, eine Freizeiteinrichtung und deren Nutzer): Das System soll ordnungsgemäß funk-tionieren, unversehrt bleiben oder niemanden schädigen. Teilweise kann der Verbietende für Schadensfälle juristisch haftbar gemacht werden.

Der Verantwortliche weiß: Je komplexer ein System ist, desto schwieriger ist es für Außenstehende, das Systemverhalten in seiner Dynamik zu durchschauen (Dörner 1989). Bediener, Besucher oder Nutzer eines Systems sehen nicht immer unmittelbar die Risiken und Gefahren, die durch Existenz und Wirken eines Systems bestehen und unvermittelt auftreten können. Als Zuständiger für ein System ist man daher für zwei Typen von Sicherheit verantwortlich (z. B. Bo-holm/Möller/Hansson 2016):

[*] Univ.-Prof. Dr. Volker Stein, Universität Siegen, Fakultät III (Wirtschaftswissenschaften – Wirtschaftsinformatik – Wirtschaftsrecht), Lehrstuhl für Betriebswirtschaftslehre, insb. Personalmanagement und Organisation.

(1) dass vom eigenen System keine Gefahren und Beeinträchtigungen für andere Systeme ausgehen, das System also bestimmungsgemäß läuft (dies wird als Betriebssicherheit oder im Englischen als »safety« bezeichnet) und

(2) dass von anderen Systemen keine Gefahren und Beeinträchtigungen für das eigene System ausgehen, das System also vor Angriffen von außen sicher ist (dies wird als Angriffssicherheit oder im Englischen als »security« bezeichnet).

Für Sicherheit im Umgang mit komplexen Systemen zu sorgen, heißt damit, die mit dem System in Kontakt kommenden Akteure in die Lage zu versetzen, dieses System bestimmungsgemäß zu nutzen, es vor externen Beeinträchtigungen zu schützen und die aus der Nutzung entstehenden Beeinträchtigungen Dritter zu minimieren. Selbst wenn Risiken teilweise bewusst eingegangen und die Konsequenzen des Schadenseintrittsfalls mithilfe von Versicherungen vorsorglich abgefedert werden (z. B. Kendall 1998), wartet man nicht auf den »worst case«, sondern versucht sich in der vorsorgenden Schaffung von Sicherheit.

Dies leitet unmittelbar zur Sicherheitskommunikation (z. B. Groneberg/ Rusch 2015) über. Im eigentlichen Wortsinne wird hier über Sicherheit und Sicherheitsmaßnahmen kommuniziert, allerdings ist in der Praxis die Kommunikation des Gegenteils von Sicherheit vorrangig: die vorgelagerte Kommunikation von potenziellen Risiken beziehungsweise Gefahren und ihrer Vermeidung (»Risikokommunikation«; z. B. Obermeier 1999; Ferrante 2010; Smillie/Blissett 2010) sowie die nachgelagerte Kommunikation von eingetretenen Gefahren und ihrer Bewältigung (»Krisenkommunikation«; z. B. Coombs 1999; Seeger 2006). Offensichtlich können also Risiko, Gefahren und Krisen als »funktionale Äquivalente« (Luhmann 2010) zu Sicherheit angesehen werden: Unterschiedliche Konzepte wie Risikokommunikation, Krisenkommunikaiton und Sicherheitskommunikation dienen der Lösung desselben Problems, weil sie ähnliche Wirkweisen implizieren. Im Folgenden wird daher die vorsorgende Risikokommunikation mithilfe von Verboten, um die es in diesem Beitrag geht, unter die Sicherheitskommunikation subsumiert.

Allgemein lässt sich Kommunikation unter anderem als Mechanismus zur Konstruktion sozialer Realität verstehen (Berger/Luckmann 1966; Watzlawick/ Beavin/Jackson 1967). Dementsprechend ist auch Sicherheit nicht per se objektiv gegeben, sondern wird in einem sozialen Konstruktionsprozess kommunikativ hergestellt (z. B. Pieters 2011). Kommunikation über Sicherheit beziehungsweise Risiken und Krisen, wie sie vor allem in der Technologischen Kommunikation (z. B. Lehto 1992; Wogalter/Conzola/Smith-Jackson 2002; Chan/Chan 2011), im Informationsdesign (z. B. Mackett-Stout/Dewar 1981; Stamper 1996; Dewar 1999; Calori/Vanden-Eynden 2015) und auch in der Konsumentenforschung (z. B. Easterby/Hakiel 1981; Davies et al. 1998; Rousseau/Lamson/Rogers 1998) erforscht wird, ruft Resonanz bei den Adressaten dieser Kommunikation hervor – sowohl in Bezug auf die Sicherheitswahrnehmung als auch in Bezug auf die tatsächliche Reaktion. Eine solche Resonanz kann dann die subjektiv gefühlte Sicherheit verändern, beispielsweise jemanden in Sicherheit wiegen, das individuelle Risikoerlebnis erhöhen oder das Gefahrenbewusstsein entwickeln.

Die Sicherheitskommunikation im Speziellen deckt eine große thematische Breite ab: Sie umfasst für ein spezifiziertes komplexes System die vorwegnehmende Konzeption und Organisation von Risikowahrnehmung, Risikovorbeugung und Risikoreaktion im Eintrittsfall. Dann begleitet sie das Wirken des betrachteten Systems, indem sie unmittelbar eingreift, wenn sicherheitsbezogene Kommunikationsanlässe auftreten. Im Rückblick auf eine vergangene Zeitperiode thematisiert sie die Effektivität und Effizienz der Risikoreaktion und der Schadensprävention. Alle Kommunikationsinhalte dienen dazu, die vom Systemverhalten Betroffenen ohne Zeitverzug, sachgerecht, wahrheitsgemäß und möglichst transparent über den jeweiligen sicherheitsbezogenen Status und bestehende Verhaltensmöglichkeiten zu informieren (Lundgren/McMakin 2013).

Im vorliegenden Beitrag wird aus dem breiten Feld der Sicherheitskommunikation ein einzelner, vergleichsweise kleiner Aspekt herausgegriffen: die verhaltenseinschränkenden Sicherheitshinweise oder einfacher formuliert die Verbotshinweise. Sicherheitshinweise stellen im Vergleich zu unmittelbaren Maßnahmen des Versagensausschlusses wie Echtzeitkorrektur des Systembetriebs, Notfallabschalteinrichtungen, redundanzschaffende Backup-Systeme oder zusätzliche Schutzvorrichtungen die schwächste Form sicherheitserhöhender Maßnahmen dar: Denn durch Sicherheitshinweise wird lediglich auf bestehende Unsicherheit und auf Verhaltensmöglichkeiten aufmerksam gemacht. Zu Sicherheitshinweisen zählen etwa Gefahrensymbole und Gefahrenpiktogramme, Verkehrszeichen, Signalfarben und Reflektoren (z. B. Schulz 2003; Wogalter 2006; Bundesanstalt für Arbeitsschutz und Arbeitsmedizin 2013). Sie sind häufig standardisiert, so in der internationalen Chemikalienkennzeichnung GHS (Globally Harmonized System of Classification, Labelling and Packaging of Chemicals) der Vereinten Nationen, die seit 2009 auch für die Europäische Union verbindlich ist. Öffentlich weitgehend bekannt sind die GHS-Gefahrenpiktogramme einer explodierenden Bombe oder einer lodernden Flamme in einer roten Raute, die an Tanklastzügen mit selbstentzündlicher, explosiver Fracht angebracht werden müssen. Allerdings sind diese Sicherheitshinweise zunächst reine Warnhinweise, die grundlegend informieren, aber noch keine explizite Verhaltensanweisung geben. Eine explizite Verhaltensanweisung findet sich dagegen in solchen Sicherheitshinweisen, die entweder das gewünschte Verhalten darlegen (Gebotshinweise) oder aber – was der Regelfall ist – das unerwünschte Verhalten beschränken beziehungsweise einschränken oder verbieten (Verbotshinweise, Abb. 1).

Abb. 1: Typische Verbotshinweistafeln – links: Baustellenschild (Venedig, Italien, 2017; rechts: Brückenbeschilderung (Brisbane, Australien, 2016); © Volker Stein

Die Motivation dafür, in diesem Beitrag die Visualisierung verhaltenseinschränkender Sicherheitshinweise in den Blick zu nehmen, wurde gerade durch die oben gezeigte lange Tradition und Breite der Forschung in diesem Gebiet angeregt. Die Grundlagenforschung zur Visualisierung (z. B. beschäftigen sich das Max-Planck-Institut für empirische Ästhetik in Frankfurt am Main oder das Institut für Visualisierung und Interaktive Systeme an der Universität Stuttgart mit Wahrnehmung, Bewertung, Effektivität und Gestaltung von Visualisierungen, wobei sich der Schwerpunkt auf die Mensch-Computer-Interaktion verschiebt) und auch neuere Untersuchungen zur Effektivität visualisierter Warnhinweise im Zusammenhang mit der medizinischen Entscheidungsfindung (z. B. Rayo et al. 2015) oder zur Effektivität animierter Visualisierungen für das Lernen von Studierenden (z. B. Lin/Dwyer 2010) signalisieren die anhaltende Relevanz. Dennoch scheint es auf dem Gebiet der Visualisierung keine allgemeine Konvergenz zu geben, sondern mit der Ausweitung der zur Verfügung stehenden Gestaltungsoptionen eine Divergenz der Gestaltungsansätze. Dies verleitet Gestalter dazu, sich bei der notwendigen Schaffung zusätzlicher Sicherheit überwiegend von ihrer Intuition leiten zu lassen. Ziel dieses Beitrags ist es daher, in Form einer Zusammenführung grundlegender Visualisierungsdimensionen bereits am Beispiel der (»veralteten«?) statisch-analogen Verbotshinweise zu einer erneuten Bewusstmachung beizutragen, die sich dann auch für die Gestaltung digital-medialer Verbotshinweise nutzen ließe. In diesem Zusammenhang ergeben sich vier konkrete Fragen:

- Welche Intention liegt der Visualisierung statischer Verbotshinweise zugrunde?
- Welche Wirksamkeitserwartungen sind aus Sicht der Psychologie mit Verbotshinweisen verbunden?
- Welcher landeskulturelle Einfluss besteht im Hinblick auf Verbotshinweise und deren Visualisierung?
- Welche inhaltsbezogenen Dimensionen der Visualisierung von Verbotshinweisen lassen sich unterscheiden?

Diese Fragen werden in den nachfolgenden Abschnitten aufgegriffen, um Sendern Gestaltungs- und Optimierungshinweise zur Visualisierung verhaltenseinschränkender Sicherheitshinweise an die Hand zu geben.

2.   Verbote und ihre Visualisierung

Ein Verbot signalisiert dem Empfänger dieser Botschaft, eine bestimmte Verhaltensweise zu unterlassen. Damit handelt es sich aus Prozesssicht um eine Weisung, die im Ergebnis grundsätzlich die Verhaltensautonomie eines Akteurs beschränkt. Grundlagen von Verboten sind beispielsweise gesetzliche Normen und institutionell legitimierte Befehle, Regeln und Standards, Richtlinien und Grundsätze. Sie ziehen häufig eine Sanktionsandrohung für den Fall des Verbotsübertritts nach sich.

Die Bedeutung von »Verbot« hat im Lateinischen zwei Wurzeln: Die eine lateinische Form *interdicere* ist im wörtlichen Sinne ein dazwischengehendes (Nein-)Sagen, ein Untersagen. In der Abgrenzung zum reinen »Untersagen«, das nur bisher Erlaubtes einschränkt, kann sich das »Verbieten« auch auf etwas beziehen, was zuvor nicht erlaubt war oder was zuvor bereits als schädlich in seinen Folgen erkannt wurde (Dudenredaktion o. J.). Dies ist mit der anderen lateinischen Form *prohibere* verknüpft, die auf das Verhindern bestimmten Verhaltens abzielt.

Der Wortstamm »-bieten« im Deutschen weist für beide Varianten auf ein hierarchisches Gefälle zwischen übergeordnetem Sender und untergeordnetem Empfänger hin. Hierbei ist die Motivation des Verbietenden entweder der eher egoistische Selbstschutz – er will nicht durch das Verhalten anderer beeinträchtigt werden oder hierfür Verantwortung übernehmen müssen – oder der eher altruistische Schutz anderer, also Fürsorge. Aus der Sicht des Empfängers kommt ein Verbot entweder einer unerwünschten Bevormundung gleich oder aber einer hilfreichen Schadensabwehr.

Das Befolgen eines Verbots durch den Empfänger impliziert einen Lernprozess, den der Sender steuern will. Die Lerntheorie bietet ihm zwei Formen der verhaltensbeeinflussenden Wissensvermittlung an (Argyris/Schön 1978): Im »Single-loop-learning« werden konkrete Verhaltensweisen untersagt beziehungsweise konkrete neue Verhaltensweisen vorgegeben, beim »Double-loop-learning« wird mittels vorgeschalteter Erklärung des komplexen Systems Sinn und Zweck eines Verbots vermittelt, sodass der Empfänger im Idealfall selbstständig das Verbot beachten will. In den überwiegenden Fällen basieren Verbotszeichen auf dem Single-loop-learning: Sie sind in ihrer Aussage eindeutig und lassen dem Empfänger keinen Freiraum zur Aushandlung von Bedeutung. Warum das Verhalten verboten ist, bleibt unklar.

Dieser Transfer von Wissen wird in der sozialwissenschaftlichen Forschung vorrangig mit dem Fokus auf die textliche Darbietung von Wissen betrachtet. Die Beschäftigung mit rein visueller Kommunikation ist demgegenüber viel weniger weit verbreitet (Meyer et al. 2013, S. 490). Die Möglichkeiten zur Visualisierung von Inhalten haben sich allerdings mit einsetzender Digitalisierung qualitativ massiv verbessert. Dank höherer Attraktivität kommt visueller Kommunikation ein neuer Stellenwert zu – bis hin zur bewussten Ausbildung einer »visual language« (Mitchell 1994; Kress/van Leeuwen 1996) für viele Kommunikationszwecke mit eigener Ästhetik. Parallel hierzu erfordern immer komplexere Systeme eine Vermittlung von Bedeutung und Sinn, die eben diese Komplexität reduziert. Dem entspricht idealerweise die Reduktion komplexer Bedeutung, wie sie ein Piktogramm enthält. Solche stark vereinfachten grafischen Darstellungen begegnen uns im Alltag wohl am häufigsten als Warn- und Verbotshinweise.

Die Visualisierung von Verboten ist Teil der Sicherheitskommunikation, im engeren Sinne der Risikokommunikation (Epp/Hertel/Böl 2008). Primärer Zweck ist die präventive Gefahrenabwehr, sowohl für den Handelnden selbst (security) als auch für die von den Handlungen Betroffenen (safety). Die unmittelbare Kennzeichnung des Verbots geht einher mit der Erwartung, dass der Verbotshinweis sein Überzeugungspotenzial beim Empfänger entfaltet (Scott/Rajeev 2003) und das Verbot auf diese Weise konstitutiv wird für individuelles Verhalten wie auch für soziale Praxis. Die Auswirkung eines Verbotshinweises auf die Entscheidungsfindung hängt unter anderem vom unmittelbaren Gefahrenbezug und von der Anschaulichkeit (»vividness«) der Visualisierung ab: Risikobezogene Inhalte werden eher bemerkt als sonstige Informationen (Matthews/Andronaco/Adams 2014), anschaulichere Informationen werden vor weniger anschaulichen Informationen verarbeitet (Jarvenpaa 1990) und grafische Informationen vor textlichen Informationen (Lurie/Mason 2007).

In diesem Beitrag werden solche Verbotshinweise betrachtet, die den Empfängern ohne weitere Erläuterung präsentiert werden. Das konkrete Visualisierungsartefakt ist ein in der Regel auf einem Schild angebrachtes Piktogramm, eine Zeichnung, ein Farbcode mit Signalwirkung, eine Schrift oder eine Fotografie (und natürlich Kombinationen hieraus). Dieses hebt sich vom Umgebungskontext in Form und Inhalt ab. Der Verbotshinweis befindet sich in der Nähe des betreffenden Systems. Auf diese Weise kann der Verbots-Sachverhalt mit der objektiven Realität unmittelbar abgeglichen werden, was das Auftreten von Realitätsverzerrungen minimiert. Der Überträger der Warnung ist in diesem Fall kein Massenmedium wie TV, Radio oder Social Media, das die soziale Konstruktion von Realität mittels inhärenter Dynamik noch verstärken könnte, sondern ein statisches, analoges Einkanal-Medium, das eine 1:1-Konfrontation mit dem Empfänger erzeugt. Dies bedeutet aber nicht, dass hier nicht auch eine dynamische Komponente mit eingebracht werden kann: Forschungen von Cian, Krishna und Elder (2015) zeigen beispielsweise auf, dass eine dynamische Bildsprache, also eine, auf der Bewegung dargestellt wird, zu einer schnelleren Verhaltensreaktion führen, weil die Bedrohung als größer und unmittelbarer wahrgenommen wird.

3. Psychologische Wirkungserwartung verhaltenseinschränkender Sicherheitshinweise

Aus Sicht der Psychologie ist mit der Visualisierung von Botschaften die Erwartung verbunden, dass sie eine höhere Aufmerksamkeit und Überzeugungskraft erzeugt als Texte (Hill 2004) und dass Bildinformationen zudem im Gehirn anders – möglicherweise effektiver – verarbeitet werden als Textinformationen (Yantis 2001; Barnhurst et al. 2004). Idealerweise werden die visualisierten Verbotshinweise so präsentiert, dass sie gezielt die operativen Ebenen der menschlichen Informationsverarbeitung – Wissensabgleich, Regelbefolgung, Sachverhaltsbewertung, Verhaltensumsetzung – erreichen, auf denen die Verhaltensreaktionen hervorgerufen werden sollen (Lehto 1991). Die Wirkungserwartung unterstellt, dass der Empfänger der Botschaft wie gewünscht reagiert, dass also das in den Verbotshinweis eingebaute pädagogische Narrativ den beabsichtigten kommunikativen Sinn erzeugt. Diese Annahme gründet sich auf einen zumeist implizit geschlossenen psychologischen Vertrag (Rousseau 1995): Der Sender einer Botschaft vermittelt eine Intention, der Empfänger dieser Botschaft rezipiert diese und entscheidet sich bei Zustimmung (was dem impliziten »Vertragsabschluss« entspricht) zur Befolgung des Verbots.

Zu hinterfragen ist erstens, welche psychologische Kommunikationsbeziehung zwischen Sender und Empfänger besteht. Die Transaktionstheorie (Berne 1970) gibt hier Hinweise. In der Kommunikationsbeziehung »Eltern-Ich zu Kind-Ich« verfügt der Adressat eines Verbots weniger Wissen um die Gefahren und Risiken eines komplexen Systems als der Sender, der seinerseits diesen Wissensvorsprung als Legitimation dafür ansieht, dass er dem Adressaten ein Verbot vorschreibt. Solche Verbote mit Wissens- oder Erfahrungsgefälle sind die überwiegende Regel, können allerdings auch in eine Manipulation des Empfängers abgleiten. In der Kommunikationsbeziehung »Erwachsenen-Ich zu Erwachsenen-Ich« wird »auf Augenhöhe« kommuniziert, wobei der belehrende Aspekt dem informativen Aspekt weicht. In der Kommunikationsbeziehung »Kind-Ich zu Kind-Ich« schließlich begibt sich der Sender auf einen (unterstellten) begrenzten Verständnishorizont des Adressaten »hinunter« und hofft, dass einfachere, plakativere Verbots-Botschaften zumindest verständlich sind, selbst wenn sie der Gefahr der Lächerlichkeit unterliegen.

Zu hinterfragen ist zweitens, wie wahrscheinlich ein von Sender und Empfänger gleichartig interpretierter Inhalt eines psychologischen Vertrages und damit eine Kongruenz zwischen den Bedeutungsinhalten von Intention und Rezeption zustande kommen. Kommunikationsmodelle wie das Kommunikationsquadrat von Schulz von Thun (1981) zeigen auf, dass es mehrere alternative Sendungsinhalte ebenso wie mehrere alternative Rezeptionsinhalte gibt und aus der Nichtkongruenz Verständigungsschwierigkeiten und Konflikte entstehen können. Jedoch sind die Visualisierungen von Verbotshinweisen idealerweise so eindeutig und präzise interpretierbar, dass Mehrdeutigkeiten ausgeschlossen werden und somit die Intention wie gewollt rezipiert wird. Dies wird insbesondere durch die Optimierung des Inhaltsreichtums (»content richness«) der Visualisierung erreicht, die in einer schlüssigen Kombination von Warnhinweis, kurzer textlicher Erklärung und Symbolisierung des Risikos besteht (Peckham 2017).

Dass Akteure in komplexen Systemen tendenziell dazu neigen, Sicherheitsvorschriften zu übertreten, erklärt Dörner (1989, S. 51–52) lerntheoretisch: Unmittelbar erleichtert ein (folgenloser) Übertritt von Sicherheitsvorschriften das Leben, wobei dies bis zu einem gewissen Ausmaß sogar risikoarm möglich ist, weil auch Sicherheitsmaßnahmen mit Sicherheitspuffern ausgestattet sind. Damit wird diese Verletzung von Vorschriften verstärkt, was die Tendenz zum weiteren Übertreten erhöht – gleichzeitig aber die Schadenswahrscheinlichkeit. Um daher eine gewollte Verhaltenswirkung psychologisch weiter zu unterstützen, spricht die Wirtschaftsforschung in diesem Zusammenhang von niedrigschwelligen Verhaltensanstößen und hier insbesondere vom »Nudge« (Thaler/ Sunstein 2008), einem »Schubser«. Diesem liegt die Erwartung zugrunde, dass eine Verhaltenslenkung erfolgen kann, ohne die individuelle Freiheit zu stark einzuschränken (Beck 2017). Insbesondere sind Voreinstellungen, also initiale

Umfeldbedingungen, solche Schubser. Denkbar ist im Hinblick auf Verbote etwa, in einem öffentlichen Raum eine Überwachungskamera zu installieren und auf die Überwachung hinzuweisen, was dann letztlich ein stärkeres Einhalten gegebener Verbote mit sich brächte – oder, je nach Gruppe, genau das Gegenteil einer bewussten, gut sichtbaren Verbotsübertretung. Förderlich für die verhaltenssteuernde Wirkung der Schubser in die gewollte Richtung ist die Existenz sozialer Normen, die so stark sind, dass der kollektive normative Druck zur Befolgung des in diesem Kontext kommunizierten Verbots führt.

Dies leitet unmittelbar über zu den Gegenreaktionen auf Verbote. Eine mögliche Gegenreaktion ist die sogenannte Reaktanz (Brehm 1966). Sie ist eine Abwehrreaktion dem freiheitseinschränkenden Reiz gegenüber und hängt in ihrer Stärke und Ausprägung vom subjektiven Freiheitsverlust wie den Wirksamkeitserwartungen in Bezug auf den Widerstand ab. Im Zusammenhang mit Verboten stelle man sich vor, dass sich ein Empfänger über ein Verbot übermäßig aufregt, Aggressivität entwickelt und im Extremfall eigenmächtig das Verbotsschild abmontiert oder zerstört. Eine andere mögliche Gegenreaktion ist die Trotzreaktionen gemäß dem Motto »jetzt erst recht« –, festellbar etwa bei »Rasen betreten verboten«-Schildern, die gerade aufgrund des Verbots und als Akt der Selbstbehauptung zum Betreten der Grünfläche führen. Besonders wenn im Umfeld von Verbotshinweisen bereits eine Verletzung der betreffenden Verbotsnorm durch andere erkennbar ist, wenn also beispielsweise neben einem entsprechenden Verbotshinweis dennoch Graffiti die Wand beschmutzen, steigt die Tendenz, diese Norm sowie sogar weitere, ganz andere Normen zu verletzen (Keizer/Lindenberg/Steg 2011). Verbotsübertritte haben, solange die Sanktionierungswahrscheinlichkeit für den Verbotsübertritt nicht zu hoch ist, offensichtlich einen Reiz, dessen Nutzen (in Form von Spannung und Nervenkitzel) höher ist als der des verbotskonformen Verhaltens. Daher findet man auf Verbotshinweisen zur Abschreckung zum Teil bereits die Angabe der bei Verbotsübertritt zu erwartenden Strafhöhe. Ganz allgemein hängt die Verbotsbefolgung aber auch von weiteren Variablen ab wie etwa dem emotionalen Zustand, in dem sich eine Person gerade befindet (Jiamsanguanwong/Umemuro 2014).

4.   Landeskulturelle Passung der Verbotskommunikation

Die Landeskulturforschung bestimmt seit Jahrzehnten immer differenzierter, wie sich Länder in ihrer Nationalkultur von anderen Ländern unterscheiden (z. B. Hofstede 1980; Hall/Hall 1990; Hampden-Turner/Trompenaars 1993; House et al. 2004). Grundlegende Kulturdimensionen sind beispielsweise das Ausmaß an Individualismus versus Kollektivismus oder die Toleranz eines gesellschaftlichen Machtgefälles. Auch der Umgang mit Risiken ist eine kulturelle

Grundkonstante (Kluckhohn/Strodtbeck 1961; Stein 2000, S. 80–81). Sie zeigt in der unter anderem von Hofstede (1980) untersuchten Kulturdimension Unsicherheitsvermeidung: In einigen Ländern herrschen eine hohe Unsicherheitsvermeidung und damit intensives Sicherheitsstreben vor (etwa in Griechenland und Portugal), wohingegen in anderen Ländern Gefahren und Risiken unvoreingenommener begegnet wird (etwa in Dänemark und Schweden). Die Risikowahrnehmung ist offenbar ebenfalls landeskulturabhängig: So zeigt das seit 1974 fortlaufend erhobene Eurobarometer (Europäische Kommission 2017) europaweit die national unterschiedlichen Wahrnehmungen unter anderem von risikobehafteten Sachverhalten sowie die landesspezifischen Priorisierungen der jeweiligen Hauptbefürchtungen für die Zukunft. Es zeigt nicht nur, dass in verschiedenen Ländern unterschiedliche Risiken mit unterschiedlicher Intensität wahrgenommen werden – es also ein landesspezifisches Sicherheitsbedrohungsgefühl gibt –, sondern auch, dass eine Verbotskommunikation diese Unterschiedlichkeiten antizipieren und die Visualisierung entsprechend unterschiedlich gestalten müsste. In der Tat entsprechen sich landeskulturelle Konstruktion von Realität, landeskulturelle Werte und landeskulturelle Symbolsysteme, wie man an unterschiedlichen ästhetischen Codes (Gagliardi 2006) erkennt – und Ästhetik an sich hat bereits einen legitimierenden Effekt (Meyer et al. 2013, S. 529–530), der auch Verbotshinweisen Gewicht verleihen kann.

Die landeskulturell stimmige Gestaltung von Verbotsvisualisierungen kann sich zunächst in dem deutlichen Bezug auf den besonderen Landeskontext zeigen. So werden bestimmte Risiken – zum Beispiel, dass Besucher von Gotteshäusern Waffen tragen – in Israel aufgrund einer höheren Eintrittswahrscheinlichkeit eher antizipiert und in Verbotshinweisen aufgegriffen als etwa in Deutschland. Die allgemeine Risikowahrnehmung bewegt sich auf einem Kontinuum von »unterschätzt oder überreguliert« (Epp 2008) und beeinflusst unmittelbar das landestypische Verbotsverhalten. Ein weiteres Stimmigkeitskriterium ist die im Rahmen der Sicherheitskommunikation für nötig erachtete Explizitheit. Teilweise besteht in einer Kultur bereits der unausgesprochene Konsens, dass bestimmtes Verhalten verboten ist (implizites Verbot). Ein ebenfalls implizites Verbot ergibt sich, wenn der Leitsatz gilt, dass alles Nicht-Erlaubte automatisch verboten ist. Im Gegensatz hierzu bestehen explizite Verbote aus ausdrücklichen Anweisungen. Visualisierungen sind von vornherein ausdrückliche Anweisungen und damit explizite Verbote. Die landeskulturell angemessene Explizitheit lässt sich auf das vorhandene allgemeine Vorwissen zu der Sicherheitsbedrohung zurückführen (je vorinformierter, desto potenziell impliziter) und wirkt sich auf die Allgemeinverständlichkeit der Verbotsvisualisierung aus (je konktextbezogener, desto potenziell unverständlicher). Schließlich ist der absolute Warnumfang landeskulturell geprägt. So wird in einigen Ländern vor jedem Fehlverhalten einzeln gewarnt, wohingegen in Ländern wie Indien auf einer einzigen Verbotstafel schon einmal 24 Verbote zusammenkommen (Abb. 2).

Abb. 2: Indische Verbotshinweistafel (Agra, Indien, 2013); © Volker Stein

Insgesamt kann festgehalten werden, dass sich Verbotshinweise landesspezifisch gestalten lassen oder, wissenschaftssprachlich ausgedrückt, dass sie sich im Sinne einer landeskulturellen Plastizität an lokale Rezeptionsschemata anpassen (Spinillo 2012). Dies muss deren kulturübergreifende Wiedererkennbarkeit (Henderson 1995) jedoch nicht beeinträchtigen. Während sich also Details der Bildsprache landeskulturell auseinanderentwickeln können, etwa die Darstellung von Gesten, so unterliegen die visualisierten Kernelemente des Verbots zwecks internationaler Allgemeinverständlichkeit einer globalen Konvergenz. Dies gilt ähnlich für die Begleittexte, die immer häufiger zusätzlich mindestens in der *Lingua franca* Englisch ergänzt werden (Abb. 3).

Abb. 3: Zusätzliche Ergänzung japanischer Verbote durch Englisch (Kyoto, Japan, 2012); © Volker Stein

5.   Inhaltsbezogene Visualisierungsdimensionen

Aus den vorangehenden Ausführungen werden nachfolgend inhaltsbezogene Dimensionen zur Visualisierung verhaltenseinschränkender Sicherheitshinweise abgeleitet. Sie dienen der Systematisierung und haben damit einteilenden, benennenden und bestimmenden Charakter. Illustriert werden sie durch entsprechende Beispielfotos von Verbotshinweisen.

Bewusst werden die ausschließlich grafischen Gestaltungsdimensionen zu Form, Farbe, Größe, Material und Oberfläche (z. B. Klein 2008) sowie deren Wirkung bei Warn- und Verbotshinweisen (z. B. Matthews/Andronaco/Adams 2014) in diesem Beitrag aus zwei Gründen nicht berücksichtigt: Zum einen ist die initiale Aufmerksamkeitserzeugung zwar wichtig, aber sie ist nicht spezifisch für Verbotshinweise, sondern gilt für jegliches Zeichen und kann an anderer Stelle grundsätzlicher untersucht werden. Zum anderen ist die Aufmerksamkeitserzeugung zwar die Voraussetzung für die Wahrnehmung des Verbotshinweises, aber erst ab der Wahrnehmung setzt die inhaltliche Verarbeitung ein, von der die Verhaltenswirkung abhängt – und auf genau diese inhaltliche Verarbeitung zielt die Absicht des Senders ab. So sind beispielsweise im Straßenverkehr gestaltungsabhängige Kriterien wie größtmögliche Lesedistanz, augenblickliche Lesbarkeit, auffällige Positionierung des Warnhinweises im jeweiligen Umfeld, minimale Identifikationsdauer oder leichte Erlernbarkeit (Dewar 1988) besonders relevant und damit *conditio sine qua non* für die Wirkung – aber in Kontext dieses Beitrags steht die eigentliche Wirkungserzeugung beim Empfänger im Vordergrund.

5.1   Dimension »Grundtyp«

Handelt es sich um reine Verbotshinweise – und wenn ja, vom Typ »Untersagen« oder »Verbieten« – oder um eine Kombination von Verbotshinweis und Verhaltensanweisung? Abb. 4 zeigt eine Version des Untersagens von in anderen Situationen durchaus Erlaubtem (hier: verbotene Benutzung eines bestimmten Weges mit Kindern oder Koffern, wobei andere Wege durchaus mit Kindern und Koffern begangen werden können) sowie eine Version des Verbietens von überhaupt unerlaubtem Verhalten (hier: bei akuter Durchfallerkrankung das Schwimmbad zu nutzen).

Abb. 4: Unterschiedliche Grundtypen; links: Grundtyp »Untersagen« (Flughafen Brüssel, Belgien, 2014); rechts: Grundtyp »Verbieten« (Schwimmbad in Anaheim, USA, 2016); © Volker Stein

5.2 Dimension »Sendermotivation«

Besteht die Motivation des Senders, der das Verhalten einschränken will, in egoistischem Selbst-/Systemschutz (tendenziell: security) oder in altruistischer Fürsorge (tendenziell: safety)? Abb. 5 zeigt in drei Beispielen die mögliche Bandbreite auf: Im ersten Verbotshinweis will der Sender seine eigenen Interessen schützen, der zweite Verbotshinweis dient dem Schutz von Personen vor (unachtsamen) Dritten und der dritte Verbotshinweis beabsichtigt den Schutz einer Person vor sich selbst.

Abb. 5: Unterschiedliche Sendermotivation; links: egoistischer Schutz der Eigeninteressen (Schuhgeschäft, Siegen, Deutschland, 2013); Mitte: altruistischer Schutz von Personen vor Dritten (enger Fahrstuhl im Kulturpalast in Warschau, Polen, 2017); rechts: altruistischer Schutz von Personen vor sich selbst (Badeanstalt in Brisbane, Australien, 2016); © Volker Stein

5.3   Dimension »Senderlegitimation«

Ist der das Verbot aussprechende Sender zum Verbot berechtigt und erstreckt sich diese Berechtigung gegebenenfalls auch auf die Durchsetzung einer mit dem Verbot verbundenen Sanktionsandrohung? In der Regel ist bei einem Verbotshinweis der Sender unbekannt, der Empfänger versucht aber dennoch intuitiv, sich diesen zu erschließen. Während in Abb. 6 im ersten Beispiel ein Verbotshinweis einsam in einer ansonsten offenen Landschaft steht und der Empfänger sich die Verbotsmotivation nicht unmittelbar erschließen kann, wird die Legitimation des Informationsgebers im mittleren Beispiel indirekt dadurch beurteilt, dass ihm aus dem Kontext heraus technische Kompetenz zugesprochen wird – er kennt sich als Experte offenbar mit dem elektrischen System aus. Im dritten Beispiel wird die Legitimation durch einen Verweis auf eine hoheitlich erlassene Regelung wie etwa eine Verordnung oder ein Gesetz sowie auf die dort angedrohte Strafe signalisiert.

Abb. 6: Unterschiedliche Legitimation; links: niedrige zugesprochene Legitimation aufgrund fehlender Senderinformation (Landschaft, Island, 2013); Mitte: hohe zugesprochene Legitimation aufgrund technischer Kompetenz (U-Bahn Boston, USA, 2012); rechts: hohe zugesprochene Legitimation afugrund hoheitlicher Regelung (Straßenbeschilderung Anaheim, USA, 2016); © Volker Stein

5.4 Dimension »Reichweite«

Gilt das Verbot für jede Person (absolutes Verbot mit unbeschränkter Reichweite) oder aber lediglich für einen eingeschränkten Personenkreis (relatives Verbot mit eingeschränkter Reichweite)? In Abb. 7 sind ein absoluter und ein relativer Verbotshinweis dargestellt.

Abb. 7: Unterschiedliche Reichweite; links: allgemeingültiges Kletterverbot (Hauswand in Reykjavík, Island, 2013); rechts: auf Schwangere und Kranke beschränktes Verbot (Berg- und Talbahn im Freizeitpark Fraispertuis, Frankreich, 2012) ; © Volker Stein

5.5   Dimension »Lerntyp«

Soll Verhalten in Form des Single-loop-learnings oder des Double-loop-lear-
nings beeinflusst werden? Der in Abb. 8 links dargestellte Verbots- und Ver-
haltenshinweis setzt genauso wenig eine Vorinformiertheit des Adressaten voraus wie der rechts dargestellte Verbotshinweis, allerdings wird der Unterschied
zwischen der gewollten reinen Befolgung einer Anweisung durch den Empfänger
und dem gewollten Verstehen eines komplexen Systems durch den Empfänger
deutlich.

Abb. 8: Unterschiedliche Lerrntypen; links: Single-loop-learning (Verhaltensanweisung im City
Park in Brisbane, Australien, 2016); rechts: Double-loop-learning (Firstbahn in Grindelwald,
Schweiz, 2014); © Volker Stein

5.6   Dimension »Psychologischer Vertragstyp«

Welche psychologische Kommunikationsbeziehung (Erwachsenen-/Eltern-/
Kind-Ich zu Erwachsenen-/Eltern-/Kind-Ich) wird durch die Visualisierung des
Verbotshinweises konstituiert? Durch den psychologischen Vertrag ist gleich-
zeitig das Ausmaß der Freiwilligkeit des Adressaten zur Verhaltensänderung
beziehungsweise sein Ausmaß an Fremdkontrolle angesprochen – und damit
auch die Wahrscheinlichkeit, Reaktanz- oder Trotzverhalten hervorzurufen.
Abb. 9 zeigt zwei Varianten der Kommunikationsbeziehung »Eltern-Ich zu Kind-
Ich« auf, wo die »von oben herab« belehrende oder gar strafandrohende Diktion

im Vordergrund steht. In Abb. 10 wird auf Augenhöhe kommuniziert und an die Einsicht appelliert; zudem wird sich noch auf dem Verbotshinweis bedankt – dies entspricht der Kommunikationsbeziehung »Erwachsenen-Ich zu Erwachsenen-Ich«. Auf dem Schild in Abb. 11 schließlich begibt sich der Sender in die Denkwelt des (angenommenen kindlichen) Empfängers und konstituiert auf diese Weise eine Kommunikationsbeziehung »Kind-Ich zu Kind-Ich«.

Abb. 9: Eltern-Ich zu Kind-Ich-Kommunikationsbeziehungen; links: Städtischer Wald (Aachen, Deutschland, 2015); rechts: Verbotsschild am Straßenrand (Québec Ville, Kanada, 2011); © Volker Stein

Abb. 10: Erwachsenen-Ich zu Erwachsenen-Ich-Kommunikationsbeziehung (Parc Güell, Barcelona, Spanien, 2015); © Konstantin Slawinski

Abb. 11: Kind-Ich zu Kind-Ich-Kommunikationsbeziehung (Schlittelbahn, Berghaus Bort, Grindelwald, Schweiz, 2014); © Volker Stein

5.7   Dimension »Explizitheit«

Erschließt sich die angestrebte Verhaltensänderung intuitiv oder werden die Risiken explizit benannt? Die Verstehbarkeit hängt von der Explizitheit der Visualisierung ab, was besonders für nicht textsichere Personen wie Kinder oder Analphabeten von Bedeutung ist (Wogalter/Conzola/Smith-Jackson 2002, S. 223). In Abb. 12 wird zunächst die intuitive Variante gezeigt, bei der Gefahr und angemessene Reaktionsweise erschlossen werden müssen, wohingegen das zweite Beispiel die explizite Variante illustriert, bei der sowohl Gefahr als auch die angemessene Reaktionsweise bereits vorgegeben sind.

Abb. 12: Unterschiedliche Explizitheit; links: impliziter Verbotshinweis in einem Beet mit Giftpflanzen (Naumburg, Deutschland, 2017); rechts: expliziter Verbotshinweis in den Alpen (Jungfraujoch in Grindelwald, Schweiz, 2014); © Volker Stein

5.8   Dimension »Inhaltliche Komplexität«

Wird die Visualisierung des Verbots unter der Bedingung seiner Erkennbarkeit im Rahmen der symbolhaften Abbildung so weit wie möglich abstrahiert und – wenn überhaupt – zusätzlich sparsam mit weiteren Elementen wie einem textlichen Warnhinweis konsistent kombiniert, was die Komplexität der Verbotsbotschaft senkt, oder werden Abbildung detailliert ausgearbeitet und mit Ergänzungen überfrachtet, was die Komplexität der Verbotsbotschaft erhöht? In Abb. 13 steht ein extrem komplexitätsreduziertes Beispiel, also hauptsächlich das selbsterklärende Piktogramm, einem hoch komplexen Verbotshinweis, in dem alle Verbote noch einmal ausführlich erläutert werden, gegenüber.

Abb. 14 zeigt dann besonders gut, dass sich im Hinblick auf dieselbe Situation durchaus unterschiedliche Komplexitätsstufen nutzen lassen: Während im ersten Verbotshinweis die Konsequenzen einer Fütterung von Wildtieren ausführlich erklärt wird, wählt der zweite Verbotshinweis, der in geringer Entfernung vom ersten angebracht wurde, die komplexitätsreduzierte Bildsprache eines Piktogramms.

Abb. 13: Unterschiedliche Komplexität; links: extrem komplexitätsreduziert (Gullfoss-Wasserfall, Island, 2013), © Volker Stein; rechts: extrem komplex (Verkehrsbetriebe Wien, Österreich, 2016), © Tobias Scholz

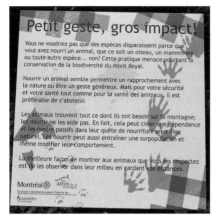 

Abb. 14: Gleicher Ort, gleiche Situation, unterschiedliche inhaltliche Komplexität – links: komplexes; rechts: komplexitätsreduziertes Verbot zum Tierefüttern (Montréal, Kanada, 2012); © Volker Stein

5.9   Dimension »Landeskontextbezug«

Werden kontextspezifische oder universelle Sicherheitsprobleme adressiert (Verbotsobjektsicht) – und werden diese speziell landeskulturspezifisch oder universell adressiert (Verbotskommunikationssicht)? Die Dimension des Landeskontextbezugs ist sehr schwierig zu fassen, weil die Vielfalt von Landeskulturen nach einer Differenziertheit der Betrachtung verlangt, die im Rahmen dieses Artikels nicht zu leisten ist.

Am einfachsten ist noch die Verbotsobjektsicht zu beurteilen. Es erschließt sich unmittelbar, dass einige Probleme vornehmlich länderspezifisch auftreten und in ihrem jeweiligen Kontext adressiert werden: das herumfahrende Pferdegespann in Peru ebenso wie die Belastung durch übermäßiges Hupen in Indien oder die Gefahr durch mitgeführte Waffen in Israel (Abb. 15).

Abb. 15: Deutlicher Landeskulturbezug in Bezug auf die Verbotsobjekte; links: Pferdegespann-Fahrverbot in Barranquilla (Kolumbien, 2016); Mitte: Hupverbot vor einem Hotel (Indien, 2013); rechts: Schusswaffenverbot in einer Kirche (Nazareth, Israel, 2011); © Volker Stein

Abb. 16 zeigt dagegen, dass es auch universelle Visualisierungen von Verbotshinweisen gibt. Dies gilt vor allem für Verbotshinweise im Straßenverkehr, bei denen die Vereinten Nationen seit vielen Jahrzehnten – bislang allerdings vergeblich – die weltweite Normierung aller Verkehrszeichen anstreben. Faktisch hat sich mittlerweile in Bezug auf einige Verbote ein weltweiter Standard herausgebildet, der sich sowohl in nationalen Normierungssystemen wiederfindet als auch international genutzt wird. Im Fall des privat adaptierten Einfahrverbots in Abb. 16 findet sich das zugrunde liegende Verkehrsschild in Deutschland beispielsweise in der DIN-Norm 4844-2.

Abb. 16: Universeller Verbotshinweis; links: private Adaption in Deutschland (Schloss Neuschwanstein, Deutschland, 2017); rechts: private Adaption in Indien (Stadtpalast in Jaipur, Indien, 2013); © Volker Stein

Schwieriger ist es, in Bezug auf die Verbotskommunikationssicht zu bestimmen, ob sie landeskulturadäquat ist. Die Komplexitätsreduktion der Piktogramme geht zu Lasten der kulturellen Passung, denn hier werden landestypische Gesten oder Mimiken so weit abstrahiert, dass ihr Wiedererkennungswert minimal ist. Auch in Bezug auf ergänzende Texthinweise lässt sich nur noch schlecht auf eine Landeskultur rückschließen: Ist etwa der explizite Dank auf dem Schild in Abb. 10 ein geschickter psychologischer Kniff oder doch eher die Anpassung an lokale Gepflogenheiten im wechselseitigen Umgang miteinander? Eher kann der Sender noch die psychologische Wirkungserwartung landeskulturell abschätzen. So würde ein Sender einen expliziten Verbotshinweis in einem Land, in dem die Kulturdimension »Individualismus« hoch ausgeprägt ist, zwar anbringen, gleichzeitig aber bereits im Vorfeld ahnen, dass die Empfänger diesen ignorieren oder aus Trotz das gegenteilige Verhalten zeigen, wohingegen in einem Land mit einer niedrigen Ausprägung von »Individualismus« der soziale Druck, Normen zu befolgen, höher sein dürfte – und damit auch die Wahrscheinlichkeit, dass das Verbot wirkt. An dieser Stelle kann festgehalten werden, dass die konkrete

Auswahl von Ausprägungen aller übrigen hier genannten Visualisierungsdimensionen grundsätzlich der landeskulturellen Filterung des Senders unterliegt.

5.10   Dimension »Dynamik«

Wird die Verbotsvisualisierung statisch gehalten oder bewusst dynamischer gestaltet? Abb. 17 vergleicht zwei Verbotshinweise, in denen vor den Konsequenzen des Verbotsübertritts gewarnt wird. Eindringlicher gegenüber dem ersten Bild mit einer durchschnittlichen Dynamik – immerhin wird der stilisierte Mensch im Verlauf des Fallens gezeigt und nicht im statischen Zustand des Gefallenseins – wirkt das zweite Bild, in dem die Dramatik des Fallens durch unkontrolliertere Bewegungen und zudem durch Schreien unterstrichen wird.

Abb. 17: Unterschiedliche Dynamik; links: durchschnittlich dynamisches Anlehnverbot (Zug, Neapel, Italien, 2016); rechts: hoch dynamisches Durchgangsverbot (Sundern, Deutschland, 2015); © Volker Stein

6.   Ergebnis

Die vorangegangene Zusammenstellung der inhaltsbezogenen Visualisierungsdimensionen von Verbotshinweisen spiegelt zunächst den in der Realität bestehenden Facettenreichtum wider, der durch die gezeigten Beispiele illustriert wird. Auch wenn einschränkend darauf hingewiesen werden muss, dass die Auswahl der Dimensionen keinen Anspruch auf Vollständigkeit erhebt und dass die gezeigten Fotobeispiele im Hinblick auf einen interkulturellen Vergleich nicht systematisch gesammelt und ausgewertet wurden: Die faszinierende Welt der Verbotshinweise lässt sich bereits mit den zehn Dimensionen differenziert betrachten. Zudem kann davon ausgegangen werden, dass die ausgewählten Visualisierungsdimensionen hoch relevant für die systematische Durchdringung ihrer Gestaltungslogik sind, weil sie aus zentralen Grundlagen sowohl der Visualisierung als auch der Verhaltenssteuerung abgeleitet wurden. Tab. 1 fasst die inhaltsbezogenen Visualisierungsdimensionen zusammen.

Dimension	Beschreibung
Grundtyp	Untersagung vs. Verbot
Sendermotivation	Egoistischer Selbst-/Systemschutz (tendenziell: security) vs. altruistische Fürsorge (tendenziell: safety)
Senderlegitimation	Ausmaß der Berechtigung zum Verbot und/oder der Durchsetzung der angedrohten Sanktion
Reichweite	Absoluter Verbotsanspruch mit unbeschränkter Reichweite vs. relativer Verbotsanspruch mit eingeschränkter Reichweite
Lerntyp	Single-loop-learning vs. Double-loop-learning
Psychologischer Vertragstyp	Kommunikationsbeziehungen Erwachsenen-/Eltern-/Kind-Ich zu Erwachsenen-/Eltern-/Kind-Ich
Explizitheit	Intuitives Erschließen der Risiken vs. explizites Benennen der Risiken
Inhaltliche Komplexität	Einfache vs. komplexe Verbotsbotschaft
Landeskontextbezug	Kontextspezifische vs. universelle Auwahl der Verbotsobjekte; kontextspezifische vs. universelle Verbotskommunikation
Dynamik	Statische vs. dynamische Darstellung

Tab. 1: Inhaltsbezogene Visualisierungsdimensionen für verhaltenseinschränkende Sicherheitshinweise im Überblick

Im Hinblick auf die Gestaltung von Verbotshinweisen sowohl für professionelle »Industrial Designer« (Chan/Chan 2011) als auch für Nichtfachleute sind daher folgende Erkenntnisse nicht komplett neu, dennoch aber einer erneuten Bewusstmachung wert:

- Ein Verbotshinweis lässt sich anhand dieser inhaltsbezogenen Visualisierungsdimensionen beurteilen. Es ergibt sich ein multidimensionales Visualisierungsprofil, das den Verbotshinweis auf allen zehn Dimensionen einordnet und damit hinsichtlich der gegebenen Gestaltung charakterisiert.
- Zwecks Optimierung der Verbotsbotschaft kann der Sender differenziert beurteilen, ob sich seine Kommunikationsabsicht bereits in der Visualisierung wiederfindet, und gegebenenfalls konkret nachsteuern. Hiermit kann er die Legitimität, Glaubwürdigkeit und Konsistenz seines Verbotshinweises erhöhen – und damit die Befolgungswahrscheinlichkeit.

- Zur Optimierung der Verhaltenswirkung kann der Sender die Rezeption des Empfängers im Vorhinein durchdenken und beispielsweise kritisch beurteilen, ob die Verbotsvisualisierung beim Empfänger zur Bewusstmachung des Risikos, zum komplexitäts- und landeskontextbezogenen Verständnis des Risikos und zum Einbezug in die sicherheitserhöhende Mitwirkung bei der Gefahrenabwehr beiträgt.
- Im Sinne einer experimentellen Kreativität können die Ausprägungen aller Visualisierungsdimensionen systematisch modifiziert werden und als Permutation den Raum der zur Verfügung stehenden Visualisierungsmöglichkeiten ausloten. Aus diesen Möglichkeiten kann ein Designer diejenige Verbotsvisualisierung heraussuchen, die den situativen Erfordernissen am besten entspricht.

Wie der Beitrag gezeigt hat, werden einige Dimensionen der Verbotsvisualisierung, etwa die Dynamik, im Hinblick auf ihre Wirkung relativ intensiv empirisch untersucht, für andere Dimensionen gibt es forschungsbezogenen Nachholbedarf. Die Forschungsergebnisse aus der »statischen Welt« scheinen allerdings nicht grundsätzlich überholt zu sein, sondern auch für die zurzeit ansteigende Erforschung technologiegestützter digitaler Visualisierung (nicht zuletzt auch von Verboten) relevant zu bleiben.

Literatur

Argyris, Chris/Schön, Donald A. (1978): Organizational Learning. Theory of Action Perspective. Reading, MA.

Barnhurst, Kevin G./Vari, Michael/Rodríguez, Ígor (2004): Mapping Visual Studies in Communication. Journal of Communication 54 (4), S. 616–644.

Beck, Hanno (2017): Ein wirkungsloser Schubser. Frankfurter Allgemeine Zeitung, 21.08. 2017, S. 16.

Berger, Peter L./Luckmann, Thomas (1966): The Social Construction of Reality. A Treatise in the Sociology of Knowledge. Garden City, NY.

Berne, Eric (1970): Spiele der Erwachsenen. Psychologie der menschlichen Beziehungen. Reinbek bei Hamburg.

Boholm, Max/Möller, Niklas/Hansson, Sven Ove (2016): The Concepts of Risk, Safety, and Security: Applications in Everyday Language. Risk Analysis: An International Journal 36 (2), S. 320–338.

Brehm, Jack W. (1966): Theory of Psychological Reactance. New York, NY.

Bundesanstalt für Arbeitsschutz und Arbeitsmedizin (2013): ASR A1.3 Sicherheits- und Gesundheitsschutzkennzeichnung. https://www.baua.de/DE/Angebote/Rechtstexte-und-Technische-Regeln/Regelwerk/ASR/pdf/ASR-A1-3.pdf;jsessionid=47242E8979A E337C5410273F4D9E0302.s2t2?__blob=publicationFile&v=7 (zuletzt abgerufen am 20.09.2017).

Calori, Chris/Vanden-Eynden, David (2015): Signage and Wayfinding Design: A Complete Guide to Creating Environmental Graphic Design Systems. 2. Aufl. Hoboken, NJ.

Chan, K. L./Chan, Alan H. S. (2011): Understanding Industrial Safety Signs: Implications for Occupational Safety Management. Industrial Management & Data Systems 111 (9), S. 1481–1510.

Cian, Luca/Krishna, Aradhna/Elder, Ryan S. (2015): A Sign of Things to Come: Behavioral Change through Dynamic Iconography. Journal of Consumer Research 41 (6), S. 1426–1446.

Coombs, W. Timothy (1999): Ongoing Crisis Communication: Planning, Managing, and Responding. 2. Aufl. Thousand Oaks, CA – London – New Delhi.

Davies, Sarah/Haines, Helen/Norris, Beverley/Wilson, John R. (1998): Safety Pictograms: Are they Getting the Message Across? Applied Ergonomics 29 (1), S. 15–23.

Dewar, Robert (1988): Criteria for the Design and Evaluation of Traffic Sign Symbols. In: Transportation Research Board (Hrsg.), Traffic Control Devices 1988. Washington, D.C., S. 1–6.

Dewar, Robert (1999): Design and Evaluation of Public Information Symbols. In: Zwaga, Harm J. G./Boersema, Theo/Hoonhout, Henriëtte C. M. (Hrsg.), Visual Information for Everyday Use. Design and Research Perspectives. London, S. 285–303.

Dörner, Dietrich (1989): Die Logik des Mißlingens. Strategisches Denken in komplexen Situationen. Reinbek bei Hamburg.

Dudenredaktion (o. J.): »verbieten; untersagen«. http://www.duden.de/suchen/dudenonline/verbieten%3B%20untersagen (zuletzt abgerufen am 20.09.2017).

Easterby, Ronald S./Hakiel, Simon R. (1981): Field Testing of Consumer Safety Signs: The Comprehension of Pictorially Presented Messages. Applied Ergonomics 12 (3), S. 143–152.

Epp, Astrid (2008): Unterschätzt oder überreguliert? Zur Wahrnehmung von Verbraucherrisiken. http://www.bfr.bund.de/cm/343/unterschaetzt_oder_ueberreguliert.pdf (zuletzt abgerufen am 20.09.2017).

Epp, Astrid/Hertel, Rolf/Böl, Gaby-Fleur (Hrsg.) (2008): Formen und Folgen behördlicher Risikokommunikation. Berlin.

Europäische Kommission (2017): Eurobarometer. http://ec.europa.eu/commfrontoffice/publicopinion/index.cfm/General/index (zuletzt abgerufen am 20.09.2017).

Ferrante, Pamela (2010): Risk & Crisis Communication. Professional Safety 55 (6), S. 38–45.

Gagliardi, Pasquale (2006): Exploring the Aesthetic Side of Organizational Life. In: Clegg, Stewart R./Hardy, Cynthia/Lawrence, Thomas B./Nord, Walter R. (Hrsg.), The SAGE Handbook of Organization Studies. 2. Aufl. Thousand Oaks, CA – London – New Delhi, S. 701–724.

Groneberg, Christoph/Rusch, Gebhard (Hrsg.) (2015): Sicherheitskommunikation. Perspektiven aus Theorie und Praxis. Münster.

Hall, Edward T./Hall, Mildred R. (1990): Understanding Cultural Differences. Keys to Success in West Germany, France, and the United States. Yarmouth, ME.

Hampden-Turner, Charles/Trompenaars, Alfons (1993): The Seven Cultures of Capitalism. Value Systems for Creating Wealth in the United States, Japan, Germany, France, Britain, Sweden, and the Netherlands. New York, NY.

Henderson, Kathryn (1995): The Political Career of a Prototype: Visual Representation in Design Engineering. Social Problems 42 (2), S. 274–299.

Hill, Charles A. (2004): The Psychology of Rhetorical Images. In: Hill, Charles A./Helmers, Maguerite (Hrsg.), Defining Visual Rhetorics. Mahwah, NJ – London, S. 25–40.

Hofstede, Geert (1980): Culture's Consequences. International Differences in Work-Related Values. Beverly Hills, CA – London – New Delhi.

House, Robert J./Hanges, Paul J./Javindan, Mansour/Dorfman, Peter W./Gupta, Vipin (Hrsg.) (2004): Culture, Leadership, and Organizations. The GLOBE Study of 62 Societies. Thousand Oaks – London – New Delhi.

Jarvenpaa, Sirkka L. (1990): Graphic Displays in Decision Making – The Visual Salience Effect. Journal of Behavioral Decision Making 3 (4), S. 247–262.

Jiamsanguanwong, Arisara/Umemuro, Hiroyuki (2014): Influence of Affective States on Comprehension and Hazard Perception of Warning Pictorals. Applied Ergonomics 45 (5), S. 1362–1366.

Keizer, Kees/Lindenberg, Siegwart/Steg, Linda (2011): The Reversal Effect of Prohibition Signs. Group Processes & Intergroup Relations 14 (5), S. 681–688.

Kendall, Robin (1998): Risk Management. Unternehmensrisiken erkennen und bewältigen. Wiesbaden.

Klein, Sascha (2008): Form und Farbe. Designbasics 2. http://www.gestaltung.hs-mannheim.de/designwiki/files/8500/form_und_farbe.pdf (zuletzt abgerufen am 20.09.2017).

Kluckhohn, Florence R./Strodtbeck, Fred L. (1961): Variations in Value Orientations. Evanston, IL – Elmsford, NY.

Kress, Gunther/van Leeuwen, Theo (1996): Reading Images. The Grammar of Visual Design. London.

Lehto, Mark R. (1991): A Proposed Conceptual Model of Human Behavior and its Implications for Design of Warnings. Perceptual and Motor Skills 73 (2), S. 595–611.

Lehto, Mark R. (1992): Designing Warning Signs and Warning Labels: Part II – Scientific Basis for Initial Guidelines. International Journal of Industrial Ergonomics 10 (1–2), S. 115–138.

Lin, Huifen/Dwyer, Francis M. (2010): The Effect of Static and Animated Visualization: A Perspective of Instructional Effectiveness and Efficiency. Educational Technology Research and Development 58 (2), S. 155–174.

Luhmann, Niklas (2010): »Nomologische Hypothesen«, funktionale Äquivalenz, Limitationalität: zum wissenschaftstheoretischen Verständnis des Funktionalismus. Soziale Systeme 16 (1), S. 3–27.

Lundgren, Regina E./McMakin, Andrea H. (2013): Risk Communication. A Handbook for Communicating Environmental Safety, and Health Risks. 5. Aufl. Hoboken, NJ.

Lurie, Nicholas H./Mason, Charlotte H. (2007): Visual Representation: Implications for Decision Making. Journal of Marketing 71 (1), S. 160–177.

Mackett-Stout, Janice/Dewar, Robert (1981): Evaluation of Symbolic Public Information Signs. Human Factors 23 (2), S. 139–151.

Matthews, Bernadette/Andronaco, Robert/Adams, Austin (2014): Warning Signs at Beaches: Do They Work? Safety Science 62, S. 312–318.

Meyer, Renate E./Höllerer, Markus A./Jancsary, Dennis/van Leeuwen, Theo (2013): The Visual Dimension in Organizing, Organization, and Organization Research: Core

Ideas, Current Developments, and Promising Avenues. The Academy of Management Annals 7 (1), S. 489–555.

Mitchell, William J. T. (1994): Picture Theory. Essays on Verbal and Visual Representation. Chicago, IL.

Obermeier, Otto-Peter (1999): Die Kunst der Risikokommunikation. Über Risiko, Kommunikation und Themenmanagement. München.

Peckham, Geoffrey (2017): Safety Signs as Risk Communication. Professional Safety 62 (1), S. 26–27.

Pieters, Wolter (2011): The (Social) Construction of Information Security. Information Society 27 (5), S. 326–335.

Rayo, Michael F./Kowalczyk, Nina/Liston, Beth W./Sanders, Elizabeth B.-N./White, Susan/ Patterson, Emily S. (2015): Comparing the Effectiveness of Alerts and Dynamically Annotated Visualizations (DAVs) in Improving Clinical Decision Making. Human Factors 57 (6), S. 1002–1014.

Rousseau, Denise M. (1995): Psychological Contracts in Organizations: Understanding Written and Unwritten Agreements. Thousand Oaks, CA – London – New Delhi.

Rousseau, Gabriel K./Lamson, Nina/Rogers, Wendy A. (1998): Designing Warnings to Compensate for Age-Related Changes in Perceptual and Cognitive Abilities. Psychology & Marketing 15 (7), S. 643–662.

Schulz von Thun, Friedemann (1981): Miteinander reden 1 – Störungen und Klärungen. Allgemeine Psychologie der Kommunikation. Reinbek bei Hamburg.

Schulz, Matthias (2003): Sicherheitshinweise richtig formulieren und gestalten: Ein Leitfaden für die Praxis des technischen Redakteurs. 5. Aufl. Schenkenzell.

Scott, Linda M./Rajeev, Batra (Hrsg.) (2003): Persuasive Imagery. A Consumer Response Perspective. Mahwah, NJ.

Seeger, Matthew W. (2006): Best Practices in Crisis Communication: An Expert Panel Process. Journal of Applied Communication Research 34 (3), S. 232–244.

Smillie, Laura/Blissett, A. (2010): A Model for Developing Risk Communication Strategy. Journal of Risk Research 13 (1), S. 115–134.

Spinillo, Carla G. (2012): Graphic and Cultural Aspects of Pictograms: An Information Ergonomics Viewpoint. Work 41 (Supplement), S. 3398–3403.

Stamper, Ronald (1996): Signs, Information, Norms and Systems. In: Holmqvist, Berit/ Andersen, Peter B./Klein, Heinz/Posner, Roland (Hrsg.), Signs of Work. Semiosis and Information Processing in Organisations. Hawthorne, NJ, S. 349–398.

Stein, Volker (2000): Emergentes Organisationswachstum: Eine systemtheoretische »Rationalisierung«. München – Mering.

Thaler, Richard H./Sunstein, Cass R. (2008): Nudge: Improving Decisions about Health, Wealth, and Happiness. New Haven, CT.

Watzlawick, Paul/Beavin, Janet B./Jackson, Don D. (1967): Pragmatics of Human Communication. A Study of Interactional Patterns, Pathologies, and Paradoxes. New York, NY.

Wogalter, Michael S. (Hrsg.) (2006): Handbook of Warning. Mahwah, NJ – London.

Wogalter, Michael S./Conzola, Vincent C./Smith-Jackson, Tonya L. (2002): Research-Based Guidelines for Warning Design and Evaluation. Applied Ergonomics 33 (3), S. 219–230.

Yantis, Steven (Hrsg.) (2001): Visual Perception: Essential Readings. Philadelphia, PA – Hove.

Jürgen Jensen[*]

Wie sicher ist sicher? oder: Was ist die angemessene Sicherheit für Bauwerke?

Vorwort

Die Begriffe »Sicherheit« und »Risiko« sind in unserer Gesellschaft und in verschiedenen Fachdisziplinen sehr unterschiedlich definiert und es bestehen große Missverständnisse zwischen den theoretischen beziehungsweise den statistischen/wahrscheinlichkeitstheoretischen (probabilistischen) Aussagen und derer ingenieurwissenschaftlichen und gesellschaftlichen Interpretation; dies gilt insbesondere für die Sicherheit von Bauwerken und technischen Anlagen.

Der Verfasser befasst sich seit mehr als drei Jahrzehnten mit der Einwirkung von Naturkatastrophen oder Extremereignissen auf Bauwerke und der möglichen Überlastung von Schutzbauwerken wie zum Beispiel Dämmen und Deichen durch Hochwasser sowie deren Folgen und dem davon ausgehenden Schadenspotenzial.

In diesem Beitrag werden aus ingenieurwissenschaftlicher Sicht die Fragen »Wie sicher ist sicher?« und »Was ist die angemessene Sicherheit für Ingenieurbauwerke?« diskutiert und zumindest in Teilen beantwortet werden. Dem Verfasser ist dabei bewusst, dass die komplexen Bemessungskonzepte des konstruktiven Ingenieurbaus und die statistischen oder wahrscheinlichkeitstheoretischen Zusammenhänge zum Teil dabei sehr vereinfacht und verkürzt werden.

> »Sicher ist, dass nichts sicher ist. Selbst das nicht.« (Joachim Ringelnatz)
> oder (innere Logik):
> »Wenn nicht sicher ist, dass nichts sicher ist, dann ist alles sicher!«

---

[*] Univ.-Prof. Dr.-Ing. Jürgen Jensen, Universität Siegen, Fakultät IV (Naturwissenschaftlich-Technische Fakultät), Lehrstuhl für Hydromechanik, Binnen- und Küstenwasserbau.

1.   Einleitung

Ausgangspunkt vieler Überlegungen zur Sicherheit von Ingenieurbauwerken ist die Frage: Wie sicher sollen Bauwerke sein? Die wünschenswerte Antwort darauf lautet: Die Bauwerke sollten absolut sicher sein! Die finanziellen und manchmal auch technischen Restriktionen lehren uns jedoch, dass dies nicht möglich ist. Auch wenn viele Bauwerke, insbesondere kritische Infrastrukturen, auf Belastungen aus Natureinwirkungen beziehungsweise sogar »normale« Naturkatastrophen wie Hochwasser oder Erdbeben bemessen werden, können (fast) immer extrem seltene Ereignisse beziehungsweise Naturkatastrophen auftreten, die zu einem Versagen der Bauwerke führen können. Durch terroristische Einwirkungen ist die Vulnerabilität der Gesellschaft in den letzten Jahren deutlicher geworden und die gefühlte Sicherheit hat entsprechend abgenommen. Die Terrorattentate haben deutlich gezeigt, dass eine sichere Bemessung von Bauwerken auf derartige Einwirkungen nicht möglich ist.

Wenn also keine absolute Sicherheit gewährleistet werden kann, ist die daraus abzuleitende Frage: Welches Sicherheitsniveau ist technisch und finanziell darstellbar und trägt gleichzeitig dem Sicherheitsbedürfnis der Bevölkerung in ausreichendem Maße Rechnung?

Bauwerke werden entsprechend der einschlägigen Regelwerke (z. B. DIN-Normen, Eurocodes) mit Sicherheitszuschlägen bemessen und beinhalten darüber hinaus häufig konstruktive Überbemessungen als Sicherheitsreserven, sodass grundsätzlich davon ausgegangen werden kann, dass die bauliche Sicherheit sehr hoch ist. Auch wenn manche Bauwerke, wie zum Beispiel Küstenschutzdeiche, mit Nutzungsdauern von 100 und mehr Jahren geplant wurden, wird nach den aktuellen Regelwerken bei Gebäuden und Ingenieurbauwerken von einer Nutzungsdauer von etwa 50 (Gebäude und andere gewöhnliche Tragwerke) bis 100 Jahren (monumentale Gebäude, Brücken und andere Ingenieurbauwerke) ausgegangen (DIN EN 1990, 2002). Für einzelne Komponenten oder technische Ausrüstung ist die Nutzungsdauer deutlich kürzer. Die relativ kurze Nutzungs- oder Lebensdauer von Bauwerken ist mit Blick auf die wunderbaren Monumentalbauwerke des Altertums, wie Tempelanlagen (z. B. Göbekli Tepe, ab ca. 9.600 v. Chr.), die Pyramiden von Gizeh (z. B. die Cheops-Pyramide, erbaut 2.620 bis 2.580 v. Chr.), das römische Aquädukt Pont du Gard (Abb. 1) in Frankreich (gebaut um Christi Geburt) und den Petersdom in Rom (Baubeginn 1506) schon sehr erstaunlich.

Auch wenn Bauwerke und -materialien einer Alterung unterliegen, bleibt entsprechend den aktuellen Regelwerken die einmal hergestellte Sicherheit beziehungsweise die einmal hergestellte Tragfähigkeit des Bauwerks über die Nutzungsdauer aufgrund regelmäßiger Überprüfungen und Unterhaltungsmaßnahmen dennoch nahezu konstant. Voraussetzung hierfür ist jedoch, dass

Abb. 1: Pont du Gard, Aquädukt nach Nîmes, Höhe 49 m, Bauzeit 1. Jh. v. oder n. Chr. Foto: Mimova. https://de.wikipedia.org/wiki/Pont_du_Gard#/media/File:Pontdugard.jpg (Public domain; abgerufen am 15.08.2017)

die in der Theorie vorgesehenen Überprüfungen und Unterhaltungsmaßnahmen in der Praxis auch tatsächlich durchgeführt werden.

In den vergangenen Jahren sind vielfach in den Medien (Teil)Sperrungen von Brücken aufgrund von Sicherheitsbedenken oder Schäden aufbereitet worden (Abb. 2). Dazu ist festzustellen, dass diese Brücken nach einer Nutzungsdauer von etwa 40 Jahren nicht per se falsch bemessen wurden. Zu prüfen wäre, ob sich Änderungen gegenüber der ursprünglichen Bemessung durch größere Belastungen über die Nutzungsdauer, z. B. durch schwerere LKWs oder Einwirkungen von Streusalz, ergeben haben. Diese Brücken wurden vermutlich korrekt bemessen, nur die Randbedingungen haben sich während der Nutzung verändert und damit die Nutzungszeit de facto reduziert. Dazu ist anzumerken, dass durch ein Monitoring, regelmäßige Überprüfung, entsprechende Unterhaltung und gegebenenfalls rechtzeitige Sanierung dieser Brücken die Nutzungsdauer, vermutlich auch ohne Sperrungen, hätte verlängert werden können.

Von der Überlastung beziehungsweise dem Versagen von Bauwerken gehen sehr unterschiedliche Gefährdungen für Betroffene aus. Das Versagen von Einzelkomponenten von Infrastrukturbauwerken oder von Wohngebäuden muss nicht zwangsläufig Menschenleben gefährden. Die Überlastung von Deichen, die Atomkraftwerke gegen Hochwasser schützen, kann hingegen katastrophale

Abb. 2: Sperranlage vor der Rheinbrücke Leverkusen an der A1 zur 3,5 t-Gewichtsbeschränkung auf Leverkusener Seite, © Raimond Spekking / CC BY-SA 4.0 (Wikimedia Commons: (https://commons.wikimedia.org/wiki/File:Rheinbrücke_Leverkusen_-_Sperranlagen_A1_zur_3,5_t-Gewichtsbeschränkung-4271.jpg), https://creativecommons.org/licenses/by-sa/4.0/legalcode)

Folgen für die Bevölkerung und sehr große materielle und immaterielle Schäden verursachen.

Durch den Bau von Schutzbauwerken wie Deichen an der Küste oder Dämmen an Flüssen entstehen neue Risiken; erst durch die Besiedlung und Nutzung dieser »geschützten« Bereiche entstehen neue Überflutungsrisiken und damit potenzielle Schäden (Seifert 2012).

2.   (Bau)Geschichtlicher Exkurs

Seit frühester Zeit haben sich Menschen mit dem Bauen und damit auch zwangsläufig mit der Sicherheit der Bauwerke befasst. So gehören Bauten für die Daseinsvorsorge sowie zur Wassernutzung und zum Schutz gegen Hochwasser zu den ältesten technischen Bauwerken der Menschheit. Ausgedehnte Hochwasserschutzmaßnahmen und Bewässerungssysteme waren die Grundlagen der ersten geschichtlichen Hochkulturen in den Tälern des Nils, des Euphrats und Tigris, des Indos sowie des Hoang-Hos. Die großen Städte des Altertums hatten eine hervorragende Wasserversorgung, meist verbunden mit bemerkenswerten Abwassersystemen. Wie in den ersten Anfängen der Geschichte des sesshaften Menschen, so ist auch heute die wasserwirtschaftliche Infrastruktur eine der wesentlichen Grundlagen der Zivilisation.

Die Geschichte des Bauens kann in die Epochen der Naturmythologie, der Naturphilosophie und der Naturwissenschaften getrennt werden. In der Zeit der Naturmythologie (5.000 bis 4.000 v. Chr.), in der Naturvorgänge (Sturm, Gewitter, Regen) und Naturgebilde (Mond, Sonne, Meer, Quellen) durch Gestalten (Götter, Dämonen) personifiziert wurden, sind die ersten großen Städte entstanden. 600 v. Chr. begann die Epoche der naturphilosophischen Erwägung, die Zeit der bedeutendsten Zäsur der Geschichte; Natur wurde in ihrer Gesamtheit mit logischen Denkprozessen erfasst. Griechische Naturphilosophen, wie Thales oder Aristoteles, versuchten den hydrologischen Wasserkreislauf in Gedanken, Hypothesen und Spekulationen zu verstehen. Damit waren ein Aufschwung von »Wissenschaft und Technik« und die Erklärung der vielfältigen Naturphänomene, insbesondere durch die Römer, verbunden. Etwa 1500 n. Chr. setzte die Zeit der naturwissenschaftlichen Betrachtungsweise ein. In der Mitte des 14. Jahrhunderts bahnte sich eine grundlegende Wende in der geistigen Entwicklung an und die Naturwissenschaften traten an die Stelle der Naturphilosophie, das heißt eine Entwicklung zu einer analytischen Beobachtung der Natur, ergänzt durch Messungen und zum Teil auch Experimente. Das reine Denken und Deuten, mit oft nur begrenztem Bezug zur Realität, wurde durch Wissen und Beweisen ersetzt. Der Fortschritt vollzog sich dabei zunächst weitgehend auf empirischem Weg, da schwierige physikalische Zusammenhänge noch nicht verstanden wurden und mathematisch-analytische Verfahren noch nicht entwickelt waren.

Leonardo da Vinci (1452–1519) ist der wohl bedeutendste Exponent dieser Zeit, ein Genie, dessen Leistungen als Künstler, Wissenschaftler und Ingenieur weit über seine Zeit hinausragen. Als Ingenieur vollzog er als Erster den Übergang vom weitgehend handwerklichen, empirischen Bauen zum bewussten, wissenschaftlich fundierten Konstruieren, das dann Jahrhunderte später die Grundlage moderner Technik wurde. Auf Leonardo da Vinci geht die Verbindung zwischen Erfahrung und Beobachtung (Praxis) einerseits und den grundlegenden Naturgesetzen (Theorie) andererseits zurück. Er war Wegbereiter für die nach ihm einsetzende wissenschaftliche Forschung (Garbrecht 1983).

Die großen Baumeister dieser Zeit wie zum Beispiel Michelangelo (1475–1564, Erbauer des Petersdoms in Rom) schufen bedeutende Bauwerke, die langlebig und auch »sicher« waren, allerdings beruhten diese Bauwerke auf empirischen beziehungsweise erfahrungsorientierten Ansätzen. Auch Hochwasserschutzbauwerke wie Deiche an der Nord- und Ostseeküste oder Flussdeiche im Binnenland wurden bis in das 20. Jahrhundert rein empirisch bemessen. Wenn Deiche überströmt wurden und es zu Überflutungen kam, wurden die Deiche anschließend wieder höher aufgebaut, bis sie bei einem der folgenden Hochwasser wieder zerstört und dann wieder verstärkt wurden (Trial and Error!).

3.   Bauliche Sicherheit – absolut oder relativ?

Jedes Bauwerk, das durch Natureinwirkungen oder andere Einwirkungen belastet wird, ist überlastbar und damit auch zerstörbar. So wird eine Brücke, die für eine bestimmte Belastung korrekt geplant, konstruiert (= Bemessung) und gebaut wurde, bei bestimmten Überlastungen geschädigt beziehungsweise zerstört. Bei allen technischen Bauwerken ist also das Versagen der Konstruktion möglich.

Das Erreichen oder auch Überschreiten eines Bemessungsereignisses bedeutet allerdings nicht zwangsläufig das Versagen des Bauwerks. Der Versagensprozess ist zum Beispiel aufgrund der nicht exakt definierbaren Materialeigenschaften mit Unsicherheiten behaftet, weiterhin sind methodische Unsicherheiten zu berücksichtigen und die zum Teil sehr komplexen Versagensprozesse sind oftmals nur unzureichend zu beschreiben. Diese Unsicherheiten führen interessanterweise zu Sicherheiten oder genauer zu Sicherheitszuschlägen bei dem Bemessungsprozess.

Die richtige oder sichere Bemessung hat dabei unter anderem eine wirtschaftliche und eine soziale Komponente. Dabei bestehen sehr unterschiedliche Auffassungen hinsichtlich der Definition oder des Maßes der Sicherheit. Bauwerke, die beschädigt oder zerstört werden, gelten häufig als falsch bemessen und Bauwerke, die bei Belastung nicht beschädigt werden, gelten häufig als überbemessen! Die richtige, beziehungsweise sichere und wirtschaftliche Bemessung ist ein schmaler Grat. Die Sicherheit von Bauwerken hat neben konstruktiven oder technischen Aspekten auch viele subjektive Aspekte und ist nur eingeschränkt zu objektivieren.

Das Risiko einer Beschädigung/Zerstörung von Bauwerken und technischen Anlagen besteht immer, eine absolute Sicherheit gibt es nicht! Eine absolute oder 100 %ige Sicherheit von Bauwerken gegen Natureinwirkungen oder andere extreme Belastungen beziehungsweise Überlastungen ist weder technisch noch wirtschaftlich herstellbar. Die Sicherheit ist in Abhängigkeit der Randbedingungen, wie zum Beispiel potenzielle Folgeschäden, außergewöhnliche Belastungen usw., zu relativieren. Bauwerke sollten aber bis zum Erreichen des Bemessungsereignisses sicher bemessen, das heißt gebrauchs- und verkehrstauglich, also in jedem Fall tragfähig sein.

4.   Von der Sicherheit zum Risiko

Das Risiko beziehungsweise die Gefahr hängt grundsätzlich vom Zufall ab und wird in verschiedenen wissenschaftlichen Disziplinen unterschiedlich definiert. Gemeinsam ist die Beschreibung des Risikos als Ereignis mit möglicher negativer (Gefahr) oder positiver (Chance) Auswirkung. Eine Gefahr besteht, wenn eine Sachlage (z. B. Hochwasser) eine schädliche Wirkung haben kann. Weiterhin ist die Exposition zu beachten, also wie sehr eine Person oder ein Gegenstand der Gefahr ausgesetzt ist (Abb. 3): Ein Hochwasser am Rhein ist für eine Person in Siegen vergleichsweise ungefährlich. Ein Risiko besteht nur dann, wenn eine Gefahr und die Exposition gemeinsam auftreten. Das Risiko drückt die Eintrittshäufigkeit (bezogen auf eine Stichprobe) oder Eintrittswahrscheinlichkeit (bezogen auf die Grundgesamtheit) aus, mit der eine betrachtete Person oder ein betrachteter Gegenstand auf eine Gefahr stößt.

Abb. 3: Risiko als Resultat der Interaktion von Gefährdung und Vulnerabilität, verändert nach Grünewald et al. (2003) und Müller (2010)

Die Akzeptanz eines Risikos ist in der modernen Gesellschaft allerdings sehr unterschiedlich ausgeprägt; so werden jährlich Tausende von Toten im Straßenverkehr als »notwendiges Übel« akzeptiert, aber Tote infolge eines Hochwassers sind in unserer Gesellschaft nahezu inakzeptabel.

Das Schadensausmaß kann etwa bei Sachschäden monetär (z. B. in Euro) ausgedrückt werden, weshalb entsprechende Schäden auch als tangible Schäden bezeichnet werden. Es kann sich aber auch um befürchtete Tote und Betroffene oder Schäden an Kulturgütern handeln, welche monetär nur sehr schwer beschrieben werden können. Solche potenziellen Schäden werden daher auch als intangible Schäden bezeichnet (Merz 2006).

In den Natur- und Ingenieurwissenschaften wird mit dem Begriff »Risiko« die Wahrscheinlichkeit des Eintretens eines Schadens beschrieben; das Risiko wird damit objektiviert und kann quantifiziert werden.

Mit der ursprünglich in der Versicherungswirtschaft entwickelten Risiko-formel:

$$R = P * S_E$$

(Risiko = Eintrittswahrscheinlichkeit für ein bestimmtes Ereignis P * Scha-denserwartung S_E) kann so ein Maß für das Risiko angegeben werden. Es handelt sich hierbei um einen probabilistischen Ansatz, mit dem versucht wird, den Erwartungswert eines Schadens zu beziffern. So wird beim Hochwasser- und Küstenschutz das Risiko definiert als das Produkt aus der Versagenswahr-scheinlichkeit von Schutzanlagen (Dämme und Deiche) und dem Schadenspo-tenzial im Überflutungsgebiet, das meint die materiellen Schäden, aber auch den schwer quantifizierbaren Verlust an Menschenleben. Entsprechende methodi-sche Ansätze liegen zur Abschätzung von Hochwasserrisiken beziehungsweise Hochwasserschadenserwartungen vor und könnten auch auf andere Bereiche übertragen werden. Fachspezifisch ist dieser Ansatz in der EU-Hochwasser-managementrichtlinie (EU 2007) geregelt, welche durch das Wasserhaushalts-gesetz (WHG) (BMU WHG 2009) in nationales Recht umgesetzt wurde.

Die Risikobewertung ist damit eine Überprüfung, ob berechnete Risiken über oder unter festgelegten Schutzzielen liegen. Die Schutzziele sind wert- und zeitvariabel und werden den aktuell gegebenen Ansprüchen der Gesellschaft sowie demographischen, wirtschaftlichen, finanziellen und technischen Mög-lichkeiten angepasst (Ammann 2004).

Die Anwendung des objektiven, probabilistischen Risikobegriffs hat bei ex-tremen Ereignissen (z. B. bei extrem seltenen Naturkatastrophen) jedoch Grenzen: »Der probabilistische Risikoansatz ist im Grunde nur dann sinnvoll anwendbar, wenn sowohl die Wahrscheinlichkeit als auch das Ausmaß des Schadens empirisch bestimmt werden können« (Dikau 2008).

Der Umgang mit Naturgefahren oder die Beherrschung der Risiken sollte grundsätzlich ein Risikomanagement zur Risikominderung sowie ein Kata-strophenmanagement einschließlich Evakuierungsmaßnahmen beinhalten (Oumeraci et al. 2012).

5.   Bemessung und Sicherheit von Bauwerken

Die Bemessung eines Bauwerks und die Sicherheit dieses Bauwerks über eine Nutzungsdauer sind getrennt voneinander zu betrachten. Die technisch richtige beziehungsweise »sichere« Bemessung eines Bauwerks für ein bestimmtes Be-messungsereignis beziehungsweise einen -lastfall ist von der anschließenden Nutzung des Bauwerks und damit dem Unterschreiten oder Erreichen oder dem

Überschreiten des Bemessungsereignisses zu separieren, das heißt das Bauwerk ist »sicher« oder »nicht sicher« bemessen. Daraus folgt, dass ein technisch richtig bemessenes Bauwerk im Laufe der Nutzungszeit durchaus »unsicher« hinsichtlich einer möglichen Überlastung werden kann. Dieser Zusammenhang geht leider bei vielen Diskussionen zur Sicherheit von Bauwerken verloren. Für die weiteren Betrachtungen wird die korrekte technische Bemessung vorausgesetzt, die Versagensprozesse bei einer Überlastung des Bauwerks werden nicht weiter thematisiert.

Für die Sicherheit von Bauwerken über die Nutzungsdauer ist zwischen dem Erreichen oder Überschreiten einer Bemessungsgröße und dem Versagen des Bauwerks oder einzelner Komponenten zu unterscheiden. Im Allgemeinen tritt ein Versagen eines Bauwerks ein, wenn die Belastungen (engl.: stress) den Widerstand (engl.: resistance) eines Bauwerks überschreiten. Ausgedrückt wird dieser Zusammenhang über die sogenannten Grenzzustandsgleichungen Z (engl.: limit state function) (vgl. z. B. Schneider, 1996; Mai 2004), die erklärt sind als $Z = R - S$. Demnach ist der Versagensfall als $Z < 0$ definiert. Entsprechend kann ein Bauwerk als zuverlässig angesehen werden, wenn $Z > 0$. Der Grenzzustand ist bei $Z = 0$ erreicht. Daraus resultiert die Versagenswahrscheinlichkeit P_f des Bauwerkes (engl.: probability of failure) zu $P_f = P (Z < 0)$ (vgl. auch Mudersbach/Jensen 2008). Die Berechnung der Versagenswahrscheinlichkeit P_f eines Bauwerks wird in Plate (1993) auch als Zuverlässigkeitsanalyse bezeichnet. Mit der Zuverlässigkeit ist dabei das Komplement des Versagens zu verstehen. Ein Bauwerk mit einer ermittelten Versagenswahrscheinlichkeit von 1 % ist also zu 99 % zuverlässig. Wichtig in Bezug auf die Sicherheit ist nochmals festzustellen, dass das Erreichen oder Überschreiten der Bemessungsgrößen nicht zwangsläufig zum Versagen des Bauwerks führt.

In vielen Bereichen der Bautechnik sind erst im letzten Jahrhundert oder zum Teil erst in den letzten Jahrzenten physikalisch basierte deterministische Bemessungsansätze entwickelt und etabliert worden. Im Ingenieurwesen bezeichnet man die Ermittlung von relevanten Größen als Bemessung oder Dimensionierung. Die Kriterien können auf Erfahrungswerten beruhen, physikalische Gesetzmäßigkeiten berücksichtigen oder auf gesetzlichen Vorgaben basieren. Regelmäßig sind die Bemessungsgrundlagen und -verfahren im technischen Regelwerk und den nationalen und internationalen Normen niedergelegt. Grundlage der Bemessung sind die Anforderungen, die an das zu bemessende Bauwerk gestellt werden. Ziel der Bemessung ist es, anhand einer Methodik oder Verfahrensweise die notwendige und optimale Größe oder Belastbarkeit eines Bauteils festzustellen. Dabei ist auch die Wirtschaftlichkeit der Konstruktion beziehungsweise die kosteneffiziente Bemessung des Bauwerks ein wichtiger Aspekt. Die Bemessung wird zu Prüfzwecken (soweit erforderlich) schriftlich dokumentiert.

Heute sind neben den deterministischen auch wahrscheinlichkeitstheoretische (probabilistische) Bemessungsverfahren üblich. Das aktuell im konstruktiven Ingenieurbau bevorzugte Teilsicherheitskonzept basiert auf probabilistischen Ansätzen und ist ein Konzept für die Standsicherheitsberechnung von Bauwerken und ein Ergebnis der europäischen Normung für das Bauwesen. Für eine wirtschaftliche Bemessung von Schutzbauwerken ist eine solche integrierte Risikoanalyse (Müller 2010) anzustreben, mit der das Risiko des Versagens oder die Sicherheit gegen Überlastung des Bauwerks und alle daraus folgenden potenziellen Schäden relativ exakt quantifiziert werden können.

6.   Bauliche Sicherheit als statistische Größe

Mit der Statistik beziehungsweise der Wahrscheinlichkeitslehre oder Probabilistik lässt sich die Eintrittswahrscheinlichkeit aller möglichen und entsprechend auch aller nahezu unmöglichen Ereignisse berechnen, zum Beispiel für einen »Sechser« im Lotto oder ein »10:2«-Ergebnis in der Bundesliga an einem beliebigen Spieltag.

Für ingenieurpraktische Aufgaben, zum Beispiel die Bemessung von Bauwerken, aber auch in der Forschung, sind statistische und probabilistische Aussagen zur Eintrittswahrscheinlichkeit von Extremereignissen beziehungsweise das Risiko/der Sicherheit des Auftretens oder Nichtauftretens bestimmter Ereignisse von größter Bedeutung und wesentliche Grundlage vieler Fragestellungen. Bauwerke sind im Allgemeinen auf Bemessungsereignisse oder »Extremereignisse« zu bemessen, dabei steht häufig die Eintrittswahrscheinlichkeit beziehungsweise der mittlere zeitliche Abstand zwischen zwei Ereignissen (Wiederkehrzeit oder -intervall) im Vordergrund.

In der Statistik und speziell der Wahrscheinlichkeitslehre wird aus der beobachteten Häufigkeit innerhalb einer Stichprobe auf die sogenannte abstrakte Wahrscheinlichkeit der Grundgesamtheit geschlossen (Poisson 1841). Die Ermittlung einer solchen Wahrscheinlichkeit für das Auftreten oder Nichtauftreten eines Ereignisses setzt ein Kollektiv voraus, das heißt einen Wiederholungsvorgang beziehungsweise eine Folge von Einzelereignissen, bei der die Vermutung berechtigt erscheint, dass die relative Häufigkeit innerhalb der Stichprobe einem Grenzwert für die Grundgesamtheit zustrebt (von Mises 1972). Dieser Wiederholungsvorgang entspricht dem klassischen stationären Poisson-Prozess; das heißt Instationaritäten wie zum Beispiel die Folgen des Klimawandels sind dabei nicht berücksichtigt.

Die Eintrittshäufigkeit bezeichnet die Häufigkeit, mit der ein Ereignis innerhalb eines bestimmten Zeitintervalls (Kollektiv oder Stichprobe) eintritt. So bedeuten beispielsweise 0,01 Ereignisse pro Jahr, dass im Mittel ein Schadensereignis einmal in 100 Jahren beobachtet worden ist. Es sollte allerdings eine genügend große Zahl von Beobachtungen vorliegen. Mit der deskriptiven Statistik erfolgt dann die Übertragung der Ergebnisse der Stichprobe auf die (unendliche) Grundgesamtheit (Jensen 1985).

Die als Unterschreitungswahrscheinlichkeit P_U bezeichnete Wahrscheinlichkeit, dass das Bemessungsereignis nicht auftritt, wird oft auch als Zuverlässigkeit oder eben als Sicherheit beschrieben.

Bei der Verwendung von jährlichen Maximalwerten beträgt die Wahrscheinlichkeit P dafür, dass ein Ereignis mit einem Wiederkehrintervall von T Jahren in einem beliebigen Jahr erreicht oder überschritten wird:

$$P_Ü = 1/T$$

und dass es unterschritten wird:

$$P_U = 1 - 1/T$$

Das Wiederkehrintervall T ergibt sich entsprechend zu:

$$T = 1/(1 - P_U)$$

Für ein Hochwasser mit dem Wiederkehrintervall T = 100 Jahren ergibt sich eine jährliche statistische Eintrittswahrscheinlichkeit von $P_Ü = 0,01$ (bzw. $P_U <= 0,99$). Im Mittel beträgt die Zeit zwischen zwei 100-jährlichen Ereignissen damit statistisch genau 100 Jahre. Allerdings kann in einem Zeitraum von 100 Jahren das 100-jährliche Ereignis – statistisch betrachtet – einmal, keinmal, aber auch mehrmals auftreten.

Für die Sicherheit von Bauwerken kann nun diese Überschreitungswahrscheinlichkeit oder die Unterschreitungswahrscheinlichkeit (auch als ein Maß für die Sicherheit zu verstehen) mit dem Wiederkehrintervall T als Orientierung für die Bemessung von Bauwerken genutzt werden. Beispielhaft werden in der DIN 19712 (2013) »Hochwasserschutzanlagen an Fließgewässern« über die Schadenspotenziale bei Überflutungen unter Berücksichtigung der Schutzbedürftigkeit des Hinterlandes und der Wirtschaftlichkeit, aber auch mit Blick auf die Beeinflussung von Natur und Landschaft sowie den Städtebau, die vorzugebenden Schutzziele und die zugeordneten Überschreitungswahrscheinlichkeiten $P_Ü$ sowie das sich daraus ergebende Wiederkehrintervall T geregelt.

In Tab. 1 sind nach DIN 19712 (2013) Anhaltswerte für die Wahl des Schutzzieles in Form des maßgebenden mittleren Wiederkehrintervalls T angegeben. Dabei sind in die Ermittlung der Bemessungshochwasserdurchflüsse auch absehbare Veränderungen des Niederschlags-Abfluss-Verhaltens im Einzugsgebiet einzubeziehen (z. B. Verdunstung, Versickerung, Klima, geplante wasserbauliche Maßnahmen).

Objektkategorie	Schadenspotenzial	Anhaltswerte für das maßgebende mittlere statistische Wiederkehrintervall T^a in Jahren
Sonderobjekte mit außergewöhnlichen Konsequenzen im Hochwasserfall	Hoch	Im Einzelfall zu bestimmen.[b]
Geschlossene Siedlungen	Hoch	etwa 100[b]
Industrieanlagen	Hoch	etwa 100[b]
Überregionale Infrastrukturanlagen	Hoch	etwa 50 bis 100
Einzelgebäude, nicht dauerhaft bewohnte Siedlungen	Mittel	etwa 25
Regionale Infrastrukturanlagen	Mittel	etwa 25
Landwirtschaftlich genutzte Flächen[c]	Gering	bis 5
Naturlandschaften	Gering	–

a Die jährliche Eintrittswahrscheinlichkeit entspricht dem reziproken Wert des Wiederkehrintervalls.
b In der Praxis sind auch Wiederkehrintervalle bis zu 500 Jahren begründbar und bereits umgesetzt worden.
c In der Regel wird eine der Situation angepasste Landwirtschaft betrieben.

Tab. 1: Objektkategorien und mögliche Zuordnung von Schadenspotenzialen sowie Anhaltswerte für das Wiederkehrintervall T, verändert nach DIN 19712 (2013)

Mit diesen Anhaltswerten nach Tab. 1 für die anzusetzenden Wiederkehrintervalle T für verschiedene Objektkategorien und dem jeweils zugeordneten Schadenspotenzial wird die Bemessung und damit die Sicherheit von Bauwerken objektiviert. Für vergleichbare Bemessungsaufgaben, zum Beispiel die Bemessung überregionaler Infrastrukturanlagen mit hohem Schadenspotenzial, ergeben sich dann vergleichbare statistische Sicherheiten.

Diese Vorgehensweise ist auf die Bemessung von Bauwerken, die durch hydrologische, meteorologische sowie geophysikalische Einwirkungen (insbesondere Hochwasser, Starkregen, Wind und Erdbeben) belastet werden, übertragbar. Diese Methodik kann aber gleichermaßen für Bemessungsaufgaben im konstruktiven Ingenieurbau genutzt werden.

7.   Bauliche Sicherheit in Abhängigkeit der Nutzungsdauer

Die Sicherheit und Bemessung von Bauwerken ist nicht nur von den möglichen Einwirkungen (Belastungen, Naturereignissen usw.) abhängig, sondern auch von der geplanten Nutzungsdauer des Bauwerks, z. B. 30 oder 100 Jahre. Wird ein Hochwasserschutzbauwerk etwa für ein T-jährliches Ereignis bemessen, erhöht sich die Wahrscheinlichkeit für das Eintreten des Bemessungsereignisses mit jedem Nutzungsjahr; nach einer Nutzungsdauer von 100 Jahren ist die Wahrscheinlichkeit des Nichteintretens (Sicherheit) deutlich geringer als im 1., 2. oder 3. Nutzungsjahr. Dies gilt auch, wenn in den Regelwerken vorausgesetzt wird, dass die Sicherheit oder der technische Zustand beziehungsweise die Konstruktion des Bauwerks selbst über die Nutzungsdauer nahezu konstant bleibt und keine Alterung der Bauwerkskomponenten berücksichtigt wird. Die folgende Betrachtung bezieht sich ausschließlich auf das Risiko beziehungsweise die Sicherheit des Eintretens des Bemessungsfalles. Betrachtet man eine Folge von Jahren, zum Beispiel von der Herstellung des Bauwerks bis zum Ende der geplanten Nutzungsdauer, verändern sich die kumulierten Unter- beziehungsweise Überschreitungswahrscheinlichkeiten für das Eintreten des Bemessungsereignisses mit jedem weiteren Jahr; dementsprechend steigt das Risiko beziehungsweise wird die Sicherheit reduziert, dass ein bestimmtes Ereignis (z. B. Bemessungsereignis) innerhalb eines Zeitraums erreicht oder überschritten wird. Mit diesem Ansatz wird der Zusammenhang zwischen der Nutzungsdauer und dem Eintreten von Bemessungsereignissen (Ereignis mit bestimmter Eintrittswahrscheinlichkeit) beschrieben, und es kann zum Beispiel die Frage beantwortet werden, wie groß die Wahrscheinlichkeit ist, dass ein 100-jährliches Ereignis in einem Zeitraum von 100 Jahren auftritt oder eben nicht auftritt.

Die Wahrscheinlichkeit beziehungsweise die statistische Sicherheit S_S dafür, dass in n Folgejahren das T-jährliche Ereignis bei einem stationären Prozess nicht erreicht wird, ergibt sich aus der multiplikativen Verknüpfung der Einzelwahrscheinlichkeiten (P_U) zu:

$$S_S = (1 - 1/T)^n$$

Das Komplement der Sicherheit kann, je nach Fragestellung, auch entsprechend als statistisches Risiko R bezeichnet werden (Jensen 1985):

$$R_S = 1 - S_S$$

Dieses statistische Risiko, von Schumann (2012, S. 78) als hydrologisches Risiko bezeichnet, gibt die Wahrscheinlichkeit dafür an, dass in n Jahren mindestens ein T-jährliches Ereignis auftritt, das heißt dass das T-jährliche Ereignis (z. B. Bemessungsereignis) erreicht oder überschritten wird:

$$R_S = 1 - (1 - (1/T))^n$$

In Abb. 4 ist der funktionale Verlauf für die Überschreitungswahrscheinlichkeit (statistisches oder hydrologisches Risiko) für ein $T = 20$, 50, 100 und 200-jährliches Ereignis über den Zeitraum (Nutzungsdauer) von $n = 200$ Jahren ab einem beliebigen Zeitpunkt dargestellt. Das hydrologische Risiko für das Auftreten zum Beispiel eines 100-jährlichen Ereignisses beträgt nach 50 Jahren etwa 40 % und die Wahrscheinlichkeit dafür, dass ein 100-jährliches Ereignis in einem Zeitraum von 100 Jahren mindestens einmal auftritt, beträgt dabei nicht – wie häufig angenommen – 100 %, sondern nur 63,4 % (= statistisches Risiko). Diese Aussage bedeutet aber auch, dass die Wahrscheinlichkeit dafür, dass dieses 100-jährliche Ereignis in einem Zeitraum von 100 Jahren nicht auftritt, immerhin 36,6 % (= statistische Sicherheit) beträgt. Die Wahrscheinlichkeit dafür, dass ein T-jährliches Ereignis mindestens einmal in $n = T$ Jahren auftritt, beträgt für $10 < T < 200$ Jahre etwa 65 bis 63,4 %.

Wird die Anzahl der n Folgejahre als Nutzungsdauer (Bemessungs- oder Planungszeitraum) eines Bauwerks betrachtet, ergibt sich n zu:

$$n = \ln(1 - R)/\ln(1 - (1/T))$$

So ergibt sich beispielsweise bei einem vorgegeben hydrologischen Risiko $R = 50$ %, das heißt einer Sicherheit von $S = 50$ %, und einem 100-jährlichen Ereignis eine Nutzungsdauer (Bemessungszeitraum) von $n \approx 69$ Jahren, das heißt nach Ablauf von 69 Jahren ist bereits mit einer Wahrscheinlichkeit von 50 % mindestens ein 100-jährliches Ereignis aufgetreten.

Weiterhin kann bei der Bemessung von Bauwerken das Wiederkehrintervall T eines Ereignisses (z. B. nach Tab. 1) in Abhängigkeit eines vorgegebenen hydrologischen Risikos R, welches während der Nutzungsdauer n nicht erreicht oder überschritten werden darf, bestimmt werden:

$$T = 1/(1 - (1 - R_S)^{1/n})$$

In Tab. 2 sind für die Nutzungsdauer $n = 10$, 20, 50, 100 und 200 Jahre und die hydrologischen Risiken von $R_S = 5$ %, 10 %, 20 %, 50 % und 63,4 % die erforderlichen Wiederkehrintervalle aufgeführt.

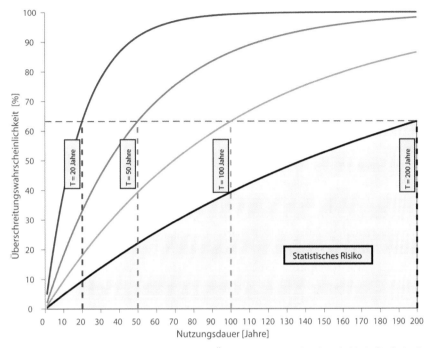

Abb. 4: Funktionaler Verlauf der statistischen Überschreitungswahrscheinlichkeit (hydrologisches Risiko) für ein T = 20, 50, 100, 200-jährliches Ereignis über eine Nutzungsdauer/einen Zeitraum von 200 Jahren

Nutzungsdauer n in Jahren	Wiederkehrintervall T in Jahren für ein statistisches Risiko R von:				
	5 %	10 %	20 %	50 %	63,4 %
10	195	95	45	15	10
20	390	190	90	29	20
50	975	475	225	73	50
100	1.950	950	449	145	100
200	3.900	1.899	897	289	200

Tab. 2: Nutzungsdauer n und Wiederkehrintervall T in Abhängigkeit vom hydrologischen Risiko R

So wäre bei einer geplanten Nutzungsdauer von n = 100 Jahren und einem Risiko von R_S = 5 % ein Bemessungsereignis mit einem Wiederkehrintervall von T = 1.950 Jahren erforderlich. Eine solche Bemessung könnte zum Beispiel bei sensibler Infrastruktur sinnvoll sein; für normale Gebäude wäre eine derartige Bemessung zwar sehr sicher, aber auch eher unwirtschaftlich.

Weiterhin ergibt sich mit diesem Ansatz (Tab. 2) der interessante Aspekt, dass eine Änderung der Nutzungsdauer, etwa die vor Jahren geplante Laufzeitveränderung oder Laufzeitverkürzung für Atomkraftwerke, Einfluss auf die (statistische) Sicherheit hat; bei einer Verkürzung der Nutzungsdauer ergibt sich ein entsprechend geringeres Risiko beziehungsweise größere Sicherheit über die Restlaufzeit (Bender et al. 2014; Jensen/Niehüser 2015; Niehüser et al. 2016).

Die hier genutzte Definition des statistischen Risikos unterscheidet sich von der Definition des Risikos nach Abschnitt 4, wonach das Risiko als Produkt der Versagenswahrscheinlichkeit P_f und dem potenziellen Schaden (mit allen möglichen nachteiligen Folgen für die menschliche Gesundheit, die Umwelt, das Kulturerbe, die wirtschaftlichen Tätigkeiten und die erheblichen Sachwerte) definiert ist. Der statistische Zusammenhang zwischen Unter- (Sicherheit) und Überschreitungswahrscheinlichkeit (statistisches Risiko), der Wiederkehrzeit T und der Nutzungsdauer n lässt sich mit diesem Modellansatz relativ einfach erschließen und kann auch in Analogie mit der heute üblichen Risikoformel nach Abschnitt 4 genutzt werden. Diese statistischen Zusammenhänge werden auch mit dem klassischen Poisson-Prozess beziehungsweise mit der Binomialverteilung (Poisson 1841) beschrieben.

8.   Von der Sicherheitsgesellschaft zur Risikogesellschaft

Die Sicherheit von Bauwerken hat für die Gesellschaft eine zentrale Bedeutung, dabei wurde das Risiko des Versagens von Bauwerken und technischen Anlagen deutlich weniger thematisiert und meist nicht kommuniziert. Ingenieurbauwerke galten grundsätzlich als sicher, Aussagen wie »unsere Deiche sind sicher« waren bis vor wenigen Jahren üblich. Mit der Diskussion um die Sicherheit bei der Nutzung der Kernenergie und terroristischen Einwirkungen, spätestens mit dem Terroranschlag in New York am 11.09.2001, wurde auch bei Bemessungen in der Technik aus der bis dahin üblichen vorausgesetzten Sicherheitsideologie eine Risikoideologie. Mit dem Begriff »Restrisiko« wurde in Medien und Politik das mögliche Versagen von Bauwerken und technischen Anlagen diskutiert; dabei ist der Begriff »Restrisiko« eigentlich sinnleer. Den Rest eines Risikos gibt es – statistisch oder mathematisch – nicht!

Eine Analyse des Zeitgeistes im auslaufenden 20. Jahrhundert und eine Diagnose des gesellschaftlichen Wandels hat der Soziologe Ulrich Beck (1986) unter dem Begriff »Risikogesellschaft« beschrieben. Unter dem Begriff »Risiken« fasst Beck einerseits »naturwissenschaftliche Ereignisse«, andererseits »soziale Ge fährdungslagen« wie etwa Arbeitslosigkeit. Charakteristisch ist dabei, dass die entsprechenden Risiken tendenziell jeden betreffen können, zum Beispiel Radioaktivität, Terrorattentate. Nach Beck werden nicht die abstrakten Risiken selbst, sondern ihre konkrete Thematisierung durch die Massenmedien als bedrohlich wahrgenommen.

Die Kommunikation und der Umgang mit Risiken beziehungsweise Sicherheiten haben sich in den Ingenieurwissenschaften in den vergangenen Jahrzehnten deutlich verändert. In der Vergangenheit, bis zur Mitte des 20. Jahrhunderts, wurde die Sicherheit der Ingenieurbauwerke, zum Beispiel der Atomkraftwerke oder der Deiche an der Nordseeküste, postuliert und kaum bis nicht hinterfragt. Durch die Sturmflutkatastrophen in den Niederlanden 1953 und an der Deutschen Nordseeküste und insbesondere in Hamburg 1962 wurde die Sicherheit der Küstenschutzbauwerke deutlich häufiger thematisiert und die Verwissenschaftlichung der Versagensprozesse und wahrscheinlichkeitstheoretische Untersuchungen initiiert. Auch die Nuklearkatastrophe von Tschernobyl 1986 und die Natur- und Nuklearkatastrophe im Bereich Fukushima 2011 haben dazu beigetragen, dass die Sicherheit der Bauwerke hinterfragt wird und der Begriff des Restrisikos (s. Anmerkung oben) thematisiert wurde. Eine absolute Sicherheit für Bauwerke und technische Anlagen kann und wird es nicht geben.

Zur technischen Sicherheit empfiehlt Gethmann (1994) den 1-stelligen Prädikator »x ist sicher« (z. B. »Deutsche Atomkraftwerke sind sicher«) zu vermeiden und stattdessen den 2-stelligen Prädikator »x ist sicherer als y« vorzuziehen. Daraus folgt nach Gethmann weiterhin die Feststellung, dass es DIE Sicherheit nicht gibt.

Dieser Transfer von der Sicherheitsgesellschaft zur Risikogesellschaft wird zum Beispiel durch das Niedersächsische Deichgesetz im aktuellen Generalplan Küstenschutz Niedersachsen/Bremen -Festland- dokumentiert:

> »(...) Der Bemessungswasserstand stellt ein nach definierten Kriterien festgelegtes Sicherheitsmaß dar und liegt höher als bisher eingetretene Sturmflutwasserstände. Dennoch kann nicht vollständig ausgeschlossen werden, dass auch Sturmflutereignisse oberhalb des Bemessungswasserstandes eintreten. Trotz des hohen Standes an wissenschaftlichen Erkenntnissen und technischen Möglichkeiten gibt es deshalb – auch nach Durchführung der im Generalplan vorgesehenen Maßnahmen – keinen absoluten Schutz gegen extreme Sturmflutereignisse.« (NLWKN 2007)

Diese Passage lässt sich auch wie folgt zusammenfassen: Deiche sind zwar nicht absolut sicher, also sicher gegen jedwede Einwirkung, aber sie sind heute sicherer als die Deiche in der Vergangenheit. Diese Aussage lässt sich im Übrigen auch auf viele andere Bauwerke und technische Anlagen übertragen.

9.   Zusammenfassung

Das Sicherheitsbedürfnis der Gesellschaft ist zum Teil sehr emotional geprägt und die daraus abzuleitenden Sicherheitsstandards für Bauwerke sind einem stetigen Wandel unterworfen. Von der erfahrungsorientierten oder empirischen Bemessung von Bauwerken haben sich die methodischen Ansätze von deterministischen zu probabilistischen Modellen und weiter von sicherheits- zu risikobasierten Ansätzen weiterentwickelt.

In den letzten Jahrzehnten ist die Vulnerabilität der Gesellschaft deutlich größer geworden und die gefühlte Sicherheit hat entsprechend abgenommen. Nicht nur die Terrorattentate in den vergangenen Jahrzehnten haben deutlich gezeigt, dass eine absolut sichere Bemessung von Bauwerken nicht möglich ist.

Wenn also keine absolute Sicherheit gewährleistet werden kann, ist die daraus abzuleitende Frage: Welches Sicherheitsniveau ist technisch und finanziell darstellbar und trägt gleichzeitig dem Sicherheitsbedürfnis der Bevölkerung in ausreichendem Maße Rechnung?

Die Beantwortung der Ausgangsfrage nach einer angemessenen Sicherheit beziehungsweise eines Sicherheitsmaßes oder eines Schutzziels für verschiedene Bauwerke (Brücken, Deiche usw.) ist im Wesentlichen abhängig von der Gefährdung beziehungsweise dem Schadenspotenzial, das von dem Versagen des Bauwerks ausgeht, und der Exposition. Wenn das Risiko als das Produkt aus Eintrittswahrscheinlichkeit und potenziellen Schäden mit der Einheit €/a verstanden wird und das Komplementär zum Risiko als Sicherheit definiert wird, ist die Sicherheit ein verhinderter Schaden oder das Produkt von Unterschreitungswahrscheinlichkeit und verhindertem Schaden, ebenfalls mit der Einheit €/a.

Die Wahrnehmung des Risikos beziehungsweise der Sicherheit von Bauwerken bleibt aber für Betroffene eine subjektive Bewertung, kann aber durch statistische oder wahrscheinlichkeitstheoretische Ansätze objektiviert werden. Dazu kann auf Grundlage des vorgestellten integrierten Risikoansatzes, der den technischen und finanziellen Aufwand im Vergleich zum potenziellen Schaden berücksichtigt, allgemein für die Ingenieurwissenschaften ein akzeptabler risikobasierter Sicherheitsstandard für Bauwerksbemessungen und technische Anlagen entwickelt und definiert werden.

Literatur

Ammann, Walter J. (2004): Die Entwicklung des Risikos infolge Naturgefahren und die Notwendigkeit eines integralen Risikomanagements. In: Gamerith, Werner/Messerli, Paul/Meusburger, Peter/Wanner, Heinz (Hrsg.), Alpenwelt – Gebirgswelten. Inseln, Brücken, Grenzen. Heidelberg, S. 259–267.

Beck, Ulrich (1986): Risikogesellschaft. Auf dem Weg in eine andere Moderne. Frankfurt am Main.

Bender, Jens/Jensen, Jürgen/Mudersbach, Christoph/Niemann, Hans-Jürgen/Elsche, Björn (2014): On Considering the Operating Time in the Probabilistic Design of Dyke Structures under Non-Stationary Conditions. In: Tagungsband der Jahrestagung Kerntechnik. 06.–08.05.2014. Frankfurt am Main.

BMU WHG (2009): Gesetz zur Ordnung des Wasserhaushalts (Wasserhaushaltsgesetz (WHG)). Berlin.

Dikau, Richard (2008): Katastrophen – Risiken – Gefahren. Herausforderungen für das 21. Jahrhundert. In: Kulke, Elmar/Popp, Herbert (Hrsg.), Umgang mit Risiken: Katastrophen – Destabilisierung – Sicherheit. Deutscher Geographentag 2007. Bayreuth – Berlin, S. 47–68.

DIN 19712 (2013): Hochwasserschutzanlagen an Fließgewässern, Normenausschuss Wasserwesen (NAW) im DIN, DIN Deutsches Institut für Normung e. V., Berlin.

DIN EN 1990 (2002): Eurocode: Grundlagen der Tragwerksplanung; Deutsche Fassung EN 1990:2002 + A1:2005 + A1:2005/AC:2010, Normenausschuss Bauwesen (NABau) im DIN, Deutsches Institut für Normung e. V., Berlin.

EU (2007): Richtlinie über die Bewertung und das Management von Hochwasserrisiken (2007/60/EG). Brüssel.

Garbrecht, Günther (1983): Wasserversorgungstechnik in römischer Zeit. In: Frontinus-Gesellschaft (Hrsg.), Wasserversorgung im antiken Rom. 2. Aufl. München, S. 9–43.

Gethmann, Carl Friedrich (1994): Handeln unter Risiko – Ethische Probleme der technischen Kulter. Schriftenreihe FORUM, TÜV Südwest, Heft 5.

Grünewald, Uwe/Kaltofen, Michael/Schümberg, Sabine/Merz, Bruno/Kreibich, Heidi/Petrow, Theresia/Thieken, Annegret/Streitz, Willi/Dombrowsky, Wolf R. (2003): Hochwasservorsorge in Deutschland. Lernen aus der Katastrophe 2002 im Elbegebiet; Deutsches Komitee für Katastrophenvorsorge e. V.; Schriftenreihe des DKKV 29. Bonn.

Jensen, Jürgen (1985): Über instationäre Entwicklungen an der deutschen Nordseeküste. Mitteilungen Leichtweiß-Institut für Wasserbau der Technischen Universität Braunschweig, Heft 88. Braunschweig.

Jensen, Jürgen/Niehüser, Sebastian (2015): Einfluss der Nutzungsdauer eines Bauwerks auf die zugeordneten Bemessungsereignisse. In: Hölscher, Norbert/Höffer, Rüdiger (Hrsg.), Einwirkungen auf Ingenieurtragwerke und Sicherheitskonzepte. Festschrift Prof. Hans-Jürgen Niemann. Bochum.

Mai, Stephan (2004): Klimafolgenanalyse und Risiko für eine Küstenzone am Beispiel der Jade-Weser. Diss. Universität Hannover, Fachbereich Bauingenieur- und Vermessungswesen.

Merz, Bruno (2006): Hochwasserrisiken. Grenzen und Möglichkeiten der Risikoabschätzung. Stuttgart.

von Mises, Richard (1972): Wahrscheinlichkeit, Statistik und Wahrheit. 4. Aufl. Wien – New York.

Mudersbach, Christoph/Jensen, Jürgen (2008): Zur Risikoermittlung in Küstenregionen mit probabilistischen Methoden – Ein Beitrag zur Beschreibung und Bewertung. KW Korrespondenz Wasserwirtschaft 1 (5), S. 260–266.

Müller, U. (2010): Hochwasserrisikomanagement. Theorie und Praxis. Wiesbaden.

Niehüser, Sebastian/Jensen, Jürgen/Meiswinkel, Rüdiger/Niemann, Hans-Jürgen/Diburg, Susanne/Fischer, Alexander/Meidow, H./Rosenhauer, W./Tittel, T. (2016): Influence of Remaining Service Life on the Design of Nuclear Building Structures. Tagungsband der Jahrestagung Kerntechnik 2016. Hamburg.

Niehüser, Sebastian/Jensen, Jürgen/Bender, Jens (2016): Bemessungsereignisse für vor-übergehende Bau bzw. Revisionsphasen bei Hochwasserschutzbauwerken. In: Bautechnik 93 (5), S. 317–320.

NLWKN (Niedersächsischer Landesbetrieb für Wasserwirtschaft, Küsten- und Naturschutz) (Hrsg.) (2007): Generalplan Küstenschutz Niedersachsen/ Bremen -Festland-. Norden.

Oumeraci, Hocine/Gönnert, Gabriele/Jensen, Jürgen/Kortenhaus, Andreas/Fröhle, Peter/Gerkensmeier, Birgit/Wahl, Thomas/Mudersbach, Christoph/Naulin, Marie/Ujeyl, Gehad/Pasche, Erik/Dassanayake, Dilani R./Burzel, Andreas (2012): Extremsturmfluten an offenen Küsten und Ästuargebieten – Risikoermittlung und -beherrschung im Klimawandel (XtremRisK). Abschlussbericht. https://www.tu-braunschweig.de/Medien-DB/hyku-xr/50_oumeraci_et_al_xtremrisk_abschlussbericht.pdf (zuletzt abgerufen am 15.08.2017).

Plate, Erich J. (1993): Statistik und angewandte Wahrscheinlichkeitslehre für Bauingenieure. Berlin.

Poisson, Siméon D. (1841): Lehrbuch der Wahrscheinlichkeitsrechnung und deren wichtigsten Anwendungen. Braunschweig.

Schneider, Jörg (1996): Sicherheit und Zuverlässigkeit im Bauwesen. Grundwissen für Ingenieure. 2. Aufl. Stuttgart.

Schumann, Andreas (2012): Welche Jährlichkeit hat das extreme Hochwasser, wenn es als Vielfaches des HQ100 abgeschätzt wird? Hydrologie und Wasserbewirtschaftung 56 (2), S. 78–82.

Seifert, Peter (2012): Mit Sicherheit wächst der Schaden? Überlegungen zum Umgang mit Hochwasser in der räumlichen Planung. http://www.klimamoro.de/fileadmin/Dateien/Ver%C3%B6ffentlichungen/Ver%C3%B6ffentlichungen_Phase_II/mit_sicherheit_waechst_der_schaden_ryb.pdf (zuletzt abgerufen am 15.08.2017).

Danksagung

Für die Unterstützung und interessanten Diskussionen bei der Erstellung des Beitrags bedanke ich mich bei Dr. Jens Bender, Sebastian Gürke, M.Sc. und Sebastian Niehüser, M.Sc.

Thorsten Weimar[*]

Sicherheitssonderverglasungen – Gläser mit besonderen Eigenschaften

1.   Einleitung

Architektur wird durch die verwendeten Baustoffe materialisiert, die nach Torroja (1961) mit einen gezielten Einsatz die Form und Struktur, aber auch die Beständigkeit und das Aussehen eines Bauwerkes beeinflussen können. Der Anspruch einer gestalterisch und funktional befriedigenden Lösung der gestellten Aufgabe ist daher auch von der Auswahl geeigneter Baustoffe abhängig. Dies gilt insbesondere für die Fassade, die als äußere Hülle von Gebäuden zahlreiche Aufgaben übernimmt. Glas bietet sich mit den beiden Eigenschaften Transparenz und Beständigkeit gegen äußere Umwelteinflüsse hervorragend für einen Einsatz in der Fassade an. Damit werden die beiden wesentlichen Anforderungen, die Sichtbeziehung zwischen innen und außen sowie der Witterungsschutz, erfüllt.

Spätestens mit der Entwicklung der Vorhangfassade, die als selbsttragende Konstruktion an der Primärstruktur des Gebäudes anschließt, ist ein großflächiger Einsatz dieses Baustoffs selbstverständlich. Allerdings nehmen auch die mechanischen, bauphysikalischen und optischen Anforderungen stetig zu. In DIN EN 13830 (2015) sind für Vorhangfassaden die erforderlichen Eigenschaften in den Bereichen Witterungs-, Schall- und Brandschutz sowie sommer- und winterlicher Wärmeschutz beschrieben. Angaben zum Widerstand gegen die üblichen äußeren Lasten komplettieren die Zusammenstellung. Hinzu kommen zukünftig verstärkt die Aspekte zur aktiven Energiewandlung, Gestaltung und Medien sowie Sicherheit.

Entwicklungen von modernen Fassaden zielen auf die Integration von mehreren der genannten Funktionen in einer Verglasung ab und werden deshalb auch als multifunktionale Verglasungen bezeichnet (Abb. 1). Die in Davies (1981) beschriebene polyvalente Wand verbindet beispielsweise neun unter-

[*] Univ.-Prof. Dr.-Ing. Thorsten Weimar, Universität Siegen, Fakultät II (Bildung – Architektur – Künste), Lehrstuhl für Tragkonstruktion.

Abb. 1: Fassade mit multifunktionaler Verglasung von einem Industriebau in Rellingen (© Thorsten Weimar, Berlin)

schiedliche Funktionen in einzelnen Schichten von wenigen Mikrometern zwischen zwei Glastafeln und stellt bis heute ein nicht erreichtes Ideal der multifunktionalen Verglasung in Fassaden dar. Häufig können diese Anforderungen nicht ausschließlich mit dem Basismaterial Glas erreicht werden. Durch die gezielte Kombination mit anderen Materialien lassen sich allerdings gewünschte Gebrauchseigenschaften erweitern oder optimieren.

Im Glasbau werden deshalb vorwiegend Verbundgläser (VG) für multifunktionale Verglasungen verwendet. Verbundgläser setzen sich nach DIN EN - ISO 12543-1 (2011) aus mindestens zwei Glastafeln und mindestens einer Zwischenschicht zusammen. Die wesentlichen Anwendungen im Bauwesen liegen neben Brandschutz, Schallschutz und Photovoltaik hauptsächlich im Bereich der Sicherheitsverglasungen. Als Sicherheitsverglasung werden Verbundsicherheitsgläser (VSG) eingesetzt, deren Zwischenfolie bei Glasbruch die Splitterbindung, die Begrenzung der Öffnungsgröße, eine ausreichende Resttragfähigkeit sowie die Vermeidung von Schnitt- und Stichverletzungen gewährleisten soll. Diese Anforderungen an die passive Sicherheit sind beispielsweise für Horizontalverglasungen nach DIN 18008-2 (2010), absturzsichernde Verglasungen nach DIN 18008-4 (2013) sowie begehbare und betretbare Verglasungen nach DIN 18008-5 (2013) und E DIN 18008-6 (2017) einzuhalten. Der Schutz von Personen und Gegenständen gegen äußere Einwirkungen von Gewalt wird als aktive Sicherheit einer Verglasung bezeichnet. Diese Forderung erfüllen Sicherheitssonderverglasungen, auch angriffhemmende Verglasungen genannt.

2.   Sicherheitssonderverglasungen

Die technischen Baubestimmungen unterscheiden Sicherheitssonderverglasungen mit Widerstand gegen manuellen Angriff nach DIN EN 356 (2000), gegen Beschuss nach DIN EN 1063 (2000) und gegen Sprengwirkung nach DIN EN 13541 (2012). Der Nachweis der erforderlichen Widerstandsklasse erfolgt durch die definierten Prüfverfahren experimentell.

Sicherheitssonderverglasungen mit Widerstand gegen manuellen Angriff werden nach DIN EN 356 2000 in Verglasungen mit durchwurf- und durchbruchhemmenden Eigenschaften unterteilt sowie für einen festgelegten Mindestquerschnittsaufbau nach dem entsprechenden Prüfverfahren der erforderlichen Widerstandsklasse nachgewiesen. Der Nachweis der Durchwurfhemmung erfolgt durch eine Fallprüfung mit einer Kugel aus Stahl, die einen Durchmesser von 100 mm und eine Masse von 4,11 kg aufweist. In Abhängigkeit der erforderlichen Widerstandsklasse wird die Kugel aus Höhen von 1.500 mm bis 9.000 mm dreimal auf den Prüfkörper fallengelassen. Das Trefferbild sollte um die geometrische Mitte des Prüfkörpers ein gleichseitiges Dreieck mit der Seitenlänge von 130 mm bilden. Das Prüfverfahren wird für Verglasungen der höchsten Widerstandsklasse P5A mit jedem Prüfkörper dreimal ausgeführt. Die Kugel darf den Prüfkörper nicht durchschlagen und von den Auflagern abrutschen.

Durchbruchhemmende Verglasungen werden durch die Prüfung mit der Axt nachgewiesen. Die Widerstandsklasse ist abhängig von der Anzahl an Schlägen mit einer maschinell geführten 2 kg schweren Axt auf den Prüfkörper, bevor eine quadratische Öffnung von 400 mm auf 400 mm entsteht (Abb. 2). Der Prüfkörper wird vor Anwendung der Axt entlang der quadratischen Fläche durch mindestens zwölf Hammerschläge zerstört. Anschließend erfolgen die Schläge mit der Axt in gleicher Reihenfolge. Die Anzahl der Schläge bis zum Durchschlagen des Prüfkörpers an der entsprechenden Stelle werden gezählt und anschließend der Prüfkörper um die Länge des entstandenen Schlitzes versetzt und das Verfahren wiederholt. Das Versagen des Prüfkörpers tritt ein, wenn sich die quadratische Fläche vollkommen vom Rest der Verglasung löst oder trotz einer noch teilweisen Verbindung durch sein Eigengewicht herunterklappt. Danach wird die gesamte Anzahl an Hammer- und Axtschlägen bis zum Versagen des Prüfkörpers gezählt. Der Prüfkörper darf während der Prüfung nicht von den Auflagern rutschen. Alle drei Prüfkörper müssen die Mindestanzahl an Schlägen für die entsprechenden Widerstandsklassen P6B bis P8B bestehen.

Abb. 2: Prüfverfahren mit der Axt zum Nachweis der Durchbruchhemmung von Sicherheitssonderverglasungen mit Widerstand gegen manuellen Angriff (© Beschussamt Ulm, Ulm)

Die Abmessungen der Prüfkörper sind für beide Prüfverfahren mit 900 mm auf
1.100 mm festgelegt und die Halteeinrichtung sieht eine vierseitige linienförmige Lagerung vor. Eine Prüfung der tatsächlich eingebauten Glaskonstruk-
tionen ist nicht vorgesehen. Die erreichte Widerstandsklasse ist deshalb unabhängig von den späteren Abmessungen und dem Einsatz als Vertikal- oder
Horizontalverglasung. Es ist außerdem zu beachten, dass der Rahmen der Sicherheitssonderverglasung einen ausreichenden Widerstand gegen die Angriffe
bietet. Die beiden Prüfverfahren besitzen daher nur eine vergleichende Qualität
von verschiedenen Verglasungsaufbauten unter gleichen Randbedingungen.

Die VdS Schadenverhütung GmbH gibt die eigene Richtlinie VdS 2163 (2016)
mit Anforderungen und Prüfverfahren für durchbruchhemmende Verglasungen
aus. Der Widerstand der Verglasung wird mit dem oben beschriebenen Prüfverfahren über die erreichte Mindestanzahl an Axtschlägen nachgewiesen. Der
modifizierte Prüfaufbau führt allerdings zu höheren Anforderungen an den
Prüfkörper. Die Widerstandsklassen werden in Abhängigkeit von der bestan-
denen Gesamtanzahl an Schlägen mit EH 1, EH 2 und EH 3 bezeichnet.

Sicherheitssonderverglasungen mit Widerstand gegen Beschuss nach
DIN EN 1063 (2000) sind Verglasungen, die einen definierten Widerstand gegen

das Durchdringen von Geschossen bestimmter Munitionsarten aus bestimmten Waffen aufweisen. Die Einteilung in die einzelnen Widerstandsklassen erfolgt für Faustfeuerwaffen und Büchsen von BR 1 bis BR 7 sowie für Schrotflinten von SG 1 bis SG 2. Es werden die Kaliber der Waffen, die Munition, die Schussentfernung sowie die Auftreffgeschwindigkeit des Geschosses festgelegt. Die drei Treffer auf jedem der drei erforderlichen Prüfkörper bilden um den Mittelpunkt ein dreiseitiges Dreieck mit einer Seitenlänge von 120 mm beziehungsweise 125 mm (Abb. 3). In einem rückseitigen Kasten der Halteeinrichtung werden die abgegangenen Glassplitter gesammelt. Die Geschosse oder deren Teile dürfen die Verglasungen nicht durchdringen.

Abb. 3: Prüfverfahren zum Nachweis von Sicherheitssonderverglasungen mit Widerstand gegen Beschuss (© SiLATEC Sicherheits- und Laminatglastechnik GmbH, Gelting)

Zur Beurteilung des Verletzungsrisikos von der Rückseite der beschusshemmenden Verglasung wird ein Splitterindikator aus einer Aluminiumfolie hinter den Prüfkörper angeordnet. Ein Durchdringen des Splitterindikators durch Glassplitter führt zur Einteilung des Prüfkörpers in eine Verglasung mit Splitterabgang (S). Ist der Splitterindikator nach der Prüfung nicht perforiert, wird der Prüfkörper als Verglasung ohne Splitterabgang (NS) gekennzeichnet. Die Prüfkörper mit den quadratischen Abmessungen von 500 mm sind durch eine vierseitig linienförmige Lagerung in die Haltekonstruktion eingespannt. Auch dieses Prüfverfahren besitzt nur eine vergleichende Qualität von verschiedenen Verglasungsaufbauten unter gleichen Randbedingungen, da keine Prüfung der tatsächlich eingebauten Glaskonstruktion erfolgt. Der Rahmen der beschusshemmenden Verglasung muss für die Einwirkungen ausreichend dimensioniert sein.

Sprengwirkungshemmende Verglasungen sollen Personen vor Explosionsdruckwellen schützen und werden als Sicherheitssonderverglasungen mit Widerstand gegen Sprengwirkung bezeichnet. Die Einteilung der sprengwirkungshemmenden Verglasung basiert auf dem maximalen positiven Druck der reflektierten Druckwelle sowie der Dauer der positiven Druckphase und erfolgt in die Widerstandsklassen ER 1 bis ER 4. Die Prüfkörper werden durch eine orthogonal auf die Angriffsseite der Verglasung auftretende ebene Druckwelle beansprucht. Anschließend erfolgt die Messung der Größe und des zeitlichen Verlaufs vom positiven Druck der von der Angriffsseite des Prüfkörpers reflektierten Druckwelle sowie der Vergleich mit den Angaben zur Klassifizierung. Die Einrichtung zur Simulation des Druckstoßes einer Freilandsprengung entspricht üblicherweise einem Stoßrohr (Abb. 4). Die Prüfkörper dürfen keine durchgehenden Öffnungen von der vorderen bis zur hinteren Seite sowie zwischen dem Einspannrahmen und den Kanten der Verglasung aufweisen.

Abb. 4: Prüfverfahren mit einer Stoßrohrversuchsanlage zum Nachweis von Sicherheitssonderverglasungen mit Widerstand gegen Sprenwirkung (© Frauenhofer-Institut für Kurzzeitdynamik, Freiburg)

Sprengwirkungshemmende Verglasungen können in Abhängigkeit von einer auftretenden Splitterwirkung mit dem Zusatz mit Splitterabgang (S) oder ohne Splitterabgang (NS) gekennzeichnet werden. Die Prüfkörper weisen die Abmessungen von 900 mm auf 1.100 mm auf und werden durch eine vierseitig linienförmige Lagerung in die Haltekonstruktion eingespannt. Die Ergebnisse der Prüfung sind grundsätzlich nur für die untersuchten Prüfkörper gültig, dürfen aber auf Grundlage theoretischer beziehungsweise experimenteller Erfahrungen für Aussagen über die Sprengwirkungshemmung anderer Abmessungen der Verglasung verwendet werden.

3.　Glas-Polycarbonat-Verbundtafeln

Konventionelle Sicherheitssonderverglasungen bestehen aus einem Verbundsicherheitsglas (VSG) mit mehreren Glastafeln, die über eine Zwischenschicht aus Polyvinylbutyral (PVB) flächig verbunden sind. In Abhängigkeit der Widerstandsklasse können dadurch relativ dicke Querschnitte mit einem hohen Eigengewicht entstehen. Zur Optimierung der für angriffhemmende Verglasungen geforderten Gebrauchseigenschaften werden Verbundtafeln aus Glas und Polycarbonat eingesetzt. Glas besitzt eine hohe Materialsteifigkeit sowie eine hohe Oberflächenhärte. Polycarbonat (PC) zeichnet sich durch eine hohe Schlagzähigkeit und dem halben Eigengewicht gegenüber Glas aus.

Die Glas-Polycarbonat-Verbundtafeln sind dadurch als Sicherheitssonderverglasung der höchsten Widerstandsklasse P8B gegen manuellen Angriff nach DIN EN 356 (2000) gegenüber einem herkömmlichen Glas-Verbund mit einer Dicke von 37 mm und einem Flächengewicht von 70 kg/m^2 um 33 % schlanker und 50 % leichter (Abb. 5). Dadurch können auch die Rahmen- und Auflagerkonstruktionen schlanker ausfallen. Der nachträgliche Einbau in Bestandsgebäude und die Weiterverarbeitung zu Mehrscheiben-Isolierglas gestaltet sich einfacher. Die Kosten für die Glas-Polycarbonat-Verbundtafeln sind mit durchschnittlich 400 €/m^2 allerdings um etwa 40 % höher als für konventionelle Sicherheitssonderverglasungen.

Abb. 5: Sicherheitssonderverglasung mit der höchsten Widerstandklasse P8B gegen manuellen Angriff aus Glas-Verbund (links) und Glas-Polycarbonat-Verbund (rechts) (© Thorsten Weimar, Berlin)

Sicherheitssonderverglasungen aus Glas-Polycarbonat-Verbundtafeln bestehen aus mindestens zwei Glastafeln, in der Regel aus Floatglas (FG), und einer oder mehreren Polycarbonattafeln (Abb. 6). Diese Materialkombination bietet eine hohe Widerstandsfähigkeit gegen äußere Angriffe bei schlanken Querschnitten mit niedrigem Eigengewicht. Der flächige Verbund der einzelnen Tafeln wird mit einem transparenten, thermoplastischen Polyurethan (TPU) in einem halbautomatisierten Verfahren hergestellt. Eine Verwendung von Polyvinylbutyral als Zwischenschicht in Glas-Polycarbonat-Verbunden ist wegen der enthaltenen Weichmacher nicht möglich, da diese in das Polycarbonat diffundieren können und dessen Eigenschaften ungünstig verändern.

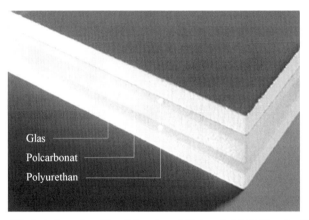

Abb. 6: Aufbau einer Glas-Polycarbonat-Verbundtafel (© Thorsten Weimar, Berlin)

Die Zwischenschicht aus Polyurethan kann aus Folien bestehen oder im Gießharzverfahren eingebracht werden. Die Herstellung der Glas-Polycarbonat-Verbundtafeln mit Folien erfolgt analog zu Verbundsicherheitsglas. In einem klimatisierten Reinraum mit einer Temperatur von $+17\,°C$ und einer relativen Luftfeuchte von 25 % werden die Folien zwischen die einzelnen Tafeln eingelegt. Eine Folienlage weist in der Regel eine Nenndicke von 0,38 mm auf und wird entsprechend der erforderlichen Dicken der Zwischenschicht in ein oder mehreren Lagen verarbeitet. Im nachfolgenden Vorverbund der Glas-Polycarbonat-Verbundtafeln wird eingeschlossene Luft zwischen der Folie und der Tafeloberfläche entfernt. Zusätzlich soll eine Trennung der Tafeln sowie das Eindringen von Luft während der nachfolgenden Verarbeitungsprozesse vermieden werden. Der Vorverbund erfolgt üblicherweise mit dem Vakuumverfahren bei einer Temperatur von ungefähr $+100\,°C$ und einem Unterdruck von mindestens 0,1 bar. In einem Autoklav wird anschließend bei einer Temperatur von $+140\,°C$ und einem Überdruck von 12 bar zwischen den Tafeln und den Zwischenschichten ein dauerhafter Verbund hergestellt. Das Verfahren erlaubt die Herstellung von Verglasungen mit der maximalen Abmessung von 1.500 mm auf 2.000 mm. Der Vorteil des Verfahrens liegt in den weitgehend automatisierten Abläufen durch Nutzung einer Anlage zur Herstellung von Verbundsicherheitsgläsern. Dadurch können in kurzer Zeit hohe Stückzahlen relativ kostengünstig hergestellt werden. Ein Nachteil stellt die erhebliche Differenz der Temperatur während des Verbundprozesses und der späteren Nutzung dar. Dies führt durch die unterschiedlichen Temperaturausdehnungen von Glas und Polycarbonat um ungefähr den Faktor 7 zu einer dauerhaften Zwangsbeanspruchung der Zwischenschicht und reduziert dadurch die Beanspruchbarkeit.

Im Gießharzverfahren wird zwischen die einzelnen Tafeln ein flüssiges mehrkomponentiges Polyurethan eingefüllt. Ein umlaufendes Band aus Butyl schließt das Volumen zwischen zwei Tafeln und stellt die gewünschte Dicke der Zwischenschicht ein. Anschließend wird die Einlaufhülse in die Mitte von einer der beiden längeren Seiten angeordnet. Die Auslaufhülsen liegen seitlich und gegenüber der Einlasshülse und an den Ecken der Verglasung. Die nächste Tafel wird aufgelegt und die einzelnen Schritte bis zum vollständigen Aufbau der Glas-Polycarbonat-Verbundtafel wiederholt. Das Einfüllen des flüssigen Polyurethans erfolgt dann unter einem konstanten Druck von 10 bar in die Zwischenräume der horizontal gelagerten Verglasung. Nach dem Einfüllvorgang werden die Hülsen verschlossen. Die chemische Reaktion zur Vernetzung des mehrkomponentigen Polyurethans erfolgt innerhalb von 24 h durch einen beigefügten Härter unter Raumtemperatur ohne den zusätzlichen Einfluss von Bestrahlung oder Feuchtigkeit. Die Hülsen werden danach entfernt und die Hohlräume mit einem Silikon versiegelt. Mit dem Verfahren sind maximale Abmessungen der Verglasung von 2.500 mm auf 6.000 mm möglich. Das Verfahren mit Gießharzen ist im Vergleich zu Folien aufwendiger, da keine automatisierten Abläufe existieren. Allerdings können individuelle Anforderungen einfacher berücksichtigt und ein- oder zweiaxial gekrümmte Verglasungen hergestellt werden. Ein weiterer Vorteil ist der Verbundprozess unter Raumtemperatur, da keine Zwangsbeanspruchungen in der Zwischenschicht entstehen.

4.   Anwendungsbeispiele

Das Reichstagsgebäude in Berlin wurde nach den Plänen des Architekten Paul Wallot in den Jahren von 1884 bis 1894 errichtet und von 1995 bis 1999 nach dem Entwurf der Architekten von Foster + Partners grundlegend saniert und umgestaltet. Die Eingänge des Gebäudes mit einer Durchgangshöhe von bis zu 4,0 m wurden mit automatischen Schiebetüranlagen aus Glas versehen. Die Sicherheitsanforderungen legten den Einsatz einer angriffhemmenden Verglasung fest, deren Eigengewicht für die einwandfreie Funktion der Türanlage beschränkt war. Aus diesem Grund erfolgte die Ausführung der Verglasung mit Glas-Polycarbonat-Verbundtafeln, die im Vergleich zu herkömmlichen Sicherheitsverglasungen aus Glas beide Anforderungen erfüllen (Abb. 7).

Abb. 7: Eingangsbereich des Reichstagsgebäudes in Berlin mit Schiebetüranlagen aus Glas-Polycarbonat-Verbundtafeln (© SiLATEC Sicherheits- und Laminatglastechnik GmbH, Gelting)

Die Gemäldegalerie in Dresden wurde in den Jahren von 1847 bis 1854 nach den Plänen des Architekten Gottfried Semper gebaut und von 1988 bis 1992 umfassend saniert. Die Sanierung des Gebäudes beinhaltete auch die Erneuerung der Fenster nach historischen Vorgaben. Die Rahmen der Fenster erlaubten deshalb nur dünne Verglasungen, die zusätzlich die aktuellen Sicherheitsanforderungen für ein modernes Museum erfüllen mussten. Diese beiden Anforderungen konnten durch den Einsatz von Glas-Polycarbonat-Verbundtafeln als Sicherheitssonderverglasung mit Widerstand gegen manuellen Angriff realisiert werden (Abb. 8).

Das Kunstmuseum in Basel wurde von den beiden Architekten Rudolf Christ und Paul Bonatz in den Jahren von 1932 bis 1936 ausgeführt. Im Rahmen einer umfangreichen Sanierung des Gebäudes von 1991 bis 2001 wurden die Lichtdecken zur Beleuchtung der Ausstellungsräume mit Tageslicht erneuert. Die

Abb. 8: Historische Fenster der Gemäldegalerie in Dresden mit Sicherheitssonderverglasung aus Glas-Polycarbonat-Verbundtafeln (© SiLATEC Sicherheits- und Laminatglastechnik GmbH, Gelting)

Ausführung der Verglasung der Lichtdecke erfolgte mit einer Sicherheitssonderverglasung aus Glas-Polycarbonat-Verbundtafeln. Zusätzlich waren die Anforderungen einer Horizontalverglasung mit entsprechender Splitterbindung und Resttragfähigkeit bei Glasbruch zu erfüllen. Die Konstruktion und Ausführung der Lichtdecke erfolgte in Anlehnung an die deutschen und europäischen technischen Baubestimmungen, da in der Schweiz keine entsprechenden Bestimmungen für den Glasbau existieren. Dies machte die zusätzliche Anordnung eines Verbundsicherheitsglases erforderlich, da für die Glas-Polycarbonat-Verbundtafeln zu dieser Zeit nur eine Einstufung als Verbundglas möglich war (Abb. 9).

Abb. 10 zeigt beispielhaft die geneigte Fassade des Bürogebäudes der Tobias Grau GmbH in Rellingen. Die Verglasung der Fassade weist eine Neigung von 30° gegenüber der Vertikalen auf und muss damit aus Verbundsicherheitsglas bestehen. Auch in einem privaten Wohngebäude in Berlin, das aus sicherheitsre-

Abb. 9: Lichtdecke vom Kunstmuseum in Basel als angriffhemmende Horizontalverglasung aus Glas-Polycarbonat-Verbundtafeln mit zusätzlichem Verbundsicherheitsglas (© SiLATEC Sicherheits- und Laminatglastechnik GmbH, Gelting)

levanten Gründen nicht abgebildet werden darf, wurden die Fenster mit Sicherheitssonderverglasungen aus Glas-Polycarbonat-Verbundtafeln versehen. Die Ausführung der Sicherheitssonderverglasung erfolgte als Mehrscheiben-Isolierglas (MIG) und wies teilweise eine Neigung von mehr als $10°$ gegenüber der Vertikalen auf. Nach DIN 18008-1 (2010) gelten diese Verglasungen bereits als Horizontalverglasung und dürfen nur in Verbindung mit einem Verbundsicherheitsglas realisiert werden.

Verbundsicherheitsgläser durften in Deutschland nach BRL A (2015) nur aus Glastafeln mit einer Zwischenschicht aus Polyvinylbutyral bestehen. Die Glas-Polycarbonat-Verbundtafeln wurden daher nur als Verbundglas eingestuft und erforderten die zusätzliche Anordnung eines Verbundsicherheitsglases. Dies führte bei der betrachteten Verglasung des privaten Wohngebäudes in Berlin zu einem 10 mm dickeren Aufbau. Die Verglasung wurde dadurch ungefähr 30 %

Abb. 10: Verglasung von einem Bürogebäude in Rellingen mit einer Neigung von 30° gegen die Vertikale (© Klaus Frahm, Börnsen)

schwerer und der Vorteil der Glas-Polycarbonat-Verbundtafeln im Vergleich zu herkömmlichen Sicherheitssonderverglasungen aus Glas entscheidend vermindert. Deshalb beantragte die SiLATEC Sicherheits- und Laminatglas GmbH aus Gelting mit Unterstützung des Lehrstuhls für Tragkonstruktion an der Fakultät II der Universität Siegen beim Deutschen Institut für Bautechnik in Berlin eine allgemeine bauaufsichtliche Zulassung, die 2013 für das SiLATEC Sicherheitsglas aus Glas-Polycarbonat-Verbundtafeln als Verbundsicherheitsglas erteilt wurde.

5.   Zusammenfassung und Ausblick

Die vier realisierten Anwendungsbeispiele zeigen die besonderen Anforderungen an Sicherheitssonderverglasungen und die konstruktiven Vorteile von Glas-Polycarbonat-Verbundtafeln im Bauwesen. Das geringere Eigengewicht und die dünneren Aufbauten der Verglasung im Vergleich zu üblichen angriffhemmenden Verglasungen aus Glas ermöglichen größere Formate, einen einfacheren Einbau in Bestandsgebäude und eine vorteilhafte Weiterverarbeitung zu

Mehrscheiben-Isoliergläsern. Am Lehrstuhl für Tragkonstruktion an der Fakultät II der Universität Siegen bildet die Weiterentwicklung der Glas-Polycarbonat-Verbundtafeln einen Forschungsschwerpunkt. In aktuellen Forschungsarbeiten werden die Glas-Polycarbonat-Verbundtafeln mit optimierten Eigenschaften durch neue Herstellungsverfahren sowie der Einsatz in Mehrscheiben-Isoliergläsern unter Verwendung von Dünngläsern untersucht.

Literatur

Bauregelliste A, Bauregelliste B und Liste C (2015): DIBt-Mitteilungen. Berlin.

Davies, Mike (1981): A Wall for All Seasons. RIBA Journal 88 (2), S. 55–57.

DIN 18008-1 (2010): Glas im Bauwesen – Bemessungs- und Konstruktionsregeln.. Teil 1: Begriffe und allgemeine Grundlagen. Deutsche Norm. Berlin.

DIN 18008-2 (2010): Glas im Bauwesen – Bemessungs- und Konstruktionsregeln. Teil 2: Linienförmig gelagerte Verglasungen. Deutsche Norm. Berlin.

DIN 18008-4 (2013): Glas im Bauwesen – Bemessungs- und Konstruktionsregeln. Teil 4: Zusatzanforderungen an absturzsichernde Verglasungen. Deutsche Norm. Berlin.

DIN 18008-5 (2013): Glas im Bauwesen – Bemessungs- und Konstruktionsregeln. Teil 5: Zusatzanforderungen an begehbare Verglasungen. Deutsche Norm. Berlin.

E DIN 18008-6 (2017): Glas im Bauwesen – Bemessungs- und Konstruktionsregeln. Teil 6: Zusatzanforderungen an zu Instandhaltungsmaßnahmen betretbaren Verglasungen. Deutsche Norm (Entwurf). Berlin.

DIN EN 356 (2000): Glas im Bauwesen – Sicherheitssonderverglasungen. Prüfverfahren und Klasseneinteilung des Widerstandes gegen manuellen Angriff. Deutsche Norm. Berlin.

DIN EN 1063 (2000): Glas im Bauwesen – Sicherheitssonderverglasungen. Prüfverfahren und Klasseneinteilung des Widerstandes gegen Beschuß. Deutsche Norm. Berlin.

DIN EN 13541 (2012): Glas im Bauwesen – Sicherheitssonderverglasungen. Prüfverfahren und Klasseneinteilung des Widerstandes gegen Sprengwirkung. Deutsche Norm. Berlin.

DIN EN 13830 (2015): Vorhangfassaden – Produktnorm. Deutsche Norm. Berlin.

DIN EN ISO 12543-1 (2011): Glas im Bauwesen – Verbundglas und Verbund-Sicherheitsglas. Teil 1: Definitionen und Beschreibung von Bestandteilen. Deutsche Norm. Berlin.

Torroja, Eduardo (1961): Logik der Form. München.

VdS 2163 (2016): Einbruchhemmende Verglasungen. Anforderungen und Prüfmethoden. Köln.

Claus Grupen[*]

Reaktorsicherheit

1.   Einige messtechnische Grundlagen

Um Risiken von kerntechnischen Anlagen oder beim sonstigen Umgang mit radioaktiven Quellen oder strahlenerzeugenden Geräten einzuordnen, benötigt man einige Messgrößen, die es erlauben, die potenziellen Gefahren abzuschätzen. Das Problem rührt daher, dass der Mensch kein Sinnesorgan für ionisierende Strahlung hat. Man sieht die Strahlung nicht, man riecht nichts und man schmeckt nichts. Vielleicht liegt es daran, dass die natürliche ionisierende Strahlung harmlos ist und die Natur keine Notwendigkeit sah, ein Sinnesorgan dafür zu entwickeln. Durch die fortschreitende Technik hat der Mensch aber Geräte und Anlagen entwickelt, die durchaus hohe Strahlungsintensitäten an Alpha-, Beta- und Gammastrahlung bereitstellen. Dabei sind Alphastrahlen Heliumkerne, Betastrahlen sind Elektronen und Gammastrahlen sind energiereiches Licht, eine Million mal energiereicher als das Licht im sichtbaren Bereich (Zimen 1987).

Zunächst einmal braucht man ein Maß für die Stärke einer radioaktiven Quelle, also die sogenannte Aktivität. Die Einheit der Aktivität wurde nach dem Entdecker der Radioaktivität, dem Franzosen Henri Antoine Becquerel, benannt. 1 Becquerel (Bq) ist ein Zerfall pro Sekunde. Um ein Gefühl für diese Einheit zu bekommen, hilft es vielleicht zu wissen, dass der Autor dieses Beitrags eine Aktivität von etwa 9.000 Bq hat, das heißt in seinem Körper zerfallen 9.000 Atomkerne pro Sekunde. Was da zerfällt, sind hauptsächlich natürliche Radionuklide wie Kalium-40 und Kohlenstoff-14 (Kalium-40 hat 19 Protonen und 21 Neutronen im Kern, die Massenzahl ist also 40; Kohlenstoff-14 hat 6 Protonen und 8 Neutronen im Kern und damit eine Massenzahl von 14). Kalium-40 stammt aus Supernova-explosionen, also dem Tod vergangener Sterne. Aus dem Staub solcher astronomischer Ereignisse hat sich unser Sonnensystem entwi-

[*] Univ.-Prof. em. Dr. Claus Grupen, Universität Siegen, Fakultät IV (Naturwissenschaftlich-Technische Fakultät), Physik.

ckelt, und in der Folge findet sich diese Sternasche auch in der Erde und in unseren Körpern. Wir sind also praktisch ein Endlager von Elementen und radioaktiven Abfällen aus Sternexplosionen in der Vergangenheit. Kohlenstoff-14 wird durch kosmische Strahlung in unserer Atmosphäre gebildet und – genau wie Kalium-40 – durch die Nahrung aufgenommen. Jeder Mensch hat dadurch etwa 100 Bq pro Kilogramm an Radioaktivität in seinem Körper. Als ein weiteres Beispiel sei die Aktivität einer Banane mit 15 Bq angegeben. Bananen sind damit ein Obst mit einer relativ hohen Radioaktivität. Man muss allerdings schon einige tausend Bananen pro Tag essen, um aufgrund ihrer Aktivität gesundheitliche Probleme zu bekommen (Grupen/Rodgers 2016).

Der biologische Effekt ionisierender Strahlung ist nur zum Teil mit der Aktivität korreliert. Ein möglicher biologischer Schaden hängt von der im Körper deponierten Energie ab. Die Einheit dieser Dosis wird in Joule pro Kilogramm gemessen. Darüber hinaus hängt der biologische Schaden von der Strahlart ab. Alphastrahlung ist sehr kurzreichweitig und deponiert sehr viel Energie pro Volumen. Damit erzeugt Alphastrahlung eine nennenswerte Zahl von schlecht zu reparierenden Doppelstrangbrüchen der Desoxyribonukleinsäure. Deshalb muss die deponierte Energie mit einem strahlungsartabhängigen Wichtungsfaktor versehen werden. Weiterhin hängt ein möglicher Strahlenschaden auch vom bestrahlten Gewebe ab. Hände und Füße sind relativ strahlenresistent, während innere Organe oder das blutbildende rote Knochenmark recht strahlenempfindlich sind. Daher muss auch ein Gewebewichtungsfaktor eingeführt werden, der auf diese spezifischen Empfindlichkeiten Rücksicht nimmt (Grupen 2010; Knoll 2010; Martin 2013). Die so bewertete Energiedosis wird in Sievert (Sv) gemessen. Da die Wichtungsfaktoren dimensionslose Zahlen sind, hat die Einheit Sievert ebenfalls die Dimension Joule pro Kilogramm. Eine Ganzkörperdosis von etwa 4 Sv (4.000 mSv) führt beim Menschen zu einer 50-prozentigen Mortalität innerhalb von 30 Tagen (Mattsson/Hoeschen 2013). Der biologische Effekt kleiner Dosen im Bereich bis 10 mSv ist allerdings umstritten (Allison 2009).

Die erwähnte natürliche Strahlenbelastung in Siegen beträgt 2,5 mSv pro Jahr (Grupen/Stroh/Werthenbach 2014). Durch Rauchen läßt sich diese Dosis deutlich steigern, denn ein Raucher inhaliert das in der normalen Atemluft enthaltene radioaktive Edelgas Radon mit seinen Zerfallsfolgeprodukten, wobei wegen der Teerablagerungen auf der Lunge diese radioaktiven Partikel nicht vollständig wieder ausgeatmet werden. Die oben erwähnte natürliche Radioaktivität einer Banane führt übrigens lediglich zu einer Dosis von 0,1 Mikro-Sievert (µSv). Es ist interessant zu bemerken, dass die zusätzliche Belastung durch technische Anlagen ebenfalls wie die natürliche Strahlenbelastung 2,5 mSv pro Jahr beträgt. Dabei entfallen allein 2 mSv auf Anwendungen in der Medizin durch Diagnostik und Therapie (Vogt/Schultz 1992; Mattsson/Hoeschen 2013). Weiterhin ist erwähnenswert, dass nach Informationen des Oak Ridge National Laboratory die radioaktive Belastung im Umfeld von Kohlekraftwerken höher ist als in der Umgebung von Kernkraftwerken (Hvistendahl 2007; Serle 2011).Wenn bekannt würde, wieviel Uran und Thorium von Steinkohlkraftwerken an die Umwelt abgegeben werden, würde es vermutlich einen Aufschrei in der Bevölkerung geben. Erstaunlicherweise hat sich diese Tatsache aber noch nicht herumgesprochen. Man müsste in Deutschland nach einer erhöhten Krebsrate besser in der Nähe von Kohlekraftwerken suchen und nicht nur in der Nähe von Kernkraftwerken.

Mit diesen wenigen Einheiten Becquerel (Bq) und Sievert (Sv) können nun die Risiken von Kernreaktoren näher unter die Lupe genommen werden.

2. Kernfusion und Kernspaltung

Der Betrieb von Kernreaktoren wird in Deutschland immer von der »German Angst« begleitet. Es gibt wenig konkrete Kenntnisse über die Gefahren, Risiken und Vorteile der Kernenergie, ganz zu schweigen von den physikalischen Prozessen, die in Kernreaktoren ablaufen.

Es gibt zwei Möglichkeiten, Energie aus Kernprozessen zu gewinnen – die Natur wählt den eleganten, effektiven Weg der Kernfusion. Hierbei werden 0,7 % der Masse nach der berühmten Einstein'schen Beziehung $E = mc^2$ in Energie umgewandelt (c ist dabei die Lichtgeschwindigkeit). Der jährliche Energieverbrauch der Stadt Siegen könnte mit der Fusion von 1 kg Wasserstoff gedeckt werden. Dieser Fusionsmechanismus läßt die Sterne scheinen. Wir leben also zu 100 % von Kernenergie und unsere Sonne ist ein riesiger Kernreaktor, der in der Sekunde 564 Millionen Tonnen Wasserstoff über die Fusion verbrennt. Es wird gerade versucht, dieses Himmelsfeuer zu zähmen. In Form von Wasserstoffbomben ist es schon in der 1950er Jahren gelungen, wenn auch nicht auf eine Weise, die wir uns wünschen. Die kontrollierte Kernfusion ist in dem Forschungsreaktor JET in Culham, England geglückt, wenn auch noch nicht wirtschaftlich effektiv. Das soll aber in einigen Dekaden mit dem Fusionsreaktor erfolgen, der gegenwärtig in Cadarache in Frankreich gebaut wird. Wenn dieses Milliardenprojekt erfolgreich ist, dann wird das Energieproblem der Menschheit gelöst sein. Allerdings benötigt man für das wirtschaftliche Gelingen der Kernfusion Temperaturen von einigen 100 Millionen Grad, die schwer zu erzeugen und schwer zu bändigen sind. Der günstige Nebeneffekt der Kernfusion wäre, dass die Risiken der Energiegewinnung durch Fusion äußerst gering sind. Reaktorunfälle wie in Tschernobyl wären physikalisch unmöglich.

Gegenwärtig muss sich der Mensch aber mit der etwas aufwendigeren und risikoreicheren Energiegewinnung durch Kernspaltung beschäftigen. Die

Kernspaltung wurde 1937/38 durch Otto Hahn und Fritz Strassmann entdeckt. In den 1940er Jahren wurden erste Kernwaffen im Manhattan Projekt von den Amerikanern entwickelt (Libby 1979) und zwei Exemplare 1945 über Hiroshima und Nagasaki abgeworfen, was zum Ende des Zweiten Weltkriegs führte. Erste Kernreaktoren wurden in den 1950er Jahren für die friedliche Nutzung der Kernenergie entwickelt. Die Wirkungsweise der Kernreaktoren beruht auf der Spaltung von Uran- oder Plutoniumisotopen durch langsame Neutronen. Bei einem Spaltprozess werden in der Regel zwei bis drei Neutronen freigesetzt, die eine Kettenreaktion auslösen, wenn die Neutronen vorher auf geringe Geschwindigkeiten abgebremst (moderiert) wurden. Ein funktionierender Kernreaktor benötigt also einen Kernbrennstoff (z. B. Uran) und einen Moderator. Als Moderator eignen sich leichte Elemente wie Kohlenstoff (in Form von Graphit) oder Wasser. Wasser hat den enormen Vorteil, dass dadurch auch eine Kühlung des Reaktors erreicht wird. Ein wassergekühlter Uranreaktor hat also ein beträchtliches Sicherheitspotenzial. Wenn das Wasser einmal ausläuft und die Kühlung unterbricht, werden die Neutronen nicht mehr moderiert und der Reaktor geht von selbst aus. Dagegen stellt ein graphitmoderierter, wassergekühlter Reaktor immer ein großes Risiko dar. Denn wenn die Wasserkühlung einmal ausfällt, werden die Neutronen weiter moderiert und die Kernspaltung läuft aus dem Ruder. Es muss dann zu einem Reaktorunfall kommen.

3. Unfälle in Reaktoranlagen

3.1 Tschernobyl

Genau solch ein Reaktorunfall ist 1986 in dem inhärent unsicheren Reaktor in Tschernobyl passiert (Steinhart/Saur 2005). Allerdings kamen unglaubliche Fehlbedienungen und grob fahrlässig missachtete Sicherheitsaspekte hinzu. In der Nacht am 26. April wollte das Bedienungspersonal des Reaktors einen elektrotechnischen Test durchführen, um zu sehen, ob das Nachlaufen der Turbinen nach einer Reaktorabschaltung ausreichen würde, um die Notstromversorgung zu sichern. Es wurden also der Reaktor relativ schnell heruntergefahren, die Kühlmittelpumpen gestoppt und einige Sicherungsanlagen abgeschaltet. Hier wurden schon elementare Sicherheitsaspekte komplett ignoriert. Hinzu kam, dass bei einer Reaktorwartung einige Tage zuvor vier verbrauchte Brennstäbe ausgetauscht wurden. Dabei wurde allerdings die Grundregel verletzt, dass nie unmittelbar benachbarte Brennstäbe gleichzeitig gegen neue Brennelemente ausgetauscht werden dürfen, denn dadurch entsteht im Reaktor eine lokale Leistungserhöhung. Diese führte dann auch prompt zu einer Leistungsexkursion, das heißt es wurde lokal sehr viel Energie und damit Wärme produziert. Die erhöhte Temperatur ließ das Wasser verdampfen. Wasserdampf ist aber ein schlechter Wärmeleiter, das heißt die Kühlung fällt praktisch aus. Damit können sich die Graphitblöcke weiter erhitzen, denn die Reaktorleistung geht wegen der Neutronenmoderation weiter. Durch die große Hitze wird der Wasserdampf in atomaren Wasserstoff und Sauerstoff zerlegt. Der Sauerstoff reagiert mit der Zirkonumhüllung der Uranbrennstäbe, die zu Zirkonoxid, einer weißen, krümeligen Masse oxidiert. Damit liegen die Uranbrennstäbe frei. Die hohe Temperatur führt dann zur Kernschmelze. Wasserstoff, Sauerstoff mit der umgebenden Luft ergeben aber ein ideales Knallgasgemisch. Eine solche Knallgasexplosion hob das Dach des Reaktors ab und die entstehende Rauchsäule stieg über den Kamineffekt weit in die Höhe. Auf diese Weise wurde die Hälfte des radioaktiven Inventars freigesetzt und über die nördliche Hemisphäre verteilt. Die freigesetzte Menge an radioaktiven Spaltprodukten hatte eine Aktivität von 10^{19} Bq! Hätte der Reaktor eine brauchbare Schutzhülle gehabt (»Containment«), wäre der Schaden viel geringer ausgefallen.

Eine grobe, verantwortungslose Handhabung eines inhärent unsicheren Reaktors und das Ignorieren elementarer Sicherheitsaspekte führten zu dieser bisher weltweit größten Reaktor-katastrophe. Die russische Energiebehörde gibt die Zahl der Todesopfer unter den Rettungs-arbeitern (»Liquidatoren«) mit 31 an und die Internationale Atomenergiekommission in Wien schätzt die weltweiten Folgetoten aufgrund der erhöhten Strahlung auf etwa 4.000.

Die Strahlenbelastung für Westeuropa durch die westwärts ziehende belastete Wolke aus Spaltprodukten betrug im Jahr 1986 etwa 0,5 mSv und war damit etwas geringer als die Belastung durch die Kernwaffenversuche in den 1960er Jahren.

3.2   Tokaimura

Der Strahlenunfall 1999 in Japan in der Wiederaufbereitungsanlage Tokaimura ist ein Beispiel für einen Kritikalitätsunfall (Grupen/Rodgers 2016). Wenn ein spaltbarer Stoff eine kritische Masse übersteigt, dann führt er von selbst zu einer gefährlichen Kettenreaktion. Normale Kernwaffen bestehen aus zwei unterkritischen Mengen von spaltbarem Material, die durch eine mechanische Explosion zusammengeführt werden und dann nuklear explodieren. Die kritischen Mengen hängen von der Art des spaltbaren Materials ab. Für das Uranisotop ^{235}U beträgt die kritische Masse nur circa 5 kg. Bei der großen Dichte von Uran wäre das lediglich ein Viertelliter. In der Wiederaufbereitungsanlage Tokaimura sollte eine Lösung Uranhexafluorid transportiert werden. Natürlich gibt die Sicherheitsinstruktion klare Hinweise, wieviel von dieser Lösung in einem Behälter auf einmal nur transportiert werden darf, und das ist erstaunlich wenig. Die Sicherheitstechniker, die die Lösung in einem wassergekühlten Eimer transportieren sollten, missachteten aber das Limit. Mit einem Eimer, von dem fast nur der Boden bedeckt ist, herumzulaufen, erschien ihnen etwas fragwürdig. Sie überschritten deshalb die kritische Menge Uranhexafluorid, wodurch sich eine selbsterhaltende Kettenreaktion in Gang setzte. Der kritische Zustand der Lösung dauerte achtzehn Stunden. Einer der Arbeiter starb an einer beträchtlichen Überdosis von 17 Sv an Neutronenstrahlung und viele Mitglieder des Personals der Anlage wurden einer harten Neutronen- und Gammastrahlung von über 20 mSv ausgesetzt. Der ausgedehnte Zeitraum der Kritikalität ließ sich durch das Kühlwasser erklären, das ungewollt die Neutronen moderierte und damit die Kettenreaktion am Laufen hielt, obwohl es eigentlich nur zur Kühlung gedacht war. Auch an diesem Beispiel wird klar, dass eine grobe Missachtung der Sicherheitsregeln zu diesem Unfall führte. Niemals hätte ein Tragebehälter mit einer überkritischen Menge an spaltbarem Material befüllt werden dürfen.

3.3 Fukushima

Der Nuklearunfall in Fukushima Daiichi im Jahre 2011 wurde durch ein starkes Erdbeben mit nachfolgendem Tsunami (Hafenwelle) ausgelöst (Povinec/Hirose/ Aoyama 2013).

Die Reaktoranlage war durch eine 10 m hohe Mauer gegen Hochwasser geschützt. Der Tsunami hatte aber eine Wellenhöhe von 14 m und überschwemmte die Anlage vollständig. Durch das einbrechende Wasser fielen alle Kühlpumpen aus. Normalerweise muss sorgfältig darauf geachtet werden, dass die Kühlsysteme unabhängig voneinander arbeiten. Wenn die Ausfallrate einer Pumpe 1 % ist, und vier Systeme wirklich unabhängig sind, dann wäre die Wahrscheinlichkeit für einen kollektiven Ausfall 1 % hoch vier, also 1 in 100 Millionen. Da aber alle Pumpen an derselben Stromversorgung hingen, was ein schwerer Sicherheitsmangel war, und die Stromversorgung wegen der Überflutung ausfiel, gab es keine Kühlung für die Brennelemente mehr. In der Folge kam es bei dreien der sechs Reaktoren zu einer Wasserstoffexplosion mit nachfolgender Kernschmelze. Wegen der ausgefallenen Pumpen gelangten große Mengen radioaktiv verseuchten Wassers in den Pazifik. Insgesamt starben etwa 20.000 Menschen durch das Erdbeben und den nachfolgenden Tsunami. Es gab zwar Überschreitungen der zulässigen radioaktiven Dosen, aber es gab keine Opfer aufgrund der ausgetretenen Radioaktivität.

4   Das Oklo-Phänomen

Vor 1,7 Milliarden Jahren wurde ein Naturreaktor in Oklo in Gabun in Westafrika von der Natur »angefahren« (Kuroda 1982). Durch eine mineralogische Anomalie war dort die Konzentration von Uran im Gestein besonders hoch. Dieser Reaktor war über einen Zeitraum von mehreren hundert Millionen Jahren aktiv. Das Gestein in Oklo war besonders porös und damit für Wasser durchdringlich. Da man für einen Reaktor langsame Neutronen benötigt, mussten die bei spontanen Uranspaltungen frei werdenden Neutronen abgebremst werden. Bei einsetzender Regenzeit stand wegen des porösen Gesteins hinreichend Moderatorsubstanz zur Verfügung. Wenn der Reaktor zu heiß wurde, verdampfte das Regenwasser und der Reaktor verlor Leistung, wurde aber bei einsetzender Kondensation wieder aktiv. Auf diese Weise wurde der Reaktor durch die periodische Regenzeit und die Verdampfungsphänomene moduliert. Dieser Naturreaktor erreichte eine thermische Leistung von 100 kW über einen Zeitraum von mehreren hundert Millionen Jahren. Erst als die Urankonzentration unter einen kritischen Wert fiel und die Spaltprozesse ausblieben, wurde der Reaktor zu einem Endlager. Die bei der Uranspaltung freigesetzten Spaltprodukte haben sich nur wenig vom Reaktor entfernt. Sie blieben im Wesentlichen dort, wo sie produziert wurden. Auch das Grundwasser wurde nicht kontaminiert. Damit hat die Natur gezeigt, wie man ein Endlager baut, das für einen Zeitraum von mindestens einer Milliarde Jahren eine sichere Endlagerung garantiert.

5. Schlussfolgerungen

Das Sicherheitsrisiko von Reaktoren wurde exemplarisch durch die drei Reaktorunfälle von Tschernobyl, Tokaimura und Fukushima vorgestellt. Alle drei erwähnten Unfälle waren vorhersehbar und menschengemacht. In allen Fällen wurden elementare Sicherheitsaspekte ignoriert: Menschliches Fehlverhalten und menschliche Fehleinschätzung sowie die Nichtbeachtung elementarer Sicherheitsregeln führten zu großen Problemen. Wer hätte schon gedacht, dass eine 10 m hohe Schutzmauer um den Reaktor von Fukushima nicht genügend Sicherheit vor den Wellen des Pazifiks bieten würde. Dass aber alle Kühlsysteme von der gleichen Stromversorgung abhingen, ist schon ein gravierender technischer Mangel. Die Wassermassen legten diese gemeinsame Stromversorgung lahm und waren damit hauptverantwortlich für diesen Reaktorunfall. Auch in der Behandlung der Unfälle, nachdem sie einmal eingetreten waren, gab es schwere Fehler. In Tschernobyl waren es etwa die Geheimhaltung des Desasters und die unzureichende Ausrüstung der Rettungsmannschaften. In Tokaimura war es die unglaubliche Inkompetenz des Technikpersonals und in Fukushima war es die unprofessionelle Handhabung der Unfallfolgen durch die Tokyo Electric Power Company (TEPCO). Der Naturreaktor in Oklo hat gezeigt, wie man das bisher noch offene Problem der Endlagerung radioaktiver Abfälle lösen kann.

Unfälle führen uns immer wieder vor, woran wir bei der Sicherheitstechnik nicht gedacht haben. Bei Unfällen dauert es häufig auch zu lange, bis ein Versagen der Reaktoren realisiert wird. Eine Verzögerung der Hilfsmaßnahmen führt in der Regel zu einer Verschlechterung der Situation. Unfällen vorzubeugen, Alarmpläne vorzubereiten und Notfallmaßnahmen zu trainieren, ist wesentlich. Die aufgestellten Sicherheitsregeln zu beachten, ist unabdingbar. Es klingt plausibel, dass man keine Sicherheitssysteme abschalten oder umgehen sollte (wie in Tschernobyl geschehen). Die Verantwortlichkeiten müssen klar geregelt sein.

Es sollen an dieser Stelle nicht die vielen kleineren Störfälle und »Beinahe-Unfälle« in anderen Reaktoranlagen verschwiegen werden. Man muss aber auch feststellen, dass dafür nicht nur menschliches Versagen verantwortlich war, sondern auch ein gewisses menschliches Unwissen. So kam es in Kraftwerken beispielsweise zu kleineren Störfällen durch Materialermüdung, zu unerwarteter Materialschädigung infolge hoher Strahlenbelastung und zu defekten Steueranlagen. Es bleibt zu hoffen, dass die Wissenschaftler und Ingenieure durch

Schäden klüger werden. Dieser Lernprozess ist aber riskant und kann sehr teuer werden (Laufs 2013).

Es muss auch befürchtet werden, dass es noch viele kleinere Reaktorunfälle gab, die nicht publik wurden. Gar nicht zu reden von den vielen geheim gehaltenen Unfällen im militärischen Bereich, die ebenfalls in vielen Fällen durch menschliche Fehleinschätzung oder Unkenntnis verursacht wurden. Es bleibt festzustellen, dass der Betrieb von Kernreaktoren nicht risikolos ist, aber das größte Risiko ist und bleibt der Mensch.

Literatur

Allison, Wade (2009): Radiation and Reason. The Impact of Science on a Culture of Fear. York.

Grupen, Claus (2010): Introduction to Radiation Protection. Practical Knowledge for Handling Radioactive Sources. Berlin – Heidelberg.

Grupen, Claus/Rodgers, Mark (2016): Radioactivity and Radiation. What They Are, What They Do, and How to Harness Them. Heidelberg – New York.

Grupen, Claus/Stroh, Tilo/Werthenbach, Ulrich (2014): Grundkurs Strahlenschutz: Praxiswissen für den Umgang mit radioaktiven Stoffen. 4. Aufl. Heidelberg.

Hvistendahl, Mara (2007): Coal Ash is More Radioactive than Nuclear Waste. Scientific American online. https://www.scientificamerican.com/article/coal-ash-is-more-radioactive-than-nuclear-waste/ (zuletzt abgerufen am 02.08.2017).

Knoll, Glenn F. (2010): Radiation Detection and Measurement. New York.

Kuroda, Paul K. (1982): The Origin of the Chemical Elements and the Oklo Phenomenon. Berlin – Heidelberg.

Laufs, Paul (2013): Reaktorsicherheit für Leistungskernkraftwerke. Die Entwicklung im politischen und technischen Umfeld der Bundesrepublik Deutschland. Berlin – Heidelberg.

Libby, Leona M. (1979): The Uranium People. New York.

Martin, James E. (2013): Physics for Radiation Protection. New York.

Mattsson, Sören/Hoeschen, Christoph (Hrsg.) (2013): Radiation Protection in Nuclear Medicine. Berlin – Heidelberg.

Povinec, Pavel P./Hirose, Katsumi/Aoyama, Michio (2013): Fukushima Accident. Radioactivity Impact on the Environment. 2. Aufl. Waltham, MA – Oxford – Amsterdam.

Serle, Jack, (2011): Do Coal-fired Power Sstations Produce Radioactive Waste? Science Focus. http://www.sciencefocus.com/qa/do-coal-fired-power-stations-produce-radioactive-waste (zuletzt abgerufen am 02.08.2017).

Steinhart, Marion/Saur, Karl-Otto (2005): 26.4.1986. Der Super-Gau von Tschernobyl. Augsburg.

Vogt, Hans-Gerrit/Schultz, Heinrich (1992): Grundzüge des praktischen Strahlenschutzes. München – Wien.

Zimen, Karl-Erik (1987): Strahlende Materie. Radioaktivität – ein Stück Zeitgeschichte. Esslingen – München.

Danksagung

Ich bedanke mich bei Herrn Dipl. Phys. Dieter Gebauer für eine kritische Durchsicht meines Manuskriptes.

Christian Reuter / Marc-André Kaufhold / Marén Schorch /
Jan Gerwinski / Christian Soost / Sohaib S. Hassan /
Gebhard Rusch / Petra Moog / Volkmar Pipek / Volker Wulf*

Digitalisierung und Zivile Sicherheit: Zivilgesellschaftliche und betriebliche Kontinuität in Katastrophenlagen (KontiKat)

1.   Einleitung

Der Begriff der Zivilen Sicherheit rückt im Kontext verschiedener möglicher Ereignisse – wie Terrorismus, Kriminalität, technische Unfälle oder Naturereignisse – die Verwundbarkeit und somit die Gefährdung der Kontinuität des modernen zivilgesellschaftlichen und betrieblichen Lebens in den Mittelpunkt. Der zunehmende Einsatz von IT im Zuge der Digitalisierung macht die Ab-

* Univ.-Prof. Dr. Christian Reuter, Technische Universität Darmstadt, Wissenschaft und Technik für Frieden und Sicherheit (PEASEC); Initiator und Leiter der BMBF-Arbeitsgruppe KontiKat an der Universität Siegen.
  Marc-André Kaufhold, B.Sc., Technische Universität Darmstadt, Wissenschaft und Technik für Frieden und Sicherheit (PEASEC) sowie Universität Siegen, BMBF-Arbeitsgruppe KontiKat.
  Dr. Marén Schorch, Universität Siegen, Fakultät III (Wirtschaftswissenschaften – Wirtschaftsinformatik – Wirtschaftsrecht), Lehrstuhl Wirtschaftsinformatik und Neue Medien sowie BMBF-Arbeitsgruppe KontiKat.
  Dr. Jan Gerwinski, Universität Siegen, Fakultät I (Philosophische Fakultät), Germanistik sowie BMBF-Arbeitsgruppe KontiKat.
  Dr. Christian Soost, Universität Siegen, Fakultät III (Wirtschaftswissenschaften – Wirtschaftsinformatik – Wirtschaftsrecht), Statistik und Ökonometrie sowie BMBF-Arbeitsgruppe KontiKat.
  Dr. Sohaib S. Hassan, Universität Siegen, Fakultät III (Wirtschaftswissenschaften – Wirtschaftsinformatik – Wirtschaftsrecht), SME Graduate School sowie BMBF-Arbeitsgruppe KontiKat.
  apl. Prof. Dr. Gebhard Rusch, Universität Siegen, Fakultät I (Philosophische Fakultät), Institut für Medienforschung (IfM)/ISchool sowie BMBF-Arbeitsgruppe KontiKat-Mentor.
  Univ.-Prof. Dr. Petra Moog, Universität Siegen, Fakultät III (Wirtschaftswissenschaften – Wirtschaftsinformatik – Wirtschaftsrecht), Lehrstuhl für Unternehmensnachfolge/Entrepreneurship and Family Business sowie BMBF-Arbeitsgruppe KontiKat-Mentorin.
  Univ.-Prof. Dr. Volkmar Pipek, Universität Siegen, Fakultät III (Wirtschaftswissenschaften – Wirtschaftsinformatik – Wirtschaftsrecht), Lehrstuhl Computerunterstützte Gruppenarbeit und Soziale Medien sowie BMBF-Arbeitsgruppe KontiKat-Mentor.
  Univ.-Prof. Dr. Volker Wulf, Universität Siegen, Fakultät III (Wirtschaftswissenschaften – Wirtschaftsinformatik – Wirtschaftsrecht), Lehrstuhl Wirtschaftsinformatik und Neue Medien sowie BMBF-Arbeitsgruppe KontiKat-Mentor.

hängigkeit gerade im Zusammenhang von Sicherheitsfragen sichtbar. Dieser Beitrag möchte, bezogen auf die Arbeitsgruppe KontiKat der BMBF-Nachwuchsförderung an der Universität Siegen, die Forschung im Kontext der Digitalisierung der Zivilen Sicherheit betrachten und hinsichtlich der zivilgesellschaftlichen und betrieblichen Kontinuität diskutieren.

1.1 Motivation: Ausfall der Telekom-Vermittlungsstelle in Siegen

Am 21. Januar 2013 kam es bei der Vermittlungsstelle der Deutschen Telekom in Siegen zu einem Brand, in dessen Folge mehr als 500.000 Telefonanschlüsse über mehrere Stunden und vereinzelt mehrere Tage nicht nutzbar waren. Auch Notrufe waren nicht möglich, ebenfalls waren die Internetseiten des Kreises sowie der Leitstelle offline und das Lokalradio, welches typischerweise als Sprachrohr in derartigen Lagen dient, war außer Betrieb.

Die Facebook-Seite der Kreisleitstelle (Abb. 1), die innerhalb unseres BMBF-Projekts InfoStrom entwickelt wurde, diente hingegen als funktionierendes Medium der Kommunikation zwischen der Leitstelle und der Bevölkerung beziehungsweise der Bevölkerung untereinander und wurde rege genutzt, um die enormen Informationsbedürfnisse zu decken. Diese Vernetzung der Bevölkerung in Schadenslagen wird unter dem Begriff der digitalen Freiwilligen (Starbird/Palen 2012) diskutiert, mit der Erkenntnis, dass soziale Medien die Vernetzung und letzten Endes die Selbsthilfefähigkeit in der Bevölkerung positiv fördern können (Reuter et al. 2013). Als digitale Freiwillige (geläufiger im Englischen als Digital Volunteers), also freiwillige Helferinnen und Helfer aus dem virtuellen Raum, werden in einer Katastrophenlage betroffene oder nicht-betroffene Bürgerinnen und Bürger bezeichnet, welche Informations- und Kommunikationstechnologien (IKT) zur (Unterstützung der) Bewältigung der Katastrophenlage einsetzen (Kaufhold/Reuter 2016).

Doch nicht nur die zivilgesellschaftliche Kontinuität, auch die betriebliche Kontinuität war betroffen: Zahlreiche Unternehmen berichteten von Störungen im Kundenkontakt (77 %) sowie in internen betrieblichen Abläufen (40 %). Hierbei sind Schäden im zweistelligen Millionenbereich entstanden (IHK Siegen 2013). Gemäß einiger Studien sind jedoch gerade kleine und mittlere Unternehmen (KMU) in Bezug auf Katastrophenlagen im Kontrast zu Konzernen häufig nicht optimal abgesichert (Moog et al. 2010; Falkner/Hiebl 2015; Reuter 2015b) (Abb. 2). Grundlage der Einordnung eines Unternehmens als KMU ist die Definition der Europäischen Union (2003), die seit dem 1. Januar 2005 gilt. Demnach haben KMU unter 250 Mitarbeiter und einen Umsatz bis zu 50 Mio. € beziehungsweise eine Bilanzsumme von höchstens 43 Mio. €. Kooperation und Vernetzung mit anderen Unternehmen, aber auch die Aktivierung sozialer

Netzwerke kann hier, so unser Ansatz, ebenfalls entscheidend zur betrieblichen Kontinuität und zur Katastrophen-Resilienz beitragen.

Abb. 1: Facebook-Auftritt der Kreisleitstelle

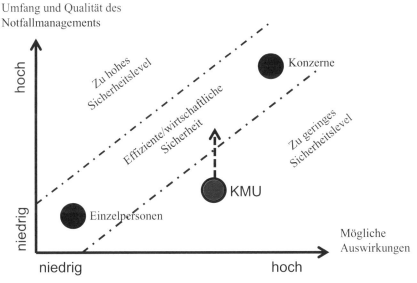

Abb. 2: Wirtschaftliche Sicherheit: Einzelpersonen, KMU und Konzerne bezüglich Auswirkungen vs. Qualität des Notfallmanagements (Reuter 2015a)

1.2   Ziel: Kontinuität durch sozio-technische Vernetzung

Ziel unseres Vorhabens ist die Förderung zivilgesellschaftlicher und betrieblicher Kontinuität durch sozio-technische Vernetzung (physisch und virtuell) mit Hilfe kooperativer Technologien in Katastrophenlagen. Im Katastrophenkontext sollen qualitative und quantitative Studien (a) zur sozialen Vernetzung der Bevölkerung mit Fokus auf sozialen Medien sowie (b) zum Grad der Vernetzung von kleinen und mittleren Unternehmen (KMU) insbesondere von Entrepreneuren durchgeführt werden. Hierauf aufbauend wird KontiKat Konzepte und Technologien zur Adressierung aktueller Problemfelder entwickeln: Diese adressieren die zivilgesellschaftliche Kontinuität der Bevölkerung durch soziale Medien, zum Beispiel Nachvollziehen, Zusammenführung und Förderung entstehender Gruppierungen, Überwachung der Stimmung und Identifikation von Falschmeldungen sowie das betriebliche Kontinuitätsmanagements von KMU durch kooperative Technologien (z. B. zur Vernetzung von KMU). Abschließend sollen Evaluationsstudien zur Wirkung dieser Hilfsmittel erfolgen.

2.   Sicherheitsszenario: Kooperation bei Infrastrukturausfällen

Das betrachtete Sicherheitsszenario umfasst Schadenslagen, bei denen sich Selbsthilfeaktivitäten der physischen Ebene (Nachbarschaftshilfe von Bürgerinnen und Bürgern, aber auch Unternehmen) mit Hilfe sozialer Netzwerke auf virtueller Ebene (Verwendung sozialer Medien zum Informationsaustausch oder für die Koordination von Bürgern und Unternehmen) beobachten lassen und/oder Potenziale der Schadensbekämpfung ermöglichen. Eine Verbesserung der Selbsthilfefähigkeit und somit zivilgesellschaftlicher und betrieblicher Kontinuität in solchen Lagen hat positive wirtschaftliche und gesellschaftliche Auswirkungen.

2.1   Infrastrukturausfälle als Herausforderung

Zum Schutz der Bevölkerung und der Volkswirtschaft sind moderne, hoch entwickelte und digitalisierte Gesellschaften auf zuverlässige Infrastrukturen insbesondere in den Sektoren Energie und Gesundheit, aber auch Informationstechnik und Telekommunikation angewiesen. Dabei können Infrastrukturstörungen und -ausfälle durch kriminelle Handlungen, terroristische Anschläge oder im Kontext zwischenstaatlicher Konflikte sowie durch Naturkatastrophen, Betriebsstörungen und Systemfehler ausgelöst werden.

So zeigen, wie Reuter und Ludwig (2013) darstellen, beispielsweise die Stromausfälle in Indien 2012 (670 Millionen Betroffene), Brasilien und Paraguay 2009 (87 Millionen Betroffene), Europa 2006 (10 Millionen Betroffene) und in den USA und Kanada 2003 (55 Millionen Betroffene), dass sich große unbeabsichtigte Unterbrechungen der Elektrizitätsversorgung auch heute noch überall auf der Welt ereignen. Dabei ist die durchgängige Versorgung mit elektrischer Energie in den letzten Jahrzehnten immer unverzichtbarer geworden. Das Auftreten eines Stromausfalls stellt somit eine stetig größer werdende Problematik dar, da große Teile der Infrastruktur nur bei intakter elektrischer Versorgung funktionieren (Birkmann et al. 2010). Dies betrifft nicht nur Bereiche der Wirtschaft und private Haushalte, sondern vor allem auch alle grundlegenden (kritischen) Infrastrukturen wie Trinkwasser- und Lebensmittelversorgung sowie jegliche Kommunikations- und Informationstechnik (Lorenz 2010). Die starke Abhängigkeit von funktionierender Stromversorgung impliziert eine große Anzahl von Problemen im Falle eines Ausfalls (Holenstein/Küng 2008; Deutscher Bundestag 2011).

Aufgrund dessen, dass die Wahrscheinlichkeit für Stromausfälle in Westeuropa relativ gering ist und in den vergangenen Jahren die durchschnittliche Ausfalldauer des Netzes in Deutschland nur wenige Minuten pro Jahr betrug, ist die allgemeine Vorbereitung für eine potenzielle Krisensituation nicht optimal (Birkmann et al. 2010) und viele Akteure verlassen sich auf ein angenommenes Sicherheitsgefühl, erzeugt durch gut funktionierende Infrastrukturen (Abb. 3). Ereignet sich in solchen Lagen ein Stromausfall, so fällt die Vielzahl vorhandener Kommunikationsmittel relativ zeitnah aus (Hiete et al. 2010; Deutscher Bundestag 2011).

Ursachen von Infrastrukturausfällen können vielfältig und nicht nur durch extreme Wetterlagen bedingt sein (Abb. 4). Auch terroristische Anschläge müssen ins Kalkül gezogen werden. Die Bedrohung durch Terrorismus hat sich in den letzten Jahren sowohl mit Blick auf die Urheber (Staaten, Organisationen, Einzeltäter) als auch hinsichtlich der Anschlagsstrategien sehr stark verändert, indem vermehrt Anschläge in Europa (z. B. Paris, Brüssel) inklusive Deutschlands (z. B. Berlin) stattfanden. Die Antworten der EU und der einzelnen Mitgliedstaaten halten mit diesen Veränderungen kaum Schritt (Ehrhart/Kahl 2010). Für alle Formen von Terrorismus kann allerdings gelten, dass die Verbreitung von Furcht und Schrecken in der Bevölkerung, also die Destabilisierung politischer, sozialer und ökonomischer Verhältnisse als Mittel zur Erreichung von Terrorzielen, nur mit Hilfe der massenmedialen Berichterstattung effektiv gelingen kann. Hinzu kommt die wachsende Bedeutung des Internets und sozialer Medien einerseits als Nachrichtenkanal zur Verbreitung von Informationen über Terrorakte und Terrororganisationen, andererseits als Rekrutierungs- und Radikalisierungsplattformen (Reuter et al. 2017).

Abb. 3: Leitstelle in Berzdorf (http://www.sifo.de/de/infostrom-lernende-informationsinfra strukturen-fuer-das-krisenmanagement-am-beispiel-der-1819.html)

Abb. 4: Während des Sturms Kyrill am 18.01.2007 umgeknickter Strommast bei Magdeburg-Ottersleben (https://de.wikipedia.org/wiki/Orkan_Kyrill#/media/File:Strommast.jpg)

2.2 Kooperation in Schadenslagen

Die Bürgerinnen und Bürger können eine sehr große Rolle spielen, indem sie vor Ort besonders bei langfristigen Wiederaufbauarbeiten, beispielsweise nach Hochwassern, die Initiative ergreifen und sich aktiv als Helferinnen und Helfer beteiligen (Quarantelli/Dynes 1977) (Abb. 5). In Zeiten des Web 2.0 verwenden gerade diese engagierten Bürgerinnen und Börger bereits während der Extremlagen das Internet, um Familie, Freunde und Bekannte auf dem Laufenden zu halten (Palen/Liu 2007) oder die Bewältigung der Krisensituation etwa durch die Mobilisierung ungebundener Helfer und kritischer Ressourcen zu unterstützen (Kaufhold/Reuter 2016). Diese Formen physischer und virtueller Selbsthilfe (Reuter et al. 2013) können durch angemessene sozio-technische Vernetzungstätigkeiten die zivilgesellschaftliche Kontinuität verbessern beziehungsweise Störungen des sozialen und ökonomischen Systems abfedern.

Abb. 5: Kooperation in Schadenslagen, hier: Helfer am Deich (https://www.flickr.com/pho tos/vorsprach/8994524177/in/photolist-eGkRXA-eGfkda-eGmsPb-eGPp3X-eErgq8-eGPhF4-eGfhDB-eGms7E-eGVs9q-eGPkHn-eGPnxa-eGmrJs-eGVwvs-eGfexD-eGmevQ-eGVAy9-eGh ooM-eGoH87-eGVzd3-eGoBgY-eGotT3-eGoJy1-eHdPWW-eGmqDE-eHdP9w)

Aber auch Unternehmen sind von Schadenslagen betroffen und als aktiver Partner gefragt. Bei KMU kann in Bezug auf die Vorbereitung auf solche Lagen ein Defizit wahrgenommen werden (Reuter 2015a), so wie dies auch bei generellen Krisen zu konstatieren ist (Kraus et al. 2013).

3. Ansatz: Zivilgesellschaftliche und betriebliche Kontinuität durch Kooperation

3.1 Neuheit und Attraktivität des Lösungsansatzes

Unser Ansatz ist, Schadenslagen aus einer anderen Perspektive zu betrachten: Aus Sicht der soziologischen Katastrophentheorie (Clausen/Dombrowsky 1983) sind nicht Naturereignisse, Unfälle oder Infrastrukturschäden selbst die eigentlichen Katastrophen, sondern deren Wirkungen auf oder Folgen für das gesellschaftliche Leben, den Alltag, das Privatleben von Bürgerinnen und Bürgern, die Geschäftstätigkeit von Unternehmen oder die politische Ordnung. Aus systemischer Sicht würde man in solchen Fällen je nach Schwere, das heißt nach Qualität und Intensität von Schäden, für das betroffene gesellschaftliche soziotechnische System von Irritationen oder im schlimmsten Fall von der Desintegration des Systems sprechen, also von Störungen oder Unterbrechungen des gesellschaftlichen Lebens oder von dessen völligem Erliegen.

Historisch haben alle Gesellschaften für die teils sehr spezifischen Anforderungen auf der Basis ihres jeweiligen Wissens und ihrer Technologien immer wieder neue Lösungen für den Umgang mit solchen Störungen oder Unterbrechungen ihres Alltags entwickelt. Zu diesen Lösungen zählen vor allem auch die Institutionalisierungen, zum Beispiel der Selbstverteidigung, der Feuerwehr, des Rettungswesens oder der Katastrophenvorsorge. Aus systemischer Sicht stellen sich diese Leistungen sozio-technischer Systeme als Entwicklung von Plänen und Lösungen für die Aufrechterhaltung, Fortsetzung oder auch Wiederherstellung des Alltags entweder unter erschwerten Bedingungen, im Ausnahmezustand oder nach einem Zusammenbruch dar, das heißt als *Leistungen zivilgesellschaftlichen Kontinuitätsmanagements*. Systeme, die über diese Art von Resilienz, das heißt Widerstandskraft und Restrukturierungsvermögen, verfügen, werden dementsprechend als metastabile Ungleichgewichtssysteme modelliert (Bühl 1990). Im Sinne dieses Ansatzes ist also die Resilienz eines sozio-technischen Systems von seiner Toleranz, Elastizität oder Plastizität gegenüber strukturellen und sogar organisationalen Veränderungen abhängig, wie Irritationen aller Art sie darstellen.

An dieser Stelle geht das interdisziplinär ausgerichtete Projekt konzeptionell mit Blick auf die Theorieentwicklung sowie in der Empirie und im Design neuer Lösungsansätze den entscheidenden Schritt über die bekannten Sichtweisen des Krisen- und Katastrophenmanagements und der Katastrophentheorie hinaus. Indem es das Thema des (zivilgesellschaftlichen und betrieblichen) *Kontinuitätsmanagements* der Analyse von Resilienzkonzepten, Bewältigungsstrategien oder Bereitschaftsansätzen überordnet, macht es nicht die Katastrophen und den Umgang mit ihnen zum zentralen Thema, sondern die Aufrechterhaltung, Fortsetzung und Wiederherstellung gesellschaftlichen Lebens in und nach – wie immer induzierten – Krisen und Katastrophen. Damit richtet das Projekt den Blick auf jene gesellschaftlichen Potenziale, Kräfte und Leistungen, die es ermöglichen, im Durchgang durch Krisen und Katastrophen eine Zukunft – und damit die Sicherheit von Bevölkerung und Gesellschaft – zu gewährleisten.

3.2   Forschungsmethodik: Multi-Methodisch

Im Rahmen dieses Projekts werden verschiedene miteinander verbundene De-sign-Fallstudien (Wulf 2009) durchgeführt. Diese bestehen erstens aus einer empirischen Vorstudie, zweitens aus der Entwicklung von IT und drittens aus deren Evaluation. Diese Vorgehensweise orientiert sich am Konzept der Akti-onsforschung (Lewin 1958), einem Forschungsansatz, der Interventionen an den untersuchten Phänomenen vornimmt, um die daraus resultierenden Ergebnisse zu erforschen. Sie folgt zudem dem Vorschlag von Hevner und Chatterjee (2010), Aktionsforschung und Design Science (Hevner et al. 2004) als gestaltungsori-entierten Forschungsansatz, in welchem nicht Erkenntnis (Wissen), sondern Nützlichkeit (Können) im Vordergrund steht, zu verbinden.

Es werden verschiedene empirische Methoden angewandt und auf innovative Weise miteinander kombiniert: Neben den eher sozial-konstruktivistisch ge-prägten qualitativen Zugängen (wie Arbeitsplatzstudien, teilnehmende Beob-achtungen, Interviews, Gesprächsanalyse, Analysen sozialer Medien etc.; vgl. Strauss/Corbin 1998) sind dies positivistisch geprägte Zugänge (primär quan-titative, aber auch qualitative Verfahren) und innovative digitale Methoden wie Argumentation Mining (Lippi/Torroni 2016) und Netzwerkanalysen (Borgatti et al. 1996). Argumentation Mining ist ein Forschungsbereich innerhalb des Na-tural Language Processing (natürliche Sprachverarbeitung) mit dem Ziel, Ar-gumentationsstrukturen aus unstrukturierten Textdokumenten, zum Beispiel Nachrichten aus sozialen Medien, für die weitere, insbesondere qualitative Computeranalyse automatisch zu extrahieren (Lippi/Torroni 2016).

Mit Hilfe der bereits bestehenden Kontakte zu Privatpersonen (auch unge-bundene HelferInnen in früheren Katastrophenlagen) und zu KMU (z. B. aus der ländlicheren Region Südwestfalen (insb. Siegen) sowie einer urbaneren Region (z. B. Rhein-Main) werden weitere Zugänge zu zahlreichen Privatpersonen und etwa KMU eröffnet. Mit diesen wird von Beginn an eine enge Zusammenarbeit im konkreten Feld etabliert und über den Verlauf des Projektes gemäß dem Siegener PraxLabs-Ansatz zur kontinuierlichen qualitativen Zusammenarbeit mit NutzerInnen aufrechterhalten (Ogonowski et al., 2013; Müller et al. 2014). PraxLabs setzen sich zum einem aus einem Netzwerk aus regionalen For-schungs-, Industrie- und Anwendungspartnern und zum anderen aus unter-schiedlichen Settings, wie zum Beispiel dem häuslichen Umfeld, öffentlichen Orten der Alltagsbegegnung, virtuellen Communitys oder arbeitsweltlichen Umgebungen zusammen, in denen Wissenschaftler und Forscher, Industrie-unternehmen, öffentliche Institutionen und Nutzer gemeinsam miteinander arbeiten und an verschiedenen Entwicklungs- und Gestaltungsstufen beteiligt werden können. Neben den oben angeführten vielfältigen qualitativen Verfahren zur Datensammlung und Analyse werden die gewonnenen Erkenntnisse durch eine quantitative Erhebung bei Unternehmen sowie durch repräsentative Studien der Bevölkerung untermauert.

4.   Hintergrund: Soziale Medien, Kommunikation, Resilienz und Kontinuität

4.1   Resilienz und sozio-technische Systeme

Gemäß Boin et al. (2010) hat die Forschung im Bereich Krisen- und Katastrophenmanagement den Begriff der Resilienz bisher vergleichsweise wenig betrachtet. Das UK Government (2011) definiert *Desaster-Resilienz* als die Fähigkeit zur Bewältigung des Wandels durch Aufrechterhaltung oder Umwandlung ohne langfristige Folgen. Der ebenfalls im Kontext von Katastrophenlagen entstandene Begriff der *sozialen Resilienz* beinhaltet die Kapazität sozialer Gruppen und Gemeinschaften, sich von Krisen zu erholen oder positiv darauf zu reagieren (Maguire/Hagan 2007). In dem Zuge wird von den fördernden Eigenschaften Resistenz (Schäden verhindern), Wiederherstellung (mögliche Schäden zügig beheben) und Kreativität (aus Schäden lernen und den Systemzustand als Folge verbessern) ausgegangen. Die *kooperative Resilienz* wird als Fähigkeit verstanden, Kooperationskrisen durch Anpassungsfähigkeit an geänderte Realitäten mit Hilfe von Kooperationstechnologie zu überstehen (Reuter et al. 2016). Ein Mittel hierzu können soziale Medien sein.

4.2   Soziale Medien und Selbsthilfe

Gemäß einer repräsentativen BITKOM-Studie (2013) nutzen zwei Drittel aller InternetnutzerInnen in Deutschland soziale Medien. Neben der Kommunikation mit eigenen Kontakten wird das Hochladen und Teilen von Fotos, Videos und Texten mit jeweils etwa zwei Dritteln als häufigste Nutzungsform beschrieben. Zahlreiche Studien legen nahe, dass soziale Medien nicht nur im Alltag, sondern auch in Extrem-, Krisen- und Katastrophenlagen, zur Information und Kooperation genutzt werden (Reuter et al. 2015). Zuerst dokumentiert nach den Terroranschlägen vom 11. September 2001, entwickelte sich, vorwiegend in den USA, unter dem Begriff »Crisis Informatics« ein wissenschaftlicher Trend zur Analyse sozialer Medien in Katastrophenlagen (Palen/Liu 2007). Manche Studien weisen darauf hin, dass das Anspruchsdenken der Bevölkerung in den letzten Jahren deutlich zugenommen hat und die Bereitschaft zur Selbsthilfe, zumindest bei kleinen Lagen, sinkt. Die Selbsthilfe durch soziale Medien und dessen Vernetzungsmöglichkeiten könne jedoch gefördert werden (Starbird/ Palen 2011; Heger/Reuter 2013). Auch die Organisation politischer Aufstände und Demonstrationen, unter anderem in der arabischen Welt, erfolgt via Facebook und Twitter (Wulf et al. 2013). Infrastrukturausfälle betreffen zwar auch soziale Medien, aufgrund der mobilen Nutzbarkeit und kurzfristigen Unabhängigkeit der Stromversorgung sind manche negativen Aspekte im Vergleich zu ortsgebundenen Geräten allerdings abgeschwächt (Reuter/Ludwig 2013).

4.3 Kommunikationsprozesse

Im Rahmen des gesamten Katastrophenzirkels (FEMA) spielen formelle und informelle Kommunikationsabläufe, vor allem zwischen heterogenen Akteursgruppen mit sehr unterschiedlichen Eigenlogiken und Interessenslagen (Privatpersonen, Organisationen, KMU, Rettungskräfte, Medien, Politik etc.), eine wichtige Rolle (Egner et al. 2012; Kette/Vollmer 2015). Häufig wurde und wird bei Analysen von derartigen Kommunikationsprozessen ein vereinfachtes Kommunikationsmodell angelegt, das auf eine »funktionierende Informationsweiterleitung« zwischen den Akteuren fokussiert (Clausen/Dombrowsky 1983; Dynes 1998). Neuere, interdisziplinär geprägte Arbeiten der sich langsam etablierenden qualitativen Katastrophenforschung schlagen hingegen komplexere Kommunikationsmodelle als adäquate Zugänge vor, die sich stärker auf die »Mikrostrukturen« beziehungsweise den konkreten jeweiligen Prozesse konzentrieren (Egner et al. 2012; Collins 2015). Gleichzeitig kommt im Zusammenhang mit der Reflexion bisheriger Schadenslagen und der Prävention beziehungsweise Resilienz gegenüber zu antizipierender Schadenslagen dem Lernen aus bisherigen Erfahrungen enorme Bedeutung zu (Tierney 2015); für den Bereich von Organisationen und speziell KMU besteht hier allerdings noch ein großes Forschungsdefizit.

4.4 Betriebliche Kontinuität und KMU in Schadenslagen

Business Continuity Management (BCM) ist laut ISO 22301 (2014) ein »ganzheitlicher Managementprozess, der potenzielle Bedrohungen für Organisationen und die Auswirkungen ermittelt, die diese Bedrohungen, falls sie umgesetzt werden, womöglich auf die Geschäftsabläufe haben.« Eine Komponente des BCM stellt das Disaster Recovery Planning (DRP) dar, welches die Wiederherstellung und Weiterführung technologischer Infrastrukturen nach einer Katastrophenlage fokussiert. Bei Betrachtung der aktuellen Studienlage wird deutlich, dass die Anwendung von BCM und DRP in KMU unterrepräsentiert ist und dass das

Sicherheitslevel teilweise im nicht-wirtschaftlichen Bereich liegt (Reuter 2015a). Es ist insbesondere erkennbar, dass KMU andere, dem Risiko und der Unternehmensgröße angepasste Anforderungen an den Umfang von Lösungen haben (Sullivan-Taylor/Branicki 2011). Im Allgemeinen existiert nur eine sehr geringe Anzahl an empirischen Erkenntnissen zur Resilienz von KMU. Auf den Krisenfall unvorbereitete KMU beziehen ihre Informationen im Ernstfall hauptsächlich aus den Massenmedien, wohingegen vorbereitete KMU auf persönliche Erfahrungen im Umgang mit Krisen und auf das Firmennetzwerk setzen (Herbane 2014). Dies deutet darauf hin, dass die Vernetzung und Nutzung von sozialen Netzwerken die primäre Strategie im Umgang mit Katastrophen darstellen kann und unterstreicht die Notwendigkeit einer zielgerichteten Forschung in diesem Bereich (Gao et al. 2013).

4.5   Sicherheitskommunikation als Handlungspraxis

Zur Erforschung der Sicherheitslage und sicherheitsrelevanter Praktiken (Habscheid 2016; Schatzki 2016) beteiligter menschlicher und nicht-menschlicher Akteure (Latour 2007) existieren kombinierte Analysemethoden (Steinke 2000; Flick 2010). In einem angemessenen Methodenmix können sowohl sprachliche und weitere semiotische Zeichen als auch unterschiedliche Kommunikationsformen (Holly 2011) kontextbezogen und damit unter anderem raum- und zeitbezogen erhoben werden (Habscheid et al. 2013). Neben medialen, kulturellen und materiellen Begebenheiten müssen zur Verfügung stehende Dokumente und Pläne sowie kodifizierte und gewachsene Regeln und Abläufe in den Blick genommen werden. Dies haben unter anderem die Arbeiten aus den sogenannten Workplace Studies beziehungsweise den Studies of Work eindrücklich aufgezeigt (Bergmann 2005). Diese konversationsanalytisch geprägten Ansätze (Gülich/Mondada/Furchner 2008) müssen allerdings noch für eine umfassende Untersuchung ethnographisch, zum Beispiel durch teilnehmende Beobachtung und Interviews (Deppermann 2000; 2013) sowie um eine angemessene Erhebung und Analyse der Online-Kommunikation (Fraas et al. 2013) ergänzt werden. Da dies in der deutschsprachigen linguistischen Sicherheitskommunikations- und Katastrophenforschung bislang noch nicht methodentrianguliert durchgeführt wurde, kann der hier zu erarbeitende Forschungsrahmen nicht nur inhaltlich, sondern auch methodisch als innovativ und notwendig für die avisierten Ziele charakterisiert werden.

5.   Fazit: Kontinuität als Theorierahmen

Der KontiKat-Ansatz bietet das Konzept des Kontinuitätsmanagements als einen übergeordneten Theorierahmen in der Zivilen Sicherheit an, der präventive, proaktive und reaktive Maßnahmen des Bevölkerungsschutzes und der Katastrophenhilfe in einen systemischen Zusammenhang mit Rekreation und Wiederherstellung eines neuen Alltags stellt. Indem der Fokus auf die längstmögliche Aufrechterhaltung der Systemfunktionalitäten (im Sinne von wie auch immer gestörter Normalität) und erst danach auf eine Art Notlauf-Betrieb und schließlich auf so etwas wie einen Neustart des Systems gerichtet wird, erfährt die Forschung eine Ausrichtung auf die durch alle Krisen und Katastrophen hindurch zu erhaltenden und überdauernden beziehungsweise wiederherzustellenden Werte, Leistungen und Strukturen. Das Projekt strebt also nicht vordergründig nach einer genaueren Beschreibung und Erklärung von Krisen oder Katastrophen als Voraussetzung ihrer Prävention oder ihres Managements. Es fragt vielmehr nach Aufrechterhaltungschancen, Fortsetzungschancen sowie Wiederherstellungsmöglichkeiten des sozialen und ökonomischen Alltags durch die exemplarisch angesetzten Schadenszenarien hindurch. Dieser Perspektivenwechsel wird ganz neue – interdisziplinär bestimmte – Lösungen freisetzen, wie sie in konkurrierenden Paradigmen gar nicht gedacht werden können. Exakt darin liegt auch das Potenzial für eine nachhaltige Innovativität dieses Ansatzes.

Literatur

Bergmann, Jörg (2005): Studies of Work. In: Rauner, Felix (Hrsg.), Handbuch Berufsbildungsforschung. Bielefeld, S. 639–646.

Birkmann, Jörg/Bach, Claudia/Guhl, Silvie/Witting, Maximilan/Welle, Torsten/Schmude, Miron (2010): State of the Art der Forschung zur Verwundbarkeit Kritischer Infrastrukturen am Beispiel Strom / Stromausfall. Risk Management. Berlin.

BITKOM (2013): Soziale Netzwerke 2013 – Eine repräsentative Untersuchung zur Nutzung sozialer Netzwerke im Internet. Berlin.

Boin, Arjen/Comfort, Louise K./Demchak, Chris C. (2010): The Rise of Resilience. In: Comfort, Louise K./Boin, Arjen/Demchak, Chris C. (Hrsg.), Designing Resilience. Preparing for Extreme Events. Pittsburgh, S. 1–12.

Borgatti, Stephen P./Everett, Martin G./Freeman, Linton C. (1996): UCINET IV: Software for Social Network Analysis. Cambridge/MA.

Bühl, Walter L. (1990): Sozialer Wandel im Ungleichgewicht. Zyklen, Fluktuationen, Katastrophen. Stuttgart.

Clausen, Lars/Dombrowsky, Wolf R. (1983): Einführung in die Soziologie der Katastrophen. Bonn.

Collins, Andrew E. (2015): Beyond Experiential Learning in Disaster and Development Communication. In: Egner, Heike/Schorch, Marén/Voss, Martin (Hrsg.), Learning and Calamities. Practices, Interpretations, Patterns. New York – London, S. 56–76.

Deppermann, Arnulf (2000): Ethnographische Gesprächsanalyse: Zu Nutzen und Notwendigkeit von Ethnographie für die Konversationsanalyse. Gesprächsforschung – Online-Zeitschrift zur verbalen Interaktion 1, S. 96–124.

Deppermann, Arnulf (2013): Analytikerwissen, Teilnehmerwissen und soziale Wirklichkeit in der ethnographischen Gesprächsanalyse. In: Hartung, Martin/Deppermann, Arnulf (Hrsg.), Gesprochenes und Geschriebenes im Wandel der Zeit. Festschrift für Johannes Schwitalla. Mannheim, S. 32–59.

Deutscher Bundestag (2011): Gefährdung und Verletzbarkeit moderner Gesellschaften – am Beispiel eines großräumigen und langandauernden Ausfalls der Stromversorgung. Drucksache 17/5672 vom 27.04.2011. dip21.bundestag.de/dip21/btd/17/056/170567 2.pdf (zuletzt abgerufen am 15.08.2017).

Dynes, Russell R. (1998): Coming to Terms with Community Disaster. In: Quarantelli, Enrico L. (Hrsg.), What is a Disaster? Perspectives on the Question. London – New York, S. 109–126.

Egner, Heike/Schorch, Marén/Hitzler, Sarah/Bergmann, Jörg R./Wulf, Volker (2012): Communicating Disaster. A Case for Qualitative Approaches to Disaster Research. Report of a Research Group at the Center for Interdisciplinary Research (ZiF), Bielefeld University. Zeitschrift Für Soziologie 41 (3), S. 248–255.

Egner, Heike/Schorch, Marén/Voss, Martin (2015): Introduction: Can Societies Learn from Calamities? In: Egner, Heike/Schorch, Marén/Voss, Martin (Hrsg.), Learning and Calamities. Practices, Interpretations, Patterns. New York – London, S. 1–23.

Ehrhart, Hans-Georg/Kahl, Martin (2010): Einführung: Security Governance – Konzepte, Akteure, Missionen. In: Ehrhart, Hans-Georg/Kahl, Martin (Hrsg.), Security Governance in und für Europa. Baden-Baden, S. 7–22.

Europäische Union (2003): Empfehlung der Kommission vom 6. Mai 2003 betreffend die Definition der Kleinstunternehmen sowie der kleinen und mittleren Unternehmen, Aktenzeichen K(2003) 1422. http://eur-lex.europa.eu/legal-content/DE/TXT/?uri=CE LEX:32003H0361 (zuletzt abgerufen am 15.08.2017).

Falkner, Eva Maria/Hiebl, Martin R. W. (2015): Risk Management in SMEs: A Systematic Review of Available Evidence. Journal of Risk Finance 16 (2), S. 122–144.

Flick, Uwe (2010): Gütekriterien qualitativer Forschung. In: Mey, Günter/Mruck, Katja (Hrsg.), Handbuch Qualitative Forschung in der Psychologie. Wiesbaden, S. 395–407.

Fraas, Claudia/Meier, Stefan/Pentzold, Christian/Sommer, Vivien (2013): Diskursmuster – Diskurspraktiken. Ein Methodeninstrumentarium qualitativer Diskursforschung. In: Fraas, Claudia/Meier, Stefan/Pentzold, Christian (Hrsg.), Online-Diskurse. Theorien und Methoden transmedialer Online-Diskursforschung. Köln, S. 102–135.

Gao, Simon S./Sung, Ming C./Zhang, Jane (2013): Risk Management Capability Building in SMEs: A Social Capital Perspective. International Small Business Journal 31 (6), S. 677–700.

Gülich, Elisabeth/Mondada, Lorenza/Furchner, Ingrid (2008): Konversationsanalyse. Eine Einführung am Beispiel des Französischen. Tübingen.

Habscheid, Stephan (2016): Handeln in Praxis. Hinter- und Untergründe situierter sprachlicher Bedeutungskonstitution. In: Deppermann, Arnulf/Feilke, Helmuth/Linke, Angelika (Hrsg.), Sprachliche und kommunikative Praktiken. Berlin, New York, S. 127–151.

Habscheid, Stephan/Thörle, Britta/Wilton, Antje (2013): Sicherheit im öffentlichen Raum: Eine sprach- und kulturvergleichende Diskursanalyse am Beispiel des Körperscanners (2009–2012). Zeitschrift Für Angewandte Linguistik 58 (1), S. 99–132.

Heger, Oliver/Reuter, Christian (2013): IT-basierte Unterstützung virtueller und realer Selbsthilfegemeinschaften in Katastrophenlagen. In: Alt, Rainer/Franczyk, Bogdan (Hrsg.), Proceedings of the International Conference on Wirtschaftsinformatik (WI). Leipzig, S. 1861–1875.

Herbane, Brahim (2014): Information Value Distance and Crisis Management Planning. SAGE Open 4 (2), S. 1–10.

Hevner, Alan R./Chatterjee, S. (2010): Design Research in Information Systems: Theory and Practice. New York.

Hevner, Alan R./March, Salvatore T./Park, Jinsoo/Ram, Sudha (2004): Design Science in Information Systems Research. MIS Quarterly 28 (1), S. 75–105.

Hiete, Michael/Merz, Mirjam/Trinks, Christian/Grambs, Wolfgang,/Thiede, Tanja (2010): Krisenmanagement Stromausfall (Langfassung) – Krisenmanagement bei einer großflächigen Unterbrechung der Stromversorgung am Beispiel Baden-Württemberg. Stuttgart.

Holenstein, Matthias/Küng, Lukas (2008): Stromausfall – was denkt die Bevölkerung. Sicherheit (3), S. 61.

Holly, Werner (2011): Medien, Kommunikationsformen, Textsortenfamilien. In: Habscheid, Stephan (Hrsg.), Textsorten, Handlungsmuster, Oberflächen: linguistische Typologien der Kommunikation. Berlin, S. 144–165.

IHK Siegen (2013): Telekom-Ausfall: Millionenschäden in Unternehmen und Forderung nach Konsequenzen – IHK plant Erfahrungsaustausch.

ISO 22301 (2014): Sicherheit und Schutz des Gemeinwesens – Business Continuity Management System – Anforderungen (ISO 22301:2012); Deutsche Fassung EN ISO 22301:2014.

Kaufhold, Marc-André/Reuter, Christian (2016): The Self-Organization of Digital Volunteers across Social Media: The Case of the 2013 European Floods in Germany. Journal of Homeland Security and Emergency Management (JHSEM) 13 (1), S. 137–166.

Kette, Sven/Vollmer, Hendrik (2015): Normalizations and its Discontents. Organizational Learning from Disasters. In: Egner, Heike/Schorch, Marén/Voss, Martin (Hrsg.), Learning and Calamities. Practices, Interpretations, Patterns. New York – London, S. 181–198.

Kraus, Sascha/Moog, Petra/Schlepphorst, Susanne/Raich, Margit (2013): Crisis and Turnaround Management in SMEs: A Qualitative-Empirical Investigation of 30 Companies. International Journal of Entrepreneurial Venturing 5 (4), S. 406–430.

Latour, Bruno (2007): Eine neue Soziologie für eine neue Gesellschaft. Einführung in die Akteur-Netzwerk-Theorie. Frankfurt am Main.

Lewin, Kurt (1958): Group Decision and Social Change. New York.

Lippi, Marco/Torroni, Paolo (2016): Argumentation Mining: State of the Art and Emerging Trends. ACM Transactions on Internet Technology 16 (2), S. 10.

Lorenz, Daniel F. (2010): Kritische Infrastrukturen aus Sicht der Bevölkerung. Schriften-reihe Forschungsforum Öffentliche Sicherheit der FU Berlin, Band 3. Berlin.

Maguire, Brigit/Hagan, Patrick. (2007): Disasters and Communities: Understanding Social Resilience. Australian Journal of Emergency Management 22 (2), S. 16–20.

Moog, Petra/Mirabella, Désirée/Schlepphorst, Susanne (2010): Unternehmenssicherung im Bezirk der Industrie – und Handelskammer Siegen – Notfallplanung und Nach-folgemanagement. Siegen.

Müller, Claudia/Schorch, Marén/Wieching, Rainer (2014): PraxLabs as a Setting for Par-ticipatory Technology Research and Design in the Field of HRI and Demography. Proceedings of the Workshop »Socially Assistive Robots for the Aging Population: Are we trapped in Stereotypes?«, Human Robot Interaction Conference. Bielefeld.

Ogonowski, Corinna/Ley, Benedikt/Hess, Jan/Wan, Lin/Wulf, Volker (2013): Designing for the Living Room: Long-Term User Involvement in a Living Lab. Proceedings of the Conference on Human Factors in Computing Systems (CHI). Paris, S. 1539–1548.

Palen, Leysia/Liu, Sophia B. (2007): Citizen Communications in Crisis: Anticipating a Future of ICT-Supported Public Participation. Proceedings of the Conference on Human Factors in Computing Systems (CHI). San Jose/CA, S. 727–736.

Quarantelli, Enrico L./Dynes, Russell Rowe (1977): Response to Social Crisis and Disaster. Annual Review of Sociology 3 (1), S. 23–49.

Reuter, Christian (2015a): Betriebliches Kontinuitätsmanagement in kleinen und mittleren Unternehmen – Smart Services für die Industrie 4.0. In: Weisbecker, Anette/Burmester, Michael/Schmidt, Albrecht (Hrsg.), Mensch & Computer 2015 – Workshopband. Stuttgart, S. 37–44.

Reuter, Christian (2015b): Towards Efficient Security: Business Continuity Management in Small and Medium Enterprises. International Journal of Information Systems for Crisis Response and Management 7 (3), S. 69–79.

Reuter, Christian/Heger, Oliver/Pipek, Volkmar (2013): Combining Real and Virtual Vo-lunteers through Social Media. In: Comes, Tina/Fiedrich, Frank/Fortier, Stephen/Geldermann, Jutta/Müller, Tim (Hrsg.), Proceedings of the Information Systems for Crisis Response and Management. Baden-Baden, S. 780–790.

Reuter, Christian/Ludwig, Thomas (2013): Anforderungen und technische Konzepte der Krisenkommunikation bei Stromausfall. In: Hornbach, Matthias (Hrsg.), Informatik 2013 – Informatik angepasst an Mensch, Organisation und Umwelt. Koblenz, S. 1604–1618.

Reuter, Christian/Ludwig, Thomas/Friberg, Therese/Pratzler-Wanczura, Sylvia/Gizikis, Alexis (2015): Social Media and Emergency Services? Interview Study on Current and Potential Use in 7 European Countries. International Journal of Information Systems for Crisis Response and Management 7 (2), S. 36–58.

Reuter, Christian/Ludwig, Thomas/Pipek, Volkmar (2016): Kooperative Resilienz – ein soziotechnischer Ansatz durch Kooperationstechnologien im Krisenmanagement. Gruppe. Interaktion. Organisation. Zeitschrift Für Angewandte Organisationspsy-chologie 47 (2), S. 159–169.

Reuter, Christian/Pätsch, Katja/Runft, Elena (2017): Terrorbekämpfung mithilfe sozialer Medien – ein explorativer Einblick am Beispiel von Twitter. In: Leimeister, Jan Marco/Brenner, Walter (Hrsg.), Proceedings of the International Conference on Wirtschafts-informatik (WI). St. Gallen, S. 649–663.

Schatzki, Theodore R. (2016): Praxistheorie als flache Ontologie. In: Schäfer, Hilmar (Hrsg.), Praxistheorie. Ein soziologisches Forschungsprogramm. Bielefeld, S. 29–44.

Starbird, Kate/Palen, Leysia (2011): Voluntweeters: Self-Organizing by Digital Volunteers in Times of Crisis. Proceedings of the Conference on Human Factors in Computing Systems (CHI). Vancouver, S. 1071–1080.

Starbird, Kate/Palen, Leysia (2012): (How) Will the Revolution be Retweeted? Information Diffusion and the 2011 Egyptian Uprising. Proceedings of the Conference on Computer Supported Cooperative Work (CSCW). Bellevue/WA, S. 7–16.

Steinke, Ines (2000): Gütekriterien qualitativer Forschung. In: Flick, Uwe/von Kardorff, Ernst/Steinke, Ines (Hrsg.), Qualitative Forschung. Ein Handbuch. Reinbek bei Hamburg, S. 319–331.

Strauss, Anselm L./Corbin, Juliet (1998): Basics of Qualitative Research: Techniques and Procedures for Developing Grounded Theory. 2. Aufl. Thousand Oaks.

Sullivan-Taylor, Bridgette/Branicki, Layla (2011): Creating Resilient SMEs: Why One Size Might Not Fit All. International Journal of Production Research 49 (18), S. 37–41.

Tierney, Kathleen (2015): Foreword. In: Egner, Heike/Schorch, Marén/Voss, Martin (Hrsg.), Learning and Calamities. Practices, Interpretations, Patterns. New York – London, S. xiii–xx.

UK Govenment: Department for International Development (2011): Defining Disaster Resilience: A DFID Approach Paper. London: https://www.gov.uk/government/up loads/system/uploads/attachment_data/file/186874/defining-disaster-resilience-ap proach-paper.pdf (zuletzt abgerufen am 15.08.2017).

Wulf, Volker (2009): Theorien sozialer Praktiken zur Fundierung der Wirtschaftsinformatik: Eine forschungsprogrammatische Perspektive. In: Becker, Jörg/Krcmar, Helmut/Niehaves, Björn (Hrsg.), Wissenschaftstheorie und Gestaltungsorientierte Wirtschaftsinformatik. Berlin – Heidelberg, S. 211–224.

Wulf, Volker/Misaki, Kaoru/Atam, Meryem/Randall, David/Rohde, Markus (2013): »On the Ground« in Sidi Bouzid: Investigating Social Media Use during the Tunisian Revolution. Proceedings of the Conference on Computer Supported Cooperative Work (CSCW). San Antonio, S. 1409–1418.

Danksagung

Zur Stärkung des wissenschaftlichen Nachwuchses werden Arbeitsgruppen gefördert, die unter Leitung eines Arbeitsgruppenleiters unabhängig und interdisziplinär relevante Fragestellungen der Sicherheitsforschung bearbeiten. Die Arbeitsgruppe »KontiKat« unter Leitung von Dr. Christian Reuter wird im Zuge der Bekanntmachung »Zivile Sicherheit – Nachwuchsförderung durch interdisziplinären Kompetenzaufbau« des BMBF im Rahmen des Programms »Forschung für die zivile Sicherheit« der Bundesregierung als eine von fünf Arbeitsgruppen bundesweit gefördert (Förderkennzeichen: 13N14351).

Toni Eichler[*]

»Für mich, für alle«: Eine Kampagne für mehr Feuerwehr und Sicherheit in NRW

1. Einleitung

Die Deutsche Sicherheitsarchitektur beruht zu großen Teilen auf dem Engagement Freiwilliger. Die Feuerwehren, THW, DRK und andere Bevölkerungsschutzorganisationen wären ohne ehrenamtliche Helferinnen und Helfer nur in stark eingeschränktem Umfang einsatzfähig. Aber auch spontane (sie entschließen sich unangemeldet und ohne Vorankündigung zu helfen) sowie ungebundene (sie sind bereits bei den zuständigen Stellen registriert und können nach Bedarf und gegebenenfalls nach individueller Qualifikation kontrolliert angefragt werden) Helferinnen und Helfer spielen eine immer wichtigere Rolle bei der Bewältigung der wachsenden Herausforderungen. Während freiwillig Engagierte das Rückgrat der Behörden und Organisationen mit Sicherheitsaufgaben (BOS) bilden, können spontane oder idealerweise ungebundene Helferinnen und Helfer insbesondere bei Großschadenslagen oder bei speziellen Aufgaben eine wertvolle Unterstützung sein. In beiden Bereichen offenbaren sich jedoch zunehmend Probleme:
- *Sinkende Mitgliederzahlen:* Aufgrund des demografischen Wandels, stärker eingeforderter, beruflicher Mobilität etc. ist die Zahl freiwillig Engagierter vielerorts rückläufig.
- *Mangelnde Tagesverfügbarkeit:* Auch dort, wo prinzipiell genügend Mitglieder vorhanden sind, sind diese während der Arbeitszeiten oft nicht im erforderlichen Umfang verfügbar.
- *Umgang mit Helferinnen und Helfern:* Wie nicht zuletzt die vergangenen Hochwasser gezeigt haben, gibt es während Einsätzen gerade bei der Kommunikation mit spontanen oder ungebundenen Helferinnen und Helfern sowie deren Abstimmung mit den eigenen Kräften noch Verbesserungspotenzial.

---

[*] Toni Eichler, M.A., Universität Siegen, Institut für Medienforschung (IfM)/iSchool.

Mit diesen wenigen Punkten sind einige der zentralen Herausforderungen für die Gewährleistung von Sicherheit im Bevölkerungsschutz skizziert. Sie sind unmittelbar mit der Einsicht verbunden, dass Sicherheit keine objektive Tatsache, sondern etwas Hergestelltes, ein Produkt zahlreicher Beteiligter ist. Die Zivilbevölkerung ist kein passiver Empfänger einer staatlich gewährleisteten Sicherheit, sondern aktiv an ihrer Erzeugung beteiligt. Die bislang von den BOS unternommenen, kommunikativen Anstrengungen zur Erreichung, Aktivierung und stärkeren Einbindung der Zivilbevölkerung werden ihrer Bedeutung für die langfristige Gewährleistung ziviler Sicherheit aber kaum gerecht.

Ein kurzer Überblick einiger für die Freiwilligen Feuerwehren in den vergangenen Jahren gestalteten Kampagnen hilft dabei, einige der sie verbindenden Wesenszüge zu identifizieren und anschließend mit dem Projekt »FeuerwEhrensache« einen etwas anderen Ansatz vorzustellen. Auf der Grundlage mehrerer Erhebungen der Wissensbestände und Meinungen der Bevölkerung in NRW zur Freiwilligen Feuerwehr wurde dort eine Kampagne mit einer alternativen Konzeption entwickelt.

2.   Kampagnen

In den Bundesländern initiierte Kampagnen für die Freiwillige Feuerwehr gab und gibt es viele (Tab. 1). Bei den genannten Beispielen muss man zwischen crossmedialen Kampagnen (z. B. Niedersachsen, Sachsen) und kleineren Kampagnen mit gegebenenfalls nur einem Medienpartner (z. B. Schleswig-Holstein) unterscheiden. Auch die Zielgruppen unterscheiden sich stark: Neben Kampagnen, die auf die Herstellung einer breiten Öffentlichkeit abzielen (Niedersachsen, Bayern), gibt es auch solche, die bewusst nur bestimmte Teilgruppen adressieren und informieren – beispielsweise in Form von Broschüren (Baden-Württemberg) oder Konzepten sowie Handlungsempfehlungen für die Feuerwehrangehörigen vor Ort (Thüringen). Teils deuten auch die Claims der hier versammelten Beispiele an, dass lediglich bestimmte Teilöffentlichkeiten wie Senioren oder Jugendliche/Kinder im Fokus der jeweiligen Kampagne stehen. Es gibt also durchaus ein Bewusstsein für Personengruppen, die bislang noch nicht oder noch nicht hinreichend angesprochen wurden. Einen solchen Ansatz verfolgt auch die Kampagne des Deutschen Feuerwehrverbandes (112 Feuerwehr – Willkommen bei uns; http://www.112-willkommen.de), die sich speziell an Menschen mit Migrationshintergrund richtet. Mit der Kampagne »Frauen am Zug« (http://www.feuerwehrverband.de/frauen-am-zug.html) wurde seitens des DFV vor einigen Jahren auch eine weitere, in den Freiwilligen Feuerwehren bislang unterrepräsentierte Zielgruppe adressiert.

Bundesland	Kampagne[a]	Internetauftritt[b]
Baden-Württemberg	65 plus	http://www.feuerwehr-ub.de/feuerwehr verband-baden-württemberg-startet-imagekampagne
Bayern	Wenn die Katastrophe kommt, sind wir bereit. Komm, hilf mit!	http://ich-will-zur-feuerwehr.de
Hessen	1+1=2 – eine gute Connection; Alle brauchen Dich	https://www.feuerwehr-hessen.de/imagekampagne
Mecklenburg-Vorpommern	Köpfe gesucht	http://www.landesfeuerwehr-mv.de/ko epfe-gesucht/kampagne/
Niedersachsen	Ja zur Feuerwehr	http://www.ja-zur-feuerwehr.de
Rheinland-Pfalz	Deine Heimat. Deine Feuerwehr! Komm, mach mit!	http://www.deine-heimat-deine-feuer wehr.de
Sachsen	Helden gesucht	http://feuerwehr.sachsen.de/7611.htm
Schleswig-Holstein	Wenn Feuer wär…	http://www.lfv-sh.de/mitgliederwer bung/kampagne-mit-rsh.html
Thüringen	Gemeinsam für eine starke Freiwillige Feuerwehr	http://www.wir-sind-dabei-112.de/ge meinsam-fuer-eine-starke-freiwillige-feuerwehr

a   Bei den meisten Kampagnen stehen Plakate, Flyer per Download zur eigenen Vervielfältigung und Verteilung zur Verfügung.
b   Internetseiten zuletzt abgerufen am 10.05.2017.

Tab. 1: Von Bundesländern initiierte Kampagnen für die Freiwillige Feuerwehr

Allen Kampagnen ist der Versuch gemein, Feuerwehr als eine attraktive Form freiwilligen Engagements zu beschreiben und dafür möglichst ungewöhnliche Arten der Ansprache zu entwickeln. Der verpflichtende Charakter des Ehrenamts mit seinen Zwängen und Verbindlichkeiten soll in diesem Zusammenhang nicht »überbetont« (Thüringer Feuerwehr-Verband 2017) werden, obgleich er zur Aufrechterhaltung der Einsatzbereitschaft notwendig ist. Die Verantwortlichen versuchen dieser offenbar weitgehend geteilten Einschätzung in vielen Kamagnen mit einer Balance aus einer angemessenen Kommunikation von Moderne und Tradition sowie von Verbindlichkeit und Flexibilität zu entsprechen.

Darüber hinaus besteht die Gefahr, die über die Feuerwehr im Umlauf befindlichen Stereotype und Vorurteile unfreiwillig zu bestätigen oder ein Selbstbild der Organisation zu präsentieren, das so gar nicht zur Alltagserfahrung der Feuerwehrangehörigen oder der Bürgerinnen und Bürger passt. Das in den Vereinigten Staaten durchaus authentisch zu vermittelnde Firefighter-Image erweist sich in Deutschland jedenfalls kaum als kulturell anschlussfähig. Dennoch klingt es in einigen der Kampagnen durchaus an, obwohl Feuerwehr sich hierzulande als deutlich weniger emotionsgeladenes Thema darstellt, das eher punktuell und einsatzbezogen in den Vordergrund rückt. Zudem werden mit ihr nicht nur positive Aspekte verbunden, sondern durchaus auch negative, wie etwa ein Gefühl der Belästigung durch Blaulicht und Sirene oder der Eindruck von Feuerwehr als Stammtischersatz, der sich aus zahlreichen Feuerwehrfesten speist (diese Eindrücke wurden unter anderem im Zuge unserer Fokusgruppeninterviews – siehe Abschnitt 3.1 – sowohl von Feuerwehrangehörigen als auch von Personen ohne Feuerwehrbezug geäußert). Nicht wenige werden derartige Gedanken auch schon bei sich selbst bemerkt haben. Zudem gleiten Gespräche im Alltag sowie im beruflichen Kontext – egal ob mit Angehörigen der Feuerwehren geführt oder nicht – gerne in derart stereotype Wahrnehmungen ab und müssen bei der Konzeption einer Kampagne berücksichtigt werden.

3. Erhebungen

Natürlich können persönliche Gedanken und Gespräche nur eine erste Tendenz vermitteln. Damit eine Kampagne einen möglichst großen Teil der Öffentlichkeit auch tatsächlich erreicht, sind belastbarere Informationen notwendig. Relevant ist hierfür vor allem, welches Wissen und welches Bild die Öffentlichkeit von der Feuerwehr hat und auch, wie die Feuerwehrangehörigen selbst ihre Organisation sehen.

Das Institut für Medienforschung der Universität Siegen hat den Versuch gemacht und in einer Reihe von Erhebungen beide Gruppen befragt. Die nachfolgenden Abschnitte 3 und 4 orientieren sich am Abschlussbericht der Unterarbeitsgruppe »Werbekampagne« des Projektes FeuerwEhrensache und fassen zentrale, darin formulierte Erkenntnisse zusammen. Auf eine separate Kennzeichnung indirekt wiedergegebener Passagen aus diesem Bericht wird aus Gründen der Lesbarkeit verzichtet; direkte Zitate sind gekennzeichnet. Das Ziel war es, auf Grundlage der Erhebungen eine für die Verhältnisse in NRW »maßgeschneiderte« Kampagne zu entwickeln, die die Öffentlichkeit für das Thema Feuerwehr sensibilisiert, einen gesellschaftlichen Diskurs zum Thema initiiert und ihn stetig begleitet. Da ein derartiger Effekt nur unter Mithilfe der Feuerwehrangehörigen zu erzielen ist, spielen sie in den Erhebungen, vor allem aber in der Kampagne selbst eine wichtige Rolle.

Um das Bild der Feuerwehr in der Öffentlichkeit und bei den Feuerwehrangehörigen erfassen zu können, wurde ein Mix qualitativer und quantitativer Verfahren angewendet:

(1) eine Medienanalyse zur medialen Berichterstattung über die Feuerwehr für die Jahre 2015 und 2016,

(2) je eine Passanten-Befragung zum »Ehrenamt in der Feuerwehr« auf der Blaulichtmeile des NRW-Tages 2014 in Bielefeld und der Blaulichtmeile des Familienfests der Feuerwehr Siegen 2015,

(3) zwei Fokusgruppeninterviews mit Personen ohne Feuerwehrmitgliedschaft zum Bild der Freiwilligen Feuerwehr in der Öffentlichkeit im Jahr 2015,

(4) zwei Fokusgruppeninterviews mit Feuerwehrangehörigen zur Innenperspektive auf die Freiwilligen Feuerwehr im Jahr 2015,

(5) eine repräsentative Befragung »Meinungen und Einstellungen der Bevölkerung in Nordrhein-Westfalen zur Feuerwehr«, ausgeführt durch FORSA im Jahr 2016.

Die durchgeführten Erhebungen vermitteln jeweils für sich und zusammengenommen einen Eindruck davon, wie Organisation, Kultur und Mitglieder der Feuerwehr in der deutschen Öffentlichkeit, aber auch innerhalb der Feuerwehr wahrgenommen und verhandelt werden. Nachfolgend werden sie jeweils mit einigen zentralen Erkenntnissen kurz vorgestellt.

3.1 Medienanalyse

Die durchgeführte Medienanalyse dient als Referenz für alle weiteren Erhebungen. Sie ermöglicht die Einordnung der erhobenen Wissensbestände vor dem Hintergrund der medialen Berichterstattung über die Feuerwehr. Methodisch wurde dabei so vorgegangen, dass für den Zeitraum vom 01.01.2015 bis zum 30.09.2016 jeder dritte in Online-Quellen veröffentlichte Artikel ausgewählt und analysiert wurde, in dem der Suchbegriff »Freiwillige Feuerwehr« enthalten war. Die Reduzierung auf jeden dritten Artikel war aus Gründen der Handhabbarkeit erforderlich. 95 % der Beiträge stammten aus den Onlineportalen von Pressemedien, die restlichen 5 % verteilten sich auf Blogs sowie die Onlinepräsenzen von TV- oder Radiosendern. Diese Verteilung ist hier jedoch nur von geringer Relevanz, da es in der Medienanalyse vor allem um die qualitative Exploration der Inhalte geht, die medial zum Thema Feuerwehr aufbereitet werden. Hierfür kam ein computergestütztes Verfahren unter Verwendung der Software *Textpack* zum Einsatz. Die Vorgehensweise unterscheidet sich dabei zunächst einmal nicht grundlegend von derjenigen, die auch Visualisierungstools wie etwa *Wordle* (Abb. 1) zugrunde liegt.

Im Gegensatz zum Beispiel in Abb. 1 wurde das Textkorpus im Zuge unserer Auswertung von häufig vorkommenden Konjunktionen, Füllwörtern etc. bereinigt. Die Stichprobe von insgesamt 18.556 Wörtern bestand aus Substantiven, Adjektiven, Verben und Adverbien. Aus der Häufigkeit der verschiedenen Worte wurde die relative Prominenz der jeweils verbundenen Wortkonzepte abgeleitet.

Abb. 1: Wortwolke eines unbereinigten Ausschnitts des Analysematerials (eigene Darstellung). Je größer ein einzelnes Wort dargestellt ist, desto häufiger kommt es in der Stichprobe vor.

Als bedeutsamer, wichtiger oder relevanter für die Berichterstattung wurden demnach häufiger vorkommende Wortkonzepte eingeschätzt. Als Minimum wurde ein zehnmaliges Vorkommen festgelegt, um einen Kompromiss aus Übersicht und Relevanz zu wahren.

Die erfassten Wortkonzepte wurden in einem weiteren Schritt verschiedenen Clustern zugeordnet, um sie inhaltlich zu strukturieren (Abb. 2).

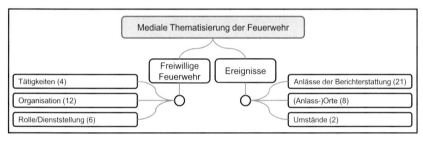

Abb. 2: Mindmap Thematisierung (Eichler/Rusch 2016)

Im Wesentlichen werden in der Berichterstattung zur Freiwilligen Feuerwehr demnach zwei größere Themenkomplexe aufgegriffen: zum einen die Freiwillige Feuerwehr selbst mit verschiedenen organisationsspezifischen Merkmalen, zum anderen ereignisbezogene Inhalte wie Anlässe, Orte oder Umstände. Dabei dominiert erwartungsgemäß das Einsatzgeschehen, denn Feuerwehreinsätze erfüllen gleich mehrere journalistische Selektionskriterien. So sind sie beispielsweise *auffällig* beziehungsweise *überraschend*, *aktuell*, mit Blick auf den Einsatzanlass in der Regel *negativ*, *eindeutig*, fanden in (räumlicher) *Nähe* zu den Rezipienten statt und sind nicht zuletzt dadurch geeignet, *Betroffenheit* oder auch allgemein *Human Interest* zu erzeugen (Schulz 1976; Rusch 2015).

Ohne die Einzelthemen an dieser Stelle bis in alle Details weiter aufzuarbeiten, zeigt sich die mediale Berichterstattung über die Freiwilligen Feuerwehren in unserer Analyse durchaus als differenziert und informativ. Die Akteure mit ihren Rollen und Funktionen ebenso wie Ausrüstung oder finanzielle Fragen werden angemessen dargestellt. Dazu gehört auch, dass die Vielfalt des Einsatzgeschehens differenziert wiedergegeben wird. Neben dem erwartbar dominanten Feuer-Szenario finden sich so überdies Berichte zur Unfallhilfe und Verletztenversorgung, zu Wetterphänomenen, Öl-Unfällen, der Rettung von Tieren, Stromausfällen etc. Die damit verbundenen Aufgabenfelder der Feuerwehr werden ebenfalls medial aufgegriffen: Neben dem Löschen und dem Bekämpfen von Bränden werden Unterstützungs- und Hilfeleistungen, Retten und Befreien sowie das Sperren und Kontrollieren immer wieder thematisiert. Quantitativ liegen Unterstützung und Hilfe dabei sogar weit vor Löschen und Brandbekämpfung. Wie die Ergebnisse der Befragungen zeigen, führt das aber nicht automatisch zu vergleichbar differenzierten Wissensbeständen in der nordrhein-westfälischen Bevölkerung.

3.2 Passanten-Befragungen

Die Befragung von Passantinnen und Passanten wurden als assistierte schriftliche Befragung durchgeführt, der oder die Interviewte konnte sich bei Verständnisschwierigkeiten also an den Interviewer beziehungsweise die Interviewerin wenden oder den Bogen durch diese Person vorlesen und ausfüllen lassen. Mit den Blaulichtmeilen des NRW-Tages 2014 in Bielefeld und dem Tag der Einsatzkräfte 2015 in Siegen wurden vergleichbare Befragungssituationen zur Durchführung der jeweils rund 100 Interviews genutzt. Bei der soziodemografischen Zusammensetzung der Probandengruppen wurde eine relativ ausgewogene Geschlechts- und Altersgruppenangehörigkeit erreicht.

Entsprechend des zentralen Vorhabens einer Kampagne für die Freiwilligen Feuerwehren in NRW war das Wissen der Passanten und Passantinnen über die Feuerwehr und ihre Aufgaben von zentraler Bedeutung (Abb. 3). Auch Meinungsbestände spielten bei dieser Frage eine Rolle.

Im Allgemeinen waren die Befragten relativ gut über einige der zentralen Feuerwehr-Aufgaben im Bilde, sofern sie ihnen vorgegeben wurden: mehr als zwei Drittel der Befragten ordneten etwa das Retten von Tieren, das Errichten von Ölsperren oder das Auspumpen von Kellern den Aufgaben der Feuerwehr zu. Das Löschen von Bränden sahen sogar neun von zehn Befragten in der Zuständigkeit der Feuerwehr.

Das Retten Verletzter bei einem Autounfall sahen etwa drei von vier Befragten als Aufgabe der Feuerwehr. Die medizinische Versorgung von Verletzten wurde in Bielefeld aber nur von knapp der Hälfte, in Siegen gar nur von einem Viertel der Befragten mit der Feuerwehr in Verbindung gebracht. Auch das Versorgen von Opfern mit Nahrung und Unterkunft sah nur etwa jeder Vierte in ihrer Zuständigkeit. Hier zeigt sich eine Unschärfe im Profil der Feuerwehr, da ihre Aufgaben sich in diesen Bereichen mit denen der Rettungs- und Hilfsdienste

Was wissen Sie über die Feuerwehr? Was macht die Feuerwehr?

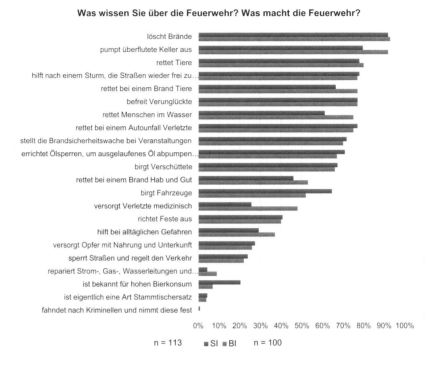

Abb. 3: Wissen über die Feuerwehr in Siegen (SI) und Bielefeld (BI) (Eichler & Rusch 2016)

überschneiden. Mit der Feuerwehr in Verbindung gebrachte Stereotype wie der hohe Bierkonsum oder die Mitgliedschaft in der Freiwilligen Feuerwehr als Stammtischersatz wurden nur von vergleichsweise wenigen Befragten geteilt.

Man muss sich klarmachen, dass sich die Befragungssituation (Blaulicht-meile) mit hoher Wahrscheinlichkeit zugunsten der Feuerwehr auswirkte. Dies zeigt sich überdies daran, dass sowohl in Bielefeld als auch in Siegen etwa jede beziehungsweise jeder zehnte Befragte Mitglied oder Mitarbeiter einer Feuer-wehr war. Im Vergleich dazu waren 2015 in NRW insgesamt 121.892 Personen in Freiwilligen Feuerwehren, Berufsfeuerwehren, Jugendfeuerwehren und Werk-feuerwehren tätig (MIK NRW 2016). Im Verhältnis zur Gesamtbevölkerung in NRW entspricht das einem Anteil von etwas weniger als 0,7 %. Obschon das aus verschiedenen Gründen nicht direkt mit unserer Stichprobe in Beziehung ge-setzt werden kann, ist sicher gerechtfertigt, von einer deutlichen Abweichung von diesem Wert auszugehen.

Umgekehrt kann man auf dieser Grundlage aber auch Folgendes festhalten: Selbst unter den besonderen Umständen der Blaulichtmeile hatten immerhin etwa 70 % der Befragten keine besondere Beziehung zur Feuerwehr.

3.3 Fokusgruppeninterviews

Gemeinsam mit den beiden Durchgängen der Passanten-Befragung zählten die Fokusgruppen zur Vorbereitung der repräsentativen Umfrage. Mit ihrer Hilfe sollten die feuerwehrbezogenen Wissens- und Meinungsbestände detaillierter untersucht werden. Dies wird durch die »Kombination zweier sozialwissenschaftlicher Instrumente [erreicht, T.E.]: dem fokussierten Interview… und der Gruppendiskussion…« (Dürrenberger/Behringer 1999, S. 12).

Es wurden je zwei Fokusgruppeninterviews – einmal mit Personen ohne und einmal mit Personen mit Feuerwehrbezug – in Hückeswagen und in Bochum durchgeführt. Dies ermöglichte zusätzlich den Vergleich zwischen einem eher ländlich und einem städtisch geprägten Raum in NRW. Die Fokusgruppen bestanden im Schnitt aus elf Teilnehmerinnen und Teilnehmern.

Bezüglich der Meinungen kristallisierte sich für die städtischen Gruppen im Laufe der Gespräche anhand zahlreicher Einzeläußerungen eine recht neutrale Beziehung zur Feuerwehr heraus. Während dies für die Personen ohne Mitgliedschaft im Sinne einer gewissen Indifferenz im Bezug zur Feuerwehr als einem zahlreicher städtischer Sicherheitsakteure interpretiert werden kann, brachte die Gruppe der Feuerwehrangehörigen in erster Linie eine nüchterne Sicht auf die eigene Organisation zum Ausdruck, die Stärken wie Schwächen ehrlich und ohne Übertreibung benannt. Demgegenüber zeichnete sich in den ländlichen Gruppen ein anderes Bild ab: Feuerwehr polarisierte hier vor allem die Gruppe der Personen ohne Mitgliedschaft deutlich stärker. Sie wurde kontrovers diskutiert und neben einigen positiven Einlassungen wurden vor allem negative Eindrücke im Zusammenhang mit der Feuerwehr geäußert. Während die Ausprägung positiver wie negativer Einlassungen mit hoher Wahrscheinlichkeit auf die Gruppenzusammensetzung zurückgeführt werden kann, lässt sie doch vermuten, dass Feuerwehr im ländlichen Raum eine deutlich wichtigere Rolle spielt als im städtischen Raum. Aufgrund deutlich weniger Alternativangebote ist sie eher in der Lage, das ländliche Geschehen zu dominieren, und wird außerdem von Personen ohne nähere Beziehung zu ihr eher wahrgenommen. Auch die Gruppe der Feuerwehrangehörigen blickte im Vergleich zur städtischen Gruppe weniger neutral auf die eigene Organisation. Hier überwogen positive Äußerungen die neutralen, was möglicherweise auf die mit der ländlichen Situation verbundenen Besonderheiten des Sozialraums Feuerwehr zurückzuführen ist (Kessl/Reutlinger 2010). Feuerwehr ist hier oft eine andere Art, Familie zu leben und das dörfliche oder kleinstädtische Zusammenleben zu institutionalisieren. Für einen Überblick sind in Tab. 2 die in den Äußerungen der verschiedenen Gruppen enthaltenen Attribute der Feuerwehr dargestellt.

Positive Attribute
Toni Eichler

Positive Attribute	Negative Attribute
– reputabel – bereichernd – leidenschaftlich – selbstlos – zuverlässig – offen/integrativ	– trinkfreudig – treten selten/eher negativ in Erscheinung – ungebildet – schlecht ausgestattet – störend (Sirene, Blaulicht etc.) – verschlossen/ausgrenzend (v. a. Land) – intransparent

Tab. 2: Charakterisierung der freiwilligen Feuerwehr (Eichler/Rusch 2016)

Die Wissensbestände zur Feuerwehr variierten bei den vier Fokusgruppen ebenfalls mitunter stark (Tab. 3). Diese sind weniger im Sinne einer tatsächlichen Ermittlung von Wissen interessant, sondern eher als Indiz dafür zu verstehen, wie präsent das Thema Feuerwehr tatsächlich ist und was bezüglich ihrer Aufgaben, Organisationsstruktur etc. durchdringt und nachhaltig erinnert wird. Die aus den Fokusgruppeninterviews resultierenden Eindrücke sind erneut heterogen: Offenbar führte die im Vergleich geringere Präsenz der Feuerwehr im städtischen Raum bei unserer Gruppe ohne Feuerwehrmitgliedschaft dazu, dass ein nur geringer Wissensbestand zur Feuerwehr präsent ist. Viele Äußerungen enthielten dementsprechend Halbwissen oder falsche »Tatsachen«. Die Vergleichsgruppe aus dem ländlichen Raum äußerte sich demgegenüber fundierter, was von den Feuerwehrangehörigen auf dem Land insofern bestätigt wurde, als diese im Vergleich zur Stadtgruppe angab, eher selten mit Halb- oder Unwissen in der Bevölkerung konfrontiert zu werden.

Wissen	Unklarheiten
– Aufgaben: Feuer löschen	– Sonstige Aufgaben der Feuerwehr – Befugnisse der Feuerwehr – Vorhandensein und Organisation der Feuerwehr (insbesondere in Städten) – Dauer und Umfang der Ausbildung – Vereinbarkeit von Feuerwehrengagement und Beruf – Öffentlichkeitswirksame Aktivitäten

Tab. 3: Wissen und Unklarheiten in Bezug auf die freiwillige Feuerwehr (Eichler/Rusch 2016)

Im direkten Gespräch sollten auch die Gründe für und gegen ein Ehrenamt bei der freiwilligen Feuerwehr untersucht werden (Tab. 4). Überraschenderweise zeigte sich in allen Gruppen – sogar denjenigen der Feuerwehrangehörigen – zumindest ein leichtes Übergewicht der Gründe gegen ein Engagement gegenüber denjenigen für ein Engagement. Deutlich höher (etwa im Verhältnis zwei zu eins) fiel dieses Übergewicht in den Gruppen der Personen ohne Feuerwehrmitgliedschaft aus.

Gründe *für* ein Engagement	Gründe *gegen* ein Engagement
– Spaß (an der Tätigkeit)	– Berufsfeuerwehr wird für gleiche
– Vielfalt der Aufgaben	Tätigkeit bezahlt
– Notwendigkeit der Tätigkeit (sinnvoll)	– Aufgaben unklar oder unliebsam
– Ausgleich zur Bürotätigkeit	– Mangelhafte finanzielle Unterstützung
– Man erlernt zahlreiche praktische Fertigkeiten	– Beruf und Feuerwehr sind schwer zu vereinen
– Umgang mit Technik	– Anspruchsvolle und zeitliche aufwendige Ausbildung
– Teil einer (interessanten, heterogenen) Gemeinschaft zu sein	– Schlechte Ausstattung
– Familiäre Tradition und generationenübergreifendes Engagement	– Zeitliche Belastung
– Kameradschaft und Zusammenhalt	– Überholte Strukturen
– Ausgeprägte Willkommenskultur	– Dauerhafte und regelmäßige Verpflichtung
– Hilfreich bei der Job-/Ausbildungsplatzsuche	– Mangelnde Willkommenskultur
– Mangelnde Alternativen (Land)	– Hinderlich bei der Jobsuche
	– Zahlreiche Konkurrenzangebote (Stadt)

Tab. 4: Gründe für und gegen ein Engagement bei der Feuerwehr (Eichler/Rusch 2016)

Insgesamt ist für die Fokusgruppeninterviews festzuhalten, dass Feuerwehr im ländlichen Raum offenbar eine wichtigere Rolle spielt als im städtischen und auch eher dazu tendiert, die dort ansässigen Personen sowohl mit als auch ohne Feuerwehrmitgliedschaft zu polarisieren. Die Wissensbestände zur Feuerwehr haben wir in den ländlichen Gruppen gegenüber den städtischen Gruppen als differenzierter und fundierter erfahren beziehungsweise wurde von den Feuerwehrangehörigen von entsprechenden Erfahrungen berichtet. Bezüglich des Ehrenamts in der Feuerwehr fällt es offenbar selbst Feuerwehrangehörigen nicht immer leicht, Gründe für ein Engagement zu finden. Hinsichtlich einiger Eigenschaften ist die Bewertung der Feuerwehr ambivalent, so etwa bei der Willkommenskultur oder dem Einfluss auf die Jobsuche.

Für die Vorbereitung der repräsentativen Befragung waren diese Eindrücke sehr hilfreich, durch sie konnten die wichtigsten Dispositionen erfasst und in den Fragebogen integriert werden.

3.4   Repräsentative Befragung

Die in den vorangegangenen Erhebungen erforschten Themen und die damit zusammenhängenden Befunde sollten mit Hilfe einer repräsentativen Befragung der Bevölkerung in NRW überprüft werden. Hierfür wurden durch das Meinungsforschungsinstitut FORSA im Februar 2016 etwas mehr als 1.000 Personen in NRW telefonisch zu den bereits bekannten Feuerwehr-Themen befragt. Die Studie ist mit Blick auf Stichprobenumfang und Thematik bislang einzigartig für die Freiwillige Feuerwehr, sowohl auf Bundes- als auch auf Landesebene.

Trotz der im Vorfeld durchgeführten Erhebungen war das Ergebnis bezüglich der Aufgaben der Feuerwehr (Abb. 4) überraschend. Die diesbezügliche Frage wurde diesmal offen, also ohne die Vorgabe von Antwortmöglichkeiten gestellt; die Zuordnung der Antworten zu den Aufgaben und deren Unterkategorien wurden von den Interviewerinnen und Interviewern vorgenommen. Vom bekannten Feuerwehr-Quaternio Löschen, Retten, Bergen und Schützen (für unsere Befragung ergänzt um Helfen) ist unter diesen Umständen lediglich das Löschen mehr als der Hälfte der Befragten, nämlich 69 %, bekannt. Alle anderen Aufgaben sind deutlich unbekannter, das Schlusslicht bildet das Bergen von Personen, Fahrzeugen etc. mit lediglich 8 %.

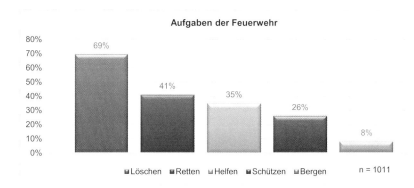

Abb. 4: Aufgaben der Feuerwehr – Verteilung (Eichler/Rusch 2016)

Alle Aufgaben außer Löschen konnten von den Befragten zudem stärker konkretisiert und durch die Interviewerinnen und Interviewer in vorab gebildete Unterkategorien eingeordnet werden. So war es möglich, die konkret vorliegenden Wissensbestände differenzierter zu erfassen. Bei der Aufgabe Retten wurde neben der nicht weiter spezifizierten Nennung des Begriffes (27 %) auch das Retten von Menschen oder Tieren (12 % bzw. 4 %) registriert. Ein ähnliches Bild zeigt sich für das Bergen, wo neben der allgemeinen Nennung (6 %) das Bergen bei Unfällen (2 %) oder von Lebewesen (1 %) erwähnt wurde. Lediglich beim Helfen wurden gegenüber der allgemeinen Verwendung (11 %) das Helfen bei Unfällen (14 %) häufiger genannt. Ebenfalls vertreten waren das Helfen bei Naturkatastrophen (8 %) sowie medizinische (5 %), erste (3 %) und technische Hilfe (ebenfalls 3 %).

Damit offenbart sich ein erster Ansatzpunkt für die Kampagne: Das Aufgabenspektrum der Feuerwehr ist nur unzulänglich bekannt und muss daher in all seiner Vielfalt kommuniziert werden – sowohl bezüglich des Einsatzdienstes als auch außerhalb davon. Nur wenn sie einem möglichst großen Teil der Bevölkerung eine Engagement-Perspektive bietet, kann sie ihren Nachwuchs nachhaltig sichern. Denn nur jemand, der weiß, dass er seinen individuellen Interessen bei der Feuerwehr überhaupt nachgehen kann, wird sie für ein Engagement in Erwägung ziehen. Hierfür ist es aber natürlich gleichermaßen wichtig zu erfahren, welche Faktoren von der Bevölkerung in NRW eher als Grund für oder gegen ein freiwilliges Engagement bei der Feuerwehr sprechen.

Entlang der Erkenntnisse aus den anderen Erhebungen konnten für die Zwecke der repräsentativen Befragung 17 Merkmale identifiziert werden, die mit hoher Wahrscheinlichkeit einen Einfluss auf die Entscheidung pro/contra Ehrenamt bei der Feuerwehr ausüben (Abb. 5).

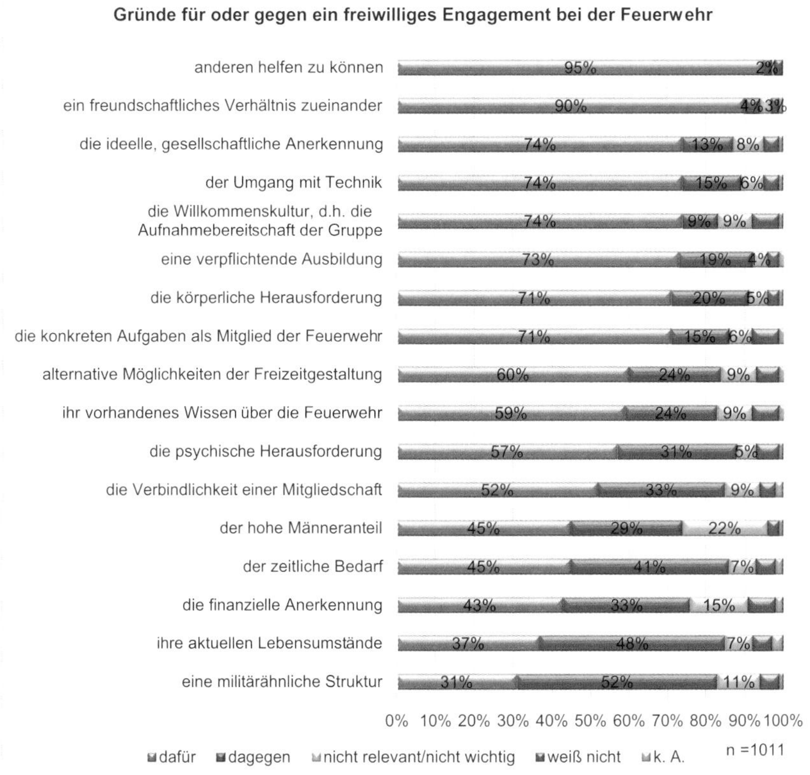

Gründe für oder gegen ein freiwilliges Engagement bei der Feuerwehr

Merkmal	dafür	dagegen	nicht relevant/nicht wichtig	weiß nicht	k. A.
anderen helfen zu können	95%			2%	
ein freundschaftliches Verhältnis zueinander	90%			4%	3%
die ideelle, gesellschaftliche Anerkennung	74%		13%	8%	
der Umgang mit Technik	74%		15%	6%	
die Willkommenskultur, d.h. die Aufnahmebereitschaft der Gruppe	74%		9%	9%	
eine verpflichtende Ausbildung	73%		19%	4%	
die körperliche Herausforderung	71%		20%	5%	
die konkreten Aufgaben als Mitglied der Feuerwehr	71%		15%	6%	
alternative Möglichkeiten der Freizeitgestaltung	60%		24%	9%	
ihr vorhandenes Wissen über die Feuerwehr	59%		24%	9%	
die psychische Herausforderung	57%		31%	5%	
die Verbindlichkeit einer Mitgliedschaft	52%		33%	9%	
der hohe Männeranteil	45%	29%	22%		
der zeitliche Bedarf	45%	41%		7%	
die finanzielle Anerkennung	43%	33%	15%		
ihre aktuellen Lebensumstände	37%	48%		7%	
eine militärähnliche Struktur	31%	52%	11%		

0% 10% 20% 30% 40% 50% 60% 70% 80% 90% 100%

dafür ▪ dagegen ▪ nicht relevant/nicht wichtig ▪ weiß nicht ▪ k. A.   n = 1011

Abb. 5: Gründe für oder gegen ein freiwilliges Engagement bei der Feuerwehr (Eichler/Rusch 2016)

Für mindestens neun von zehn Befragten sprechen die Möglichkeit, anderen helfen zu können, sowie ein freundschaftliches Verhältnis zueinander für ein freiwilliges Engagement bei der Feuerwehr. Auch die Willkommenskultur der Feuerwehr, der Umgang mit Technik und die ideelle, gesellschaftliche Anerkennung (je 74 %) werden von einem Großteil der Befragten in dieser Weise gesehen. Demgegenüber sieht etwa die Hälfte der Befragten die militärähnliche Struktur der Feuerwehr kritisch und/oder betrachtet ihre aktuellen Lebensumstände (z. B. familiäre oder berufliche Zwänge) als nicht vereinbar mit einem Engagement.

Insgesamt zeigt sich hier eine recht positive Einschätzung der Feuerwehr. Man muss sich aber klarmachen, dass viele Befragte gar nicht beurteilen können, ob beispielsweise die überwiegend als positiv eingeschätzte Willkommenskultur tatsächlich eine Eigenschaft der Feuerwehr ist. Vielmehr handelt es sich um Erwartungen, die von außen an sie herangetragen werden und die sich nicht zwangsläufig aus tatsächlichem Wissen über oder eigenen Erfahrungen mit der Feuerwehr speisen müssen, wie unsere Befragungen zeigen.

Zudem fällt auf, dass die überwiegend als Gründe für ein Engagement empfundenen Faktoren mit denjenigen kollidieren, die für größere Teile der Befragten gegen ein Engagement sprechen: die verpflichtende Ausbildung und die verbindliche Mitgliedschaft sind nur schwer mit dem von immerhin 41 % als Hindernis eingeschätztem zeitlichen Bedarf oder den aktuellen Lebensumständen, die bei beinahe der Hälfte der Befragten ein Engagement erschweren oder verhindern, in Einklang zu bringen.

Für die Kampagne lässt sich daraus entnehmen, dass die Freiwillige Feuerwehr gerade mit Blick auf die zeitlichen, beruflichen oder familiären Zwänge, denen viele Menschen unterliegen, behutsam weiterzuentwickeln und diese Weiterentwicklung entsprechend zu kommunizieren beziehungsweise zu diskutieren ist. Konkret bedeutet das, dass beispielsweise die Feuerwehrausbildung stärker nach den angestrebten Betätigungsfeldern untergliedert werden könnte und nur die dafür notwendigen »essentials« sowie einige allgemeine »basics« vermittelt werden. Auch das Lebenszeitmodell der Feuerwehrmitgliedschaft könnte stärker flexibilisiert werden und sich beispielsweise mit der Möglichkeit einer vorübergehenden Entbindung vom Einsatzdienst stärker an privaten oder beruflichen Belastungen ihrer Mitglieder orientieren.

Die unterschiedliche Rolle der Feuerwehr auf dem Land und in der Stadt, die sich bereits in den Fokusgruppeninterviews abgezeichnet hat, wurde überdies im Rahmen der repräsentativen Befragung untersucht. Hierzu wurden die Befragten um Auskunft über ihre Beziehung zur Feuerwehr im Sinne einer eigenen oder Mitgliedschaft oder Mitgliedschaften im Familien, Freundes- oder Bekanntenkreis befragt (Abb. 6). Es zeigen sich deutliche Unterschiede: In Großstädten (Kommunen ab 100.000 Einwohner) ist der prozentuale Anteil von Feuerwehrmitgliedern deutlich geringer als im ländlichen Raum (Kommunen unter 20.000 Einwohner). Mittelbare Verbindungen zur Feuerwehr über Familienangehörige oder Freunde und Bekannte sind ihrerseits in der Großstadt seltener anzutreffen als auf dem Land. Die Werte der Orte mit 20.000 bis unter

100.000 Einwohnern liegen erwartungsgemäß zwischen denen der anderen Ortsgrößen.

Abb. 6: Beziehung zur Feuerwehr: Mitgliedschaft (Eichler/Rusch 2016). Die Daten der Befragung wurden mit einem Bildungsgewicht basierend auf den Bildungsdaten des Mikrozensus für NRW versehen, was dazu führt, dass der Anteil von Feuerwehrangehörigen an der Bevölkerung über dem offiziellen Wert liegt. Daher sind die hier aufgeführten Werte wiederum erhöht. Gleichwohl bestätigen sie aber die in den offiziellen Zahlen der Feuerwehren vorzufindende Tendenz eines höheren prozentualen Anteils von Feuerwehrangehörigen im ländlichen Raum gegenüber städtischen Ballungsgebieten (vgl. dazu auch Eichler/Rusch 2016, S. 66ff.)

3.5   Zusammenfassung

Das Wissen der Bevölkerung über die Feuerwehr ist insgesamt eher gering. So ist ihr Tätigkeitsprofil abgesehen vom Brände-Löschen weitgehend unklar. Das ist problematisch, weil die Freiwillige Feuerwehr so einerseits auf einen vergleichsweise kleinen Teil ihres Aufgabenspektrums beschränkt wird (für die Freiwilligen Feuerwehren in NRW stehen im Jahr 2015 41.203 Brandeinsätze 1.341.622 Rettungsdiensteinsätzen gegenüber; vgl. MIK NRW 2016) und sich andererseits nicht ausreichend von anderen Hilfs- und Rettungsorganisationen abgrenzen kann, die ebenfalls um ehrenamtliche Mitglieder werben.

Die Gründe für oder gegen ein freiwilliges Engagement bei der Feuerwehr sind durchaus kontrovers. So konnte nicht abschließend geklärt werden, ob eine Feuerwehrmitgliedschaft hinderlich oder förderlich für die Jobsuche ist. Große Teile der Befragten sind sich aber darin einig, dass ihre aktuellen Lebensumstände eher gegen ein Engagement bei der Feuerwehr sprechen, selbst wenn die altruistische Motivation, anderen helfen zu können, von beinahe allen Befragten geteilt wird. Die Kampagne muss also die Vielfalt der Wege aufzeigen, in die diese grundsätzliche Hilfsbereitschaft bei der Feuerwehr kanalisiert werden kann.

Das Potenzial, neue Mitglieder zu gewinnen, ist für die Feuerwehr in großen und mittleren Städten tendenziell höher, da sich dort bislang weniger Menschen engagieren als im ländlichen Raum. Allerdings sind die Freiwilligen Feuerwehren in Städten einer deutlich größeren Konkurrenz ausgesetzt als auf dem Land. Neben einer vielfältigen Vereinslandschaft sind in Städten außerdem die kulturellen Angebote deutlich umfangreicher. Dennoch bestehen gerade im ländlichen Raum (weniger stark ausgeprägt auch in Städten) zahlreiche Beziehungsnetzwerke zur Freiwilligen Feuerwehr, die großes Potenzial für eine stärkere Präsenz des Themas Feuerwehr sowie für die Mitgliedergewinnung bergen. Die Voraussetzung dafür ist aber, dass die Feuerwehrangehörigen für diese »Mission« gewonnen werden können.

4.   Kampagne »Für mich, für alle«

Die aus den Erhebungen gewonnenen Erkenntnisse haben Eingang in das Konzept einer Kampagne gefunden, die sich an Social Campaigning und PR für Non-Profit, soziale oder Nicht-Regierungs-Organisationen orientiert. Als Diskurskampagne setzt sie die Ergebnisse insofern um, als sie sich nicht nur an die Bevölkerung in NRW richtet, sondern auch an die Freiwillige Feuerwehr als kommunale Organisation und deren Mitglieder. Sie soll also nicht nur die Personalwerbung und Imageförderung vorantreiben, sondern gleichzeitig die interne Organisationsentwicklung der Feuerwehren anregen. Dementsprechend lassen sich mehrere Ziele für beide Bereiche anführen (Abb. 7).

Beide Stränge des Diskurses müssen allerdings moderierend so aufeinander bezogen werden, »dass für die jeweiligen Themenführungen wichtige Inhalte wechselseitig zur Verfügung gestellt, d.h. zur Diskussion und Kommentierung angeboten werden« (Eichler/Rusch 2016, S. 91–92). Nur auf diesem Weg kann die Organisationsentwicklung der Feuerwehr von den Impulsen und Anforderungen aus der Bevölkerung profitieren. In der entgegengesetzten Richtung muss das im öffentlichen Diskurs dominante Bild der Feuerwehr aktuelle Veränderungen (z. B. bezüglich der Integration neuer Zielgruppen) angemessen spiegeln. Hierin liegt auch eine der Besonderheiten einer Diskurskampagne: Sie »motiviert, moderiert und strukturiert Interessen, Informationsangebote und -nachfragen, Gespräche und Meinungsaustausch, Darstellungen von Positionen und Aushandlungen von Lösungen zu einem für die Diskurs-Öffentlichkeit relevanten Thema. Ziel ist dabei, die relevanten Stakeholder und die Öffentlichkeit miteinander ins Gespräch zu bringen und eine für einen produktiven Dialog notwendige Wissensbasis zu schaffen, die bestehenden Meinungen und Posi-

Abb. 7: Ziele der Feuerwehr-Kampagne (eigene Darstellung)

tionen herauszuarbeiten, lösungsorientiert zu diskutieren sowie schließlich Lösungsansätze zu gewinnen« (Eichler/Rusch 2016, S. 90). Von einer Diskurskampagne werden also nicht einfach nur Botschaften transportiert, sondern sie mobilisiert Menschen, führt Themen ein und begleitet den Austausch dazu. Dazu kombiniert sie die Methoden klassischer Werbung und PR mit einschlägigen Social Media-Instrumenten. Ein Beispiel aus den Facebook-Aktivitäten der mittlerweile angelaufenen Kampagne zeigt, wie Mitglieder der Freiwilligen Feuerwehren zur Interaktion angeregt werden können (Abb. 8). Dass dabei sogar Antworten zugelassen werden, die nicht immer unbedenklich sind (Abb. 9), zeigt, dass es den Verantwortlichen durchaus um ein authentisches Bild der Freiwilligen Feuerwehr geht.

Der Diskurs und der anzustoßende Wandlungsprozess sind allerdings zeitaufwendig. Eine Diskurskampagne ist daher als integrierte, crossmediale Langfrist-Kampagne angelegt, die »(über-)regionale u. lokale Medien (Zeitung/ Radio/TV), Internet (Diskurs Web-Sites, Facebook, Blogs, YouTube, etc.), Mobile Medien (Apps, Twitter, WhatsApp), aber auch partizipative, virale Konzepte und die vorhandenen Feuerwehrmedien« (Eichler/Rusch 2016, S. 91) einbezieht. Nur eine längerfristige Kampagnenaktivität, die von der Feuerwehrbasis mitgetragen wird, hat die Aussicht, Feuerwehr als Thema im gesamtgesellschaftlichen Diskurs zu verankern und die Organisationsentwicklung zu fördern.

Die Dringlichkeit, etwas zu unternehmen, zeigt sich nicht zuletzt in der aktuellen Berichterstattung. So kann man beispielsweise in den Onlineausgaben von Westfalenpost (Gieseke 2017) und Rheinischer Post (Lörcks 2017) von den

Abb. 8 (links): Mittwochsfrage der Feuerwehr-Kampagne
Abb. 9 (rechts): Antworten auf die Mittwochsfrage (© beide: freiwillige-feuerwehr.nrw)

Personalproblemen der Freiwilligen Feuerwehren in NRW lesen. Diese führen – teilweise in Verbindung mit weitläufigen Gemeindegebieten – dazu, dass es zunehmend schwieriger wird, den Einsatzdienst unter Einhaltung der vorgesehenen Schutzziele zu verrichten. Zu diesen Schutzzielen zählt unter anderem die Hilfsfrist, also die Zeitspanne, die vom Eingang eines Notrufs in der Leitstelle bis zum Eintreffen der ersten qualifizierten Rettungskräfte am Ort des Notfalls maximal vergehen darf. In NRW sind das acht Minuten im städtischen und zwölf Minuten im ländlichen Bereich. Diese Frist kann oft nicht mehr durchgängig eingehalten werden, laut Bonner General-Anzeiger in bestimmten Gemeinden gar nur bei etwa jedem vierten Einsatz (Lehnberg/Bongartz 2014). Da gerade bei Unfällen und Bränden jede Minute darüber entscheidet, ob den Betroffenen noch geholfen werden kann, handelt es sich dabei um ein ernsthaftes Sicherheitsproblem – um eines, das sich in vielen Fällen vor allem auf die angespannte Personalsituation der Freiwilligen Feuerwehren zurückführen lässt. »Für mich, für alle« ist daher nicht nur von Bedeutung für die Wahrnehmung der Freiwilligen Feuerwehr in der Öffentlichkeit, sondern mittelfristig auch für ihre Einsatzfähigkeit und damit die Sicherheit in NRW.

Literatur

Dürrenberger, Gregor/Behringer, Jeanette (1999): Die Fokusgruppe in Theorie und Anwendung. Stuttgart.
Eichler, Toni/Rusch, Gebhard (2016): Abschlussbericht Unterarbeitsgruppe Werbekampagne, Siegen: Institut für Medienforschung der Universität Siegen. Siegen. [Veröffentlichung voraussichtlich 2017].

Gieseke, Achim (2017): Der Arnsberger Feuerwehr droht gefährlicher Personalmangel. Westfalenpost, 24.08.2017. https://www.wp.de/staedte/arnsberg/der-arnsberger-feuerwehr-droht-gefaehrlicher-personalmangel-id211679297.html (zuletzt abgerufen am 30.08.2017).

Kessl, Fabian/Reutlinger, Christian (2010): Sozialraum. Eine Einführung. Wiesbaden.

Lehnberg, Michael/Bongartz, Richard (2014): In acht Minuten mit neun Mann vor Ort. General-Anzeiger Bonn, 02.06.2014. http://www.general-anzeiger-bonn.de/news/politik/In-acht-Minuten-mit-neun-Mann-vor-Ort-article1364954.html (zuletzt abgerufen am 01.09.2017).

Lörcks, Julia (2017): Die Feuerwehr braucht mehr Personal. RP Online, 18.08.2017. http://www.rp-online.de/nrw/staedte/xanten/die-feuerwehr-braucht-mehr-personal-aid-1.7020065 (zuletzt abgerufen am 30.08.2017).

MIK NRW (Ministerium für Inneres und Kommunales des Landes Nordrhein-Westfalen) (2016) (Hrsg.): Gefahrenabwehr in Nordrhein-Westfalen: Jahresbericht 2015. Düsseldorf.

Rusch, Gebhard (2015): Sicherheitskommunikation. In: Groneberg, Christoph/Rusch, Gebhard (Hrsg.), Sicherheitskommunikation. Perspektiven aus Theorie und Praxis. Münster.

Schulz, Winfried (1976): Die Konstruktion von Realität in den Nachrichtenmedien. Freiburg – München.

Thüringer Feuerwehr-Verband (2017): Gemeinsam für eine starke Freiwillige Feuerwehr. http://www.wir-sind-dabei-112.de/gemeinsam-fuer-eine-starke-freiwillige-feuerwehr (zuletzt abgerufen am 10.05.2017).

Tobias M. Scholz / Kevin Chaplin / Robin Reitz / Florian Weuthen[*]

Die Notwendigkeit einer Datensicherheitskultur in Unternehmen – eine fallbasierte Analyse

1.   Einleitung

In Zeiten der Digitalisierung sind unsere Daten ein kostbares Gut. Sie beschreiben unsere soziale Identität, sind deshalb von essenzieller Relevanz und haben heutzutage einen existenziellen Einfluss. Personenbezogene Krankenakten, Bankkontodaten, Personalakten, Mails sowie Instant-Messages sind Daten, die aus Gründen des Schutzes der Privatsphäre nicht frei zugänglich sein sollten. Datensicherheit ist hier verständlicherweise ein Muss.

Natürlich kann der gewöhnliche Nutzer zwar vieles tun, um den eigenen Rechner zu sichern, sei es mit einer Firewall, einem Antivirenscanner oder anderen Verfahren. Die angesprochenen Daten liegen jedoch nicht beim Nutzer zu Hause, sondern bei Unternehmen oder bei Behörden. Also besteht gar nicht die Möglichkeit zu wissen, ob die Daten sicher sind oder nicht. Der Nutzer muss auf die Bemühungen von Unternehmen, höchste Sicherheitsstandards zu erfüllen, vertrauen. Selbstverständlich gilt dies auch für Behörden, doch der Nutzer hat hier nicht einmal die freie Wahl des Betreibers: Man kann nicht einfach zu einem anderen Finanzamt gehen, wenn man nicht darauf vertraut, dass die eigenen Daten sicher aufbewahrt werden. Die nutzerseitige Skepsis macht das Thema Datensicherheit umso wichtiger für Unternehmen, bei denen Daten das Produkt

---

* Dr. Tobias M. Scholz (Akademischer Rat), Universität Siegen, Fakultät III (Wirtschaftswissenschaften – Wirtschaftsinformatik – Wirtschaftsrecht), Lehrstuhl für Betriebswirtschaftslehre, insb. Personalmanagement und Organisation.

  Kevin Chaplin, B.Sc., Universität Siegen, Fakultät III (Wirtschaftswissenschaften – Wirtschaftsinformatik – Wirtschaftsrecht), Lehrstuhl für Betriebswirtschaftslehre, insb. Personalmanagement und Organisation.

  Robin Reitz, B.Sc., Universität Siegen, Fakultät III (Wirtschaftswissenschaften – Wirtschaftsinformatik – Wirtschaftsrecht), Lehrstuhl für Betriebswirtschaftslehre, insb. Personalmanagement und Organisation.

  Florian Weuthen, B.A., Universität Siegen, Fakultät III (Wirtschaftswissenschaften – Wirtschaftsinformatik – Wirtschaftsrecht), Lehrstuhl für Betriebswirtschaftslehre, insb. Personalmanagement und Organisation.

sind. Nicht nur bei Clouddiensten, die anbieten, Daten im Internet abzuspei-
chern und somit für die Nutzer überall zugänglich zu machen, sondern bei allen
Unternehmen, bei denen man den Verdacht hat, dritte Personen könnten Zugriff
auf die Daten haben, werden die Nutzer schnell zu einem Konkurrenten wech-
seln.

Natürlich verstehen viele Unternehmen den wichtigen Zusammenhang zwischen Datensicherheit und Unternehmenserfolg. Das Problem ist jedoch, dass
der technologische Fortschritt die Systeme immer komplexer und damit immer
unkontrollierbarer macht und es zudem Personen und Gruppierungen gibt, die
ein Interesse an den Daten haben. Ein System zu hacken, kann lukrativ sein. Dies
führt zu einem Wettrüsten zwischen Unternehmen und kriminellen »Black-Hat-
Hackern«. Datensicherheit ist somit ein dynamisches und andauerndes Konstrukt. Unternehmen können und dürfen sich nicht ausruhen: Selbst wenn ein
neuartiges Verschlüsselungsverfahren eingeführt wurde, wird es nicht lange
dauern, bis es geknackt wird. Es ist mindestens notwendig, Datensicherheit in
der Unternehmenskultur zu verankern und eine strategische sowie nachhaltige
Datensicherheitkultur zu schaffen.

Um die Notwendigkeit einer solchen Datensicherheitskultur zu belegen, untersuchen wir drei prominente Beispiele der letzten Jahre, in denen Daten entwendet wurden. Hierbei betrachten wir die Unternehmen Yahoo, Telekom und
Sony. Es gibt eine Vielzahl an anderen Beispielen, doch hier gezeigten Beispiele
sind umfassend in der Presse diskutiert worden und haben es sogar in die
Schlagzeilen geschafft. Weiterhin sind diese Beispiele aus landeskultureller Sicht
interessant: Yahoo ist ein US-amerikanischer Internetriese, die Telekom ist ein
ehemals staatliches deutsches Telefonunternehmen und Sony ist ein japanischer
Elektronikkonzern. Obwohl das technische Problem scheinbar ähnlich ist, offenbart der Umgang mit der Krise Unterschiede in der jeweiligen Datensicherheitskultur.

2.   Datensicherheitskultur

Der Begriff Datensicherheitkultur oder im Englischen data security culture
(Gumbly 2017) wird in der Literatur noch selten verwendet, obwohl schon in
2007 darauf hingewiesen wurde, dass IT-Sicherheit mit der Unternehmenskultur
zusammenhängt (Chang/Lin 2007). In der Literatur liegt der Fokus meistens auf
technischen Aspekten der Datensicherheit, wobei Mitarbeiter zusätzlich eine
Sensibilisierung für das Thema sowie verhaltensbezogenes Training benötigen.

Der Begriff der Datensicherheit wird als das Ziel beschrieben, Daten vor
Verlust, Manipulation und anderen Gefahren zu sichern. Dies ist häufig verbunden mit der Informationssicherheit und damit drei essenziellen Schutzzielen

nach ISO/IEC 27002 (Bitkom 2017): zum einen die Vertraulichkeit (*confidentiality*), also dass nur die Nutzer mit Autorisierung Zugriff auf die Daten haben; zum anderen die Integrität (*integrity*) und die Gewährleistung, dass Veränderungen immer nachvollziehbar sind und nicht unbemerkt stattfinden; zuletzt die Verfügbarkeit (*availability*) und die Verhinderung von Systemausfällen. Diese Datensicherheit kann jedoch nur in Verbindung mit dem Menschen und der Organisation überhaupt erfolgreich sein:

> »*Technik kann in vielerlei Hinsicht die Datensicherheit deutlich erhöhen. Wenn allerdings geheime Dokumente im Hausmüll des Unternehmens enden, gelangt selbst die beste Sicherheitstechnik schnell an ihre Grenzen. Hier zeigt sich, dass Datensicherheit nur dann effektiv im Unternehmen gewährleistet werden kann, wenn Mitarbeiter ebenso in die Sicherheitsbetrachtungen einbezogen werden, wie Prozesse und Verfahrensweisen des Unternehmens. Daher erfordern Sicherheitskonzepte auch stets die Betrachtung organisatorischer Maßnahmen.*« (Lenhard 2017, S. 95)

Dementsprechend ist Datensicherheit per se nicht ausschließlich eine technische Aufgabe, sondern auch eine Organisationsaufgabe und beruht auf der Ausübung der Sicherheitskonzepte durch die Mitarbeiter des Unternehmens. Wenn aber die Datensicherheit sich dynamisch und andauernd verändert und sich somit die Konzepte in jeder Situation wandeln könnten, dann ist es zu komplex und aufwendig, alles mit einem detaillierten Regelsystem zu kontrollieren (Stacey 2016). Es ist vielmehr notwendig, ein simples Regelsystem mit Leitlinien und Grundsätzen zu schaffen (Sull/Eisenhardt 2012) und zugleich ein Datensicherheitsbewusstsein in den Mitarbeitern zu schaffen (Siponen 2000). Damit ist Datensicherheit schließlich eine unternehmenskulturelle Aufgabe. Unternehmenskultur, definiert als »a set of norms and values that are widely shared and strongly held throughout the organization« (O'Reilly/Chatman 1996, S. 166), beschreibt gerade diesen Unterschied zu einem kodifizierten Regelsystem. Das wird noch einmal unterstrichen in den drei Kulturebenen von Schein (1985) – Grundannahmen, Werte und Artefakte. Wenn man diese Ebenen auf die Datensicherheitskultur anwendet, ergibt sich folgende Beschreibung:

– Als Teil der unternehmenskulturellen Grundannahmen wird die Datensicherheit im Idealfall unbewusst als erfolgskritisch und selbstverständlich angesehen. Jeder Mitarbeiter spürt dann, dass jeder für die Datensicherheit im Unternehmen zuständig und verantwortlich ist. Gerade in der heutigen Zeit der Digitalisierung sollte diese Grundannahme universell sein.

– Zur Orientierung des bewussten Handelns dienen die Werte, die diese Datensicherheitskultur konkretisieren. Sie sind die ausdiskutierte Übereinkunft dazu, welcher Stellenwert der Datensicherheit zukommen soll, welcher Grad an Datensicherheit erreicht werden soll und wie dieser dem Unternehmensumfeld kommuniziert werden kann. Werte werden vor allem dann wichtige Orientierung, wenn etwaige Problemen gelöst werden müssen.

- Diese Werte werden für jeden Mitarbeiter in Form von Artefakten sichtbar. Zum Beispiel konkretisieren Service-Level-Agreements zur Datensicherheit die Anspruchsniveaus an Datensicherheit. Auch standardisierte Handlungsanweisungen wie etwa zum Verhalten bei einem Datenleck sind solche Artefakte, die die Datensicherheitskultur widerspiegeln.

Eine solche in jedem Mitarbeiter verankerte Datensicherheitskultur befähigt die Organisation, Datensicherheit reaktiv und proaktiv zu gestalten. Auch wenn die Datensicherheit nicht zu 100 % gewährleistet werden kann, ist es zum einen das Ziel, die Datensicherheit zu optimieren, und zum anderen, mit Datenunsicherheit effektiv umzugehen. Deren Effektivität wird jedoch nicht allein von dem Unternehmen selber bestimmt, sondern gerade auch von den Stakeholdern in der Außenwelt (Scholz 2000): Die Innensicht der unternehmenskulturellen Werte ist zwar unsichtbar für die Außenwelt, führt aber zu einem sichtbaren Organisationsverhalten, das das Organisationsimage prägt. Die externen Stakeholder schreiben der Organisation also zu, ob sie gesamthaft – das heißt, technisch, organisatorisch und unternehmenskulturell – angemessen mit der Datensicherheit umgeht oder nicht.

3.   Fallbeispiele

Um die Notwendigkeit einer Datensicherheitskultur innerhalb eines Unternehmens hervorzuheben, werden im Folgenden drei Fallbeispiele beschrieben. Diese zeigen jeweils den Umgang eines Unternehmens mit einem Datensicherheitsproblem und dem dazugehörigen Problemlösungsverhalten. Hierbei wird deutlich, dass, selbst wenn das Problem technisch gelöst wurde, der Umgang mit der Datensicherheit für die Außenwirkung von hoher Relevanz war und ist. Aus dem tatsächlich gezeigten Problemlösungsverhalten kann auf die Datensicherheitskultur zurückgeschlossen werden.

3.1   Yahoo!: Datensicherheit als Front-End-Problem

Zunächst soll die Positionierung des US-amerikanischen Internetkonzerns Yahoo! zum Thema Datensicherheit, insbesondere in Bezug auf dessen Email-Dienst, diskutiert werden. Hierzu werden vor allem Mitteilungen in Betracht gezogen, die sich an Nutzer und andere Stakeholder des Unternehmens richten und der Inszenierung von Datensicherheit dienen. Im Anschluss soll dann der größte Datenskandal der Geschichte chronologisch nachvollzogen werden, um schließlich dessen Folgen für das Unternehmen zu ermitteln.

Der breit aufgestellte Internetdienstleister aus dem kalifornischen Sunnyvale präsentiert sich gerne als Vorreiter der Datensicherheit, wobei sich allerdings deutliche Diskrepanzen zwischen Front- und Back-End zeigen. Bezüglich der Schnittstelle hin zum Nutzer (Front-End) verweist der Konzern auf seiner Website immer wieder auf innovative Sicherheitsmechanismen. Neben TLS-Verschlüsselung, die bereits auf fast allen Webservern Standard ist, kommt so auch die Authentifizierung in zwei Schritten zum Einsatz (Yahoo 2017). In der Tat scheinen die Authentifizierungsmechanismen des Yahoo! E-Mail-Dienstes besonders sicher zu sein. So erwies sich Yahoo! einer Studie zufolge, die 2008 im *International Journal of Computer Science and Network Security* veröffentlicht wurde, als besonders resistent gegen Session Hijacking (Chomsiri 2008). Nachdem ein Nutzer sich erfolgreich einloggt, wird an die Sitzung eine sogenannte »Session ID« vergeben. Diese wird in der Regel in einem Cookie gespeichert. Ziel des Session Hijacking ist es dann, die Session ID auszulesen, um die Sitzung auf einem anderen Gerät – ohne erneuten Login – fortzusetzen. Dies war laut der Studie bereits 2008 weitgehend auszuschließen. So könnte ein Nutzer schnell zu dem Schluss gelangen, seine Daten seien unantastbar, solange er nur gewisse Regeln befolgt. Was jedoch die Serverinfrastruktur und die unternehmensinternen Prozesse im Umgang mit Nutzerdaten (Back-End) betrifft, bezieht Yahoo! lediglich Stellung zum eigenen Umgang mit Daten, sowie etwaigen »Vertraulichkeitsvereinbarungen« mit Partnern, welche die Sicherheit von Nutzerdaten in den Händen Dritter garantieren sollen. Eine mögliche Angreifbarkeit des Back-Ends findet allerdings keine Erwähnung. Durch die detaillierte Beschreibung von Sicherheitsmaßnahmen, inszeniert Yahoo! Datensicherheit als Problem des Front-Ends und wälzt so einen großen Teil der Verantwortung auf den Nutzer ab. Die Tatsache, dass die beiden unlängst aufgedeckten, gewaltigen Datenlecks ausschließlich die Serverinfrastruktur des Unternehmens betreffen, muss Yahoo! demnach zwangsläufig vor ein gravierendes Imageproblem stellen.

Yahoo! nimmt seine Nutzer in die Verantwortung. Anstatt sich als verantwortliche Instanz zu inszenieren und die Bedeutung von Serversicherheit hervorzuheben, gibt das Unternehmen seinen Nutzern Werkzeuge an die Hand, welche das Sichern der eigenen Daten erleichtern sollen: »In unserem Sicherheitscenter finden Sie Tools und Hinweise, wie Sie aufmerksam bleiben, und Maßnahmen, mit denen Sie Ihre Informationen schützen und das Risiko unbefugter Zugriffe verringern können« (Yahoo! Website 2017). Dies wird von Yahoo als »Sicherheit erfordert Teamarbeit« bezeichnet.

Die Tatsache, dass Yahoo! wenig bis keine Informationen bezüglich der Vorgehensweise der Angreifer, der Folgen und etwaigen Gegenmaßnahmen preisgibt, führt dazu, dass nur solche Informationen verfügbar sind, die vom Unternehmen an Stakeholder oder die Presse weitergegeben wurden. Untersucht werden hier also Mitteilungen, die Yahoo! selbst für die Öffentlichkeit freigegeben hat. Auch das Bundesamt für Sicherheit in der Informationstechnik (BSI) stellt eine Chronik der Ereignisse zur Verfügung, kann sich allerdings ebenfalls nur auf entsprechende Pressemitteilungen berufen, moniert daher die nach wie vor spärliche Informationslage und wirft Yahoo! »mangelnde Kooperationsbereitschaft« (BSI 2017) vor. Zudem hatten sich auch andere Institutionen, darunter das US Senate Judiciary Committee und sechs Senatoren, bereits mit mäßigem Erfolg um eine Stellungnahme des Unternehmens bemüht und die Informationslage beklagt (Thielman 2016). In einem Pressebericht von Mai dieses Jahres empfiehlt das BSI gar einen Wechsel des Email-Anbieters:

> »Yahoo! hat es offensichtlich versäumt, sich ausreichend gegen Cyber-Angriffe zu schützen und seine Kundendaten so abzusichern, wie man es von einem IT-Unternehmen erwarten würde. Anwender sollten daher sehr genau hinschauen, welche Dienste sie zukünftig nutzen wollen und wem sie ihre Daten anvertrauen.« (BSI 2017)

Am 22. September 2016 legte Yahoo ein gewaltiges Datenleck offen. In seiner Pressemitteilung sprach das Unternehmen von einem »state sponsored actor«, also einem Angreifer, der im Auftrag einer Regierung gehandelt haben soll, und gab die Anzahl der betroffenen Accounts mit mindestens 500 Millionen an (Yahoo Finance 2016). Allerdings bezog sich die Mitteilung auf eine Attacke, die bereits Ende 2014 stattgefunden hatte. Damals waren mit großer Wahrscheinlichkeit Namen, Telefonnummern, Email-Adressen, verschlüsselte Passwörter sowie Sicherheitsfragen zur Wiederherstellung von Accounts erbeutet worden (Yahoo Finance 2016). Eine weitere Pressemitteilung bezog sich zwei Monate später, am 14. Dezember 2016, auf einen Angriff auf das Netzwerk, bei dem bereits im August 2013 Daten von schätzungsweise etwa einer Milliarde Nutzern gestohlen worden waren (Yahoo Investor Relations 2016). The Guardian spricht vom größten Datenleck in der Geschichte (Thielman 2016). Yahoo! zufolge konnte der Angreifer nicht identifiziert werden. Allerdings vermutet das Unternehmen keinen Zusammenhang zu dem im September offengelegten Datenleck. Während die Art der erbeuteten Daten sich ähnelte, unterschieden sich die Vorgehensweisen drastisch. Bei dem Angriff im August 2013 hatten die Angreifer, wie von Yahoo! selbst vermutet, wahrscheinlich den Source Code für Cookies des Unternehmens erbeutet, um dann mit gefälschten Cookies die Anmeldedaten der Nutzer abzugreifen, während 2014 dem Anschein nach Nutzerdaten direkt vom Server des Unternehmens entwendet worden waren (Yahoo Investor Relations 2017).

Die kommunikative Strategie des Unternehmens im Umgang mit der Krise liegt auf der Hand: Datensicherheit als Front-End-Problem. Zu keinem Zeitpunkt legt Yahoo! Details zu den Angriffen oder möglichen Gegenmaßnahmen offen – zumindest nicht, was das Back-End betrifft. Wie schon das BSI beklagt, werden Informationen zum technischen Hintergrund kaum ausgeführt. Stattdessen erhält jeder betroffene Nutzer eine E-Mail mit Empfehlungen zur Sicherung des eigenen Accounts. In der Pressemitteilung vom 14. Dezember 2016 wird dieses Vorgehen noch einmal normalisiert:

> »*Online intrusions and thefts by state-sponsored actors have become increasingly common across the technology industry. Yahoo and other companies have launched programs to detect and notify users when a company strongly suspects that a state-sponsored actor has targeted an account. Since the inception of Yahoo's program in December 2015, independent of the recent investigation, approximately 10,000 users have received such a notice*« (Yahoo Investor Relations 2016).

Folgt man diesem Argument, so müssten Datenlecks schlicht als gegeben akzeptiert werden. Die Verantwortung des Unternehmens läge dann lediglich darin, den Nutzer zu informieren, die Handlungsobligation fiele jedoch wieder dem Nutzer zu. Dass so allenfalls Schadensbegrenzung betrieben, dem Nutzer und anderen Stakeholdern gegenüber jedoch keine Aussage bezüglich des zukünftigen Umgangs mit Nutzerdaten getroffen wird, ist dem Vertrauen in das Unternehmen wenig dienlich.

Diese Intransparenz im Umgang mit dem Thema Datensicherheit spielt vermutlich eine Rolle für den Einfluss des Datenlecks auf die Entwicklung des Unternehmens. So unterminiert Yahoo! seine Glaubwürdigkeit gegenüber Nutzern und Investoren zu einem äußerst ungünstigen Zeitpunkt: Verizon plant die Übernahme für 48 Milliarden US-Dollar. Der Widerwille, Aussagen zur Ursache des Problems zu treffen und basale Lösungen vorzuschlagen, sorgt für Unsicherheit, und so schätzen einige Investoren bereits früh den möglichen Verlust in Milliardenhöhe ein (Ovide 2016).

Generell lassen sich die Folgen von Datenlecks nur schwer ermessen. Im Falle von Yahoo! lässt sich die Schwere des angerichteten Schadens tatsächlich auf einen Blick erkennen: Zeitgleich mit der Veröffentlichung des Presseberichtes am 14. Dezember 2016 fiel die Aktie des Konzerns um 4,4 % (Ovide 2016). Ob Yahoo! bereits früher über die Angriffe Kenntnis hatte und Informationen bewusst zurückgehalten wurden in der Hoffnung, die Übernahme durch Verizon nicht zu gefährden, darüber lässt sich nur mutmaßen. The Guardian beruft sich allerdings auf einen Anwalt der Verizon Gruppe, Craig Silliman, dessen Aussage bereits kurz nach Offenlegung der Angriffe eine direkte Auswirkung des Datenskandals auf die Übernahme ankündigt:

> »*I think we have a reasonable basis to believe right now that the impact is material and we're looking to Yahoo to demonstrate to us the full impact. […] If they believe that it's not, then they'll need to show us that.*« (Thielman 2016)

Letzten Endes soll der Skandal den Unternehmenswert beim Verkauf um »nur« 350 Millionen US-Dollar drücken (Ovide 2016), der Verlust an Glaubwürdigkeit wiegt jedoch schwer. So wirft die Intransparenz des Unternehmens im Umgang mit dem Thema Datenschutz bei Nutzern und Investoren gleichermaßen die Frage auf, wie sicher Yahoo! noch ist.

3.2   Deutsche Telekom: Datensicherheit als Vertrauens-Problem

Diesseits des Atlantiks wurde unlängst die Deutsche Telekom AG Opfer des größten Datendiebstahls deutscher Geschichte. Im Folgenden soll nun der Umgang des Providers mit dem Thema Datensicherheit im Allgemeinen umrissen werden. Auch hier wird daraufhin die Chronik eines Datenskandals gezeichnet, um schließlich dessen Folgen für das Unternehmen darzulegen.

Die Deutsche Telekom legt großen Wert auf das Thema Sicherheit. Da sich ihr Kerngeschäft auf die Vernetzung ihrer Kunden miteinander und mit dem Internet beläuft, ist es nachvollziehbar, dass der Sicherheitsaspekt eine bedeutende Rolle für das Unternehmen spielt. Einerseits geht es darum, die sensiblen Kundendaten, über die die Deutsche Telekom verfügt, unter Verschluss zu halten. Dieser Verantwortung ist sich die Deutsche Telekom durchaus bewusst. »Das Wertvollste, was unsere Kunden uns anvertrauen, sind ihre persönlichen Daten«, so heißt es auf ihrer Unternehmenswebsite (Telekom 2017). Auf der anderen Seite bedeutet Sicherheit für die Deutsche Telekom auch, die firmeneigene Integrität zu schützen und ihre Systeme und Netzwerke so wenig angreifbar wie möglich zu machen.

Zum Schutz vor Cyberangriffen setzt die Deutsche Telekom auf ein eigenes Cyber Emergency Response Team (CERT), welches Cyberangriffe weltweit analysiert und Gegenmaßnahmen entwickelt. Zu den zentralen Aufgaben des CERT gehören die Identifizierung und Bewertung von Bedrohungen, das regelmäßige Scannen der genutzten Systeme nach Schwachstellen und natürlich die Koordination und das Management sicherheitskritischer Vorfälle (Telekom 2017).

Allerdings hat die Vergangenheit gezeigt, dass die Deutsche Telekom das Thema Datenschutz nicht immer mit höchster Priorität behandelt hat. In den Jahren 2005 und 2006 wurden von den Unternehmen selbst Telefonverbindungsdaten gesammelt, analysiert und ausgewertet, um einen eventuellen Spitzel der Presse in den eigenen Reihen ausfindig zu machen. Dies flog 2008 auf und hatte zur Folge, dass der damalige Sicherheitschef der Deutschen Telekom ins Gefängnis musste (Spiegel Online 2013). Die Deutsche Telekom entschuldigte sich daraufhin im Jahre 2010, leistete Entschädigungszahlungen und Millionenspenden (n-tv 2013).

Auch vor Angriffen von außen, Sicherheitslücken oder sonstiger Datenlecks ist die Deutsche Telekom trotz aller Schutzmaßnahmen nicht gefeit. 2006 wurde die Firma Opfer des bis dato größten Datendiebstahls der deutschen Geschichte. Ungefähr 17 Millionen Kundendaten und Telefonnummern wurden entwendet und im Internet zum Verkauf angeboten. Obwohl zwar nach offiziellem Statement seitens der Deutschen Telekom keine Bankverbindungsdaten, sondern »nur« Namen, Telefonnummern und Anschriften geklaut wurden, war der größte deutsche Mobilfunkkonzern zum Handeln gezwungen. Der damalige Vorstandsvorsitzende René Obermann entschuldigte sich bei den Kunden und die Firma bot einen kostenlosen Wechsel der Rufnummern an. Zudem wurden die Sicherheitsmaßnahmen verschärft, sodass mittlerweile komplexe Passwörter gefordert und Kundendaten schärfer bewacht werden, mit dem Ziel, eine solche Panne in Zukunft zu vermeiden (TZ 2009). Eigens dafür wurde ein neuer Vorstandsposten geschaffen, der sich mit dem Thema Datenschutz auseinandersetzt (Spiegel Online 2013).

Allerdings konnte auch dieser vor einer weiteren Panne nicht schützen, die 2013 aufgedeckt wurde. Innerhalb der Deutschen Telekom speicherte ein IT-System Mitarbeiterdaten personalisiert statt anonymisiert, sodass einige Mitarbeiter Zugriff auf sensible Daten wie beispielsweise Gehälter der nahezu kompletten Belegschaft innerhalb Deutschlands hatten, was ein Verstoß gegen betriebliche und datenschutzrechtliche Regelungen bedeutet (Süddeutsche Zeitung 2013). Das System wurde von der Deutschen Telekom abgeschaltet.

2016 gab es die letzte bekannte Panne. Im Zuge der stetigen Digitalisierung haben sich Cloud-Systeme etabliert, die ihren Nutzern zusätzlichen virtuellen Speicher für ihre Daten geben. Durch technische Fehler bei der Migration von Daten innerhalb der Deutschen Telekom-Cloud war es einem Geschäftskunden des Unternehmens möglich, über 1.200 Adressbücher von anderen Kunden einzusehen, darunter auch von Regierungsbeamten und Angestellten des öffentlichen Dienstes. Diese Sicherheitslücke wurde von der Deutschen Telekom, da sie als eventuellen Angriffspunkt für Social-Engineering Angriffe erkannt wurde, umgehend geschlossen. Zudem wurden Maßnahmen geschaltet, die erzwingen, dass Aktualisierungen bis zum Ende durchlaufen werden müssen, was ein erneutes Leck bei Datenmigrationen verhindern soll (Ries 2016).

Die Vorwürfe und Pannen der Deutschen Telekom über die letzten Jahre sind nicht von der Hand zu weisen, scheinen allerdings keine nachhaltigen, negativen Auswirkungen nach sich zu ziehen. Nach jedem Zwischenfall hat das Unternehmen Maßnahmen ergriffen, um zu verhindern, dass diese Art Vorfall nochmal auftreten kann, man kann also sagen, dass versucht wurde, aus den Fehlern eine Lehre zu ziehen. Eben diese Lernbereitschaft ist es, die die Integrität von Firmen aufrechterhält, die Opfer von Datenpannen werden, obwohl sie sich das Thema Datensicherheit so prominent auf die Fahne schreiben. Man kann nicht abstreiten, dass Datenschutz für das Unternehmen nach wie vor ein sehr wichtiges Thema ist, es sich in diesem Bereich stets verbessert und Risiken für Zwischenfälle, wie sie in der Vergangenheit aufgetreten sind, zu minimieren versucht.

Eine hundertprozentige Garantie für Datensicherheit wird es aufgrund der ständigen technischen Entwicklung und Veränderung, die logischerweise auch neue Lücken und Schwachstellen mit sich bringt, vermutlich nicht geben. Allerdings ist es bei der Deutschen Telekom die Priorisierung dieses Themas und die Investition von Ressourcen in den Bereich Datensicherheit, die zu Vertrauen auf Kundenseite führt.

3.3   Sony: Datensicherheit als PR-Problem

»In the rush to get out innovative new products, security can sometimes take a back seat« (*Reynolds/Baker* 2011). Dieses Zitat zeigt, dass insbesondere Technologiefirmen und Elektronikkonzerne wie die Sony Corporation aufgrund der vorherrschenden Geschäftsmodelle und des enormen Wettbewerbsdrucks den Fokus auf eine rapide Entwicklung von innovativen Produkten legen. Allerdings sind die neuen Produkte und die dazugehörige Software oftmals fehlerbehaftet. Diese anfällige Software wird beim Release von einer großen Anzahl an Nutzern verwendet und kann aufgrund der lückenhafter Codierung oder veralteter Sicherheitsstandards zu diversen Datenlecks führen (Heise Online 2011).

Um im Wettbewerb die Vorreiterrolle zu behalten, wird Zeit und Geld meist in etwas investiert, dessen tatsächlicher Nutzen gewiss ist. So war die Datensicherheit im Hause Sony oftmals lediglich unter dem Aspekt der Corporate Compliance angeordnet (Spiegel Online 2011). Zur Inszenierung gehörte allerdings auch, dass gewisse Verantwortlichkeiten bezüglich der Datensicherheit an den Konsumenten abgegeben wurden (WZ 2011). Dabei bleibt zu erwähnen, dass die hausinternen Sicherheitsvorkehrungen keinesfalls defizitär waren, aber allzu oft im Zuge des Innovationsdrucks nicht weiterentwickelt wurden. Dagegen unterliegen Hacker und Malware einer progressiven Entwicklung.

Die nachfolgende Chronologie zeigt auf, in welchen Dimensionen das Thema Datensicherheit einzuordnen ist. Kurz nach dem Ausrufen der Kampagne »make.believe« gelang es einem namhaften Hacker, den Kopierschutz der Spielekonsole PlayStation 3 zu knacken und eine Anleitung samt Software ins Internet zu stellen (Shane 2011). Um weitere Versuche dieser Art zu unterbinden und Nachahmer abzuschrecken, startete Sony 2010 einen offenen juristischen Krieg gegen die Hackerszene. Unzählige Juristen wurden weltweit beauftragt, rechtlich gegen die Verstöße vorzugehen. Allerdings, so vermutet man heute, brachte dies Sony in das Visier der gesamten Hackerszene. Bis zum April 2011 wurde mehrfach versucht, in die internen Netzwerke einzudringen, jedoch ohne größere Erfolge (*Reynolds/Baker* 2011).

Im Zeitraum vom 17. bis 19. April 2011 gelang es letztendlich einer bis heute unbekannten Gruppe, in die Serverstruktur und damit die Datenbank des Playstation Networks und des Musik- und Videodienstes Qriocity einzudringen (Shane 2011). Geschätzte 75 bis 100 Millionen personenbezogene Daten von registrierten Nutzern könnten dabei in unbekannte Hände gefallen sein. Hierbei handelt es sich um Daten wie Namen, persönliche Adressen, Passwörter, E-Mail-Adressen, Geburtsdaten und möglicherweise auch bis zu 11 Millionen Kreditkartennummern (Chung 2011). Weder die betroffenen Nutzer noch die Öffentlichkeit bemerkten das Datenleck. Erst als am 19. April 2011 sämtliche Funktionen von Playstation Network und Qriocity zunächst kommentarlos abgeschaltet wurden, kam der Verdacht auf, dass der Elektronikriese datentechnischen Problemen ausgeliefert sein könnte (Nied 2012). Weitere sieben Tage später, am 26. April 2011, folgten die ersten Stellungnahmen (Nied 2012). Meldungen auf der Playstation-Website, dem offiziellen Playstation-Blog, sowie das Einrichten von FAQ Seiten, die Bereitstellung von verschiedenen Hotlines und eine offizielle Pressemitteilung an alle relevanten Medien zeigten deutlich das Ausmaß der Sicherheitslücke im Datenbereich (Caplin 2011a). Sony beteuerte, dass sich intensiv um den Fall gekümmert werde und man kurz davorstehe, das Leck zu schließen: »Wir haben externe Sicherheitsexperten damit beauftragt, den An- und Eingriff zu untersuchen und zu analysieren« (Spiegel Online 2011). Weiter versprach man, die Sicherheitsstruktur hinter dem PlayStation Network komplett neu aufsetzen. Die Nutzer wurden um Geduld gebeten. Sony wolle erst sicherstellen, dass das Motto »Sicherheit vor Schnelligkeit« gewährleistet sei (Finsterbusch 2011).

Um das Vertrauen der Kunden in der Zwischenzeit zurückzugewinnen, erhielten betroffene Konsumenten des Playstation-Networks und Nutzer von Qriocity mit Wohnsitz in den USA einen persönlichen Identitätsschutz inklusive einer Versicherung über eine Million Dollar pro Person gegen Schäden, die durch Datenklau entstehen könnten. Ein solches Programm blieb Usern in Europa und Asien allerdings vorenthalten. Als die Online-Funktionen und Dienste am 15. Mai 2011 wieder erreichbar waren, spielte Sony per Update eine neue Sicherheitssoftware in das System (Nied 2011; WZ 2011). Dazu wurden alle registrierten Nutzer umgehend aufgefordert, ihre Passwörter auf anderen Plattformen und im eigenen E-Mail-Postfach auszutauschen. Außerdem empfahl Sony die Beobachtung von unregelmäßigen oder unberechtigten Bewegungen auf der Kreditkartenabrechnung. Bei Verdacht auf einen Betrugsversuch sollte sofort das entsprechende Kreditkarteninstitut informiert und die Buchung storniert werden (Shane 2011).

Sobald die betroffenen Systeme wieder stabil liefen, entschädigte Sony die Community mit einem umfangreichen »Welcome back«-Paket. Dieses umfasste eine großzügige Auswahl an Gratisspielen und ein zeitlich begrenztes Abonnement für die sonst kostenpflichtigen Onlinedienste (Caplin 2011b). Diese Maßnahmen schienen die aufgebrachte Community zu beruhigen. Allerdings blieb seitens der Nutzer der große Aufschrei aus. Vereinzelt kam es zu rechtlichen Schritten gegen Sony, doch allumfassend kam von der am stärksten betroffenen Gruppe – den Konsumenten – der geringste Gegenwind (Nied 2012).

Seitens Politik und Aktionären wurden Vorwürfe laut, Sony hätte absichtlich die Ausmaße der Attacke vertuscht, um den Launch eines neuen Tablets nicht zu gefährden (*Reynolds/Baker* 2011). Die bis zum damaligen Zeitpunkt größte Datenpanne der Geschichte entfachte eine globale Diskussion über die Art und Weise der Speicherung von Daten. In Europa wurden Gesetzesverschärfungen angekündigt (WZ 2011). IT-Experten kritisierten, dass Sony Schlüsseldaten wie Passwörter offenbar nicht verschlüsselt und somit gegen grundlegende Regeln des IT-Compliance verstoßen habe (*Reynolds/Baker* 2011). Zahlreiche Sammelklagen und Strafzahlungen folgten in den Jahren 2011 bis 2013. Als Reaktion auf diese Welle an Klagen änderte Sony im September 2011 die allgemeinen Geschäftsbedingungen und sicherte sich so gegen zukünftige Eingriffe von Dritten gegenüber den Anspruchsgruppen ab (Rose 2011).

Fehlende Passwortsicherheit ist immer wieder das Einfallstor für Datendiebstähle. Denn die Ursache für den neuen Angriff auf Daten sei auch im Fall von Sony die Tatsache gewesen, dass viele Nutzer identische Passwörter bei verschiedenen Onlinediensten nutzten und somit den Hackern den Angriff erleichterten (Finsterbusch 2011). Daher raten Unternehmen wie Sony ihren Nutzern zum Gebrauch sicherer Passwörter und empfehlen überdies, dieselbe Kombination von Nutzernamen und Passwort nicht zusätzlich auf anderen Plattformen zu verwenden. Darüber hinaus wird Achtsamkeit auch im Zusammenhang mit Aktivitäten auf dem Nutzerkonto empfohlen (*Reynolds/Baker* 2011).

Doch liegt die Verantwortung auch auf Seiten der Unternehmen. Für Sony wurde die Panne zum Dilemma. Der Börsenkurs fiel ebenso wie der Umsatz für die darauffolgenden Quartale (Krohn 2014). Das Thema Datenschutz bekam ein Preisschild. Der damalige Geschäftsführer von Sony, Howard Stringer, sagte kurz nach dem »Gau«, dass er eine 100 %ige Sicherheit zwar kategorisch ausschließe und das Thema Datenschutz ein langfristiger Prozess sei, Sony sich diesem allerdings nun mehr denn je widmen werde, getreu dem Slogan »Better safe than sorry« (WZ 2011). Noch im selben Jahr gelang es Hackern erneut, Systeme von Sony anzugreifen. Im Jahr 2014 wurde sogar die interne Datenbank der Tochter Sony Pictures Opfer von Hackern (Krohn 2014). Damit sollte die Frage nach der nachhaltigen Auswirkung der Geschehnisse vom April 2011 geklärt sein.

4.   Diskussion

In den drei Fallbeispielen wird deutlich, dass die Datensicherheit bei diversen Datenlecks nicht gewährleistet war, aber das Problem und dessen Lösung nicht auf der technologischen Ebene zu verorten ist. Selbst wenn die Unternehmen die Datenlecks geschlossen hätten, und obwohl sie diese teilweise auch geschlossen haben, hatten diese Datenlecks eine Außenwirkung auf das Unternehmensimage. Weiterhin wird deutlich, dass völlige Datensicherheit nicht zu versprechen ist und es eigentlich sogar fahrlässig ist, ein solches Versprechen abzugeben. Natürlich ist die aktuelle Situation so, dass viele Unternehmen ihren Nutzern absolute Datensicherheit in Aussicht stellen, weil auch die Konkurrenz dies tut. Es entsteht dadurch natürlich ein Dilemma, da die Unternehmen etwas versprechen, was sie nicht einhalten können. Die Konsequenzen aus einem solchen gebrochenen Versprechen erkennt man an Unternehmen wie Yahoo! und Sony, die empfindliche Verluste hinnehmen mussten. Es zeigt aber auch, dass der Umgang mit Datensicherheit und somit eine funktionierende Datensicherheitskultur sinnvoll sein kann, um proaktiv mit dem Thema umzugehen. Hieraus lassen sich fünf Punkte herausarbeiten, welche die Bedeutung der Datensicherheitskultur unterstreichen:

(1) Die Notwendigkeit einer *Stimmigkeit* zwischen nach innen wirkender Unternehmenskultur und nach außen wirkendem Unternehmensimage ist hervorzuheben. Wenn Unternehmen Datensicherheit als kostbares Gut erachten und mit ihr auch Werbung machen, dann wird es essenziell, dass sich die Datensicherheitskultur auf einem hohen Niveau befindet. Yahoo! hat sich beispielsweise stets als sicheres Unternehmen dargestellt. Als dies widerlegt und die scheinbare Stimmigkeit aufgelöst wurde, bekam das Unternehmen ein massives Imageproblem. Datensicherheit ist nur dann ein Marketing-Begriff, wenn die eigene Datensicherheit wirklich besser ist als die der Konkurrenz.

(2) Unternehmen sind gut beraten, sich um *Legitimation* bei ihren Kunden dafür zu bemühen, dass sie ihre Daten erhalten und nutzen. Gerade für die genannten Unternehmen sind Daten das Geschäftsmodell. Also ist die Legitimation notwendig; wenn sie verloren geht, geht auch der Kunde verloren. Deshalb erkennt man an der Deutschen Telekom gut, wie sie das Problem zu ihrem Problem machen, im Gegensatz zu Yahoo! und Sony, die das Problem dem Kunden zugeschoben haben und hilfreiche Tipps beziehungsweise Wiedergutmachungen verteilt haben. Diese fehlende Legitimation hat vor allem Yahoo! stark getroffen, da das Unternehmen nur austauschbare Güter anbietet. Sony immerhin besetzt mit der Playstation einen Markt mit überschaubarer Konkurrenz.

(3) Als Teil einer Unternehmenskultur ist *Lernbereitschaft* unverzichtbar, denn
     nur durch sie findet auch ein Wandel im Bewusstsein der Unternehmens-
     akteure statt. Im Kontext der Datensicherheitskultur lernt die »Gegenseite«
     auch mit jedem Tag hinzu und dementsprechend ist Datensicherheit ohne
     Lernbereitschaft überhaupt nicht möglich. Das Unternehmen wird vor
     allem auch daran bewertet, ob man aus Fehlern gelernt hat. Wenn man Sony
     anschaut, dann bekommt man das Gefühl, dass sich Sony entschuldigt,
     jedoch nichts gelernt hat. Es scheint, als ob dieselben Fehler ständig wie-
     derholt werden. Der Fall steht im Gegensatz zur Deutschen Telekom, die sich
     mit dem Thema Datensicherheit weiterentwickelt hat, neue Themen auf-
     gegriffen und eine Datensicherheitskultur auch strukturell ins Unterneh-
     men integriert hat, und zwar in Person eines Datenschutzvorstands.

(4) Die *Ethik* des Umgangs mit Daten und Datensicherheit ist ein bewusst vom
     Unternehmen zu gestaltender Aspekt der Datensicherheitskultur. Die Re-
     aktion von Unternehmen auf Vorfälle im breiten Spektrum zwischen da-
     tenbezogener Fahrlässigkeit, Missbrauch und Regelnutzung muss in einer
     ethischen Form stattfinden. Wenn man das Beispiel der Deutschen Telekom
     betrachtet und ihre Suche nach einem Spitzel, dann ist hier ethischer Zweifel
     nachvollziehbar. Aber hier haben die Strukturen im Unternehmen nicht
     gegriffen und die Datensicherheitskultur, wenn es sie damals gab, hat die
     ethische Dimension noch nicht verinnerlicht. Gerade wenn Daten die Ge-
     schäftsgrundlage sind, wollen die Kunden in Zukunft wissen, was mit ihren
     Daten passiert und welche ethische Leitlinie dem Handeln zugrunde gelegt
     wird.

(5) Eine Datensicherheitskultur basiert auf einer breiten *Kommunikation*. Denn
     alle zuvor genannten Aspekte hängen von der Kommunikation des Unter-
     nehmens mit der eigenen Belegschaft und erst Recht mit dem Kunden ab.
     Wenn Yahoo! eine Regierung als Schuldigen hervorhebt und gleichzeitig
     mitteilt, dass das Datenleck bereits zwei Jahre zurückliegt, dann zeugt dies
     von intransparenter Kommunikation. Wenn das Unternehmen einen Sün-
     denbock in den eigenen Reihen sucht, was bei einem Ausfall des Cloud-
     dienstleisters Amazon der Fall war (Agrawal 2017), dann ist zwar das Pro-
     blem scheinbar gelöst, aber das Unternehmen kommuniziert nicht über
     potenzielle Veränderungen. Natürlich ist es notwendig, dass ein konkretes
     Problem aufgearbeitet wird; den Kunden interessiert vor allem eine Lösung
     des Problems. Deshalb ist auch die Antwort von Yahoo! nicht zufrieden-
     stellend, dass der Nutzer sich selbst um das Problem kümmern müsse.

Insgesamt ist es zwingend notwendig, sich mit Vertraulichkeit und Integrität
auseinanderzusetzen. Aber erst wenn die Datensicherheitskultur im Unternehmen verankert ist und von den Mitarbeitern gelebt wird, ist ein authentischer

Umgang mit dem Thema Datensicherheit möglich und kann Vertrauen stiften, sogar in dem Fall eines unvermeidbaren Datenlecks.

5. Fazit

Vor allem durch die Digitalisierung sowie die Automatisierung in Zeiten der Industrie 4.0 werden Unternehmen immer abhängiger von Daten – man denke nur an moderne Fabriken, in denen immer mehr datengesteuerte Roboter arbeiten. Ohne Datensicherheit könnten Außenstehende die Produktion lahmlegen oder manipulieren. Deshalb wird die Thematik Datensicherheit für viele Unternehmen relevant. Wenn die Unternehmen sich nicht mit dem Thema auseinandersetzen, ist ihre Überlebensfähigkeit gefährdet. Wie Datensicherheit über das Überleben eines Unternehmens entscheiden kann, wird am Beispiel von Yahoo! deutlich.

Die technische Umsetzung und organisatorische Verankerung der Datensicherheit ist jedoch nur die eine Seite der Medaille, denn wie die diskutierten Beispiele zeigen, ist Datensicherheit zudem eine unternehmenskulturelle Herausforderung. Es scheint, dass vollkommene Datensicherheit nicht gewährleistet werden kann. Allerdings muss das Unternehmen konstant an der Sicherheit arbeiten und sich verbessern, also in den Wettbewerb mit anderen Anbietern auf dem Markt eintreten. Dementsprechend ist der souveräne Umgang mit Datensicherheit nach Innen sowie nach Außen entscheidend. Nach Innen muss sich das Unternehmen lernbereit sowie aufmerksam zeigen, nach Außen müssen Authentizität sowie Legitimation aufrechterhalten werden. Der Umgang mit Datensicherheit ist proaktiv und zugleich reaktiv und deshalb ist der Aufbau einer Datensicherheitskultur, wie man an den Beispielen erkennt, erfolgskritisch und entscheidend für die Nachhaltigkeit des Unternehmens.

Literatur

Agrawal, Nina (2017): Amazon Cloud Service Outage Breaks Parts of the Internet. http://www.latimes.com/business/technology/la-fi-tn-amazon-service-outage-20170228-story.html (zuletzt abgerufen am 27.07.2017).

Bitkom (2017): ISO/IEC 27002, Allgemeine Informationssicherheits-Managementsysteme, 2017. http://www.kompass-sicherheitsstandards.de/43785.aspx (zuletzt abgerufen am 27.07.2017).

Bundesamt für Sicherheit in der Informationstechnik (BSI) (2017): BSI fordert bessere Kooperation internationaler Internetdienstanbieter bei IT-Sicherheitsvorfällen. https://www.bsi.bund.de/DE/Presse/Pressemitteilungen/Presse2017/BSI-fordert-bessere-Ko

operation-internationaler-Internetdiensteanbieter_11052017.html (zuletzt abgerufen am 27.07.2017).

Caplin, Nick (2011a): PlayStation Network and Qriocity Qutage FAQ. https://blog.eu.playstation.com/2011/04/28/playstation-network-and-qriocity-outage-faq (zuletzt abgerufen am 27.07.2017).

Caplin, Nick (2011b): Details of the Welcome Back Programme for SCEE Users. https://blog.eu.playstation.com/2011/05/16/details-of-the-welcome-back-programme-for-scee-users-2/ (zuletzt abgerufen am 27.07.2017).

Chang, Shuchih Ernest/Lin, Chin-Shien (2007): Exploring Organizational Culture for Information Security Management. Industrial Management & Data Systems 107 (3), S. 438–458.

Chomsiri, Thawatchai (2008): A Comparative Study of Security Level of Hotmail, Gmail and Yahoo Mail by Using Session Hijacking Hacking Test. International Journal of Computer Science and Network Security, 8 (5), S. 23–26.

Chung, Emily (2011): PlayStation Data Breach Deemed in ›Top 5 Ever‹. http://www.cbc.ca/news/technology/playstation-data-breach-deemed-in-top-5-ever-1.1059548 (zuletzt abgerufen am 27.07.2017).

Finsterbusch, Stephan (2011): Der große Datenklau. http://www.faz.net/aktuell/wirtschaft/netzwirtschaft/sony-der-grosse-datenklau-1625574.html (zuletzt abgerufen am 27.07.2017).

Gumbley, Jim (2017): Create a Data Security Culture to Keep Data Safe. http://www.computerweekly.com/opinion/Security-Think-Tank-Create-a-data-security-culture-to-keep-data-safe (zuletzt abgerufen am 27.07.2017).

Heise Online (2011): Sony-Pictures Hack. https://www.heise.de/thema/Sony_Pictures_Hack (zuletzt abgerufen am 27.07.2017).

Krohn, Philipp (2014): Schaden durch Hacker wird immer größer. http://www.faz.net/aktuell/wirtschaft/unternehmen/der-schaden-durch-hackerangriffe-wird-immer-groesser-13331689.html (zuletzt abgerufen am 27.07.2017).

Lenhard, Thomas H. (2017): Datensicherheit. Technische und organisatorische Schutzmaßnahmen gegen Datenverlust und Computerkriminalität. Wiesbaden.

n-tv (2013): Datenpanne legt Telekom-Gehälter offen. http://www.n-tv.de/wirtschaft/Datenpanne-legt-Telekom-Gehaelter-offen-article11251551.html (zuletzt abgerufen am 27.07.2017).

Nied, Marius (2011): 1 Jahr nach dem PSN-Hack: Die Chronik eines Skandals (Special). http://www.spieletipps.de/artikel/3907/1 (zuletzt abgerufen am 27.07.2017).

O'Reilly, Charles A./Chatman, Jennifer A. (1996): Culture as Social Control: Corporations, Cults, and Commitment. Research in Organizational Behavior 18, S. 157–200.

Ovide, Shira (2016). The $1 Billion Price for Yahoo's Incompetence. https://www.bloomberg.com/gadfly/articles/2016-12-15/yahoo-s-cyberfail-could-cut1-billion-from-verizon-deal (zuletzt abgerufen am 27.07.2017).

Reynolds, Isabel/Baker, Liana B. (2011): Furore at Sony After Hackers Steal PlayStation Online User Data. http://www.reuters.com/article/idINIndia-565873201104279 (zuletzt abgerufen am 27.07.2017).

Richmond, Shane (2011): Millions of Internet Users Hit by Massive Sony PlayStation Data Theft. http://www.telegraph.co.uk/technology/news/8475728/Millions-of-internet-users-hit-by-massive-Sony-PlayStation-Data-theft.html (zuletzt abgerufen am 27.07.2017).

Ries, Uli (2016): Datenleck in der Telekom-Cloud ermöglicht Zugriff auf fremde Adressbücher. https://www.heise.de/security/meldung/Datenleck-in-der-Telekom-Cloud-ermoeglicht-Zugriff-auf-fremde-Adressbuecher-3564967.html (zuletzt abgerufen am 27. 07. 2017).

Rose, Mike (2011): Canadian Law Firm Files $1 Billion Lawsuit Against Sony Over PSN Data Breach. http://www.gamasutra.com/view/news/34499/Canadian_Law_Firm_Files_1_Billion_Class_Action_Lawsuit_Against_Sony_Over_PSN_Data_Breach.php (zuletzt abgerufen am 27. 07. 2017).

Schein, Edgar H. (1985): Organizational Culture and Leadership. San Francisco.

Scholz, Christian (2000): Strategische Organisation: Multiperspektivität und Virtualität. Landsberg/Lech.

Siponen, Mikko T. (2000): A Conceptual Foundation for Organizational Information Security Awareness. Information Management & Computer Security 8 (1), S. 31–41.

Spiegel Online (2011): Hacker stehlen Millionen Sony-Kundendaten. http://www.spiegel.de/netzwelt/gadgets/attacke-auf-playstation-netzwerk-hacker-stehlen-millionen-sony-kundendaten-a-759161.html (zuletzt abgerufen am 27. 07. 2017).

Spiegel Online (2013): Telekom schludert mit Daten von 120.000 Beschäftigten. http://www.spiegel.de/wirtschaft/unternehmen/datenpanne-telekom-schludert-mit-daten-von-120-000-beschaeftigten-a-919143.html (zuletzt abgerufen am 27. 07. 2017).

Stacey, Ralph D. (2016): The Chaos Frontier: Creative Strategic Control for Business. Butterworth-Heinemann.

Süddeutsche Zeitung (2013): Telekom-Mitarbeiter konnten Gehälter von 120.000 Kollegen einsehen. http://www.sueddeutsche.de/wirtschaft/personaldaten-panne-telekom-mit arbeiter-konnten-gehaelter-von-kollegen-einsehen-1.1757282 (zuletzt abgerufen am 27. 07. 2017).

Sull, Donald/Eisenhardt, Kathleen M. (2012). Simple Rules for a Complex World. Harvard Business Review 90 (9), S. 68–74.

Tageszeitung (tz) (2009): Der Mega-Datenklau. https://www.tz.de/welt/der-mega-daten klau-94009.html (zuletzt abgerufen am 27. 07. 2017).

Telekom (2017): Datenschutz und Datensicherheit. https://www.telekom.com/de/verant wortung/datenschutz-und-datensicherheit (zuletzt abgerufen am 27. 07. 2017).

Thielman, Sam (2016): Yahoo Hack: 1bn Accounts Compromised by Biggest Data Breach in History. https://www.theguardian.com/technology/2016/dec/14/yahoo-hack-securi ty-of-one-billion-accounts-breached (zuletzt abgerufen am 27. 07. 2017).

Westdeutsche Zeitung (WZ) (2011): Datenpanne. Sony-Chef Stringer sagt »Sorry«. http://www.wz.de/home/multimedia/datenpanne-sony-chef-stringer-sagt-sorry-1.651040 (zuletzt abgerufen am 27. 07. 2017).

Yahoo (2017): Sicherheit bei Yahoo. https://policies.yahoo.com/ie/de/yahoo/privacy/to pics/security/index.htm (zuletzt abgerufen am 27. 07. 2017).

Yahoo Account Hilfe (2016): Yahoo Sicherheitshinweis. https://de.hilfe.yahoo.com/kb/ac count/SLN27925.html?impressions=true (zuletzt abgerufen am 27. 07. 2017).

Yahoo Finance (2016): Important Message to Yahoo Users on Security. https://finance.yahoo.com/news/important-message-yahoo-users-security-182800027.html (zuletzt abgerufen am 22. 03. 2017).

Yahoo Investor Relations (2016): Important Security Information for Yahoo Users. https://investor.yahoo.net/releasedetail.cfm?ReleaseID=1004285 (zuletzt abgerufen am 22.03.2017).

Arnd Wiedemann / Vanessa Hille*

Sicherheit in der privaten Immobilien(anschluss)finanzierung im aktuellen Niedrigzinsumfeld

1. Ausgangssituation

Der Duden beschreibt Sicherheit als »Zustand des Sicherseins, Geschütztseins vor Gefahr oder Schaden« beziehungsweise mit »Gewissheit und Bestimmtheit«. Sicherheit gehört zu den Grundbedürfnissen des Menschen (vgl. Maslow 1943, S. 377). Eine vollkommene Sicherheit kann und wird es jedoch nicht geben. Auch in der Immobilienfinanzierung streben Menschen nach Sicherheit. Sicherheit beziehungsweise Gewissheit in der Immobilienfinanzierung setzen Menschen, die eine Wohnung oder ein Haus kaufen wollen, in der Regel mit Planungssicherheit gleich. Dies äußert sich in dem Wunsch, die Höhe der monatlichen Rate über einen möglichst langen Zeitraum zu kennen. Nur sehr selten allerdings wird der Käufer seine Immobilie mit dem ersten Darlehen vollständig abbezahlen können. Meistens verbleibt nach dessen Ablauf eine Restschuld, die mit einem weiteren Darlehen abgezahlt wird (vgl. Rennert 2012, S. 121; Noosten 2015, S. 41). Das bedeutet, dass nach Ablauf des ersten Darlehens Unsicherheit über die Höhe der monatlichen Rate der Anschlussfinanzierung besteht.

Gerade im aktuellen Niedrigzinsumfeld ist die Immobilienfinanzierung besonders günstig. Die Effektivzinssätze für Wohnungsbaukredite mit einer Laufzeit zwischen 5 und 10 Jahren an private Haushalte liegen im April 2017 nach der Zinsstatistik der Deutschen Bundesbank im Durchschnitt bei 1,7 %. Vor 10 Jahren lagen diese noch bei 4,8 % (vgl. Deutsche Bundesbank 2017a). Abb. 1 vergleicht den Verlauf der Effektivzinssätze von Januar 2007 bis April 2017 mit der Leitzinsentwicklung der Europäischen Zentralbank. Die Unsicherheit in der Immobilienfinanzierung bringen die gestrichelten Linien zum Ausdruck, die mögliche zukünftige Zinsverläufe skizzieren. Insbesondere ist fraglich, ob die

---

* Univ.-Prof. Dr. Arnd Wiedemann, Universität Siegen, Fakultät III (Wirtschaftswissenschaften – Wirtschaftsinformatik – Wirtschaftsrecht), Lehrstuhl für Finanz- und Bankmanagement. Vanessa Hille, M.Sc., Universität Siegen, Fakultät III (Wirtschaftswissenschaften – Wirtschaftsinformatik – Wirtschaftsrecht), Lehrstuhl für Finanz- und Bankmanagement.

Abb. 1: Effektivzinssätze für Wohnungsbaukredite (Neugeschäft) an private Haushalte mit einer anfänglichen Zinsbindung über 5 bis 10 Jahre (Deutsche Bundesbank 2017a)

Zinssätze so niedrig bleiben. Das kann noch eine Weile so bleiben, muss es aber nicht. Hebt die Europäische Zentralbank die Leitzinsen an, wird auch die private Baufinanzierung teurer werden.

Vor diesem Hintergrund stellt sich für Kreditnehmerinnen und Kreditnehmer, deren Darlehen in den nächsten 1 bis 5 Jahren auslaufen, die Frage, ob und wie man bei der zukünftig anstehenden Anschlussfinanzierung von den derzeit noch günstigen Zinsen profitieren kann. Soll man sich heute schon auf Basis des aktuellen Zinsniveaus für einige Jahre im Voraus Zinssicherheit »kaufen« oder lieber bis zum Ablauf der Zinsbindung warten und zum dann vorliegenden Zinsniveau finanzieren? Welche Variante letztendlich »besser« im Sinne von günstiger ist, wird abschließend erst im Nachhinein beurteilt werden können. Darlehensnehmerinnen und Darlehensnehmer sollten allerdings ihre Alternativen und die mit ihnen verbundenen Vor- und Nachteile kennen, um heute eine bewusste Entscheidung für die eine oder andere Variante zu treffen. Dieser Beitrag will eine Entscheidungshilfe geben.

2.   Das Annuitätendarlehen als klassisches Instrument der privaten Immobilienfinanzierung

2.1   Aufbau und Komponenten von Annuitätendarlehen

In der Immobilienfinanzierung gibt es verschiedene Darlehensformen, die zur Erstfinanzierung oder zur Anschlussfinanzierung von Immobilienkäufen beziehungsweise Bauvorhaben verwendet werden können. Die häufigste Form der privaten Immobilienfinanzierung stellt das Annuitätendarlehen dar, das sich durch einen festen Zins und gleichbleibend hohe Zahlungen, Annuität genannt, auszeichnet. Die Annuität besteht aus zwei Komponenten, der Tilgung und dem Zins, wobei der Tilgungsanteil im Zeitablauf steigt und der Zinsanteil sinkt (vgl. Rennert 2012, S. 116–117; Noosten 2015, S. 57). Die monatliche Annuität lässt sich wie folgt berechnen (vgl. Rennert 2012, S. 119–120):

$$\text{Monatliche Annuitätenrate} \quad = \quad \frac{\text{Darlehensbetrag * (Zinssatz + Tilgungssatz)}}{12}$$

Die monatlich zu zahlende Annuitätenrate und damit auch die Restschuld und die Tilgungsdauer sind abhängig vom vereinbarten anfänglichen Tilgungssatz (%-Satz der Darlehenssumme) und vom Zinssatz, den die Bank für die Zurverfügungstellung des Darlehens fordert. Dabei gilt: Je höher der anfängliche Tilgungssatz, umso schneller ist die Schuld abbezahlt (vgl. Noosten 2015, S. 44–45). Die mögliche Annuität errechnet sich aus der Kapitaldienstfähigkeit, die denjenigen monatlichen Betrag widerspiegelt, den ein Darlehensnehmer von seinem regelmäßigen Einkommen, das heißt Lohn/Gehalt zuzüglich Kindergeld und sonstigen regelmäßigen Einnahmen und abzüglich Lebenshaltungskosten, Versicherungen und Steuern sowie weiteren monatlichen Verbindlichkeiten wie zum Beispiel anderen Kreditraten oder Miete, frei zur Verfügung hat (vgl. Rennert 2012, S. 111–112). Kann sich ein Darlehensnehmer eine hohe monatliche Belastung dauerhaft leisten, sollte er sich für einen hohen Tilgungssatz entscheiden, da er sich dadurch schneller entschuldet und der insgesamt zu zahlende Zinsbetrag sinkt (vgl. Noosten 2015, S. 44).

Die zweite Komponente, der Preis in Gestalt des festen Zinssatzes, den der Darlehensnehmer für den Immobilienkredit bezahlen muss, setzt sich aus dem Refinanzierungssatz der Bank plus einem Aufschlag zur Deckung der administrativen Kosten für die Kreditbearbeitung und Verwaltung und einer Risikoprämie für potenzielle Kreditausfälle in Abhängigkeit von der Bonität des Darlehensnehmers und den hinterlegten Sicherheiten zusammen. Hinzu kommen noch ein Aufschlag für die Verzinsung des Eigenkapitals, das von der Bankenaufsicht als Risikopuffer für unerwartete Verluste von einer Bank im Rahmen der Kreditvergabe gefordert wird, und der angestrebte Gewinnbeitrag der Bank (vgl. Bacher 2015, S. 340). Welchen Zins eine Bank ihren Kunden anbietet, hängt letztlich auch von Geschäftsstrategie der Bank und natürlich von Angebot und Nachfrage ab, weshalb die Kreditkonditionen zwischen den einzelnen Anbietern leicht schwanken. Die Entwicklung der Geld- und Kapitalmarktzinsen, die wiederum stark abhängig vom aktuellen Leitzins der Zentralbank sind, beeinflussen die Zinsen für Bankkredite aller Anbieter. Der angebotene Darlehenszins hängt damit maßgeblich von der Lage an den Finanzmärkten zum Zeitpunkt des Darlehensabschlusses ab (vgl. Rennert 2012, S. 121).

Bei der Immobilienfinanzierung ist zudem zwischen Sollzins und Effektivzins zu unterscheiden. Der Sollzins ist derjenige Zinssatz, den der Darlehensnehmer für das geliehene Kapital im Jahr bezahlen muss (vgl. Noosten 2015, S. 40). Aussagekräftiger als der Sollzins ist aber der Effektivzins, da dieser gemäß der Preisangabenverordnung (PAngV) auch die Nebenkosten und Gebühren des Darlehens berücksichtigt (vgl. Schulze/Stein 2014, S. 20; Noosten 2015, S. 40). In den folgenden Beispielen spielt diese Unterscheidung allerdings keine Rolle, da Nebenkosten und Gebühren aus Vereinfachungsgründen nicht betrachtet werden. Insofern sind Soll- und Effektivzins identisch.

Das Annuitätendarlehen bietet dem Darlehensnehmer die angestrebte Planungssicherheit, da die Höhe der monatlichen Belastung in Gestalt der Annuität für den Zeitraum der Zinsfestschreibung feststeht. Am Markt angeboten werden Zinsfestschreibungszeiträume bis zu 20 Jahren. Unsicherheit entsteht nur dann, wenn das Darlehen kein Volltilgungsdarlehen ist, das heißt das Darlehen mit dem Ende der Zinsbindung nicht komplett zurückgezahlt ist und somit am Ende der Zinsbindung noch eine Restschuld besteht, die durch ein Anschlussdarlehen finanziert werden muss (vgl. Noosten 2015, S. 87). Dies ist häufig der Fall, da die vollständige Rückzahlung des Darlehens innerhalb der ersten Zinsbindung in der Regel die Tilgungsfähigkeit des Darlehensnehmers resp. dessen Kapitaldienstfähigkeit übersteigt.

2.2   Auswirkungen geldpolitischer Maßnahmen der Zentralbank auf die langfristigen Kreditzinsen

Seit März 2016 liegt der Leitzins der Europäischen Zentralbank bei 0,0 %, der Einlagenzins für Banken (d. h. der Zinssatz, zu dem Geschäftsbanken kurzfristig überschüssige Gelder bei der Europäischen Zentralbank hinterlegen) sogar bei -0,4 % (vgl. Europäische Zentralbank 2017a). Die Renditen von Bundeswertpapieren liegen, unter anderem auch bedingt durch die Anleihekäufe der Europäischen Zentralbank (Quantitative Easing), bis zu einer Restlaufzeit von 6 Jahren im negativen Bereich (vgl. Deutsche Bundesbank 2017b; Stand: Juli 2017).

Des einen Leid, des anderen Freud! Aufgrund der lockeren Zentralbankpolitik im Euroraum werden Baufinanzierungen zu sehr günstigen Konditionen angeboten. Die ING-DiBa bietet beispielsweise Neufinanzierungen mit einer Finanzierungssumme von über 200.000 EUR (für erstrangige grundpfandrechtliche Baufinanzierung bis zu 60 % des Kaufpreises bzw. der Herstellungskosten) und einer Festzinsbindung von 15 Jahren für 1,89 % Effektivzins an. Für eine kürzere

Festzinsbindung von 5 Jahren bietet die Bank die Baufinanzierung sogar zu 1,16 % an. Die Commerzbank wirbt mit Baufinanzierungen ab einem Effektivzins in Höhe von 1,19 % (Die Angaben sind den jeweiligen Internetseiten der Banken entnommen; Stand: Juli 2017). Zu berücksichtigen ist dabei natürlich immer die individuelle Bonität des Kreditnehmers.

Wie beschrieben, ist der Zinssatz für Immobilienfinanzierungen insbesondere von den Refinanzierungszinsen der Banken am Geld- und Kapitalmarkt abhängig, die wiederum von der Notenbankpolitik der Europäischen Zentralbank abhängig sind (Abb. 1). Die Zentralbank beeinflusst mit der Festlegung des Leitzinses unmittelbar die kurzfristigen Zinsen. Der langfristige Zins, der auch als Referenzzins für Baufinanzierungen dient, bestimmt sich durch Angebot und Nachfrage. Allerdings beeinflussen die erwartete Preisentwicklung und die Zinspolitik der Europäischen Zentralbank indirekt durch Arbitrageprozesse auch die langfristigen Zinsen.

Arbitrage bedeutet in diesem Zusammenhang, dass durch Ausnutzung von Zinsdifferenzen ein risikoloser Gewinn erzielt werden kann. Risikolose Gewinne sollten an effizienten Märkten nicht möglich sein. Daraus leitet die Zinsstruktur-Erwartungstheorie ab, dass der Ertrag einer langfristigen Anlage dem durchschnittlichen Ertrag hintereinandergeschalteter kurzfristiger Anlagen über die gleiche Laufzeit entsprechen muss (vgl. Taylor 1995, S. 17–18; Görgens/Ruckriegel/Seitz 2014, S. 277 ff.). Entgegen der Theorie sind in Deutschland die langfristigen Zinsen nach den mehrfachen Leitzinssenkungen 2008 und 2009 allerdings nur marginal gesunken (Abb. 1). Die Europäische Zentralbank beeinflusste zwar die kurzfristigen Zinsen, Arbitrageeffekte blieben aber aus, weil die Marktteilnehmer nicht an dauerhaft niedrige kurzfristige Zinsen glaubten. Mit ihrer Entscheidung, staatliche und private Anleihen zu kaufen, griff die Europäische Zentralbank daher auch in den Marktmechanismus von Angebot und Nachfrage nach langfristigen Anlagen ein, so dass in der Folge auch die langfristigen Zinsen sanken (vgl. Wohlmann/Hagemann 2017, S. 36). Das Anleihekaufprogramm soll bis mindestens Ende 2017 laufen (vgl. Europäische Zentralbank 2017b). Die Erwartung einer Leitzinserhöhung verbunden mit dem Auslaufen des Ankaufprogramms könnte die langfristigen Zinssätze daher wieder steigen lassen.

Zudem ist fraglich, wie lange die Europäische Zentralbank an ihrer derzeitig sehr lockeren Geldmengenpolitik noch festhalten kann, nachdem die amerikanische Notenbank Federal Reserve schon Ende 2014 ihr Anleiheankaufprogramm beendet hat und aufgrund der konjunkturellen Erholung in den USA sowohl im Dezember 2016 als auch im März und Juni 2017 die federal funds rate (den amerikanischen Leitzins) jeweils um 0,25 % erhöht hat (vgl. Board of Governors of the Gederal Reserve System 2017a; 2017b; 2017c). Die Federal

Reserve plant, die federal funds rate bis Ende 2018 auf 2,10 % anzuheben (vgl. Board of Governors of the Federal Reserve System 2017d, S. 39).

3.   Anschlussfinanzierung mittels Forward-Darlehen

3.1   Forward-Darlehen – ein Instrument zur Sicherung des aktuellen Zinsniveaus

Ist ein Darlehensnehmer im Anschluss an den Auslauf der Zinsbindung der Erstfinanzierung nicht in der Lage, die verbleibende Restschuld aus eigenen Mitteln zu begleichen, bieten sich verschiedene Möglichkeiten der Anschlussfinanzierung. Eine der am häufigsten gewählten Möglichkeiten ist die Prolongation, bei der der Vertrag bei der Bank, die schon das erste Darlehen gewährte, weitergeführt wird (vgl. Noosten 2015, S. 87).

Seit 2008 sind Banken dazu verpflichtet, spätestens drei Monate vor Ablauf der Zinsbindung dem Kunden die Konditionen einer Kreditverlängerung mitzuteilen. Am einfachsten und bequemsten ist es für den Darlehensnehmer, das Verlängerungsangebot anzunehmen. Bequemlichkeit kann aber seinen Preis haben. Diese Variante muss nicht zwangsläufig die beste Kondition für den Anschlussvertrag bedeuten. Darlehensnehmer sollten sich daher frühzeitig informieren und auch einen Wechsel der Bank in Erwägung ziehen (vgl. Noosten 2015, S. 87). Der Wechsel zu einer anderen Bank stellt daher eine weitere Möglichkeit der Anschlussfinanzierung dar. Beiden Varianten gemein ist, dass die Anschlussfinanzierung erst kurz vor Ablauf der Zinsbindung der Erstfinanzierung zum dann gültigen Zinsniveau abgeschlossen wird.

Als zusätzliche Alternative bietet sich das sogenannte Forward-Darlehen an, welches bereits bis zu 60 Monate vor Ablauf des laufenden Darlehensvertrages abgeschlossen werden kann. Bei dieser Finanzierungsform wird das aktuelle Zinsniveau für die zukünftige Anschlussfinanzierung festgeschrieben. Überlegenswert ist dies insbesondere dann, wenn man mit steigenden Zinsen rechnet. Im Grunde handelt es sich dabei nicht um eine neue Darlehensform, sondern um den zeitlich vorverlagerten Abschluss eines Annuitätendarlehens mit Festzinsbindung (vgl. Rennert 2012, S. 127). Dieses kann nicht nur bei der derzeitigen, sondern auch bei einer anderen Bank abgeschlossen werden. So bieten sowohl überregionale Anbieter mit bundesweitem Filialnetz (z. B. Deutsche Bank, Commerzbank) als auch von Direktbanken (z. B. ING-DiBa) und regionale Filialbanken (Sparkassen, Volks- und Raiffeisenbanken) Forward-Darlehen an. Da die Kreditkonditionen der verschiedenen Anbieter stark variieren können, lohnt sich ein Vergleich der Anbieter (vgl. Finanztest 2015, S. 40–43).

In der Regel entspricht der neue Darlehensbetrag der Restschuld des alten Darlehensvertrages zum Fälligkeitsdatum. An diesem Datum wird das neue Darlehen zur Tilgung der Restschuld eingesetzt. Wird das Forward-Darlehen bei derselben Bank abgeschlossen, löst es einfach die Erstfinanzierung ab. Wird das Forward-Darlehen dagegen bei einer anderen Bank abgeschlossen, überweist diese den Darlehensbetrag zum Fälligkeitszeitpunkt des Erstdarlehens an die alte Bank (vgl. Noosten 2015, S. 89).

Die darlehensgebende Bank lässt sich das Einfrieren des Zinssatzes mittels eines Zinsaufschlags in Höhe von 0,01 % bis 0,03 % pro Monat Vorlaufzeit bezahlen (vgl. Schulze/Stein 2014, S. 70–71; Noosten 2015, S. 89). Dies bedeutet, der Kreditnehmer zahlt den Zinssatz für die vereinbarte Laufzeit des Darlehens, also denselben Zins wie bei einem sofort beginnenden Annuitätendarlehen, der sich aus den in Abschnitt 2.1 beschriebenen Komponenten zusammensetzt, plus einen Aufschlag für jeden Monat, den der Kunde den Kredit im Voraus abschließt. Einige Banken bieten zudem sogenannte Freimonate an, für die kein Aufschlag verlangt wird. Die Berechnung des Forward-Kreditzinses ergibt sich wie folgt:

$=$ Darlehenszins $+$ Forward-Aufschlag$_{\text{monatl.}}$ $*$
(Vorlaufzeit$_{\text{in Monaten}}$ $-$ Anzahl Freimonate)

Beispiel 1: Sie möchten bereits 3 Jahre vor Ablauf der Zinsbindungsfrist Ihres alten Darlehens ein Forward-Darlehen für eine Laufzeit von 10 Jahren abschließen. Die Berechnung des Forward-Zinses ergibt sich wie folgt:

Aktueller Kapitalmarktzins für 10 Jahre	1,00 %
Aufschlag der Bank	0,50 %
Darlehenszins	1,50 %
Freimonate	6 Monate
Forward-Aufschlag pro Monat	0,02 %

Tab. 1: Berechnung Forward-Zins

$=$ 1,5 % $+$ 0,02 % $*$ (36 Monate $-$ 6 Freimaonate)
$=$ 1,5 % $+$ 0,6 %
$=$ 2,1 %

Der aktuelle Kapitalmarktzins für eine Laufzeit von 10 Jahren liegt bei 1,00 %. Die Bank erhebt darauf einen Aufschlag in Höhe von 0,50 % zur Deckung der administrativen Kosten, der Kosten für potenzielle Kreditausfälle, der Verzinsung des Eigenkapitals sowie zur Erzielung eines Gewinns. Der Darlehenszins für ein sofort beginnendes Annuitätendarlehen läge damit bei 1,50 %. Da das

Darlehen jedoch 3 Jahre im Voraus abgeschlossen werden soll, fordert die Bank
als Ausgleich für das dadurch auf sie transferierte Zinsänderungsrisiko einen
Aufschlag in Höhe von 0,02 % für jeden Monat, den der Kredit im Voraus abgeschlossen wird. Die ersten 6 Monate sind dabei aufschlagsfrei. Durch den
Zinsaufschlag erhöht sich der Darlehenszins somit auf 2,1 % (Tab. 1). Der zunächst nur gering wirkende Aufschlag kann die Zinslast eines Darlehens stark
erhöhen, da der Kunde den erhöhten Darlehenszins über die gesamte Kredit-
laufzeit bezahlen muss. Eine Verlängerung der Vorlaufzeit um nur einen Monat
führt in Beispiel 1 dazu, dass der Kreditnehmer 10 Jahre (120 Monate) lang
0,02 % mehr Zinsen zahlen muss.

Im derzeitigen Niedrigzinsumfeld werben Kreditinstitute mit besonders geringen Zinsaufschlägen für Forward-Darlehen oder verzichten sogar vollständig
auf einen Zinsaufschlag. Im März 2015 lag der Zinsaufschlag für ein 10-jähriges
Forward-Darlehen mit einer Vorlaufzeit von 3 Jahren zwischen 0,25 % und
1,44 % (vgl. Finanztest 2015, S. 40). Derzeit bietet die PSD Bank Kiel ein Forward-Darlehen mit einer Vorlaufzeit von 36 Monaten an, bei dem die ersten 18
Monate zinsaufschlagsfrei sind. Bei der ING-DiBa sind die ersten 12 Monate
zuschlagsfrei. Eine Vorlaufzeit von 3 Jahren kostet dort 0,75 % (Gesamtauf-
schlag). Die Postbank offeriert Forward-Darlehen mit einem Zinsaufschlag von
lediglich 0,01 % pro Monat (ersten 3 Monate frei). Die Tilgungsraten sind dabei
zwischen 1 % bis 10 % frei wählbar. Die Volksbank Siegerland bietet sogar
Vorlaufzeiten bis zu 5 Jahren an. So ist es möglich, sich heute schon einen Zins für
in 5 Jahren zu sichern (die Daten sind wieder den jeweiligen Internetseiten der
Banken entnommen; Stand: Juli 2017).

3.2   Berechnung der Forward-Zinssätze

Die angebotenen Zinsaufschläge für Forward-Darlehen werden von den Banken
nicht geschätzt, sondern unter der bereits erwähnten Annahme der Arbitragefreiheit ermittelt. Dazu müssen zunächst die Forward-Zinssätze, das heißt die
Zinssätze für Geschäfte, die heute schon abgeschlossen, aber erst in der Zukunft
beginnen, berechnet werden. Forward-Zinssätze für Darlehen mit einer Vorlaufzeit von über einem Jahr (t) werden finanzmathematisch korrekt wie folgt
berechnet (vgl. Wiedemann 2013, S. 43):

$$z(t,\ LZ) = \left(\frac{[1\ +\ z\,(0,\ t\ +\ LZ)]^{t\,+\,LZ}}{[1\ +\ z(0,\ t)]^t} \right)^{\frac{1}{LZ}} - 1$$

(mit z = Nullkuponzins, t = Vorlaufzeit in Jahren, LZ = Darlehenslaufzeit in
Jahren)

Die Berechnung folgt der Logik, dass die Bank für die Vorlaufzeit (t) den Darlehensbetrag zu dem für den Zeitraum der Vorlaufzeit geltenden Zinssatz anlegt und anschließend den Kredit für die Darlehenslaufzeit (LZ) zum Forward-Zinssatz vergibt. Alternativ könnte die Bank den Betrag auch direkt für die gesamte Laufzeit (t + LZ) anlegen. Argumentiert man wieder mit der Arbitragefreiheit, muss der Forward-Zinssatz den Zinsunterschied zwischen dem kurz- und dem langfristigen Zinssatz ausgleichen, wie das folgende Beispiel verdeutlicht.

Beispiel 2: Für ein Darlehen in Höhe von 10.000 EUR soll der Forward-Zinssatz berechnet werden. Der 3-jährige risikofreie (Nullkupon-)Zinssatz liegt bei 2,0 %. Der Zinssatz für eine Laufzeit von 13 Jahren liegt bei 4,3 %.

	Betrag:	Berechnung:
Geld für 3 Jahre anlegen:	10.612,08 EUR	$= 10.000 * (1 + 0,02)^3$
Geld für 13 Jahre anlegen:	18.344,10 EUR	$= 10.000 * (1 + 0,043)^{13}$
Differenz:	7.732,02 EUR	$= 18.344,10 - 10.612,08$
Forward-Zins z(3,10):	5,626 %	$= \left(\frac{18.344,10}{10.612,08}\right)^{\frac{1}{10}} - 1$

Tab. 2: Berechnung Forward Rate z(3,10)

Die Bank kann das Geld für 3 Jahre zu 2,0 % anlegen und erhält am Ende der Laufzeit, das heißt in 3 Jahren, 10.612,08 EUR. Würde die Bank den gleichen Betrag für 13 Jahre zu 4,3 % anlegen, erhielte sie nach 13 Jahren 18.344,10 EUR. Sollen beide Varianten am Ende zum gleichen Ergebnis (d. h. 18.344,10 EUR) führen und damit arbitragefrei sein, muss die Bank die Differenz von 7.732,02 EUR über das 10-jährige Darlehen erhalten. Dies entspricht einem Forward-Zins z(3,10) in Höhe von 5,626 % (Tab. 2). Die Proberechnung zeigt, dass der errechnete Forward-Zinssatz genau zu der Zinsdifferenz führt:

$$10.612,08 \text{ EUR} \quad * \quad (1+5,626\,\%)^{10} - 10.612,08 \text{ EUR} = 7.732,02 \text{ EUR}$$

Abb. 2 stellt die Arbitrageüberlegung noch einmal grafisch dar:

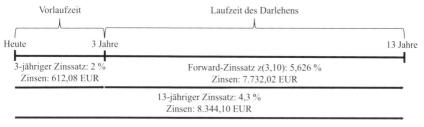

Abb. 2: Berechnung Forward-Zinssatz (in Anlehnung an Heidorn/Schäffler 2017, S. 79)

Die Berechnung des Forward-Zinssatzes macht deutlich, dass für diese keine Zinsprognose erforderlich ist, sondern die Zinssätze aus der aktuellen Zinsstruktur abgeleitet werden. Dabei gilt die Regel, dass der Forward-Zinssatz umso höher ausfällt, je steiler die aktuelle Zinsstrukturkurve ist, das heißt je größer der Abstand zwischen den Zinssätzen für kurze und lange Laufzeiten ist. Dies wiederum erklärt die momentan sehr geringen Aufschläge für Forward-Darlehen, denn die derzeitige Zinsstrukturkurve ist relativ flach (Abb. 3).

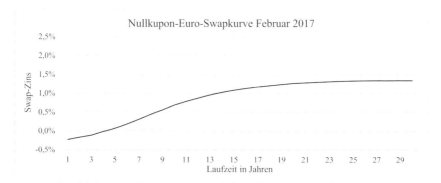

Abb. 3: Zinsstrukturkurve auf Basis von Nullkuponzinssätzen der Euro-Swapkurve (Deutsche Bundesbank 2017c; Stand Mai 2017)

Gibt es keinen Unterschied zwischen dem langfristigen und dem kurzfristigen Zins, das heißt liegt eine flache Zinsstrukturkurve vor, entspricht der Forward-Zins dem kurzfristigen beziehungsweise langfristigen Zins und es müssen keine Aufschläge bei Forward-Darlehen gezahlt werden. Für Februar 2017 errechnet sich ein risikoloser Forward-Zins z(3,10) für eine Vorlaufzeit von 3 Jahren und eine Darlehenslaufzeit von 10 Jahren aus den Nullkuponzinssätzen der Euro-Swapkurve der Deutschen Bundesbank (3-jähriger aktueller Zinssatz z(0,3) -0,115 %; 13-jähriger aktueller Zinssatz z(0,13) 0,953 %) von 1,276 %:

$$z(3,10) = [(1+0{,}953\ \%)^{13} / [1+(-0{,}115\ \%)]^{3}]^{1/10} - 1 = 1{,}276\ \%$$

Um aus dem berechneten Forward-Zins den finanzmathematisch richtigen, das heißt arbitragefreien Zinsaufschlag zu berechnen, wird zusätzlich noch der 10-jährige Zins (ohne Vorlaufzeit) z(0,10) benötigt. Dieser liegt im Februar 2017 bei 0,686 %. Der Zinsaufschlag für 3 Jahre beträgt somit 0,59 % und errechnet sich aus der Differenz des Forward-Zinses (z(3,10)=1,276 %) und dem Zins für eine Laufzeit von 10 Jahren ohne Vorlaufzeit (z(0,10)=0,686 %). Daraus kann nun schlussendlich der monatliche Zinsaufschlag errechnet werden. Es ergibt sich ein Wert in Höhe von 0,0164 % (0,59 % / 36 Monate = 0,0164 %).

Vergleicht man den arbitragefreien Aufschlag mit den in der Praxis angebotenen Aufschlägen, zeigt sich, dass diese sowohl darüber als auch darunter liegen. Wenn einige Anbieter geringere Aufschläge verlangen und damit Preise unter Einstand anbieten, kann dies zum einen Ausdruck des derzeit hohen Konkurrenzdrucks im Kreditgeschäft sein. Für Banken ist es im aktuellen Niedrigzinsumfeld sehr schwierig, auskömmliche Renditen zu erwirtschaften, wodurch Banken versuchen, gerade im Kreditgeschäft neue Kunden zu gewinnen. Zum anderen kann es auch daran liegen, dass die betreffenden Banken in ihrer Zinserwartung davon ausgehen, dass das Zinsniveau in den nächsten Jahren nicht so stark steigen wird, wie es der Forward-Zins suggeriert.

4.   Sicherheit mit Forward-Darlehen?

Wie bereits beschrieben, können mit einem Forward-Darlehen die aktuell gültigen Zinssätze für einen zukünftigen Zeitpunkt festgeschrieben werden. Dies bietet den Vorteil einer hohen Planungssicherheit, die über die derzeitige Zinsbindung weit hinausgehen kann. Zudem wird das Risiko steigender Zinsen und damit das Risiko einer teureren Anschlussfinanzierung ausgeschlossen. Ein Forward-Darlehen kann sich jedoch auch als nachteilig erweisen, wenn die Zinsen stagnieren oder gar sinken, denn ein Darlehensnehmer ist nach Abschluss des Forward-Darlehens zur Abnahme verpflichtet, auch wenn die Zinsen zum Zeitpunkt des Inkrafttretens des Forward-Darlehens deutlich niedriger sind (vgl. Schulze/Stein 2014, S. 71).

Nehmen Darlehensnehmer ein Darlehen nicht ab oder kündigt ein Darlehensnehmer sein Darlehen vor Ablauf der Zinsbindungsfrist (Ausnahme: Zehnjahresfrist), um einen Vertrag mit günstigeren Zinsen abzuschließen, hat die Bank das Recht, eine Entschädigung (Nichtabnahmeentschädigung bzw. Vorfälligkeitsentgelt) für den entgangenen Gewinn zu verlangen (vgl. Schulze/Stein 2014, S. 153, 159). Ein Forward-Darlehen lohnt sich daher nur, wenn die Baufinanzierungszinsen über den vereinbarten Forward-Zinssatz steigen. Das Forward-Darlehen stellt somit eine Wette auf steigende Zinsen dar. Stagnieren die Zinsen oder sinken diese sogar, macht der Darlehensnehmer ein schlechtes Geschäft. Damit »erkauft« sich ein Darlehensnehmer die Gewissheit über seine zukünftig zu zahlenden Raten durch das Risiko einer eventuell zu teuren Finanzierung (vgl. Schulze/Stein 2014, S. 71).

Beispielsweise titelte das Handelsblatt bereits im April 2013: »Wie Häuslebauer die Mini-Zinsen reservieren« – »Noch nie war Baugeld so günstig wie jetzt«. Wer sich zu diesem Zeitpunkt schon für ein Forward-Darlehen entschieden hätte, hätte zwar Kalkulationssicherheit gehabt, würde jedoch heute höhere Zinsen zahlen, als wenn er gewartet hätte und nach Auslauf der Zinsbindung ein neues Darlehen abgeschlossen hätte. Das folgende Beispiel verdeutlicht diese Situation.

Beispiel 3: Die Zinsbindung Ihres Annuitätendarlehens läuft am 01.04.2016 aus. Die noch zu tilgende Darlehenssumme beträgt 110.000 EUR. Sie überlegen, bereits am 01.04.2013 ein Forward-Darlehen mit einer Vorlaufzeit von 3 Jahren abzuschließen. Ihre Bank bietet Ihnen ein 10-jähriges Annuitätendarlehen zu einem Zins in Höhe von 2,04 % (Kapitalmarktzins 1,49 % zuzüglich eines Aufschlags der Bank in Höhe von 0,55 % zur Abdeckung der Kosten, des Ausfallrisikos etc.) an. Für ein Forward-Darlehen verlangt die Bank zusätzlich einen Zinsaufschlag von 0,02 % pro Monat Vorlaufzeit, wobei die ersten 6 Monate kostenlos sind. Daraus ergibt sich ein Forward-Zins in Höhe von 2,64 % (2,04 % + 0,02 % · (36–6) = 2,64 %). Sie möchten das Darlehen in 10 Jahren komplett tilgen. Der anfängliche Tilgungssatz für ein solches Volltilgungsdarlehen liegt bei 8,8 % (Tab. 3).

	01.04.2013 Forward Finanzierung	01.04.2016 Anschlussfinanzierung
Darlehenssumme	110.000 EUR	110.000 EUR
Kapitalmarktzins	1,49 %	0,67 %
Zinsaufschlag Bank	0,55 %	0,55 %
Forward-Aufschlag	0,60 %	–
Sollzins Darlehen	2,64 %	1,22 %
Zinsbindung	10 Jahre	10 Jahre
Tilgung zu Beginn	8,80 %	9,45 %
Vorlaufzeit	3 Jahre	–
monatliche Rate	1.048,67 EUR	978,08 EUR
Gesamtzinsen	15.198,09 EUR	6.872,78 EUR
Differenz	8.325,31 EUR	

Tab. 3: Forward-Darlehen 2013 versus Anschlussfinanzierung 2016

Da die Zinsen von 2013 bis 2016 weiter gefallen sind, liegt der 10-jährige risikolose Zins am Geld- und Kapitalmarkt nur noch bei 0,67 %. Unter diesen Umständen können Sie das Anschlussdarlehen bei Ihrer Bank zu einem Zinssatz von 1,22 % (Kapitalmarktzins 0,67 % zuzüglich des Aufschlags der Bank in Höhe von 0,55 %) abschließen. Auch dieses Darlehen soll in 10 Jahren komplett getilgt sein. Der anfängliche Tilgungssatz für das Volltilgungsdarlehen liegt nun bei 9,45 %. Der anfängliche Tilgungssatz steigt, da der Darlehenszins niedriger ist und somit ein höherer Anteil in die Tilgung fließen kann. Die monatliche Annuitätenrate sinkt von 1.048,67 EUR auf 978,08 EUR. Dies führt im Ergebnis dazu, dass die insgesamt für die gesamte Laufzeit von 10 Jahren zu zahlenden Zinsen deutlich niedriger ausfallen. Sie sinken von 15.198,09 EUR auf

6.872,78 EUR (-54,8 %). Mit dem Forward-Darlehen haben Sie sich zwar bereits im Jahr 2013 gegen das Risiko steigender Zinsen abgesichert, mussten dafür jedoch eine höhere monatliche Belastung in Kauf nehmen und insgesamt 8.325,31 EUR mehr Zinsen zahlen (Tab. 3).

Angenommen, der Entscheidungszeitpunkt sei nun Januar 2017. Wie aufgezeigt, sind die Marktzinsen im Vergleich zum Niveau 2013 noch einmal deutlich gesunken. Zudem ist die aktuelle Zinsstrukturkurve vergleichsweise flach. Sie gehen daher davon aus, dass das derzeitig extrem niedrige Zinsniveau nicht weiter sinkt, sondern tendenziell in den nächsten Jahren eher wieder ansteigen wird. Welchen Zinsvorteil ein Forward-Darlehen bei steigenden Zinsen haben kann, zeigt das folgende Beispiel.

Beispiel 4: Die Zinsbindung Ihres Darlehens endet im Januar 2020. Sie überlegen bereits jetzt (Januar 2017), ein Forward-Darlehen abzuschließen. Die Bank bietet Ihnen ein Volltilgungsdarlehen mit einer 3-jährigen Vorlaufzeit zu einem Forward-Effektivzins in Höhe von 1,98 % (inkl. Forward-Aufschlag in Höhe von 0,02 % pro Monat Vorlaufzeit; die ersten 6 Monate sind kostenlos) an. Angenommen, bis 2020 steigt das Zinsniveau um +1,00 % an. Dann würde sich ein Forward-Darlehen lohnen, da der Zins über den Forward-Zins gestiegen ist. Die gesamte Zinsbelastung für die Laufzeit von 10 Jahren würde um 21,2 % sinken (Tab. 4).

	01.01.2017 Forward Finanzierung	01.01.2020 Anschlussfinanzierung
Darlehenssumme	110.000 EUR	110.000 EUR
Kapitalmarktzins	0,83 %	1,83 %
Zinsaufschlag Bank	0,55 %	0,55 %
Forward-Aufschlag	0,60 %	–
Sollzins Darlehen	1,98 %	2,38 %
Zinsbindung	10 Jahre	10 Jahre
Tilgung zu Beginn	9,1 %	8,9 %
Vorlaufzeit	3 Jahre	–
monatliche Rate	1.015.67 EUR	1.034,00 EUR
Gesamtzinsen	11.282,89 EUR	13.670,94 EUR
Differenz	–2.388,05 EUR	

Tab. 4: Forward-Darlehen 2017 versus Anschlussfinanzierung 2020

Deutlich wird, dass die Vorteilhaftigkeit eines Forward-Darlehens stark von der zukünftigen Zinsentwicklung abhängig ist. Bei einem verhältnismäßig starken Zinsanstieg (Zinsanstieg über den Forward-Zins) ist das Forward-Darlehen die bessere Wahl. Bei einer Seitwärtsbewegung der Zinssätze oder sogar weiter sinkenden Zinsen führt es im Vergleich zu einer klassischen Anschlussfinanzierung dagegen zu einem erhöhten Zinsaufwand.

5.   Fazit

Forward-Darlehen werden, wie auch klassische Annuitätendarlehen, im aktuellen Niedrigzinsumfeld zu besonders günstigen Konditionen angeboten. Sie stellen ein gutes Instrument zur Sicherung der niedrigen Zinsen für die Zukunft dar. Dennoch kann sich diese Form der privaten Immobilienanschlussfinanzierung auch als nachteilig erweisen, wenn die Zinsen, entgegen der Erwartung, nicht steigen. Tab. 5 stellt die Vor- und Nachteile eines Forward-Darlehens vergleichend gegenüber.

Vorteile	Nachteile
– Sicherheit – derzeit sehr günstige Konditionen, geringe Aufschläge – beim aktuell sehr niedrigen Zinsniveau ist das Risiko weiter sinkender Zinsen gering	– im Zeitablauf stagnierende oder sinkende Zinsen führen gegenüber einem späteren Vertragsabschluss zu höheren Zins- und Ratenzahlungen – bei Nichtabnahme (z. B. durch Verkauf der Immobilie) oder vorzeitiger Tilgung wird eine Entschädigung fällig

Tab. 5: Vor- und Nachteile Forward-Darlehen

Ob ein Forward-Darlehen die bessere Alternative ist, hängt von der Entwicklung der Zinsen und damit letztendlich von der Zinspolitik der Zentralbank ab. Gerade im jetzigen Marktumfeld ist es für Darlehensnehmerinnen und Darlehensnehmer, die in den nächsten Jahren eine Anschlussfinanzierung benötigen, aber auf jeden Fall lohnend, sich mit dem Thema zu beschäftigen. Ob ein Forward-Darlehen die richtige Wahl darstellt, muss jeder für sich individuell entscheiden. Entscheidend ist die persönliche Erwartung über die Entwicklung der Zinssätze.

Besonders attraktiv sind Forward-Darlehens für alle diejenigen, die bereits in 6 bis 18 Monaten eine Anschlussfinanzierung benötigen, da diese, aufgrund der angebotenen Freimonate, nur sehr geringe beziehungsweise keine Zinsaufschläge zahlen müssen. Sollte Ihr Darlehen erst in 3 Jahren auslaufen, kann es ratsam sein, noch einige Monate mit dem Abschluss der Anschlussfinanzierung zu warten, da mit jedem Monat der Zinsaufschlag sinkt. Darlehensnehmerinnen und Darlehensnehmer sollten daher den Markt beobachten und im Falle eines Zinsanstiegs ein Forward-Darlehen in Erwägung ziehen. Um schnell reagieren zu können, ist es ratsam, sich bereits jetzt schon über das Darlehen sowie dessen Konditionen zu informieren. Zu berücksichtigen ist dabei auch, dass im Falle eines Zinsanstiegs die Zinsstrukturkurve selber auch steiler werden kann und die Aufschläge für Forward-Darlehen ebenfalls steigen können.

Literatur

Bacher, Urban (2015): Grundlagen des Bankmanagements, der Geschäftspolitik und wichtiger Bankgeschäfte, 5. Aufl. Konstanz.

Board of Governors of the Federal Reserve System (2017a): Federal Reserve issues FOMC statement (Dezember). https://www.federalreserve.gov/newsevents/pressreleases/mo netary20161214a.htm (zuletzt abgerufen am 09.05.2017).

Board of Governors of the Federal Reserve System (2017b): Federal Reserve issues FOMC statement (März). https://www.federalreserve.gov/newsevents/pressreleases/moneta ry20170315a.htm (zuletzt abgerufen am 09.05.2017).

Board of Governors of the Federal Reserve System (2017c): Federal Reserve issues FOMC statement (Juni). https://www.federalreserve.gov/newsevents/pressreleases/monetary20 170614a.htm (zuletzt abgerufen am 16.06.2017).

Board of governors of the Federal Reserve System (2017d): Monetary policy report. https:// www.federalreserve.gov/monetarypolicy/files/20170214_mprfullreport.pdf (zuletzt abgerufen am 09.05.2017).

Commerzbank (o. J.): Baufinanzierung. https://www.baufinanzierung.commerzbank.de/de/ baufinanzierung_1/home_10/produktinfos.html (zuletzt abgerufen am 10.07.2017).

Deutsche Bundesbank (2017a): Zinsstatistik: Wohnungsbaukredite an private Haushalte / Hypothekenkredite auf Wohnungsgrundstücke. https://www.bundesbank.de/Redakti on/DE/Downloads/Statistiken/Geld_Und_Kapitalmaerkte/Zinssaetze_Renditen/S510 ATHYP.pdf?__blob=publicationFile (zuletzt abgerufen am 08.06.2017).

Deutsche Bundesbank (2017b): Kurse und Renditen börsennotierter Bundeswertpapiere. https://www.bundesbank.de/Navigation/DE/Service/Bundeswertpapiere/Kurse_und_ Renditen/kurse_und_renditen.html (zuletzt abgerufen am 10.07.2017).

Deutsche Bundesbank (2017c): Null-Kupon-Euro-Swapkurve (Monatswerte). https:// www.bundesbank.de/Navigation/DE/Statistiken/Zeitreihen_Datenbanken/Geld_und_ Kapitalmaerkte/geld_und_kapitalmaerkte_list_node.html?listId=www_skms_it05b (zuletzt abgerufen am 09.05.2017).

Europäische Zentralbank (2017a): Key ECB interest rates. https://www.ecb.europa.eu/ stats/policy_and_exchange_rates/key_ecb_interest_rates/html/index.en.html (zuletzt abgerufen am 09.05.2017).

Europäische Zentralbank (2017b): Press Release: Monetary policy decisions. https://www. ecb.europa.eu/press/pr/date/2017/html/ecb.mp170427.en.html (zuletzt abgerufen am 31.05.2017).

Finanztest (2015): Schneller Schuldenfrei. Finanztest 25 (5), S. 38–43.

Görgens, Egon/Ruckriegel, Karlheinz/Seitz, Franz (2014): Europäische Geldpolitik. 6. Aufl. Stuttgart.

Handelsblatt (2013): Wie Häuslebauer die Mini-Zinsen reservieren. http://www.handels blatt.com/finanzen/immobilien/ratgeber-hintergrund/baufinanzierung-vergleich-die -besten-forward-darlehen/8010496-2.html (zuletzt abgerufen am 09.05.2017).

Heidorn, Thomas/Schäffler, Christian (2017): Finanzmathematik in der Bankpraxis. 7. Aufl. Wiesbaden.

ING-DiBa (o. J.): Forward-Darlehen. https://www.ing-diba.de/baufinanzierung/forward-darlehen/ (zuletzt abgerufen am 10.07.2017).

ING-DiBa (o. J.): Konditionen Neufinanzierung. https://www.ing-diba.de/baufinanzierung/neufinanzierung/konditionen/ (zuletzt abgerufen am 10.07.2017).

Maslow, Abraham H. (1943): A theory of human motivation. Psychological Review 50 (4), S. 370–396.

Noosten, Dirk (2015): Die private Bau- und Immobilienfinanzierung: Eine Einführung für Planer und Anbieter von Bauleitung. Wiesbaden.

Postbank (o. J.): Forwarddarlehen, URL: https://www.postbank.de/privatkunden/forward darlehen.html [zuletzt abgerufen am 10.07.2017].

PSD Bank Kiel (o. J.): PSD ForwardDarlehen. https://www.psd-kiel.de/Finanzierung/Baufi nanzierung/PSD-ForwardDarlehen/c236.html (zuletzt abgerufen am 10.07.2017).

Rennert, Guido (2012): Praxisleitfaden Immobilienanschaffung und Immobilienfinanzierung. Berlin – Heidelberg.

Schulze, Elke/Stein, Anette (2014): Immobilien- und Baufinanzierung. 2. Aufl. Freiburg.

Taylor, John B. (1995): The monetary transmission mechanism: An empirical framework. Journal of Economic Perspectives 9 (4), S. 11–26.

Volksbank Siegerland (o. J.): Forwarddarlehen. https://www.voba-si.de/privatkunden/kredit-baufinanzierung/baufinanzierung/forwarddarlehen.html (zuletzt abgerufen am 10.07.2017).

Wiedemann, Arnd (2013): Financial Engineering – Bewertung von Finanzinstrumenten. 6. Aufl. Frankfurt am Main.

Wohlmann, Monika/Hagemann, Daniel (2017): Wie Geldpolitik die Kreditnachfrage beeinflusst. Bankmagazin 66 (6), S. 34–38.

Gustav Bergmann[*]

Der Beitrag von Kultivierung und Gerechtigkeit zur Sicherheit

Sicherheit wird allgemein als eine sorglose Situation verstanden: Der Begriff geht zurück auf die lateinischen Worte *sēcūritās* sowie *sēcūrus* »sorglos«, aus *sēd* »ohne« und *cūra* »Sorge«. Im Zustand der Sicherheit herrscht Überblick auch über die zukünftige Entwicklung, es droht keinerlei Gefahr, nicht einmal Überraschung. In einer solchen sicheren Situation wäre alles schon entschieden. Es ist der Traum von einer vollkommenen Kontrolle und Klarheit, der schnell zum Alptraum werden kann. In autokratischen Systemen geraten die individuelle Freiheit und Sicherheit schnell in Gefahr. Sicherheit ist wie so vieles relational zu sehen, das heißt in Bezug zu etwas anderem, das gemeinsam in Balance gebracht werden muss. Vollkommene Sicherheit ist ein Zustand der vollendeten Unfreiheit und bedeutet Abwesenheit von Risiko und damit keine Entwicklung. Unsichere und ungewisse Situationen bieten positiv gewendet auch die Möglichkeit der Veränderung, Innovation und Entwicklung. Sicherheit erreicht man kaum durch die Verschärfung der Grenze, sondern eher durch den Abbau von ungerechtfertigten Unterschieden sowie der Verbesserung der Beziehungen.

In diesem Beitrag wird versucht, mit einer systemisch-relationalen Sichtweise die Entwicklung eines ausgewogenen Maßes von Sicherheit aufzuzeigen. Die Betrachtung mündet in der Ableitung von sechs wesentlichen Elementen der Entwicklungsfähigkeit von sozialen Systemen (Organisationen, Gesellschaften), die nicht nur (relative) Sicherheit erzeugen, sondern zugleich durch Offenheit, Freiheit, Gerechtigkeit und Lebensfähigkeit geprägt sind.

[*] Univ.-Prof. Dr. Gustav Bergmann, Universität Siegen, Fakultät III (Wirtschaftswissenschaften – Wirtschaftsinformatik – Wirtschaftsrecht), Lehrstuhl Innovations- und Kompetenzmanagement.

1. Kontingenz und dynamische Komplexität in der Hypermoderne

Grundsätzlich ist in komplexen Systemen keine vollständige Sicherheit möglich. Es existieren nur bestimmte Kontexte, die eine Sicherheit wahrscheinlicher machen. Schon Ulrich Beck hat uns vor 30 Jahren auf die Risikogesellschaft und Jahre später auf die Weltrisikogesellschaft vorbereitet (vgl. Beck 1986; 2007). Es geht darum, Handlungsweisen und Systeme zu schaffen, die ein sorgloses Leben und ein Handeln in Unsicherheit ermöglichen sowie vertrauensvolle Beziehungen erleichtern. Verschiedene Formen der Sicherheit stehen miteinander in enger Beziehung: Angestrebt werden persönliche Unversehrtheit, soziale, ökonomische und physische Sicherheit sowie Rechtssicherheit. Die Sicherheiten ergeben zusammen die Möglichkeit sich frei zu entfalten. »Die Wirklichkeit hat keine Information«, sagte Heinz von Foerster (2005, S. 27). Wirklichkeit ist das, was auf uns wirkt, formulierte schon der weise Meister Eckhart vor 700 Jahren. Geschichte ist das, was wir erzählen und erzählen dürfen. Zukunft ist das, was wir gemeinsam gestalten. Die Ungewissheit, aber auch der Gestaltungsspielraum liegen in den Potenzialen, den Kontingenzen.

Kontingenz stammt vom lateinischen Wort *contingere* und bedeutet »sich berühren« oder »zeitlich zusammenfallen«. Kontingenz bezeichnet die prinzipielle Offenheit menschlicher Erfahrung: Es kann auch immer anders kommen:

> »*Kontingent ist etwas, was weder notwendig ist noch unmöglich ist; was also so, wie es ist (war, sein wird), sein kann, aber auch anders möglich ist. Der Begriff bezeichnet mithin Gegebenes (zu Erfahrenes, Erwartetes, Gedachtes, Phantasiertes) im Hinblick auf mögliches Anderssein; er bezeichnet Gegenstände im Horizont möglicher Abwandlungen.*« (Luhmann 1984, S. 152)

In Zukunft haben wir es wahrscheinlich mit neuen und anderen Herausforderungen zu tun. Wir können weniger planen und müssen uns mit vielfältigen Kompetenzen auf ungewisse Entwicklungen vorbereiten:

- Heterarchien und Netze breiten sich aus. Es entsteht ein Verlust der Eindeutigkeit und Überschaubarkeit.
- Polykontexturalität erfordert die Verwendung verschiedener Codes.
- Die dynamische Hyperkomplexität erzeugt Turbulenz. Die Unbestimmtheit und der Wandel stellen große Herausforderungen dar, erzeugen Unsicherheit, geben aber auch neue Möglichkeiten, Veränderungen einzuleiten.
- In vielen Bereichen herrscht eine organisierte Unverantwortlichkeit und Adiaphorisierung – also Gleichgültigkeit, Auflösung von Verantwortung – vor und es mangelt es an einer überzeugenden Legitimierung (vgl. Baumann 2007).

– Wir befinden uns wahrscheinlich mitten in einem Epochenwandel, der auch als »Great Transformation« (Polanyi 1957) bezeichnet werden kann. Ausgelöst wird dieser Prozess vor allem durch ökologische Krisen und technologischen Wandel und in der Folge durch soziale Ungerechtigkeit und Ungleichheit. Polanyi hat schon früh auf die Probleme hingewiesen, die aus einer weitreichenden Entgrenzung und Deregulierung der Ökonomie erwachsen.

Der Ökonom Günther Ortmann unterscheidet anschaulich die Handlungs- und die Ereigniskontingenz jeweils in ihrer optimistischen und ihrer pessimistischen Variante (vgl. Ortmann 2009, S. 22.23). Zuversichtliche Handlungskontingenz kann verschiedene Haltungen evozieren: fröhliche Ironie, Denken in Möglichkeiten, Entrepreneurship oder Agieren nach dem Motto: »Bleib heiter, aber rechne mit dem Schlimmsten«. Die depressive Variante davon kann lauten: Angst, Verzweiflung oder Antiquiertheit des Menschen. Der Ereigniskontingenz wird mit Absicherung, fröhlichem Fatalismus, Planen und Rechnen sowie in der depressiven Version mit Angst, Apokalyptik, Resignation und Paralyse begegnet.

Damit ist ein kleines Panorama der Haltungen eröffnet und wir landen bei den Antwortmöglichkeiten. Die Lösung besteht in »Responsivität«, also der Fähigkeit, Antworten zu finden und die Komplexität entsprechend zu durchdringen. Weitere Begriffe sind die Robustheit oder »Resilienz«, also die Widerstandsfähigkeit. Resilienz ist aus der Psychologie übernommen, wo untersucht wird, welche Menschen in schwierigen Umfeldern seelisch stabil bleiben und große Schwierigkeiten überwinden. Bezogen auf soziale Systeme sind das zum Beispiel Unternehmen, die in Krisenbranchen überleben, während andere scheitern. Unter Resilienz versteht man demnach die Fähigkeiten von Akteuren oder sozialen Systemen (z. B. Familie, Unternehmen), erfolgreich mit belastenden Situationen (z. B. Misserfolgen, Unglücken, Notsituationen, traumatischen Erfahrungen, Risikosituationen) umzugehen. Resilienz entsteht, wenn ein System erfinderischer, kooperativer und vernetzter sowie zukunftsfähiger und ökologischer wird, also bessere, intensivere Beziehungen zur Mitwelt aufbaut (vgl. Bergmann 2015). Es gilt, gute Beziehungen zu gestalten zu anderen, ganz anderen, der Natur, den Dingen und zu sich selbst.

Wirkliche Entwicklung besteht in der Erweiterung von Möglichkeiten. Die Organisationsforscher Cohen, March und Olsen (1972, S. 1–25) haben schon vor 40 Jahren eine anschauliche Metapher in den Diskurs eingebracht: das *garbage can model* (»Mülleimer-Modell«) der Entscheidungen. In Organisationen werden danach unentwegt Entscheidungen getroffen, die mehr oder weniger Sinn machen, aber das Repertoire der Handlungsmöglichkeiten erweitern. Manche Lösungen suchen ein Problem, definierte Probleme suchen eine Lösung, es wird Anarchie organisiert. Es werden Wissen und Kompetenzen aufgebaut, deren Anwendung und Zweck eventuell in der Zukunft liegen. Innovativität und Entwicklung sind an Offenheit gebunden und verlangen ein Spiel mit Risiko und Unsicherheit.

Der französische Philosoph Jean Luc Nancy hat das Sein als Mitsein definiert. Singulär plural sein, ist das Wesen des Seins. Wir sind also alle Mitwesen (vgl. Nancy 2004). Alle Existenz ist ein Sein in Verbindung zu etwas anderem. Das Selbst ist ein System im Zusammenspiel mit anderen. Insofern steht bei Abschottung die Existenz auf dem Spiel. Ein Sicherheitsmanagement dieser Art ist dann eher durch Mitspielen charakterisiert. Es ist das Zulassen im Kontakt zur Mitwelt, um an der Grenze Verbindungen zu schaffen. Weniger imaginäre Kontrolle, sondern Öffnung und Einlassen. Es ist illusionär, eine »optimale Organisation« der Kontrolle und Sicherheit zu schaffen. Hochsicherheit schafft Unsicherheit, Aufrüstung führt zum Konflikt, Ungerechtigkeit und Ungleichheit evozieren den Protest.

2.   Das Paradox der Sicherheit

Wir haben es mit einem Paradox der Sicherheit zu tun. Je mehr sich ein Akteur oder ein soziales System abschottet oder abgrenzt, desto mehr gefährdet es seine Sicherheit. Das größte Gefahrenpotenzial existiert in Ländern, die große soziale Ungleichheit aufweisen, in denen eine Angstkultur herrscht, in denen aus diesem Grunde aufgerüstet wird, in denen soziale Segregation herrscht. Zudem gilt, dass derjenige, der sich einmauert, letztlich im Gefängnis sitzt. Weltweit erleben wir bizarre Situation unterschiedlicher Rechte. Die oberen 10 % Vermögendsten der Weltbevölkerung leben und wirtschaften auf Kosten der anderen, beanspruchen Reiserechte in jedes Land, versuchen sich aber gegen die Einreise aus armen Ländern zu schützen. In drastischen Worten: Man »erbeutet« Rohstoffe, externalisiert Umweltverschmutzung, lässt (Lohn-)»Sklaven« für sich arbeiten und wundert sich über die Gewalt in der Welt. Die Ungerechtigkeit erzeugt fast zwangsläufig große Unsicherheiten (genauere Darstellung dazu vgl. Bergmann 2017a; Lessenich 2017).

Die Absorption von Unsicherheit besteht weniger in der Schaffung von vermeintlicher Sicherheit, sondern eher im Aufbau von Komplexität, die äußere Komplexität bewältigen hilft (vgl. Ashby 1956). Sicherheit ist nur scheinbar durch Schließung erreichbar, das System nabelt sich durch die Abschottung von Informationen, Energie und Attraktivität ab und treibt damit großen Aufwand, die eigene Entwicklung zu verhindern. Es wird überwacht, kontrolliert und festgehalten. Vitale Systeme existieren gerade in der Verbindung zur Mitwelt und Grenzen stellen diesen Kontakt her.

2.1 Strukturelle Gewalt

Es existieren bestimmte soziale und physische Kontexte, die Unsicherheit, also Gewalt, Bedrohung, Konflikt usw. wahrscheinlicher machen. Johan Galtung (1975) hat dafür den Begriff der »Strukturellen Gewalt« geprägt:

> *Strukturelle Gewalt ist die vermeidbare Beeinträchtigung grundlegender menschlicher Bedürfnisse oder, allgemeiner ausgedrückt, des Lebens, die den realen Grad der Bedürfnisbefriedigung unter das herabsetzt, was potentiell möglich ist.«* (Galtung 1975, S. 12)

Diesem erweiterten Gewaltbegriff zufolge ist die Behinderung der Entfaltung und Entwicklung sowie die Entrechtung von Menschen eine Form von Gewalt.

Machteliten reklamieren die Definitions- und Deutungsmacht für Sicherheitsfragen. Im Zuge der weltweiten Deregulierung und Entgrenzung wird einigen wenigen Akteuren erlaubt, risikoreiche Entscheidungen zu treffen, deren negative Folgen von ihnen nicht verantwortbar sind und die sie nicht verantworten. Häufig muss dann die Allgemeinheit für die Schäden haften. So ist und war es in der Finanzkrise und in der Atomindustrie und so wird es sein bei der Gentechnik und der industriellen Landwirtschaft. Man kann in diesen Fällen von wohl organisierter Unverantwortlichkeit sprechen: Statt eine in der Tradition von Immanuel Kant (1785: Kategorischer Imperativ; 1795: ewiger Friede) und Hans Jonas (1984: Imperativ der Verantwortung) eine weitere Kultivierung des Zusammenlebens zu forcieren, betreiben mächtige Eliten die weitere Deregulierung mit der Folge gravierender Ungerechtigkeit. Gewalt, Unfrieden, Verunsicherung entstehen kontextuell. Bestimmte Bedingungen erhöhen die Wahrscheinlichkeit von Gewalt. Die weitere soziale Kultivierung könnte dazu beitragen, das sorglose Leben, die Entfaltung und Entwicklung von Menschen und sozialen Systemen zu ermöglichen.

2.2 Befähigungskontexte

Die politischen Philosophen Amartya Sen und Martha Nussbaum haben bewusst oder unbewusst diesen Gedanken der strukturellen Gewalt aufgenommen, gewendet und weiterentwickelt. Sie sehen in der Befähigung (Capability) von Menschen den zentralen Ansatz. Wohlstand und Entwicklung realisieren sich nicht im »Mehr desselben«, nicht in einer rein ökonomischen Messung von Wachstum, sondern in der Befreiung des Menschen. Ihnen schwebt eine Wirtschaftsordnung vor, in der Menschen befähigt statt behindert werden. Die finanzkapitalistische und von Macht durchsetzte Ökonomie behindert die meisten Menschen, ein Leben zu führen, das sich ihren Möglichkeiten nähert.

Nussbaum (2010; 2011) hat zentrale menschliche Fähigkeiten beschrieben, die durch das System unterstützt werden sollten. Es sind dies eine lange Lebensdauer, dabei körperliche Gesundheit, also körperliche Integrität, Sinne, Vorstellungskraft und Denken, zudem die Fähigkeit, eine Bildung zu genießen, die Denken und sinnliche Erfahrung möglich machen. Es sollen auch die Fähigkeiten entwickelt und erweitert werden, etwa Gefühle zu äußern, Bindungen einzugehen und Empathie und Liebe zu entwickeln. Zudem werden die praktische Vernunft und Reflexionsfähigkeit, das Spielen und die Lust am Leben als wesentlich angesehen. Die Zugehörigkeit und Anerkennung, die Naturbeziehung und die Mitwirkung in allen Bereichen der Gesellschaft gelten als weitere wichtige Fähigkeiten. Menschen sollten in der Ausübung und Entwicklung dieser Fähigkeiten unterstützt werden. Nussbaum, die an der Theorie der Gerechtigkeit von John Rawls (1979) sowie den Modellen von Amartya Sen (2010) ansetzt, möchte dazu ein robustes Modell als Rahmen schaffen, der inhaltlich Spielraum lässt, um an die jeweiligen Bedingungen und historischen Gegebenheiten angepasst zu werden. Die Forderung ist abstrakt formuliert, damit sie im Dialog ausformbar bleibt.

2.3   Resonante Weltbeziehungen

Wir existieren als Individuum oder auch in Gruppen und Organisationen in Beziehungen zur Welt. Diese Beziehungen bergen die Möglichkeit der Entwicklung, der Sicherheit, der Anregung und des gemeinsamen Lernens in sich oder aber, sie sind gestört und beinträchtigen und verhindern die Lebensfähigkeit. Heutzutage lassen sich zunehmend gestörte Weltbeziehungen beobachten. Wie Hartmut Rosa (2016) es ausgedrückt hat, fehlt die Resonanz. Es wird ein Kampf gegen die natürliche Umwelt praktiziert, gegen die Natur. Viele andere Menschen empfinden wir als Gegner und nicht als Freund, als Konkurrent und nicht als Partner. Viele haben ein schlechtes Verhältnis zu sich selbst, anderen oder ganz anderen. Zudem scheint die Beziehung zu den Dingen gestört (vgl. Bergmann/Daub 2015).

In allen Beziehungsbereichen kann man Verbesserungen einleiten. Wenn der Mensch eine bessere Beziehung zur Natur entwickelt, dann hat das auch positive Auswirkungen auf die Beziehung zu anderen Menschen. Wenn man sich die Dinge wieder aneignet, sie mitgestalten und pflegen kann, dann liefert das auch einen Beitrag für die Beziehung zur Natur in Form von Ressourcenschonung. Auch die Neurobiologen sagen, dass es möglich ist, die präfrontalen Bereiche unseres Gehirns zu trainieren und eine stärkere Impulskontrolle zu entwickeln. Wir können an uns selbst arbeiten, uns kultivieren und mäßigen. Insbesondere, wenn wir Response erfahren auf unser Verhalten, dann ist eine wechselseitige

Regelung möglich. Wichtig erscheint aber auch, einen sozialen und gesellschaftlichen Kontext zu schaffen, der die Kultivierung erleichtert, also jeweils für die Antwort sorgt. Alle Verbesserungen der Kommunikation zwischen Menschen haben positive Auswirkungen auf alle Beziehungsebenen mit der Mitwelt. Durch systemische Gestaltungen und Interventionen lassen sich Kontexte modellieren, die gute Beziehungen wahrscheinlicher werden lassen. Dabei kann man vor allem mit der Sprache gestalten. Sprache erzeugt Schwingungen und formt die Mitwelt. Es ist deshalb besonders wichtig, behutsam und empathisch zu kommunizieren. Andere resonante Strukturen bilden die Organisationselemente (besonders die Größe), die Bewertungs- und Kontrollprozesse sowie die Zeitgestaltung, die Architektur und atmosphärische Gestaltung mit den umgebenden Dingen (vgl. Bergmann/Daub 2008; 2012).

3.   Ein Modell der Entwicklung: Eine Sphäre des Gelingens schaffen

Es kann in einer so unübersichtlichen, komplexen und vernetzten Welt kein Grand Design, keine alles erklärende Theorie und kein alles planendes Modell geben. Wesentliche Teile der sozialen Welt sind sozial konstruiert, sind also Sein, das geworden ist, Sein, das gestaltet wurde. Es kann also auch geändert werden. Angesichts der sehr unterschiedlichen Sichtweisen und Interessen erscheint sinnvoll, einen Rahmen für eine gerechte gemeinsame Entwicklung von erfinderischen, kooperativen und zukunftsfähigen Sphären zu gestalten, nicht aber die Inhalte in irgendeiner Hinsicht festzulegen.

Ein Modell des Gelingens besteht dann in der Beschreibung von musterhaften Elementen, die alle lebensfähigen und lebensbejahenden Systeme beobachtbar aufweisen und mit denen sie sich von lebensfeindlichen, räuberischen und gewalttätigen Systemen unterscheiden. Es geht darum, einen Rahmen zu schaffen, in dem die Menschen ihre Beziehungen zur Mitwelt, zur Natur, zu anderen, zu den Dingen und zu sich selbst wieder in Einklang bringen können. Wir Menschen können nicht auf Dauer gegen die Welt leben. In der Friedens- und Konfliktforschung hat man viel Erfahrung mit den förderlichen Kontextfaktoren für sichere, gewaltfreie Systeme gesammelt. In dem vom Konfliktforscher Dieter Senghaas entwickelten Hexagon stehen ebenfalls 6 Elemente in enger Beziehung (vgl. Senghaas 1994; 1997; Menzel 2002):
- *Entprivatisierung von Gewalt (Gewaltmonopol):* Wichtig für den Zivilisierungsprozess ist zunächst die Herausbildung eines legitimen staatlichen Gewaltmonopols. Gewalt darf nur von den demokratisch legitimierten staatlichen Organen ausgehen.

- *Herausbildung von Rechtsstaatlichkeit:* Wenn die Gewalt entprivatisiert wird, muss es die Möglichkeit geben, eigene Interessen auf dem Rechtsweg durchzusetzen. Ansonsten landet man in einer kaschierten Form von Diktatur. Wenn das Gewaltmonopol als legitim akzeptiert werden soll, bedarf es der Institutionalisierung rechtsstaatlicher Prinzipien, der Gewaltenteilung und öffentlicher demokratischer Kontrolle.
- *Demokratische Partizipation:* Demokratisierung bedeutet die gleichberechtigte Mitwirkung und Teilhabe möglichst aller Beteiligten in Prozessen der Entscheidungsfindung. Demokratie kann auch als offene Lebensform bezeichnet werden.
- *Interdependenzen/Relationen:* Alle Mitglieder einer Gemeinschaft stehen in gegenseitiger Abhängigkeit zueinander. Nachhaltiger Friede ist nur mit Toleranz und Gewaltverzicht möglich. Man zähmt sich gegenseitig.
- *Soziale Gerechtigkeit:* Die Gesellschaft schützt ihre Mitglieder ausnahmslos vor Armut und Diskriminierung jeglicher Art. Es wird gemeinsam eine gerechte Gesellschaft entwickelt, die die Teilhabe aller und die Entfaltung der Persönlichkeit aller ermöglicht.
- *Konfliktkultur:* Die Mitglieder einer Gesellschaft sind fähig, Konflikte produktiv und kompromissorientiert auszutragen.

In unseren Forschungen zu den Bedingungen zukunftsfähigen Handelns ergaben sich ähnliche Faktoren, die eine erfinderische, entwicklungsfähige Kultur entstehen lassen. Diese Elemente kann jeder einzelne Akteur für sich und in seinem Umfeld verstärken, sie lassen sich aber auch als systemische Gestaltungselemente von Organisationen und Gesellschaften verwenden. Entwicklung und Lernen gelingen, wenn diese Elemente verwirklicht werden. Die Entwicklungsfähigkeit von Systemen ermöglicht es, das Paradox der Sicherheit aufzulösen. Durch Responsivität zur Mitwelt entsteht die Verbindung. Im Folgenden werden die sechs zentralen Elemente (vgl. Bergmann/Daub 2012) kurz charakterisiert.

3.1   Vielfalt, Weltoffenheit, Toleranz (Ethnien, Kulturen, Alter, Herkünfte, Kompetenzen, Methoden, Bildungswege)

Vielfalt in Menschen, Kompetenzen, Kulturen und Methoden erscheint als Fundament für Wissen und Lernen. Vielfalt erzeugt Unterschiede, die als Rohstoff der Information und in Folge der Fähigkeiten und Ideen dienen. Vielfalt entsteht nicht automatisch, vielmehr nimmt sie über die Zeit ab, weil Menschen zur Ähnlichkeit tendieren (Sympathieproblem). Das Andere, Neue, Fremde erscheint unvertraut und das führt zu einem oft unbewussten Abbau an Diversität.

Insofern ist ein sanfter Druck zur Vielfalt erforderlich. Gemeinschaft gelingt, wenn es selbst gewählte Zugangsmöglichkeiten (siehe unten) gibt. Gemeinschaft lebt als »dissipative Struktur« (vgl. Prigogine/Stenger 1981), in der sich die Existenz durch permanenten Wandel ergibt. Die Förderung der Vielfalt geht über das Dulden von Anderen und Anderem hinaus. Es ist eine aktive Toleranz, die Vielfalt und Diversität als Chance begreift.

3.2   Gleichheit der Rechte und Chancen/ Gerechtigkeit (Heterarchie, geringe Einkommens- und Machtunterschiede)

Im Anschluss an Vielfalt die Gleichheit zu nennen, erscheint zunächst verwirrend. Jedoch ist hiermit nicht die Angleichung der Menschen an sich, sondern vielmehr die Gleichheit von Chancen, von Rechten, von Vermögen, Einkommen und von Status gemeint. Mehr Gleichheit entlastet vom Statusstress und ermöglicht mehr Miteinander. Gleichheit reduziert Gewalt und fördert die Gesundheit. Dabei ist mit Gleichheit nicht die vollkommene Einebnung von Unterschieden gemeint, nur dass es zum Beispiel beim Einkommen und Vermögen noch nachvollziehbare Relationen gibt und Unterschiede sich aus Beiträgen für die Gesellschaft (besondere Leistungsfähigkeit, große Verantwortung, spezielle Kompetenz) ergeben. In Gesellschaften mit großen Unterschieden zeigt sich eine deutliche Tendenz zur Ungerechtigkeit, zur Gewalt und zu Wohlstandseinbußen (vgl. Wilkinson/Pickett 2009). In einer extrem ungleichen Gesellschaft gerät die liberale und demokratische Gesellschaft an ihr Ende. Dem hingegen treten in Gesellschaften mit geringer Ungleichheit deutlich weniger Probleme auf, es gibt weniger Gewalt, die Lebenserwartung ist höher, die Zufriedenheit, der Wohlstand insgesamt (vgl. Layard 2005; Wilkinson/Pickett 2009; Ronsanvallon 2013). Es erscheint also sinnvoll, nach mehr Demokratie in Unternehmen und Organisation Ausschau zu halten und damit die demokratische Gesellschaft weiter zu entwickeln. »Jedes Tun hat zu tun mit Gerechtigkeit«, schreibt der Philosoph Jean-Luc Nancy (2017). Eine sichere Welt speist sich aus Fairness und Gerechtigkeit (vgl. Pettit 2015).

Konkret wäre das umsetzbar mit einer bedingungslosen Grundsicherung in Form eines Grundeinkommens und eines Grundvermögens – finanziert aus Umverteilungserlösen, also einer hohen Erbschaftssteuer und Vermögenssteuer. Solch eine bedingungslose Verteilung von Einkommen und Vermögen gewährleistet, dass alle Menschen einen Anteil am Reichtum der Erde erhalten und sich nicht nur wenige die wesentlichen Verfügungsrechte sichern können. In Unternehmen müssten Haftungs- und Verantwortungsstrukturen wieder etabliert werden. Dazu dienlich wären zum einen neue Unternehmensrechtsformen und zum anderen die Entwicklung von Haftungsauflagen in bestehenden Rechtsformen insbesondere bei kapitalmarktorientierten Konzernen. Leider hatte Marx mit seiner Beschreibung des Kapitals und der Kapitalkonzentration Recht. Im Kapitalismus sind ja nicht Märkte und überschaubares Privateigentum die Probleme, sondern die Konzentration von Kapital in wenigen Konzernen und damit in den Händen der Aktionäre. Daraus resultiert dann auch eine auf weitere Kapitalvermehrung ausgerichtete Wachstumspolitik. Wahre Unternehmer und Erfinder sind hier nicht erwünscht, sondern nur die Möglichkeiten der unbegrenzten Mehrwertaneignung.

Gesetzliche Auflagen, die Zerschlagung von marktbeherrschenden Strukturen und darüber hinaus die Demokratisierung der Unternehmen (vgl. Bergmann 2017b) könnten eine breitere Legitimationsbasis und die Mitwirkung und Teilhabe aller Menschen an der Wertschöpfung und -nutzung wieder ermöglichen. So ist auch eine Mitwirkung und Teilhabe an der Mitwelt für jeden Menschen denkbar. Ein gutes Leben, in dem sich jeder Mensch entfalten kann und ein gehaltvolles Leben erfährt, wird auf diese Weise möglich.

3.3 Mitgestaltung und Mitwirkung (Demokratie und Dialog, Partizipation, Legitimierung)

Wie finden wir Ziele? Wie kommt es zu Entschlüssen und Entscheidungen? Wirkliche Demokratie löst sich aus den Fesseln des Expertentums und der Sachzwänge mit einer deliberativen Entwicklung von Zielen. Es wird Zeit zur gemeinsamen Entwicklung von Zielen und zur gemeinsamen Bewertung und Entscheidung gewährt. Der soziale Schwarm kann unter der Bedingung der Freiheit zu besseren Ergebnissen beitragen als die »Expertendemokratie«. Die Schaffung von vielfältigen Kommunikationsanlässen führt zu einem zufälligen Austausch, zur Steigerung der Toleranz und damit zu innovativem Denken. Open Business Models, Open Innovation, offener Wissenstransfer sind die Merkmale zukünftiger Ökonomie und Politik. Zentral wichtig für die Erweiterung der Handlungsmöglichkeiten ist die Mitwirkung möglichst vieler und unterschiedlicher Akteure. User-Driven-Innovation kann man auf alle möglichen Handlungsbereiche ausdehnen. Es geht nicht nur um die Entwicklung von Produkten, sondern auch um die Mitwirkung von Bürgern in einer Stadt, um die Partizipation von Mitarbeitern im Unternehmen, es geht um eine Demokratisierung möglichst aller Lebensbereiche, um dadurch Akzeptanz, Engagement und eben auch bessere Entscheidungen herbeizuführen.

Es werden diverse Formen von Entscheidungsverfahren diskutiert, die je nach Situation effektiv eingesetzt werden können. Demokratische Unternehmen können mehr Motivation und Engagement entfalten, es werden mehr Erkenntnisse gewonnen und Ideen entwickelt. Die Wertschöpfung hat sich noch mehr zu einem gemeinschaftlichen Prozess gewandelt. Open Source Development, also die gemeinsame, unentgeltliche Entwicklung von Software und Produkten im Netz, sowie die Liquid Democracy, eine unmittelbare Mitbestimmung auf Basis der elektronischen Medien, sind erste Modelle dieser umfassenden Mitwirkung. Kreativität entsteht besonders dort, wo gleichberechtigter Zugang zu Ressourcen besteht und die notwendigen Basismittel frei zur Verfügung stehen. Soziokratie (dieses Modell der Selbstorganisation folgt dem Grundsatz, dass eine Entscheidung nur getroffen werden kann, wenn niemand der Anwesenden einen wichtigen und wohl begründeten Einwand dagegen hat; vgl. Endenburg 1998; 2002), deliberative Entscheidungsfindung, Beteiligungsformen wie Open Space, World Café und Zukunftswerkstätten sind schon Ausdruck einer modernen Partizipationskultur in Unternehmen und Organisationen. Der Dialog und Diskurs sind Möglichkeiten in kontingenten Situationen und Feldern gemeinsam zu guten, robusten Lösungen vorzudringen. Demokratische Unternehmen verfügten über mehr Gestaltungsspielraum und sind in besser in der Lage, mit Ungewissheit und Komplexität zurechtzukommen. Andererseits stellen sie höhere Anforderungen an die Mitarbeiter, die willens und befähigt sein müssen, so zu arbeiten.

3.4 Freiheit und Freiräume (Experimentierfelder, Muße, Zeiträume, Freizügigkeit)

Gleichheit ohne Freiheit endet in Tyrannei und Ödnis. Freiheit ohne Gleichheit führt in die Freiheit für wenige und deren Herrschaft über alle anderen. Dann entfernen sich die Sphären der Reichen und Mächtigen immer weiter von den Lebenswelten der anderen. Zurzeit vollzieht sich dieser Prozess in den USA und vielen anderen Staaten: Die Ungleichheit der Einkommen und Vermögen nimmt weltweit zu. Scheinbar ergeben sich Verbesserungen im Vergleich der Staaten. So verringert sich der Abstand von einigen Schwellenländern, doch die reale Lebenssituation, nicht nur nach Einkommen, ist problematischer zu beurteilen und in den Staaten bilden sich kleine Einkommens- und Vermögenseliten (vgl. Milanovic 2016). Die massive Ungerechtigkeit wird durch eine Spektakel-, Event- und Konsumkultur sowie die Aussicht auf Aufstiegsmöglichkeiten kaschiert. Der Mittelstand löst sich auf. Freiheit ist verwirklicht, wenn alle Lebensformen vollständig toleriert werden, sich Menschen wirklich frei bewegen und gebärden dürfen, soweit sie anderen nicht schaden. Sie müssen aber auch aktiv am gesellschaftlichen Prozess teilhaben und sich als gleichberechtigte Akteure einbringen können. Bei großer Ungleichheit schwindet diese positive Freiheit zunehmend und verliert sich im Gegenteil. Es bedarf gleicher Freiheit für alle, damit alle am gesellschaftlichen Leben aktiv teilhaben können, wie es Etienne

Balibar (2012) treffend beschrieben hat. Philip Pettit beschreibt es mit dem Begriff gerechte Freiheit. Freiheit heißt für ihn die Abwesenheit von Beherrschung (vgl. Pettit 2015). Frei ist ein Mensch erst, wenn er nein sagen kann, wenn er sich wie Bartleby (einer Figur von Herman Melville (1853), die sich den Anweisungen seiner Vorgesetzten mit dem legendären Ausspruch »I would prefer not to« entgegenstellt) verweigern kann gegenüber den Zumutungen der Mächtigen.

Das Neue wächst besonders dort, wo es Raum hat. Insofern sind Freiräume in gedanklicher und physischer Art zu schaffen. Nur in Freiräumen kann Neues und Anderes jenseits der routinierten Daseinsbewältigung erzeugt werden. Wenn sich Menschen neben den zweckorientierten Aufgaben auch mit ihren Ideen und Fantasien beschäftigen, dann werden Exnovationen möglich, das heißt es entstehen Denk- und Handlungswege, die sich nicht aus dem Gegebenen entwickeln. Es entsteht Freiraum für Exnovationen und Abduktion. Abduktion ist, wie oben beschrieben, eine Form der Erkenntnisgewinnung, bei der der Geist absichtlich auf andere Wege entführt wird, die sich von den gewohnten substanziell unterscheiden (vgl. Hoffmann 2003). Es können dann Glücksfunde (Serendipity) gemacht werden, wenn man in Muße das finden kann, wonach man nicht gesucht hat.

3.5   Überschaubarkeit, Zugang und Nähe (Einfacher Zugang zu Wissen, Vernetzung, Open Innovation, Open Source)

In kleinen sozialen Systemen bildet sich ein hohes Maß an Kooperation und Verantwortung aus, weil die Menschen Resonanz auf ihr Handeln spüren. Robin Dunbar hat mit seiner »Magic Number 150« diese Problematik verdeutlicht (vgl. Dunbar 1993, S. 681–735). Unser Neocortex ist nur für den Austausch mit einer begrenzten Zahl von Mitmenschen geeignet. Zu etwa 150 bis 200 Menschen können wir Beziehungen aufbauen, in größeren Strukturen geht die Wechselbezüglichkeit und Verantwortlichkeit rapide zurück. Größe lässt den Widerhall verebben. Das Echo des eigenen Handelns verliert sich.

Die Größe eines Systems korreliert deshalb mit negativen Verhaltensweisen der zugehörigen Akteure. Menschen tendieren in anonymen Strukturen zu unmoralischem und wenig verantwortlichem Handeln. Das wirkt sich dann gesamthaft als pathologische Kommunikation aus. So sind Konzerne auf massenhaften Absatz von Markenprodukten angewiesen. Diese Produkte werden meistens mit Lügen, Täuschungen oder Suchtfaktoren verkauft. So hat die Tabakindustrie jahrelang die Suchtgefahr geleugnet, die Gesundheitsgefährdung heruntergespielt und mit massiver Werbung die Nachfrage angeheizt. Sie nahm zudem Einfluss auf die Politik, um sie einschränkende gesetzliche Regeln zu verhindern.

Ähnlich geht heute noch die Nahrungsmittelindustrie vor, die vor allem Zucker, aber auch andere Zusätze (besonders Aromastoffe) verwendet, die Menschen süchtig und krank machen. Andere Konzerne versuchen, Pflanzen genetisch zu verändern und zu patentieren. Wieder andere Unternehmen testen neue Wirkstoffe an armen Menschen in Indien und Afrika. Die Energiewirtschaft verhindert in vielen Ländern die dezentrale und regenerative Wende. Wortreich und listig verhindert die Finanzwirtschaft die wirksame Einhegung und Regelung. Vielmehr schreiben »Geldmänner« als Experten Gesetze und sitzen auf zentralen Posten in Politik und Wirtschaft. Die Manipulationen der Autoindustrie gefährden jetzt die ganze Branche. Es mangelt an Resonanz auf negatives Verhalten. Wenn ein Konzern ethisch verantwortlich organisiert sein soll, müssen dazu geeignete Response-Methoden verwendet werden, die Organisation also in kleine Einheiten dezentralisiert und klare, verbindliche Regeln entwickelt werden, die von vielen gegenseitig überwacht werden.

3.6   Maße und Regeln (Ökologische Maße, Fairnessregeln, Verzicht, Kultivierung)

Eine Welt ohne Maß und Regel endet schnell in Zerstörung (vgl. Camus 1953). Maßlos sind endloses Wachstum, Gier, Beherrschungswahn und Antreiben zur Beschleunigung. Ohne Maß und Regeln macht noch nicht einmal das Spiel Freude. Es geht folglich darum, gemeinsam begründete Regeln und Grenzen zu entwickeln. In egalitären, solidarischen, eher kleinen, freien und maßvollen Kulturen leben die Menschen am zufriedensten.

Dänemark und Costa Rica sind dafür sehr unterschiedliche Beispiele, die sich in der geografischen Lage, Geschichte, Sprache und vielem mehr unterscheiden – auch in ökologischem Maßhalten. Am Happy Planet Index lässt sich gut veranschaulichen, wie ein System wirklichen Wohlstandes gelingen kann (vgl. Schor 2011). Der Index setzt sich zusammen aus der Lebenszufriedenheit (erfragt auf einer Skala von 1 bis 10) mal Lebenserwartung, geteilt durch den Ressourcenverbrauch (gemessen in Ecological Footprint). Das Leben gelingt, wenn man lange zufrieden lebt und dabei wenig verbraucht. Costa Rica, das als Vorreiter in ökologischem Maßhalten gilt, führt 2016 diesen Index das dritte Mal in Folge an. Dagegen rutscht Dänemark (mit vergleichbaren Werten zu Costa Rica in Bezug auf Lebenserwartung, Lebenszufriedenheit und allgemeiner Gerechtigkeit) aufgrund des enorm hohen Umweltverbrauchs stark nach hinten auf den 32. Platz. Das Leben kann nicht wirklich gelingen, wenn man es auf Kosten anderer lebt. Deshalb gibt es in Ländern wie Dänemark auch große Anstrengungen, den Umweltverbrauch zu senken. Indikatoren zeigen die Wirkung unseres Handelns an. Es wird möglich, Grenzen aufzuzeigen und das Verhalten zu beeinflussen. Es ist bekannt, dass sowohl die volkswirtschaftlichen wie auch betriebswirtschaftlichen Indikatoren teilweise ein verzerrtes bis vollkommen falsches Bild ergeben. Deshalb muss man sich bemühen, die Wirkungen aussagefähiger abzubilden. Die hier genannten Elemente einer zukunftsfähigen Sphäre können als Bewertungsdimensionen verwendet werden. Zukunftsfähig ist dann ein soziales System oder ein einzelner Akteur, wenn es oder er sich vielfältig, gleich, frei, zugänglich, mitwirkend und maßvoll konstituiert.

4.   Fazit: Kultivierung und Gerechtigkeit wagen

Die sechs Elemente dienen als Gestaltungsvariablen und Kriterien einer Sicherheitsarchitektur. Im Zusammenklang dieser Kontextvariablen erscheint es erwartbar, dass sich entwicklungsfähige und damit »sichere« Systeme entstehen.

Dieser Prozess braucht Weile und ist aufwendig, langsam und mühsam. Noch vor einigen Jahren wurde der Kapitalismus als soziale Marktwirtschaft, die mit Demokratie verknüpft erschien, dekliniert. Die Mitwirkung aller Bürger, der Ausgleich der Interessen und die Entwicklung von Regeln galten als Grundprinzipien der kultivierten Wohlstandsgesellschaft. Seit einigen Jahrzehnten geraten aber diese Errungenschaften wie Sozialstaat, Demokratie und Rechtsstaat unter Druck. Die marktradikale neoliberale Hegemonie hat zu einer allgemeinen Verunsicherung geführt. Die Prekarisierung des Lebens kann dabei als Herrschaftsmittel beschrieben werden. Den Menschen wird die Muße ausgetrieben. In allen Lebensbereichen sollen die Prinzipien des Marktes und der Konkurrenz vordringen, alle Menschen, alle Institutionen, alle Regionen, alle Staaten sollen miteinander in Konkurrenz treten und sich nirgendwo sicher fühlen. Ungleichheit und Beschleunigung zerstören die Gemeinsamkeit und Demokratie. Nach den Prinzipien von »Rette sich, wer kann«, »Ruiniere Deinen Nächsten« und »Der Sieger bekommt alles« werden die finstersten Eigenschaften des Menschen evoziert. Wir Menschen agieren kontextbezogen: Wenn das ökonomische System alle zum Eigensinn, zur Erbeutung und zur Unersättlichkeit erzieht, kommen die eher unwahrscheinlichen, dunklen Seiten umso mehr hervor.

Dabei steht es auf der Uhr der Welt längst nicht mehr Fünf vor Zwölf. Wir befinden uns am Nachmittag, wir können uns nicht mehr entscheiden, ob wir den Klimawandel oder das Artensterben verhindern oder nicht, ob wir die Verelendung und die Armut vieler beenden, ob wir die Zerstörung großer Teile der Natur revidieren. Wir befinden uns mitten in einer exponentiellen Entwicklung, deren tragische Eigenschaft es ist, dass man die Auswirkungen des

Handelns erst viel zu spät merkt. Insofern müssen wir wirklich bremsen, Halt suchen und uns auf extrem andere Bedingungen vorbereiten. Wir müssen insofern schon heute Reserven an Wissen und Ressourcen schaffen, wir müssen wohl mehr als nachhaltig, nämlich vorsorglich handeln.

Die weitere Kultivierung basiert auf Modellen der Gerechtigkeit, der Gegenseitigkeit und dem Aufbau resonanter Beziehungen zu unserer Mitwelt. Wie sagt eine Weisheit aus Asien: Mitgefühl und Achtsamkeit besiegen die Angst.

Literatur

Ashby, William R. (1956): An Introduction to Cybernetics. London.

Balibar, Etienne (2012): Gleichfreiheit. Berlin.

Baumann, Zygmunt (2007): Leben in der flüchtigen Moderne. Frankfurt am Main.

Beck, Ulrich (1986): Risikogesellschaft. Auf dem Weg in eine andere Moderne. Frankfurt am Main.

Beck, Ulrich (2007): Weltrisikogesellschaft. Auf der Suche nach der verlorenen Sicherheit. Frankfurt am Main.

Bergmann, Gustav (2015): Mit-Welt-Gestalten: Versuch über die relationale Entwicklung. In: Habscheid, Stephan/Hoch, Gero/Schröteler-von Brandt, Hilde/Stein, Volker (Hrsg.), Zum Thema: Gestalten gestalten. DIAGONAL Heft 36. Göttingen, S. 123–134.

Bergmann, Gustav (2017a): Keiner hat nichts gewusst. Ein Versuch zur globalen Verantwortung. Essay. Siegen.

Bergmann, Gustav (2017b): Das demokratische Unternehmen. Essay. Siegen.

Bergmann, Gustav/Daub, Jürgen (2008): Systemisches Innovations- und Kompetenzmanagement. 2. Aufl. Wiesbaden.

Bergmann, Gustav/Daub, Jürgen (2012): Das menschliche Maß. Entwurf einer Mitweltökonomie. München.

Bergmann, Gustav/Daub, Jürgen (2015): Wunderbare Welt? Wege in eine mitweltgerechte Gesellschaft und Wirtschaft. Münster.

Camus, Albert (1953): Der Mensch in der Revolte. Reinbek bei Hamburg.

Cohen, Michael D./March, James G./Olsen, Johan P. (1972): A Garbage Can Model of Organizational Choice. Administrative Science Quarterly 17 (1), S. 1–25.

Dunbar, Robin I. M. (1993): Coevolution of Neocortical Size, Group Size and Language in Humans. Behavioral and Brain Sciences 16 (4), S. 681–735.

Endenburg, Gerard (2002): Sociocratie. Het Organiseren van de Besluitvorming. Delft.

Foerster, Heinz von (2005): Der Anfang von Himmel und Erde hat keinen Namen. 2. Aufl. Berlin.

Galtung, Johan (1975): Strukturelle Gewalt. Beiträge zur Friedens- und Konfliktforschung. Reinbek bei Hamburg.

Hoffmann, Michael H. G. (2003): Lernende lernen abduktiv: eine Methodologie kreativen Denkens. www.prism.gatech.edu/~mh327/03-MH-abduktiv-Lernen.pdf (zuletzt abgerufen am 15.08.2017).

Jonas, Hans (1984): Das Prinzip Verantwortung, Versuch einer Ethik für die technologische Zivilisation. Frankfurt am Main.

Kant, Immanuel (1999): Grundlegung der Metaphysik der Sitten. Hamburg (1785).

Kant, Immanuel (2016): Zum ewigen Frieden. Ein philosophischer Entwurf. Berlin (1795).

Layard, Richard (2005): Die glückliche Gesellschaft. Frankfurt – New York.

Lessenich, Stephan (2017): Neben uns die Sintflut. Berlin.

Luhmann, Niklas (1984): Soziale Systeme. Grundriß einer allgemeinen Theorie. Frankfurt am Main.

Menzel, Ulrich (Hrsg.) (2002): Vom Ewigen Frieden und vom Wohlstand der Nationen. Frankfurt am Main.

Melville, Herman (1853): Bartleby, the Scrivener: A Story of Wall-street. http://www.bartleby.com/129/ (zuletzt abgerufen am 15.08.2017).

Milanovic, Branko (2016): Die ungleiche Welt. Migration, das Eine Prozent und die Zukunft der Mittelschicht. Berlin.

Nancy, Jean-Luc (2004): Singulär plural sein. Zürich.

Nancy, Jean-Luc (2017): Was tun? Zürich.

Nussbaum, Martha C. (2010): Die Grenzen der Gerechtigkeit. Behinderung, Nationalität und Spezieszugehörigkeit. Berlin.

Nussbaum, Martha C. (2011): Creating Capabilities. The Human Development Approach. Cambridge/MA – London.

Ortmann, Günther (2009): Management in der Hypermoderne. Kontingenz und Entscheidung. Wiesbaden.

Pettit, Philip (2015): Gerechte Freiheit. Ein moralischer Kompass für eine komplexe Welt. Berlin.

Polanyi, Karl (1957): The Great Transformation. Boston.

Prigogine, Ilya/Stengers, Isabelle (1981): Dialog mit der Natur. München.

Rawls, John (1979): Eine Theorie der Gerechtigkeit. Frankfurt am Main.

Rosanvallon, Pierre (2013): Die Gesellschaft der Gleichen. Hamburg.

Rosa, Hartmut (2013): Beschleunigung und Entfremdung. Entwurf einer kritischen Theorie spätmoderner Zeitlichkeit. Berlin.

Rosa, Hartmut (2016): Resonanz. Eine Soziologie der Weltbeziehungen. Berlin.

Seel, Martin (2014): Aktive Passivität. Über den Spielraum des Denkens. Frankfurt am Main.

Sen, Amartya (2010): Die Idee der Gerechtigkeit. München.

Senghaas, Dieter (1994): Wohin driftet die Welt? Über die Zukunft friedlicher Koexistenz. Frankfurt am Main.

Senghaas, Dieter (Hrsg.) (1997): Frieden machen? Frankfurt am Main.

Sennett, Richard (2012): Together. The Rituals, Pleasures, and Politics of Cooperation. New Haven/CT.

Schor, Juliet B. (2011): True Wealth. How and Why Millions of Americans are Creating a Time-Rich, Ecologically Light, Small-Scale, High-Satisfaction Economy. New York.

Wilkinson, Richard/Pickett, Kate (2009): Gleichheit ist Glück. Warum gerechte Gesellschaften für alle besser sind. Hamburg.